PapyRossa
Paperback

Georg Fülberth

G Strich – Kleine Geschichte des Kapitalismus

PapyRossa Verlag

Für Josef Dörrich
(1922–2004)

PapyRossa Paperback 2021
Überarbeitete und erweiterte Auflage
[7. Auflage]

Vorherige Ausgaben:
6., überarbeitete und erweiterte Auflage 2015
5., überarbeitete und erweiterte Auflage 2014
4., verbesserte und erweiterte Auflage 2008
3., verbesserte Auflage 2006
2., verbesserte und erweiterte Auflage 2005
1. Auflage 2005

Luxemburger Str. 202, D–50937 Köln

Tel.: +49 (0) 221 – 44 85 45
Fax: +49 (0) 221 – 44 43 05
E-Mail: mail@papyrossa.de
Internet: www.papyrossa.de

Umschlag: Willi Hölzel unter Verwendung des Motivs »Fabrik« von Gerd Arntz
Druck: Interpress

Die Deutsche Nationalbibliothek verzeichnet diese Publikation in der Deutschen Nationalbibliografie; detaillierte bibliografische Daten sind im Internet über http://dnb.d-nb.de abrufbar

ISBN 978-3-89438-518-7

Inhalt

Vorbemerkung: Was ist Kapitalistik?

Es wird hiermit eine neue Weise der Erkenntnisgewinnung vorgeschlagen: »Kapitalistik«, die Wissenschaft vom Kapitalismus.

Mit der traditionellen Politischen Ökonomie ist dieses Fach nicht identisch. Es soll vielmehr eine Querschnittsdisziplin sein, welche Politikwissenschaft, Soziologie, Volkswirtschaftslehre, Geschichte, Jurisprudenz, Geographie, Ethnologie – sagen wir: die Gesellschafts-, Geistes-, Rechts- und Wirtschaftswissenschaften – durchzieht und miteinander verbindet. Denkbar ist auch, dass die Natur- und Technikwissenschaften sowie die Medizin einbezogen sind.

Zu allen diesen Disziplinen soll sich die Kapitalistik verhalten wie im traditionellen Verständnis die Philosophie zu den Einzelwissenschaften, wie die Mathematik zu den Natur- und Technikwissenschaften oder wie die Volkswirtschaftslehre zu den diversen Betriebswirtschaften. Sie soll die Wissenschaft sein, in der die kapitalistischen Voraussetzungen und Folgen menschlichen Handelns und Denkens in der Neuzeit (natürlich einschließlich der Gegenwart), auch soweit sie zugleich Gegenstand anderer Disziplinen sind, reflektiert werden.

Eine Analogie hierzu gab es in der Bundesrepublik mit der Implantation der Medizinsoziologie in den medizinischen Fakultäten: die Ärztinnen und Ärzte sowie die Pflegekräfte sollten lernen, in welcher Gesellschaft sie ihren Beruf ausüben, und dieses Wissen bei ihrer praktischen Tätigkeit berücksichtigen. Das Fach gibt es heute noch, und es soll hier nicht untersucht werden, was inzwischen daraus geworden ist. Die Kapitalistik unterscheidet sich von ihm dadurch, dass nicht nur die Existenz irgendeiner »Gesellschaft« vorausgesetzt wird, sondern, enger, des Kapitalismus.

Für die alten Sozialwissenschaften wäre die hier vorgeschlagene Neuerung gewiss eine Herausforderung, ein Angebot zur Identitätsbildung, vielleicht auch eine Gefahr der Spaltung, in jedem Fall eine Chance zur Differenzierung und damit zur inneren Bereicherung. In der Soziologie zum Beispiel wird manchmal die Ansicht laut, man wisse nicht so recht, was das ist: Gesellschaft. Das Fach habe seinen Gegenstand verloren und löse sich in eine Ansammlung von Bereichs-Soziologien auf. Das mag sogar seine Nützlichkeit haben. Dass ein Mangel empfunden wird, zeigt die Konjunktur des fachinternen Feuilletons. Letzteres gibt es in anderen Disziplinen auch, woran zu sehen ist, dass dort eine ähnliche Kalamität herrscht. Die Kapitalistik könnte da weiterhelfen

Mit dem weiland Wissenschaftlichen Kommunismus, den es in den Ländern des Realen Sozialismus gab, hat die hier vorgeschlagene Disziplin schon deshalb nichts zu tun, weil sie sein Gegenteil ist. Es handelt sich nicht um die Selbstbestätigung einer bestehenden oder anzubahnenden Gesellschaft des Gemeineigentums, sondern um die Analyse der Auswirkungen des Privateigentums an den Produktionsmitteln, der mit seiner Hilfe bewerkstelligten Gewinnerzielung und der Akkumulation. Von Wissenschaftlichem Kapitalismus sollte man nicht sprechen, denn es handelt sich nicht um Affirmation (die am Ende gar mit Hayeks Theorie und mit Bankbetriebslehre verwechselt werden könnte), sondern um die Erörterung der Möglichkeiten und Grenzen, der Vor- und Nachteile des Kapitalismus.

Als Kritik lässt sich das dann bezeichnen, wenn darunter nicht eine Vorab-Verurteilung verstanden wird. Die wäre langweilig. Offen gesagt: Es kömmt bei dieser Erkundung nicht sofort darauf an, die Welt (soweit diese nicht ausschließlich naturwissenschaftlich begriffen wird) zu verändern, sondern zu verstehen.

Die Berufsbezeichnung derer, die dieses Fach betreiben, ist nicht KapitalistInnen, sondern KapitalistikerInnen. Adjektivbildung ist schwieriger. Man muss hier zu Zusammensetzungen Zuflucht nehmen, etwa »kapitalismustheoretisch« oder »kapitalismusanalytisch«. (Verfielen wir auf »kapitalistikalisch«, wäre dies verstiegen.)

Der Vorschlag ist hiermit gemacht. Angenommen dürfte er nicht werden, und das ist vielleicht gut so. Nur als brotlose Kunst kann Kapitalistik die nötige Rücksichtslosigkeit aufbringen. Wer selber sein (oder ihr) Auskommen hat, sollte jungen Leuten nicht vorlügen, von derlei Beschäftigungen könne man leben. Im Gegenteil: nur wer sonst sein Auskommen hat, kann sich Kapitalistik leisten.

Dennoch wird es wohl an den Hochschulen immer wieder einmal ein paar Lehrende, Lernende und Forschende geben, die sich für diese ihr eigenes Leben bestimmende Produktions- und Reproduktionsweise interessieren. Für sie könnte die Kapitalistik eine Art innerer Kompass sein, eine Prüfinstanz auch gegenüber dem zwar überhaupt nicht neuen, wohl aber jetzt noch stärker um sich greifenden Capitalistic Mainstreaming in der Wissenschaft.

Eine solche Haltung wäre sogar besser als die offizielle Etablierung eines neuen Studiengangs, der wahrscheinlich, sobald staatlich genehmigt und irgendwie finanziert, auch schon wieder verhunzt wäre, weshalb zuletzt hiermit doch eher vor ihm gewarnt werden soll.

I.
Theorie

1. Was ist Kapitalismus?

Versuch einer eigenen Definition

Kapitalismus ist die Funktionsweise von Gesellschaften, die auf dem Privateigentum an den wichtigsten Produktions- und Zirkulationsmitteln sowie an den Mitteln für die Erbringung von Dienstleistungen, auf der Erzielung von Gewinn und der Vermehrung (Akkumulation) der hierfür eingesetzten Mittel (=Kapital) durch Herstellung, Kauf und Verkauf von Waren oder die Erbringung und den Verkauf von Dienstleistungen beruhen. Sie werden im Folgenden als kapitalistische Gesellschaften bezeichnet.

Gesellschaft ist das Zusammenwirken von Menschen
1. zur Sicherung ihres Lebensunterhalts,
2. zum Unterhalt der noch nicht oder nicht mehr zur Sicherung des Lebensunterhalts befähigten Generationen und
3. zur Reproduktion und Sicherung ihrer territorialen Lebensvoraussetzungen. (Lambrecht/Tjaden/Tjaden-Steinhauer: 9-52.)

Wirtschaft ist die mit der Herstellung und Verteilung von Gütern befasste Tätigkeit jeder – nicht nur der kapitalistischen – Gesellschaft. Sie gehört im Wesentlichen zur Funktion »Sicherung des Lebensunterhalts« innerhalb des gesellschaftlichen Zusammenwirkens der Menschen (in der vorstehenden Aufzählung: 1), aber auch zum Unterhalt der noch nicht oder nicht mehr zur Sicherung des Lebensunterhalts befähigten Generationen (2). Als »wichtigste Produktionsmittel« gelten hier diejenigen, durch deren Anwendung die in einer Gesellschaft am häufigsten und von den Mitgliedern dieser Gesellschaft für unentbehrlich gehaltenen Waren hergestellt werden.

Die Bedeutung der Warenproduktion im Kapitalismus beruht darauf, dass bestimmte Produktionsvoraussetzungen – darunter Rohstoffe, Halbzeug, Grund und Boden, Gebäude, Energie – erworben werden müssen, damit eine neue Ware unter ihrer Anwendung hergestellt werden kann.

(Dies gilt nicht für alle Produktionsvoraussetzungen. Andere – wie die Luft – werden zur Produktion benutzt, ohne Waren zu sein. Sie sind **»freie Güter«**. Ein Gut ist ein Objekt, das von Menschen genutzt wird. Freie Güter werden genutzt, aber weder gekauft noch verkauft. Diese Feststellung wird seit Beginn des 21. Jahrhunderts durch den »Emissionshandel« relativiert: den Kauf und Verkauf von staatlich gewährten Rechten auf Belastung – Verschmutzung – der Atmosphäre.)

Waren sind Güter, die 1. gekauft und verkauft werden und 2. zwischen Produktion und Verbrauch selbständig vorhanden sind. **Dienstleistungen** werden im Moment ihrer Erbringung konsumiert (zum Beispiel die Bedienung eines Menschen durch einen anderen Menschen oder eine Reise; eine Wurst kann man weiterverkaufen, einen Haarschnitt nicht. [Marx 1989: 59-61]) Obwohl Waren und Dienstleistungen insofern begrifflich zu scheiden sind, werden sie im Folgenden unter der gemeinsamen Bezeichnung »Waren« behandelt. Eine genauere Bezeichnung wäre: **warenförmige Dienstleistungen**.

Produzierte Güter sind Waren, wenn sie gegen andere Waren getauscht oder gekauft und verkauft werden.

Gewinn ist der in Geld (Preisen) ausgedrückte Überschuss des Verkaufspreises einer Ware entweder über ihren Einkaufspreis oder über die Summe der Löhne und der Preise der Waren, die als Produktionsvoraussetzungen für die Herstellung dieser Ware gekauft wurden.

Gewinn kann auch durch den Erwerb und Verkauf von Waren, die vor dem Verkauf keinem Produktionsvorgang durch den Erwerber und Weiterverkäufer unterzogen wurden, erzielt werden. In der Regel sind diese aber einmal produziert worden, bevor der Weiterverkäufer sie erwarb. Aus diesem Grund verwandten wir – Piero Sraffa zitierend – in unserer Eingangsdefinition die Formulierung »Warenproduktion mittels Waren« – Waren, die nicht produziert wurden, bilden zu vernachlässigende Ausnahmen (zum Beispiel niemals erschlossenes Land). Dies gilt insbesondere dann, wenn unter **Produktion** nicht nur die Herstellung von Waren verstanden wird, sondern auch deren Bereitstellung durch Ernte und Transport.

Diese erweiterte Fassung des Begriffs der Produktion ergibt sich aus der Tatsache, dass auch für die Bereitstellung von Waren – nicht nur für die Herstellung – menschliche **Arbeit** angewandt werden muss, sodass Produktion als die Herstellung oder Bereitstellung von Gütern durch Arbeit zu definieren ist.

Menschliche Arbeit ist a) die Erzeugung, die Nutzbarmachung und die Beseitigung von Gütern einschließlich der bewussten Veränderung von deren Beschaffenheit, Wirkungsweise und Ort sowie b) die Verrichtung von Dienstleistungen, die dem Unterhalt, der Pflege, der Versorgung von Menschen (einschließlich der Organisierung von deren Beziehungen zueinander) und/oder von außermenschlichen Naturelementen oder der Behandlung von Artefakten gelten.[1]

Sie kann entweder von den Eigentümer(inne)n der Produktionsvoraussetzungen oder von solchen Personen verrichtet werden, die nicht Eigentümer dieser Produktionsvoraussetzungen sind. Im letzteren Fall erhalten sie von den Eigentümern Geld, unter anderem für den Kauf von Lebensmitteln, Kleidung, den Erwerb oder die Benutzung einer Wohnung, wodurch sie befähigt werden sollen, die Arbeit zu verrichten. Dieses Geld heißt **Lohn**, die hierfür erbrachte Arbeit **Lohnarbeit.**

Eine Ware ist immer **Eigentum** einer natürlichen oder juristischen Person. Es ist definiert durch das ausschließliche Recht dieser Person, über bestimmte Güter, die dadurch als ihr Eigentum zugeordnet werden, frei zu verfügen.

Die Tatsache, dass ein Gut kein freies Gut ist, ist eine von zwei Voraussetzungen dafür, dass es ein **knappes Gut** ist. Die zweite Voraussetzung lautet: es muss sich auch um ein begehrtes Gut handeln, es muss also das Bedürfnis bei Nichteigentümer(inne)n dieses Gutes vorhanden sein, Eigentümer(innen) dieses Gutes zu werden und dafür ein anderes Gut im Tausch herzugeben. Dieses mit der Bereitschaft (und der Fähigkeit) zum Tausch verbundene Bedürfnis heißt **Nachfrage**.

Die Veräußerung einer Ware als Ware findet stets nur als **Verkauf** statt. Es ist denkbar, dass der Käufer eines Gutes dieses einer anderen Person schenkt und diese andere Person dasselbe Gut wieder verkauft. Im Kauf durch den Geber und im Verkauf durch den Beschenkten wird das Gut als Ware gehandelt, nicht aber während der Schenkung.

1 Ich danke Karl Hermann Tjaden für Präzisierung dieser Definition.

Güter und/oder Dienstleistungen, die von Eigentümer(inne)n an diesen Gütern oder an Dienstleistungseinrichtungen einer unbegrenzten Zahl von Nutzerinnen und Nutzern zur Verfügung gestellt werden, heißen **Öffentliche Güter** und sind keine Waren oder warenförmige Dienstleistungen. Beispiele: allgemeiner Schulunterricht und innere und äußere Sicherheit. Sie werden nicht je nach individueller Inanspruchnahme durch Gebühren bezahlt, sondern durch Steuern. Von den freien Gütern unterscheiden sie sich dadurch, dass diese Güter oder ihre Herstellungsvoraussetzungen sich in der Hand von Eigentümer(inne)n befinden.

Ist Gesundheit eine Ware? Versteht man unter Gesundheit einen Zustand, ist die Frage sinnlos. Aber es kann gefragt werden, ob medizinische Dienstleistungen warenförmige Dienstleistungen sind. Diese Frage ist dann zu bejahen, wenn ärztliche Dienstleistungen von Privateigentümern an Arztpraxen gegen Bezahlung durch die Patient(inn)en erbracht werden. Bei Privatpatienten ist dies offensichtlich. Es gilt aber auch für die Mitglieder gesetzlicher Krankenkassen: die ärztliche Dienstleistung wird für Patient(inn)en je individuell erbracht und auf den Einzelfall bezogen bezahlt. Daran ändert nichts, dass die Bezahlung durch die Krankenkasse erfolgt, in die die Mitglieder Beiträge einzahlen. Besteht ein Nationaler Gesundheitsdienst wie z. B. in Großbritannien, sind ärztliche Dienstleistungen, die durch ihn erbracht werden, öffentliche Güter.

Diagnostika und Pharmazeutika sind allemal Waren, auch wenn sie an einen nationalen Gesundheitsdienst verkauft werden.

Nutzung eines Gutes ist auch Nichteigentümern, denen das Recht auf diese Nutzung für Pacht oder Miete oder im Leasingverfahren überlassen wurde, möglich. Der Verkauf steht lediglich dem Eigentümer zu. Auch ihm ist zuweilen nur eingeschränkte Nutzung seines Eigentums möglich, zum Beispiel aufgrund von Denkmalschutz-Auflagen, Mieterschutz oder arbeitsrechtlichen Bestimmungen.

Die Feststellungen über die Definition des Eigentumsrechts durch das Recht zum Verkauf werden hier nur für die kapitalistische Gesellschaft getroffen. Sie enthalten keine Aussage zur Interpretation von Eigentum in anderen Gesellschaften.

Eigentum hat eine gesellschaftliche Festlegung zur Bedingung: sei es durch Gewalt, die von den ihr Unterworfenen notgedrungen hingenommen werden muss, sei es durch Vereinbarung. Die Festlegung über das Eigentumsrecht wird Teil eines Rechtssystems.

Eine Gesellschaft beruht dann auf Warenproduktion sowie auf dem Kauf und Verkauf von Waren, wenn das Leben ihrer Mitglieder zu einem gegebenen Zeitpunkt (also unter Absehung von langwierigen Umstellungen) ohne den Verbrauch oder die Nutzung von Waren nicht als möglich gedacht werden kann. Dies ist dann der Fall, wenn die Menschen die von ihnen benutzten Güter nicht selbst erzeugen, sondern erwerben. Das können sie nur, wenn sie selbst eine oder mehrere Waren anzubieten haben, gegen die sie die von ihnen benötigten Güter eintauschen. Der Ort, an dem die Waren getauscht werden, heißt **Markt**. Darunter ist nicht ein topographischer Platz zu verstehen, sondern die Summe aller Angebote von Waren und Nachfragen nach Waren sowie – als Teilmärkte – Angebote von und Nachfrage nach einer bestimmten Ware.

Nach dem Verbrauch einer Ware ist diese in ihrer bisherigen Form verschwunden. Nutzung lässt die Ware kurzfristig unverändert, kann aber langfristig ebenfalls deren Verbrauch bewirken (durch Verschleiß = Abnutzung). Verbrauch und Nutzung von Waren können produktiv oder konsumtiv erfolgen.

Produktiv sind sie, wenn Waren zur Produktion neuer Waren verwandt werden.

Konsumtiv sind sie, wenn die Eigentümer(innen) sie verbrauchen, ohne daraus neue Waren (oder Güter, die keine Waren sind, sondern anderen Menschen als Geschenke überlassen werden – ein zu vernachlässigender Fall) herzustellen. Wenn sie aus ihnen ein Gut herstellen, das keine Ware ist, dann handelt es sich unter der Voraussetzung ebenfalls um konsumtiven Verbrauch (oder konsumtive Nutzung), dass dieses von den Eigentümer(inne)n ausschließlich für sich genutzt oder verbraucht wird.

Die physische, intellektuelle und mentale Fähigkeit, zu arbeiten, heißt **Arbeitskraft**. Wer Waren durch Arbeit herstellt, muss sein (ihr) eigenes Leben mit Hilfe von Wohnung, Nahrung und Kleidung erhalten. Damit – sowie durch Erziehung, Bildung und Ausbildung – wird zugleich seine (ihre) Arbeitskraft hergestellt. Bezieht er (sie) Wohnung, Nahrung, Kleidung, Erziehung, Bildung und Ausbildung als Waren, werden diese insofern produktiv verwendet, als ihre Nutzung oder ihr Verbrauch Voraussetzung für die Herstellung neuer Waren ist. Soweit die neu hergestellten Güter keine Waren werden, ist Nutzung und Verbrauch von Wohnung, Kleidung, Nahrung konsumtiv.

Tausch ist die Hergabe einer eigenen Ware gegen eine fremde oder – umgekehrt – der Erwerb einer fremden Ware gegen Hergabe einer eigenen. Dabei wird vorausgesetzt, dass die eigene Ware entbehrlich und ihre Ersetzung durch eine begehrte fremde Ware ihrer Beibehaltung als Eigentum vorzuziehen ist. Die Entbehrlichkeit ergibt sich dadurch, dass ein Gut für den Eigentümer entweder prinzipiell nicht in Gebrauch genommen (= genutzt) werden kann oder überzählig ist. Es ist dann überzählig, wenn er seiner nicht bedarf, wenn andere Exemplare desselben Gutes von dessen Eigentümer in Gebrauch genommen wurden (oder werden), darüber hinaus aber mindest ein weiteres Exemplar besteht, von dessen Gebrauch er sich keinen Nutzen mehr für sich selbst verspricht, sodass er seine Veräußerung vorzieht.

Geld ist eine Ware, die von allen Marktteilnehmer(inne)n gleichermaßen begehrt und deshalb von allen im Austausch gegen die von ihnen angebotenen Waren angenommen wird. Daraus ergibt sich, dass für Geld jede Ware, die sich auf dem Markt befindet, unmittelbar, also ohne zwischenzeitlichen Erwerb einer anderen Ware, die dann erst für die begehrte Ware hingegeben wird, zu erhalten ist. Geld dient der Beschleunigung von Marktvorgängen bei mehr als zwei Marktteilnehmer(innen). (Helmedag 1992: 76-79)

Die Hergabe von Geld als Gegenleistung für eine Ware, Dienstleistung oder Nutzung heißt **Zahlung**.

Eigentum, das zur Erzielung von Gewinn für den Eigentümer der Waren, die als Produktionsvoraussetzungen dienen, und zur Vermehrung dieser Produktionsvoraussetzungen eingesetzt wird, heißt **Kapital**. Dies gilt auch für die Geldmittel, mit denen der Lohn gezahlt wird, nicht aber für den Lohn selbst. Dieser ist Eigentum des Lohnarbeiters (der Lohnarbeiterin) nicht zur Erzielung von Gewinn, sondern zur Zahlung für Waren, Dienstleistung und Nutzung, die insgesamt dem Lebensunterhalt für ihn (sie) sowie für seine (ihre) Nachkommen und die nicht mehr erwerbsfähige Elterngeneration dienen. Der Eigentümer (die

Eigentümerin), der (die) sein (ihr) Eigentum zur Erzielung von Gewinn einsetzt, heißt Kapitalist(in) oder Unternehmer(in).

Der Einsatz von Kapital zum Zweck der Gewinnerzielung heißt **Investition**.

Wir haben vorstehend eine größere Anzahl von Begriffen erläutert. Die meisten sind nicht für den Kapitalismus spezifisch, können also auch für andere Gesellschaften verwandt werden (z. B.: Ware, Gut, Tausch). Kapitalismusspezifisch sind nur drei: Gewinn, Investition und Kapital.

Dabei ist der Gewinn die notwendige, aber nicht hinreichende Voraussetzung für die Kapitalismus-Definition. Gewinn wurde auch in vorkapitalistischen Gesellschaften schon erzielt, wenngleich er dort ein Minderheits-Phänomen neben anderen Formen der Erzielung von Einkommen durch Menschen, die nicht selbst unmittelbar arbeiteten, gewesen ist. Erst im Kapitalismus wird der Gewinn teilweise zur Erweiterung der Produktionsvoraussetzungen – im Marxschen Sprachgebrauch: zur **Akkumulation** – verwandt. Diese ständige Akkumulation ist die Voraussetzung für die Dynamik des Kapitalismus. Durch diese unterscheidet er sich nicht nur von allen vorangegangenen Gesellschaften, sondern auch vom Sozialismus. Eine Ware wird erst dann zu Kapital, wenn sie zur Gewinnerzielung und zur Akkumulation eingesetzt wird. Das spezifisch Kapitalistische am Gewinn ist die nachfolgende Investition. Gewinn, der von seinem Eigentümer vollständig verzehrt wird, ist nicht typisch für den Kapitalismus.

> »Was vorbürgerlichen Gesellschaften durchaus fremd bleibt, ist die *Kapitalakkumulation*, der *Nichtverzehr* des Gewonnenen und sein systematischer Wiedereinsatz für Zwecke der *erweiterten Produktion.* Selbst hochentwickelte vorkapitalistische Gesellschaften (wie etwa die des alten Athen oder Rom seit dem 7. bzw. 3. Jh. v.u. Z.) kennen nur zwei Arten, von erworbenem Geldreichtum Gebrauch zu machen: Verbrauch oder Schatzbildung – nicht aber: regelmäßige, systematische Rückverwandlung von Gewinn in *Produktivvermögen.*« (Hofmann 1969: 49. Kursivdruck: Hofmann; v.u. Z = vor unserer Zeitrechnung, u. Z. = unserer Zeitrechnung [G. F.])

Wirtschaftsweise oder Gesellschaft?

Karl Marx (I)

Merkwürdigerweise wurden erst recht spät Versuche einer begrifflichen Definition des Kapitalismus unternommen. In Marx’ (1818 – 1883) »Kapital« findet sich das Wort nicht.

Den ersten Band beginnt er mit dem Satz:

> »Der Reichtum der Gesellschaften, in welchen kapitalistische Produktionsweise herrscht, erscheint als eine ›ungeheure Warensammlung‹, die einzelne Ware als seine Elementarform.« (Marx 1975: 49)

Die »kapitalistische Produktionsweise« ist hier keine Gesellschaft – etwa eine kapitalistische –, sondern sie findet innerhalb einer Gesellschaft statt, die dadurch eine kapitalistische wird, dass diese Produktionsweise in ihr »herrscht«. Was das aber ist: die kapitalistische Produktionsweise, wird nicht definiert, sondern in dem Band, der mit diesem Satz eröffnet worden ist, entwickelt.

Am Ende dieser Entwicklung steht eine Formel:

G – W – G’. (Marx 1975: 165)
[G < G’]

Geld wird investiert, um eine Ware zu kaufen. Wenn diese Ware weiterverkauft wird, erhält der Verkäufer mehr Geld, als er selbst gezahlt hat. Woraus die Ware W besteht und was mit ihr geschieht, bevor sie weiterverkauft wird, soll hier nicht erörtert werden.

In G’ wird der Gewinn sichtbar und damit eines von zwei Merkmalen der kapitalistischen Gesellschaft: die Gewinnerzeugung. Die Akkumulation kann – Marx’ Formel in seinem Sinn fortschreibend – so dargestellt werden: G – W – G’ – W’ – G”.

[W < W’; G < G’ < G”]

Eine Gesellschaft, in der das in der Formel G – W – G' – W' – G" ausgedrückte Verhältnis herrscht, ist bei Marx eine kapitalistische Gesellschaft.

Damit sind wir wieder bei dem oben zitierten Satz:

> »Der Reichtum der Gesellschaften, in welchen kapitalistische Produktionsweise herrscht, erscheint als eine ›ungeheure Warensammlung‹, die einzelne Ware als seine Elementarform.«

Aufmerksamkeit verdient das Wort »*herrscht*«. Das, was im Folgenden noch als »kapitalistische Produktionsweise« von Marx dargelegt wird, kann vielleicht auch in Gesellschaften vorkommen, in denen es nicht »*herrscht*«. Sie sind dann wohl keine kapitalistischen Gesellschaften.

Wann aber »herrscht« kapitalistische Produktionsweise in einer Gesellschaft? Hier ein Vorschlag: kapitalistische Produktionsweise herrscht in einer Gesellschaft dann, wenn entweder die Mehrheit von deren Mitgliedern oder doch zumindest eine hinreichend große Minderheit – die hier nicht weiter bestimmt werden soll – für ihr Leben auf Waren und Dienstleistungen angewiesen ist, die zwecks Erzielung von Gewinn her- oder bereitgestellt werden.

Wie kann bestimmt werden, wann ein solcher Zustand erreicht ist?

Auch dieser Frage soll hier nicht weiter nachgegangen werden. Beantworten wir sie zunächst pragmatisch: für die Bundesrepublik Deutschland, aber auch für alle anderen Länder der OECD (Organization for Economic Cooperation and Development) gilt, dass die dort lebenden Menschen auf zwecks Erzielung von Gewinn her- oder bereitgestellte Waren und Dienstleistungen angewiesen sind. Dabei lassen wir außer Acht, ob solche unter dieser Bedingung her- oder bereitgestellten Waren und Dienstleistungen allein ausreichen, um das Leben der Menschen zu sichern, oder ob nicht noch andere Güter und Dienstleistungen hierfür notwendig sind.

Die Frage, wann der hier definierte Zustand der Abhängigkeit eingetreten ist, soll an dieser Stelle noch nicht beantwortet werden. Als Marx von »Gesellschaften, in denen kapitalistische Produktionsweise herrscht«, schrieb, hatte er mindestens Großbritannien im Jahr 1867 – dem Erscheinungsjahr des ersten Bandes des »Kapital« – vor Augen.

Werner Sombart

Werner Sombart (1863 – 1941) wird zugeschrieben, er habe den Begriff »Kapitalismus« – soweit dieser nicht eine Betriebsweise, sondern eine Gesellschaft bezeichnet – eingeführt, und zwar in seinem zweibändigen Werk »Der moderne Kapitalismus«, dessen erste Auflage 1902 erschien und das er in der zweiten Auflage (1916) verändert hat.[2]

In beiden Fassungen finden sich verschiedenartige Definitionen. Beginnen wir mit der ersten Auflage von 1902:

> »Kapitalismus heißen wir eine Wirtschaftsweise, in der die specifische Wirtschaftsform die kapitalistische Unternehmung ist. Letztere gilt es somit zu definieren und in ihren Wesenheiten zu skizzieren. [...] *Kapitalistische Unternehmung aber nenne ich diejenige Wirtschaftsform, deren Zweck es ist, durch eine Summe von Vertragsabschlüssen über geldwerte Leistungen und Gegenleistungen ein Sachvermögen zu verwerten, d. h. mit einem Aufschlag (Profit) dem Unternehmer zu reproduzieren. Ein Sachvermögen, das solcher Art genutzt wird, heißt Kapital.*« (Sombart 1902, Erster Band: 195. Hervorhebung: Sombart)

In der zweiten, vollständig umgearbeiteten Auflage von 1916 heißt es:

> »Unter Kapitalismus verstehen wir ein bestimmtes Wirtschaftssystem, das folgendermaßen sich kennzeichnen läßt: es ist *eine verkehrswirtschaftliche Organisation, bei der regelmäßig zwei verschiedene Bevölkerungsgruppen: die Inhaber der Produktionsmittel, die gleichzeitig*

2 Zu früheren Verwendungen des Begriffs »Kapitalismus« seit den vierziger, vor allem aber den sechziger Jahren des 19. Jahrhunderts vgl. Braudel 1990 II: 254 und Hobsbawm 1997 II: 13.

die Leitung haben, Wirtschaftssubjekte sind und besitzlose Nurarbeiter (als Wirtschaftsobjekte), durch den Markt verbunden, zusammenwirken, und die von dem Erwerbsprinzip und dem ökonomischen Rationalismus beherrscht wird.« (Sombart 1987 I, 1. 319. Hervorhebung: Sombart)

Es fällt auf, dass Kapitalismus an dieser Stelle nicht durch Akkumulation und Gewinn, sondern durch die Eigentumsstruktur und Organisationsform beschrieben wird. Gewinn und Akkumulation werden in Sombarts Buch nicht begrifflich, sondern historisch entwickelt.

Max Weber

Ziehen wir das Register des nachgelassenen Werks »Wirtschaft und Gesellschaft« von Max Weber (1864 – 1920) zu Rate, werden wir unter dem Stichwort »Kapitalismus« sehen, dass dieser Begriff häufig mit einem Adjektiv oder einem weiteren Hauptwort kombiniert ist: Es gibt da u. a. einen *»abendländischen«*, einen *»antiken«*, einen *»imperialistischen«*, *»industriellen, »irrationalen, »modernen bürgerlichen«, »patrimonialstaatlichen«, »politisch orientierten«, »politischen«, »rationalen«*, einen *»Beute-, Kolonial- und Spekulanten-Kapitalismus«*, die letzten drei jeweils *»in der Antike, zu Beginn der Neuzeit und in zunehmendem Maße im 20. Jahrhundert.«* (Weber 1985: 901) Offensichtlich bezeichnet »Kapitalismus« dabei eine auf Gewinnerzielung gerichtete Handlungsweise innerhalb verschiedenartiger Gesellschaften. Zugleich hat dieser Begriff für Weber noch eine zweite Bedeutung: zur Charakterisierung einer Gesellschaft, die von diesem Prinzip der Gewinnerzielung durchgehend bestimmt ist. Kapitalismus sieht er dann als einen

»mächtigen Kosmos der modernen, an die technischen und ökonomischen Voraussetzungen mechanisch-maschineller Produktion gebundenen, Wirtschaftsordnung [...], der heute den Lebensstil aller einzelnen, die in dieses Triebwerk hineingeboren werden

> – *nicht* nur der direkt ökonomisch Erwerbstätigen –, mit überwältigendem Zwange bestimmt und vielleicht bestimmen wird, bis der letzte Zentner fossilen Brennstoffs verglüht ist.« (Weber 1988: 203. Hervorhebung: Weber)[3]; es sei »ein stahlhartes Gehäuse«. (Ebd.)

Wie bei Marx haben wir also hier eine Doppelung, bestehend aus einem bestimmten – »kapitalistischen« – *Handlungstyp*, der in verschiedenartigen Gesellschaften denkbar ist, und einer kapitalistischen *Gesellschaft*, in der dieser Handlungstyp bestimmend geworden ist.

Zum kapitalistischen Handlungstyp schreibt Weber: »Ein ›kapitalistischer‹ Wirtschaftsakt soll uns heißen zunächst ein solcher, der auf Erwartung von Gewinn durch Ausnützung von *Tausch*-Chancen beruht: auf (formell) *friedlichen* Erwerbschancen also.« (Weber 1988: 4. Hervorhebungen hier und im Folgenden von Max Weber.)

Dieses Handeln sei orientiert an

> »Kapital*rechnung*. Das heißt: es ist eingeordnet in eine planmäßige Verwendung von sachlichen oder persönlichen Nutzleistungen als Erwerbsmittel derart: daß der *bilanz*mäßig errechnete Schlußertrag der Einzelunternehmung an geldwertem Güterbesitz (oder der periodisch bilanzmäßig errechnete Schätzwert des geldwerten Güterbesitzes eines kontinuierlichen Unternehmungsbetriebs) beim Rechnungsabschluß das ›Kapital‹: d.h. den *bilanz*mäßigen Schätzungswert der für den Erwerb durch Tausch verwendeten sachlichen Erwerbsmittel *übersteigen* (bei der Dauerunternehmung also: *immer wieder* übersteigen) soll.« (Ebd.: 5)

Hier halten wir einen Moment inne und stellen fest, dass Max Weber in dem eben vorgetragenen Zitat eine eigene Definition von »Kapital« und von »Gewinn« gegeben hat:

Gewinn wird erzielt, wenn

---

3 Zur Zeitbestimmung »heute«: Diese Schrift Max Webers erschien in zwei Folgen erstmals 1905/06.

> »der bilanzmäßig errechnete Schlußertrag der Einzelunternehmung an geldwertem Güterbesitz (oder der periodisch bilanzmäßig errechnete Schätzwert des geldwerten Güterbesitzes eines kontinuierlichen Unternehmungsbetriebs) beim Rechnungsabschluß das ›Kapital‹: d. h. den bilanzmäßigen Schätzungswert der für den Erwerb durch Tausch verwendeten sachlichen Erwerbsmittel«

übersteigt. Kapital ist der

> »bilanzmäßige[n] Schätzungswert der für den Erwerb durch Tausch verwendeten sachlichen Erwerbsmittel«.

Beide gab es laut Max Weber schon in nichtkapitalistischen Gesellschaften:

> »[D]ie kapitalistische Unternehmung und auch der kapitalistische Unternehmer, nicht nur als Gelegenheits-, sondern auch als Dauerunternehmer, sind uralt und waren höchst universell verbreitet.« (Ebd.: 6)

Davon ist der Kapitalismus als *Gesellschaftsordnung* zu unterscheiden. Hier gibt es die folgenden vier Besonderheiten:

1.) Nur

> »der Okzident kennt in der *Neuzeit* daneben eine ganz andere und nirgends sonst auf der Erde entwickelte Art des Kapitalismus: die rational-kapitalistische Organisation von (formell) *freier Arbeit*«. (Ebd.: 7)

2.) Eine weitere moderne Besonderheit sei

> »die *Trennung von Haushalt und Betrieb*, welche das heutige Wirtschaftsleben schlechthin beherrscht und, eng damit zusammenhängend, die rationale *Buchführung*.« (Ebd.: 8)

3.) »Der spezifisch moderne okzidentale Kapitalismus nun ist zunächst offenkundig in starkem Maße durch Entwicklungen von *technischen* Möglichkeiten mitbestimmt. Seine Rationalität ist heute wesenhaft bedingt durch *Berechenbarkeit* der technisch entscheidenden Faktoren: der Unterlagen exakter Kalkulation. Das heißt aber in Wahrheit: durch die Eigenart der abendländischen Wissenschaft, insbesondere der mathematisch und experimentell exakt und rational fundamentierten Naturwissenschaften.« (Ebd.: 10)

4.) Die vierte Voraussetzung des modernen Kapitalismus bei Max Weber ist die

> »Fähigkeit und Disposition der Menschen zu bestimmten Arten praktisch-rationaler *Lebensführung*«. (Ebd.: 12)

Joseph A. Schumpeter (I)

Schumpeter (1883–1950) definiert »Kapital« und »Kapitalismus« in folgender Weise:

> »Jene Wirtschaftsform, in der die für neue Produktionen nötigen Güter ihren Bestimmungen im Kreislauf durch die Intervention der Kaufkraft entzogen werden, d. h. durch Kauf auf dem Markte, ist die *kapitalistische* Wirtschaft, während jene Wirtschaftsformen, in denen das durch irgendeine Befehlsgewalt oder durch Vereinbarung aller Beteiligten geschieht, die *kapitallose* Produktion darstellen. *Das Kapital ist nichts anderes als der Hebel, der den Unternehmer in den Stand setzen soll, die konkreten Güter, die er braucht, seiner Herrschaft zu unterwerfen, nichts anderes als ein Mittel, über Güter zu neuen Zwecken zu verfügen oder als ein Mittel, der Produktion ihre neue Richtung zu diktieren.*« (Schumpeter 1997: S. 165. Hervorhebungen: Schumpeter.)

Dieser »Hebel« wird von Schumpeter an anderer Stelle konkreter benannt:

»*So werden wir denn das Kapital definieren als jene Summe von Geld und andern Zahlungsmitteln, welche zur Überlassung an Unternehmer in jedem Zeitpunkte verfügbar ist.*« (Ebd.: 173. Hervorhebung: Schumpeter)

Schumpeters Definition hat einige begriffliche Voraussetzungen – z.B. »Unternehmer«, »Kreislauf«, »neue Zwecke«, »neue Richtung« – ohne die sie nicht zu verstehen ist und die an anderer Stelle seines Buchs »Theorie der wirtschaftlichen Entwicklung« erklärt werden. Diese werde ich an späterer Stelle behandeln.

Fernand Braudel

Der französische Historiker Fernand Braudel (1902 – 1985) hat u.a eine dreibändige »Sozialgeschichte des 15. bis 18. Jahrhunderts«[4] vorgelegt, die auch Teile der Sozialwissenschaften beeinflusst hat. In einem Bändchen mit dem Titel »Die Dynamik des Kapitalismus«[5] hat er versucht, einen begrifflichen Ertrag sichtbar zu machen.

Braudel verwendet den Terminus »Kapitalismus« gleichermaßen für eine Wirtschaftsweise wie für ein Gesellschaftssystem, wobei erstere älter ist und als wichtiger Bestand innerhalb nichtkapitalistischer Gesellschaften wirksam ist. Er findet sie bereits in der ersten Hälfte des zweiten Jahrtausends (christlicher Zeitrechnung) nicht nur im europäischen Feudalismus, sondern auch in China, Japan, Indien und in der islamischen Welt. Braudel bezeichnet

»Kapitalismus als eine Summe von Kniffen, Verfahren, Gewohnheiten und Leistungen.« (Braudel 1986: 21)

Von ihm sei die Marktwirtschaft zu unterscheiden. Das Verhältnis von *Alltag* (im französischen Original: »la vie matérielle«), *Marktwirtschaft* und *Kapitalismus* beschreibt Braudel so:

4 Braudel, Fernand: Sozialgeschichte des 15.-18. Jahrhunderts. 3 Bde. München 1990.

5 Braudel, Fernand: Die Dynamik des Kapitalismus. Stuttgart 1986.

> »Die Marktwirtschaft hat ihre Netze über das alltägliche materielle Leben in seiner Gesamtheit ausgebreitet und dieses Netzwerk aufrechterhalten. Über der eigentlichen Marktwirtschaft hat sich dann gewöhnlich der Kapitalismus entfaltet.« (Ebd.: 36f.)

Die Marktwirtschaft ist für Braudel

> »ihrem Wesen nach nur das Verbindungsglied zwischen Produktion und Konsumtion«. (Ebd.: 43)

Der Kapitalismus als Gesellschaftssystem sei in einem Prozess entstanden, der vom 15. bis zum 18. Jahrhundert zunächst in Europa stattgefunden habe.

Braudel geht von einem Modell aus, das drei Ebenen habe.

Die erste nennt er das »materielle Leben« (Ebd.: 59). Hierzu gehören offenbar die Produktion von Gütern und die reproduktiven Tätigkeiten. (In meiner eigenen Gliederung findet sich dieser Bereich für einzelne Geschichtsabschnitte jeweils unter den Überschriften »Die stofflichen Grundlagen« sowie »Familienstruktur und soziale Sicherung«.)

Die zweite Ebene ist die Marktwirtschaft, die dritte der – von ihr eben zu unterscheidende – Kapitalismus.

Das Verhältnis der zweiten und der dritten Ebene zueinander beschreibt Braudel so:

> »Es gibt zwei Typen von Austausch. Der eine ist alltäglich und basiert auf Konkurrenz, weil er einigermaßen transparent ist; der andere – die höhere Form – ist komplex und an Herrschaft orientiert. Diese beiden Typen werden weder durch die gleichen Mechanismen noch durch die gleichen Individuen bestimmt. Nicht im ersten, sondern im zweiten Typus liegt die Sphäre des Kapitalismus. Ich bestreite nicht, daß es nicht auch einen schlauen und grausamen ländlichen Kapitalismus geben könnte; [...] Aber im Grunde entfaltete sich der Kapitalismus zuerst an der obersten Spitze der Gesellschaft.[...] In Wirklichkeit wird alles auf dem breiten

Rücken des materiellen Lebens ausgetragen: Wenn das materielle Leben sich ausweitet, geht alles voran, und so weitet sich auch die Marktwirtschaft schnell aus und schwillt auf Kosten des materiellen Lebens an. Diese Ausweitung nützt jedoch immer auch dem Kapitalismus.« (Ebd.: 58 f.)

Bis hierhin hat Braudel zwar drei verschiedene Sphären benannt, und eine davon sei der Kapitalismus, aber er hat noch nicht definiert, was das sei: Kapitalismus. Immerhin fällt ein Begriff auf, den er im vorstehenden Zitat mit dem Kapitalismus verbunden hat: Dieser sei an *Herrschaft* orientiert. Sehen wir zu, ob uns diese Überlegung auch sonst noch in diesem Zusammenhang bei Braudel begegnet.

Zunächst noch ein paar Begriffsbestimmungen:

»Das *Kapital* ist eine greifbare Realität, es umfaßt die leicht identifizierbare Masse der finanziellen Ressourcen, die ständig eingesetzt werden; ein *Kapitalist* ist ein Mann, der die Verwertung des Kapitals in dem ununterbrochenen Produktionsprozeß, zu dem jede Gesellschaft verurteilt ist, dirigiert oder zu dirigieren versucht; und der *Kapitalismus* ist, grob gesprochen (aber nur grob gesprochen), die Art und Weise, in der – meist aus wenig altruistischen Gründen – dieser ständige Verwertungsprozeß vorangetrieben wird.
Das *Kapital* ist der Schlüsselbegriff. In wirtschaftswissenschaftlichen Studien hat er meist die spezifischere Bedeutung von *Kapitalgütern* angenommen, wobei er nicht nur die Akkumulierung von Geld, sondern auch die verwertbaren und verwerteten Resultate jeder ausgeführten Arbeit bezeichnet: ein Haus ist Kapital; gespeicherter Weizen ist Kapital; ein Schiff, eine Straße sind Kapital. Aber Kapitalgüter verdienen diesen Namen nur, wenn sie am ständig sich erneuernden Produktionsprozeß teilhaben: Die Münzen eines Schatzes, der nicht benutzt wird, sind ebensowenig Kapital wie ein ungenutzter Wald usw. Wenn man den Begriff so bestimmt, gibt es dann überhaupt eine Gesellschaft, die keine Kapitalgüter akkumuliert und die sie nicht regelmäßig für ihre Arbeit erneuert und fruchtbar macht? Auch das ärmste Dorf im Europa des 15. Jahrhunderts

> verfügte über eigene Wege, von Steinen gereinigte Felder, Äcker, Wälder, Hecken, Obstgärten, Mühlräder und Kornspeicher usw. Berechnungen über die Wirtschaft des Ancien Régime zeigen, daß zwischen dem Rohertrag eines Arbeitsjahres und der Masse der Kapitalgüter (die man auf Französisch auch als *patrimoine*, als »Volksvermögen« bezeichnet) ein Verhältnis von eins zu drei oder vier bestand. Dies entspricht ungefähr der gleichen Rate, die Keynes für die Volkswirtschaften des 20. Jahrhunderts annahm.« (Ebd.: 48 f.)

Was Braudel hier beschreibt, ist nichts anderes als das »materielle Leben«. In diesem gibt es ihm zufolge zwar immer Kapital – nämlich Produktionsgüter –, jedoch nicht notwendig Kapitalismus. Aber es wird ein Überschuss erzeugt. Selbst wenn Austausch stattfindet, ist das noch kein Kapitalismus, sondern Marktwirtschaft. Was ist das dann aber – Kapitalismus?

Wie gezeigt, hat Kapitalismus bei Braudel etwas mit Herrschaft zu tun. Zu ihren Merkmalen könnte gehören, dass die Produktionsmittel und der Teil des Produktionsüberschusses, der nicht der Selbsterhaltung der Arbeitenden dient, nur einer kleinen Gruppe der Gesellschaft, nämlich irgendwelchen Herrschenden, gehören. Doch das wäre nicht typisch kapitalistisch, wir kennen das auch in nichtkapitalistischen Gesellschaften, zum Beispiel in der orientalischen Despotie, im alten Rom und Griechenland oder im Mittelalter. Kapitalistisch wäre Separateigentum nur dann zu nennen, wenn es zugleich unter den Bedingungen einer Markwirtschaft stattfindet, wobei wir uns zugleich daran erinnern, dass bei Braudel nicht jede Marktwirtschaft auch Kapitalismus ist. Kapitalismus ist *ungleiche Marktwirtschaft*. Zu den Mitteln, mit denen diese Ungleichheit hergestellt wird, gehört Herrschaft. In Anlehnung an englische Historiker unterscheidet Braudel einen *»public market«* von einem *»private market«* (Ebd.: 51), und nur der letztere sei kapitalistisch. Was geschieht dort? Antwort: Dort findet Tausch unter den Bedingungen von Ungleichheit statt. Dies geschieht dadurch, dass einzelne Marktteilnehmer über Sonderpositionen verfügen, die es ihnen erlauben, im Tausch mehr zu nehmen, als sie selber geben. Als Beispiel führt Braudel den Fernhandel im späten Mittelalter und zu Beginn der Neuzeit an. Dieser konnte nur von wenigen betrieben werden, deren Handelspartner keinen Überblick über den Markt hatten und deshalb Preise akzeptierten (vielleicht sogar akzeptieren mussten), deren Angemessenheit sie nicht beurteilen konnten. Indem Braudel dieses Beispiel verallgemeinert, kommt er zu dem Ergebnis, dass

> »der Kapitalismus ein Privileg von wenigen ist«. (Ebd.: 59)

Kapitalismus ist für Fernand Braudel der Bereich innerhalb der Marktwirtschaft, in dem ungleicher Tausch dadurch stattfindet, dass bestimmte Marktteilnehmer – die Kapitalisten – eine privilegierte Position gegenüber anderen haben und daraus einen Gewinn ziehen, den er durchaus auch »Profit« nennt. Allerdings wechseln die Ursachen des Privilegs und damit des Profits je nach den historischen Umständen. Für seine eigene Zeit stellte Braudel zum Beispiel zum Verhältnis von Staat und Kapitalismus fest:

> »Vor allem aber lebt der Kapitalismus ohne Scham vom Entgegenkommen, den Ausnahmeregelungen, Hilfestellungen und Spenden der Staatsmaschinerie, die ungeheure Geldströme sammelt und neu verteilt und dabei mehr ausgibt, als sie einnimmt, mit anderen Worten, Anleihen aufnehmen muß.« (Braudel 1990 III: 699)

Das Privileg des Kapitalisten gegenüber den anderen Marktteilnehmern besteht also im Gewinn. Indem Braudel den Gewinn zwar nennt, ihm aber historisch wechselnde Ursachen zuschreibt, hinterlässt uns seine Überlegung die Aufgabe, uns noch weiter nach den Quellen dieses Gewinns zu erkundigen. Dazu später. (vgl. Kap. I. 2.)

Wir haben gesehen: Fernand Braudel versucht als Historiker eine Begriffsbestimmung des Kapitalismus. Zugleich interessiert ihn diese Gesellschaftsform in ihrer räumlichen Organisation. Wer als eines der drei konstituierenden Elemente von Gesellschaft die territorialen Lebensvoraussetzungen der in ihr zusammenwirkenden Menschen begreift, wird dieses Interesse teilen.

Braudel geht davon aus, dass ein Kapitalismus, der zumindest der Tendenz nach weltweit organisiert ist, als »Weltwirtschaft« verstanden werden muss. In ihr gebe es sogenannte »Zentren«:

> »Im Falle Europas und der Zonen, die es sich einverleibt hat, kam es in den 80er Jahren des 14. Jahrhunderts zu einer Zentrierung zugunsten von Venedig. Gegen 1500 gab es plötzlich einen riesigen Sprung von Venedig nach Antwerpen, danach – zwischen 1550 und 1560 – eine Rückkehr zum Mittelmeer, diesmal jedoch zugunsten von Genua; schließlich verlagerte sich das ökonomische Zentrum zwischen 1590 und 1610 nach Amsterdam, wo es sich fast zwei Jahrhunderte lang halten konnte. Zwischen 1780 und 1815 verschob es sich nach London und 1929 schließlich auf die andere Seite des Atlantiks, nach New York.« (Braudel 1986: 78)

Für die »vie matérielle« gilt bei Fernand Braudel die »longue durée«. Das ist ein über lange Zeitstrecken hin fast statischer Zustand, in dem sich Veränderungen allenfalls kaum merklich vollziehen. Braudel hat seine Vorstellungen über den Kapitalismus auf seine Forschungen über die Zeit vom 15. bis zum 18. Jahrhundert aufgebaut. Wie in sein Werk eingestreute Bemerkungen über seine eigene Gegenwart (zum Beispiel auf die Stellung New Yorks als Weltzentrum seit 1929) zeigen, geht er davon aus, dass dieser auch danach seinen Charakter nicht grundlegend verändert habe.

Was das Verhältnis von »vie matérielle« und »longue durée« angeht, ist hier aber zu fragen, ob es seit der Industriellen Revolution noch im gleichen Maß gilt wie bisher. Technologische Neuentwicklungen wirken, sobald sie kapitalistisch eingesetzt werden, in immer kürzerer Zeit umgestaltend auf Alltag, Biosphäre und Raum ein, sodass zumindest im Fortgang dieses Prozesses, spätestens aber seit dem 20. Jahrhundert innerhalb einer Generation nicht die lange Dauer, sondern der rasche Wandel eine Tatsache und allgemein geteilte Erfahrung ist. Die »vie matérielle« wäre, falls dies zutrifft, nicht nur Basis, sondern zugleich auch abhängige Variable der kapitalistischen Entwicklung.

Mit seinen Überlegungen über kapitalistische Zentren und ihre Bewegung befindet sich Braudel in Übereinstimmung mit einem anderen Theoretiker, den er selbst zitiert und der sich andererseits auf ihn bezieht: mit Immanuel Wallerstein.

Immanuel Wallerstein

Immanuel Wallerstein (geb. 1930), Afrikanist und Soziologe, hat sich mit der Entstehung und Entwicklung des Kapitalismus als »Weltsystem« befasst und dessen Entstehung und Entwicklung in einem umfangreichen Werk (Wallerstein 1986; Wallerstein 1998; Wallerstein 2004) dargestellt. Seine theoretischen Auffassungen hierzu finden sich u. a. in einer knappen Schrift mit dem Titel »Der historische Kapitalismus« (Wallerstein 1984). Das Adjektiv »historisch« stellt er dem Substantiv »Kapitalismus« deshalb voran, weil er der Ansicht ist, dass der heutige Kapitalismus eine Struktur besitzt, die nicht nur aus ihrer Logik heraus erklärt werden kann, sondern zugleich aus ihrer Entstehung und Entwicklung. Die Frage: »*Was aber ist Kapital?*« (Wallerstein 1984: 9) beantwortet dieser Autor so:

> »Einmal wird einfach angehäufter Reichtum darunter verstanden. Im Kontext von historischem Kapitalismus hat es jedoch eine speziellere Bedeutung. Es ist nicht einfach der Bestand konsumierbarer Waren oder Maschinen oder legitimer Ansprüche auf materielle Güter in Form von Geld. Auch im historischen Kapitalismus bedeutet Kapital natürlich weiterhin eine solche Akkumulation von Leistungen vorhergehender Arbeit, die noch nicht verbraucht sind. Wenn man es jedoch dabei beließe, könnte man alle historischen Systeme bis hin zu denen des Neandertals kapitalistisch nennen, da alle angesammelten Bestände von Ergebnissen schon geleisteter Arbeit kannten.
>
> Was das historische Sozialsystem, das wir historischen Kapitalismus nennen, von anderen unterscheidet, ist die Tatsache, daß Kapital auf ganz bestimmte Art und Weise genutzt – investiert – wurde.

> Es wurde mit dem vorrangigen Sinn und Ziel eingesetzt, sich selbst zu vermehren.«[...] »Immer dann, wenn im Laufe der Zeit die Akkumulation von Kapital mit Regelmäßigkeit den Vorrang vor anderen Zielsetzungen erhielt, können wir davon sprechen, ein funktionierendes kapitalistisches System zu beobachten.« (Ebd.)

Wie bei Braudel ist auch bei Wallerstein das Kapital Eigentum privilegierter Personen, die er – wie viele Theoretiker vor ihm – »*Kapitalisten*« (z. B. ebd.: 12) nennt. Die Gegengruppe – also diejenigen, die das Kapital erarbeiten, ohne es zu besitzen – hat bei ihm als unterste Einheit nicht das Individuum, sondern den »*Haushalt*«. (Ebd.: 19) Diesem gehören diejenigen Menschen an, die das Kapital durch ihre Arbeit unmittelbar vermehren, aber ebenso diejenigen, die die Produzenten dadurch zur Produktion befähigen, dass sie selbst nicht produzieren, sondern die Reproduktion der Arbeiter ermöglichen. Im Kapitalismus erhalten die unmittelbaren Produzenten Lohn, die außerhalb der Produktion Tätigen aber nicht. Historisch entsprach dieser Trennung zumeist eine Arbeitsteilung von – produzierenden – Männern und – reproduzierenden – Frauen. Eine Gruppe feministischer Sozialwissenschaftlerinnen hat in diesem Zusammenhang die Frauen polemisch als »letzte Kolonie« bezeichnet. (Werlhof/Mies/Bennholdt-Thomsen 1988)

Laut Wallerstein wurden

> »unter dem historischen Kapitalismus der männliche Lohnverdiener als ›Ernährer‹ und die erwachsene weibliche Hausarbeiterin als ›Hausfrau‹ klassifiziert. Als dann begonnen wurde, nationale Statistiken zusammenzustellen, selbst ein Produkt des kapitalistischen Systems, wurden alle Ernährer als Mitglieder der ökonomisch aktiven Arbeitskraft eingestuft, die Hausfrauen jedoch nicht. So wurde der Sexismus institutionalisiert.« (Wallerstein 1984: 20f.)

Wallerstein ist der Ansicht, dass Hausarbeit als Nicht-Lohnarbeit im Interesse der Kapitalisten liege. Müsste Hausarbeit ebenfalls unmittelbar entlohnt werden – und nicht mittelbar, nämlich über den Lohn des Ehemanns –, wären die Löhne, die von den Kapitalisten zu zahlen wären, höher und die Gewinne niedriger. Dies sei der Grund dafür, dass im Weltmaßstab nur ein Teil der gesellschaftlich notwendigen Arbeit in Lohnarbeit erbracht werde. (Ebd.: 21-23)

Ein zweites Merkmal des »historischen Kapitalismus« ist für Immanuel Wallerstein das, was er die

> »Hierarchisierung des Raums« (Ebd.: 25)

nennt. Sie habe

> »zu einer immer größeren Polarisierung zwischen den Zentren und den peripheren Zonen der Weltwirtschaft geführt, nicht nur in Hinblick auf die Verteilungskriterien (Niveau des Realeinkommens, Lebensqualität), sondern – noch wichtiger – in den Standorten der Kapitalakkumulation.« (Ebd.: 25)

Wallerstein unterscheidet zwischen einem gewinnenden *»Zentrum«* (Ebd.: 26) und einer verlierenden *»Peripherie«* (Ebd.). Zwischen beiden finde *»ungleiche[r] Tausch«* (Ebd.) statt.

Robert Louis Heilbroner

Bevor wir fortfahren, sei noch einmal auf unsere eigene Eingangsdefinition zurückgegriffen:

> Kapitalismus ist die Funktionsweise von Gesellschaften, die auf der Erzielung von Gewinn und der Vermehrung (Akkumulation) der hierfür eingesetzten Mittel (=Kapital) durch »Warenproduktion mittels Waren« (Sraffa 1976) sowie durch den Kauf und Verkauf von Waren oder die Erbringung und den Verkauf von Dienstleistungen beruhen.

Produktion, Verkauf und Kauf im Kapitalismus haben demnach zwei Zwecke: erstens die Erzielung von Gewinn, zweitens die Vermehrung von Kapital. Wir sollten uns jetzt Gedanken darüber machen, welcher der beiden Zwecke Priorität hat.

Auf den ersten Blick scheint dies die Erzielung von Gewinn zu sein, denn es ist schwer einzusehen, weshalb jemand sein Kapital einsetzen sollte, ohne sich davon Gewinn zu versprechen.

Andererseits ist in diesem Punkt der Unterschied zu anderen Gesellschaften gar nicht so groß. Seit der sogenannten »Agrarischen Revolution«[6] am Ende der Jungsteinzeit (ca. 8000 v. u. Z.[7]) hat es nichtkapitalistische Gesellschaften innerhalb einer zeitlich-räumlichen Abfolge (vom Zweistromland über den Mittelmeerraum bis nach Nord-, West- und Mitteleuropa) gegeben, in denen eine vor den anderen Gesellschaftsmitgliedern privilegierte Gruppe sich Güter aneignete, die jene anderen Gesellschaftsmitglieder erarbeiteten. Der kapitalistische Gewinn würde sich – so gesehen – davon nur dadurch unterscheiden, dass er innerhalb einer Marktwirtschaft erzielt wird. Würde er von seinen Eigentümern restlos verbraucht und nicht wenigstens teilweise zu neuer Produktion oder zur Bereitstellung neuer Dienstleistungen investiert, würde man nicht von einer kapitalistischen Gesellschaft sprechen, denn es fehlt das zweite Merkmal: die Vermehrung der für den Zweck der Gewinnerzielung eingesetzten Mittel, also des Kapitals. Kapital gilt nur dann als Kapital, wenn es vermehrt – inzwischen geläufiges Fremdwort: akkumuliert – wird. Diese ständige Vermehrung der eingesetzten Mittel ist das Merkmal, durch das sich der Kapitalismus von vorangegangenen Gesellschaften in der Substanz (also nicht nur der Form nach) unterscheidet. Auf ihr beruht das Wachstum, das nachgerade als ein Erfolgskriterium kapitalistischer Gesellschaften gilt: stagnieren oder schrumpfen sie, gilt dies als ein gesellschaftlicher Schaden.

---

6 In diesem Text wird häufig der Begriff »Revolution« verwendet. In allen diesen Fällen soll dies in folgendem sehr allgemeinem Sinn verstanden werden: »Das aus dem Sprachschatz der Astronomen stammende Wort Revolution soll erstmals 1688 im Englischen in der Bedeutung von Umsturz, Zerstörung einer etablierten Gesellschaft verwendet worden sein.« Braudel 1990 III: 600. Die Anwendung auf frühere Perioden ist dann keine Rückprojektion, wenn – wie hier und im Folgenden geschehen – jener allgemeinste Wortsinn, der nicht an ein bestimmtes Ereignis (etwa die »Glorious Revolution« in Großbritannien 1688) allein gebunden ist, verwandt wird.

7 v. u. Z = vor unserer Zeitrechnung, u. Z. = unserer Zeitrechnung [G. F.]

In seinem Buch »*The Nature and Logic of Capitalism*« hat der US-amerikanische Ökonom Robert Louis Heilbroner (1919–2005) den »*Drive to Amass Capital*« – den Drang oder Trieb zur Kapital-Akkumulation – als die zentrale Eigenschaft der kapitalistischen Gesellschaft bezeichnet (Heilbroner 1986: 33-52) – also nicht die Gewinnerzielung!

Diese Antwort zieht allerdings eine neue Frage nach sich, nämlich: Warum soll denn Kapital vermehrt – angehäuft, akkumuliert – werden?

Dass Kapitalisten Gewinn erzielen wollen, erscheint plausibler. Er stellt ihr Einkommen und – falls sie keine anderen Ressourcen haben – ihren Lebensunterhalt dar.

Warum aber zweigen sie einen Teil dieses Gewinns ab, um ihn als zusätzliches Kapital einzusetzen?

Man könnte dies durch die Konkurrenz auf den Märkten begründen. Wer mehr Maschinen hat, wird mehr Waren erzeugen und diese – wenn der Ausstoß pro eingesetzter Maschine schneller wächst als die zusätzlichen Kosten für den Einsatz dieser Maschine (»Economies of Scale«) – billiger verkaufen können. Konkurrenten werden dadurch aus dem Markt gedrängt. Diese werden dadurch genötigt, sich dieselbe zusätzliche Technik zu verschaffen (also ebenfalls Kapital zu akkumulieren) und vielleicht die anderen ihrerseits darin zu übertreffen. Falls sie sich dazu entschließen sollten, im Wettbewerb durch ein neues Produkt Vorteile zu erzielen (»Produktinnovation«), wird dies wohl nicht immer durch die Einbehaltung bisherigen Kapitals zu neuen Zwecken geschehen, sondern auch durch Einsatz von zusätzlichem Kapital.

Kapitalakkumulation wäre dann eine Art präventiver Notwehr, in der sich Marktteilnehmer davor schützen, durch Kapitalstärkere aus dem Markt gedrängt werden, indem sie versuchen, selbst mehr Kapital einzusetzen als diese (und damit dann diese ihrerseits zu verdrängen).

Von einer solchen eher technischen Erklärung hält Heilbroner unverkennbar nichts. Er bringt Gewinn und Akkumulation in eine enge Verbindung und entdeckt Parallelen zu ihnen in vorkapitalistischen Gesellschaften: Gewinn entsteht durch eine asymmetrische Beziehung auf dem Markt. Solche Asymmetrien gab es auch dort, wo Erzeugnisse von Arbeit nicht auf einem Markt, sondern durch außerökonomischen

Zwang durch Stärkere angeeignet wurden: durch die Herrscher in der orientalischen Despotie, durch die Sklavenhalter in der Antike und durch die Grundherren im Feudalismus. Dies gelang ihnen aufgrund ihrer Macht. Sie ermöglichte Herrschaft über andere Gesellschaftsmitglieder, deren ideologischer Ausdruck als Prestige sichtbar wurde.

Diese Triebkräfte – Streben nach Macht (*power*) (Ebd.: 45), Herrschaft (*domination*) (Ebd.: 38) und Prestige (*prestige*) (Ebd.: 43 f.) – liegen laut Heilbroner auch der Akkumulation von Kapital zugrunde. Ihre Befriedigung ist Mittel und Zweck zugleich. Der Unterschied zu früheren Gesellschaften liege darin, daß sie auf dem Markt realisiert werden. Also: für Heilbroner ist Kapitalismus *marktvermittelte Herrschaft*.[8]

8 Ähnlich wie Heilbroner Akkumulation letztlich auf eine Art Triebökonomie zurückführt, bemühte sich Theodor W. Adorno um die Aufdeckung von Ursachen wirtschaftlichen Verhaltens, die nicht auf Konkurrenz zurück- sondern diesen vorausgehen: »Auch in der hochliberalen Gesellschaft war nicht Konkurrenz das Gesetz, nach dem sie funktionierte. Diese war stets ein Fassadenphänomen. Die Gesellschaft wird zusammengehalten durch die wenn auch vielfach mittelbare Drohung körperlicher Gewalt, und auf diese geht die ›potentielle Feindseligkeit‹ zurück, die sich in Neurosen und Charakterstörungen auswirkt.« Adorno 2003a: 32. Siehe auch die folgende – auf die Zustände in den hochentwickelten kapitalistischen Gesellschaften der fünfziger Jahre des 20. Jahrhunderts bezogene, erstmals 1955 veröffentlichte und 2003 in dessen Gesammelte Schriften aufgenommene – Überlegung Adornos: »Sicherlich kommt das rationale ökonomische Verhalten des Individuums nicht bloß durch den ökonomischen Kalkül, das Gewinnstreben, zustande. Das hat man viel eher nachträglich konstruiert, um durch eine dem Sachverhalt wenig Neues hinzufügende Formel sich die vom Individuum aus keineswegs selbstverständliche Rationalität des durchschnittlichen wirtschaftlichen Verhaltens einigermaßen zurechtzulegen. Wesentlicher als subjektives Motiv der objektiven Rationalität ist die Angst. Sie ist vermittelt. Wer sich nicht nach den ökonomischen Regeln verhält, wird heutzutage selten sogleich untergehen. Aber am Horizont zeichnet die Deklassierung sich ab. Sichtbar wird die Bahn zum Asozialen, zum Kriminellen: die Weigerung, mitzuspielen, macht verdächtig und setzt selbst den der gesellschaftlichen Rache aus, der noch nicht zu hungern und unter Brücken zu schlafen braucht. Die Angst vorm Ausgestoßenwerden aber, die gesellschaftliche Sanktionierung des gesellschaftlichen Verhaltens hat sich längst mit anderen Tabus verinnerlicht, im einzelnen niedergeschlagen. Sie ist geschichtlich zur zweiten Natur geworden; nicht umsonst bedeutet Existenz im philosophisch unverderbten Sprachgebrauch ebenso das natürliche Dasein wie die Möglichkeit der Selbsterhaltung im Wirtschaftsprozess. Das Über-Ich, die Gewissensinstanz, stellt nicht allein dem einzelnen das gesellschaftlich Verpönte als das An-sich-Böse vor Augen, sondern verschmilzt irrational die alte Angst vor der physischen Vernichtung mit der weit späteren, dem gesellschaftlichen Verband nicht mehr anzugehören, der anstatt

Kozo Uno

Wir haben gesehen, wie Fernand Braudel und Immanuel Wallerstein den Kapitalismus nicht nur aufgrund seiner logischen Struktur, sondern auch aufgrund seiner historischen Entwicklung definierten. Bei Wallerstein entstand die für diese Gesellschaft typische Asymmetrie aus der Interaktion eines kapitalistischen Kernbereichs mit externen und internen Peripherien: Warenproduktion hat einen Bereich der Nicht-Waren-Produktion (zum Beispiel nicht entlohnte Hausarbeit) zur Voraussetzung. Der Nichtkapitalismus ist eine der Existenzbedingungen des Kapitalismus. Marx kennt diese Überlegung für die Entstehungsperiode des Kapitalismus, nicht aber für dessen voll entwickelte Form.

Hat dieser voll entwickelte Kapitalismus – also ein Kapitalismus, für den es kein nichtkapitalistisches Hinterland mehr gibt – eine historische Entwicklung, die mehr ist als eine Abfolge von Ereignissen in einer kapitalistischen Welt, deren Struktur unverändert bleibt? Marx und Max Weber haben diese Frage nicht gestellt. Die Zukunft des Kapitalismus bestand für Marx in seiner Aufhebung.

Der japanische Ökonom Kozo Uno (1897 – 1977) dagegen kennt eine innerkapitalistische Strukturveränderung. Er unterscheidet

> »Allgemeine Regeln des Wirtschaftslebens« (general norms of economic life) (Uno 1980: XIX), eine »rein kapitalistische Gesellschaft« (a Purely Capitalist Society[9]), die »Stufentheorie kapitalistischer

---

der Natur die Menschen umgreift. Diese aus atavistischen Quellen gespeiste und vielfach weit übertriebene gesellschaftliche Angst, die freilich neuerdings wieder jeden Augenblick in Realangst übergehen kann, hat solche Gewalt akkumuliert, daß der schon ein moralischer Heros sein müsste, der ihrer sich entledigte, selbst wenn er das Wahnhafte daran noch so gründlich durchschaute.[…] Die Überzeugung von der durchsichtigen Rationalität der Ökonomie ist eine Selbsttäuschung der bürgerlichen Gesellschaft nicht weniger als die von der Psychologie als zureichendem Grund des Handelns. Jene Rationalität gründet im physischen Zwang, der leiblichen Qual, einem materiellen Moment, das innerökonomische ›materielle Beweggründe‹ ebenso übertrifft, wie es die psychologische Triebökonomie sprengt.« Adorno 2003b: 46-48.

9 Vgl. bereits den Untertitel von Unos Buch: Theory of a Purely Capitalist Society.

> Entwicklung« (the stages-theory of capitalist development) (Ebd.: XXIII) und »die empirische Analyse des gegenwärtigen Zustandes des Kapitalismus auf der niedrigsten Abstraktionsebene« (the empirical analysis of the current state of capitalist economy at the least abstract level) (Ebd.)

Die »*allgemeinen Regeln des Wirtschaftslebens*« umfassen einen Teil dessen, was Braudel »*la vie matérielle*« (deutsche Übersetzung: »*das materielle Leben*«) nannte, jetzt aber beschränkt auf in allen Gesellschaften unausweichliche Notwendigkeiten der Produktion und des Konsums (während bei Braudel auch kulturelle Momente von Bedeutung sind). Es sind

> »die allgemeinen Regeln des Wirtschaftslebens, denen gemäß Menschen materielle Güter für ihren Lebensunterhalt produzieren, verteilen und verbrauchen, um ihre Existenz zu sichern« (the general norms of economic life, according to which men produce, distribute, and consume material means of livelihood so as to ensure their existence.) (Ebd.: XIX.)

Die »*rein kapitalistische Gesellschaft*« (Purely Capitalist Society) bei Uno ist nichts anderes als die kapitalistische Gesellschaft in ihrer von Marx im »Kapital« analysierten Form. Ganz offenbar geht Uno davon aus, dass sie historisch einmal bestanden habe: in Großbritannien in der Industriellen Revolution. Diese Form der kapitalistischen Gesellschaft aber bestehe nicht mehr. Ohne dass sie aufgehört habe, eine kapitalistische Gesellschaft zu sein, sei sie in andere Phasen eingetreten. Uno selbst kannte wohl nur eine davon, und diese lernte er im Werk eines anderen Theoretikers kennen: bei Rudolf Hilferding mit seinem Buch »*Das Finanzkapital*« (Hilferding 1968), das 1910 erstmals veröffentlicht worden ist. Hier vertrat Hilferding die Auffassung, dass der Kapitalismus der freien Konkurrenz in den Monopolkapitalismus übergegangen sei und dass sich in ihm das Industriekapital mit dem Bankkapital zu einem neuen Typ verbunden habe: eben dem Finanzkapital.

Exkurs: Das Verhältnis von Logischem und Historischem

Kozo Unos wissenschaftliches Werk ist sehr umfangreich. Auf Japanisch erschien eine mehrbändige Ausgabe. Leider ist nur ein umfangreicherer Text von ihm ins Englische übersetzt worden – eben die »*Principles of Political Economy*«. Deshalb kann ich nicht überprüfen, wie er weitere Stadien kapitalistischer Entwicklung in anderen Schriften bestimmt. Die Annahme vom kapitalistischen Formwandel ist in den siebziger Jahren – unabhängig von Kozo Uno – in Frankreich von der sogenannten »Regulationsschule« aufgestellt worden. (Vgl. z. B.: Aglietta 1979) Sie geht davon aus, dass es nicht *den* Kapitalismus gibt, sondern verschiedene Kapitalismen. Diese unterscheiden sich nicht nur ökonomisch, sondern auch politisch und kulturell. Wichtige Kriterien sind hier u. a. die Beziehungen der einzelnen Gruppen von Eigentümern und Nichteigentümern (in marxistischem Sprachgebrauch: »Klassen«) an Produktionsmitteln zueinander, das Verhältnis von Staat und Ökonomie, ja auch kulturelle Konstellationen. Dabei sind die einzelnen Kapitalismus-Typen nicht nur zeitlich, sondern auch räumlich zu unterscheiden. (Man denke an die gegenwärtigen Differenzierungen zwischen einem »rheinischen« und einem »angelsächsischen« Kapitalismus.)

Ein Vorteil dieser Typologisierungen ist die Tatsache, dass sie die Gesellschaft als Ganze in die Betrachtung mit einbezieht. Zu den Nachteilen gehört, dass die relative Präzision ökonomischer Begriffsbildung – die neuerdings in wachsendem Maße sogar zu mathematischen Modellierungen fort- (oder zurück-?)entwickelt worden ist, sich auf gesamtgesellschaftliche Verhältnisse nur schwer ausdehnen lässt. Die größere Reichweite wird also durch einen Mangel an Präzision erkauft. Wahrscheinlich ist dies sogar unvermeidlich angesichts nicht so sehr der Komplexität gesellschaftlicher Verhältnisse (Konstellationen, die von Physik, Chemie, Biologie und insbesondere Ökologie erforscht werden, sind gewiss ebenso komplex), sondern ihrer Historizität: neben einer Struktur gibt es zugleich Abläufe, die nicht im Experiment simuliert, also auch nicht modelliert werden können. Anders als in einigen Geisteswissenschaften – z. B. den Philologien und der Geschichtswissenschaft – reicht aber ein positiver »Quellenbestand« nicht aus. Insofern empfiehlt es sich eben doch, zunächst von einem abstrakten und »logischen« Begriff von Kapitalismus auszugehen, wie er in unserer »eigenen« Definition versucht wurde. Methodisch ist hier eine Anlehnung an Max Webers »*Idealtypen*«[10] sinnvoll. Dabei sollte den Kern der Definition aber doch die ökonomische Konstellation im engeren Sinn bilden.

Eine Erweiterung der historisch-materialistischen Kapitalismus-Definition (Karl Hermann Tjaden)

Zu den Eigenschaften, die dem Kapitalismus im Vergleich zu anderen Gesellschaften häufig zugeschrieben werden, gehört seine Effektivität. Darunter wird das Verhältnis der neu erzeugten Güter – ausgedrückt in Preisen – zu den für ihre Herstellung notwendigen Gütern, Dienstleistungen und Arbeitsaufwendungen verstanden. Wir können uns dies am besten als einen Quotienten vorstellen, bei dem über dem Bruchstrich die Preise der neu erzeugten Güter stehen, unter dem Strich aber die Preise für Rohstoffe, Halbprodukte, Dienstleistungen sowie die Löhne. Dieser Quotient drückt ein Wachstum aus, das seinerseits das Maß der Effizienz ist.

Dabei sind zwei Bereiche zu unterscheiden. Der eine ist der Betrieb. Seine Kalkulation hat Kosten und Erlöse in ein Verhältnis zueinander zu setzen.

---

8 Hierzu vgl. Weber 1985: 4: »›Verstehen‹ heißt in allen diesen Fällen: deutende Erfassung: a) des im Einzelfall real gemeinten (bei historischer Betrachtung) oder b) des durchschnittlich und annäherungsweise gemeinten (bei soziologischer Massenbetrachtung) oder c) des für den *reinen Typus* (Idealtypus) einer häufigen Erscheinung wissenschaftlich zu konstruierenden (›idealtypischen‹) Sinnes oder Sinnzusammenhangs. Solche idealtypischen Konstruktionen sind z. B. die von der reinen Theorie der Volkswirtschaftslehre aufgestellten Begriffe und ›Gesetze‹. Sie stellen dar, wie ein bestimmt geartetes, menschliches Verhalten ablaufen *würde, wenn* es streng zweckrational, durch Irrtum und Affekte ungestört, und *wenn* es ferner ganz eindeutig nur an einem Zweck (Wirtschaft) orientiert wäre. Das reale Handeln verläuft nur in seltenen Fällen (Börse) und auch dann nur annäherungsweise so, wie im Idealtypus konstruiert.« (Hervorhebungen: Weber)

Daneben kann man sich auch Gedanken über eine nicht nur einzelbetriebliche, sondern auch gesamtgesellschaftliche Effektivität machen. Mit diesem Thema hat sich der Soziologe Karl Hermann Tjaden in einem Lexikonartikel (Tjaden 1990: 364-388) beschäftigt.

Zunächst einige Definitionen:

> »Die kapitalistische Produktionsweise vereinigt die Arbeitskraft lohnabhängiger Arbeitskräfte und die Produktionsmittel kapitalistischer Unternehmungen als Verkörperungen privaten Vermögens mit dem Ziel, ein Mehrprodukt zu erzeugen, das so weit wie möglich in zusätzliches Vermögen umgewandelt wird, wobei der ursprüngliche Vermögensbestand erhalten und erneuert wird.« (Ebd.: 365) [...]
>
> »Diese Umwandlung des ›Mehrwert‹ genannten Mehrprodukts in einen Zuwachs des ›Kapital‹ genannten Produktivvermögens – vermittelt durch den Umlauf von Werten und den Gestaltwandel des Kapitals, das zunächst zum Waren- und dann zum Geldkapital wird, ehe es sich wieder in ersetzendes und in zusätzliches Produktivkapital verwandelt – ist das geschichtlich Neue dieser gesellschaftlichen Wirtschaftsweise«. (Ebd.: 365 f.)

Hier zunächst eine Zwischenbemerkung: Gegenüber früheren, von uns bereits zitierten Kapitalismus-Definitionen bringen die Bestimmungen von Karl Hermann Tjaden an dieser Stelle noch nichts Neues. Ich habe sie hier gebracht, weil sie besonders präzise sind. Allerdings enthalten sie einen Terminus, der vorerst noch nicht weiter behandelt werden soll: »Mehrwert«. Dieser Begriff kommt aus der Marxschen Profit-Erklärung, die wir erst später diskutieren werden. Vorerst soll er einfach als »Gewinn« gelten.

Jetzt aber zur Innovation von Tjadens Kapitalismus-Definition. Sie besteht darin, dass er genauer ansieht, was sich unter dem Bruchstrich befindet. Wir erinnern uns: In der betrieblichen Kalkulation steht auf dem Bruchstrich der Gewinn, darunter stehen die Aufwendungen für Rohstoffe, Halbfabrikate, Mieten, Dienstleistungen, Zinsen, Löhne und Steuern. Den Quotienten bezeichnet man traditionellerweise als die

Rendite (in der Sprache der Ökonomen mindestens bis Marx auch als Profitrate). Tjaden geht davon aus, dass der Quotient weit kleiner wäre, wenn auch noch Aufwendungen eingerechnet würden, die für die Produktion ebenfalls notwendig sind, vom Betrieb aber entweder gar nicht oder nur geringfügig bezahlt werden. Was sind das für Aufwendungen? Hierzu wieder ein Zitat:

> »Diese kapitalistische Produktionsweise hat es aber, grundsätzlich nicht anders als andere antagonistische Produktionsweisen auch, so eingerichtet, daß sie die Erzeugung, Ernährung und Erziehung der nachwachsenden Kinder als Aufzucht tauglichen Arbeitsvermögens und legitimer Erben durch die Privatfamilie vornehmen läßt und die Aufschließung, Erkundung und Erhaltung an sich vorhandener Naturreichtümer als Beherrschung zu vergegenständlichender Naturpotentiale und nützlicher Naturgesetze (vgl. MEGA², II 1.2.322) durch die Gesamtgesellschaft.« (Ebd.: 376 f.)

Tjaden stellt also die These auf, dass die Leistungen der Familien für die Bereitstellung von künftigen Arbeitskräften sowie die staatliche Erschließung und Sicherung natürlicher Ressourcen das seien, was Ökonomen zuweilen »externalisierte Kosten« nennen: ihre Ergebnisse machen die Betriebe sich zunutze, ohne für sie überhaupt oder in angemessener Weise zu bezahlen. Auch die staatlichen Infrastrukturleistungen müssen eingerechnet werden:

> »Insgesamt läßt sich grundsätzlich feststellen: Im Prozeß der sich erweiternden ökonomisch-sozialen Reproduktion werden um der partikularen Effektivität willen die Herstellung wesentlicher ihrer Vorbedingungen und die Erledigung wesentlicher ihrer Aufgaben auf die Familie, auf den Staat oder auf die Gesamtgesellschaft abgewälzt, was eine entsprechende, ökonomisch spezifizierte Formierung der Gesellschaft erfordert. Ohne Zugriff auf das ungeborene und das heranwachsende Leben, ohne Polizei, Justiz und Staatshaushalt und schließlich ohne die Sicherstellung von zu entdeckenden und zu entwickelnden Naturmitteln der Reproduktion

> keine rentierliche Produktion, das sind, bei aller Würdigung der infrastrukturellen und militaristischen Großtaten des modern-bürgerlichen Staats, die Hauptleistungen dieser Gesellschaftsformation.« (Ebd.: 378)

Um die gesellschaftlichen Aufwendungen, die nicht in die betriebliche Kalkulation eingehen, erfassen zu können, zieht Tjaden eine »*Theorie sozialer Kosten*« (Ebd.: 379) von K. William Kapp (Kapp 1950; Kapp 1987; Kapp 1988) heran. Zu diesen sozialen Kosten gehören seiner Meinung nach:

> »das Anschwellen der industriellen Reservearmee von Arbeitslosen, die Erschöpfung von natürlichen Reichtumsquellen, die Verelendung von Bevölkerungsteilen durch Hunger und Krankheit und die Zerstörung von Teilen der Naturhaushalte, und dies im lokalen, im regionalen und im globalen Maßstab.« [...] »Einzelwirtschaftlich kommen sie zustande durch Stückkostenersparnis vermittels sprunghaften technisch-organisatorischen Fortschritts in Extraktion, Produktion und Transport, Freisetzung von Arbeitskräften und Verdichtung der verbleibenden Arbeit, Steigerung der Anlagenauslastung durch wachsenden Material- und Energieumsatz sowie vermittels des Wachstums des Ausstoßes von Produkten, Abprodukten und Emissionen.« (Ebd.: S. 379 f.)

Bei dem Versuch, Effizienzmängel durch Umweltschädigung zu analysieren, stützt sich Tjaden u. a. auf den Biologen und Gesellschaftswissenschaftler Barry Commoner. (Commoner 1971) Die Schäden entstehen nicht nur durch Ressourcenverschleiß, sondern auch durch die Überlastung von Senken (Atmosphäre, Boden) durch Abfälle und Abwärme.

Tjaden stellt in die *gesellschaftliche* Kosten-Nutzen-Rechnung also einige Posten ein, die in der *betrieblichen* Kosten-Nutzen-Rechnung in der Regel fehlen. Dies gilt unter anderem für das, was in der Ökonomie als die sogenannten »freien Güter« bezeichnet wird. Wir haben sie beim Versuch einer eigenen Kapitalismus-Definition bereits kurz erwähnt.

Sie sind für die Produktion oder die Entsorgung nach der Produktion unentbehrlich, kosten aber nichts. Gesetzliche Vorschriften zur »Internalisierung« dieser bislang »externalisierten« Kosten versuchen dem ansatzweise entgegenzuwirken, doch ist vorstellbar, daß eine vollständige Internalisierung die Rentabilität enorm senken würde.

Dividieren wir den Gewinn durch

- das eingesetzte Kapital,
- die tatsächlichen Ausgaben für knapper werdende Ressourcen, Umweltschutz, Vor- und Nachsorge kapitalistisch verursachter Beeinträchtigung von Gesundheit,
- die potentiellen Aufwendungen für solche notwendigen Maßnahmen, die heute unterbleiben, wodurch aber Folgeschäden entstehen,

so zeigt der Quotient die gesamtgesellschaftliche – also nicht nur die betriebswirtschaftliche – *ökonomische* Effektivität an. Sie sinkt in dem Maße, in dem immer mehr Posten in den Nenner eingestellt werden müssen. Überdies ist sie gepaart mit mangelhafter *technischer* Effektivität u. a. aufgrund schlechter Wirkungsgrade in der Stromerzeugung und unzureichender Rezyklierbarkeit von Abfallstoffen. Tjaden spricht in diesem Zusammenhang von einer »*Degressivität ökonomischer Effektivität*« und einer »*Restriktivität technischer Effektivität*«. (Ebd.: 383)

Hierzu nun im einzelnen und im Zusammenhang:

> »Die *Degressivität ökonomischer Effektivität*, ausgedrückt in der Verwirklichung eines gebremsten Profitratenfalls, kommt trotz der Reduktion ökonomisch-sozialer Reproduktion auf bezahlte Verausgabung von Arbeitskraft, bezahlte Nutzung von Naturquellen und bezahlten Sachmittelverbrauch zustande, wenn auch verstärkt durch indirekte Effekte dieser Reduktion in Gestalt eines gesteigerten Kapitalaufwands: für steigende Aufbringungskosten infolge Nichtersetzung von Ressourcen und für steigende Abwehrkosten infolge Freisetzung von Emissionen; begründet ist sie in insgesamt

> steigendem Kapitaleinsatz. Die *Restriktivität technischer Effektivität*, ausgedrückt in niedrigen energetischen Wirkungsgraden nach dem Zweiten Hauptsatz der Wärmelehre beziehungsweise niedrigen Stoffausnutzungsgraden, beruht auf dem konstitutiven Defizit der technisch-naturalen Reproduktion dieser Produktionsweise, nämlich dem Verschleiß nicht-generierbarer Energieträger und dem Anfall nicht-rezyklierbarer Stoffsubstanzen, die eo ipso natural-technische Nicht-Reproduktivität bedeuten. Die technische Effektivität des genannten Typs ergibt sich durch Vergleiche der tatsächlichen mit der nach Maßgabe objektiver Möglichkeit möglichen Wirkung eines Aufwands. Da die Unzulänglichkeiten der ökonomischen und der technischen Wirkungsgrade zusammengenommen sich in bestimmter Weise kombinieren, kann von einer wirksamen Umsetzung der geschichtlich erreichten Wirkungsfähigkeit der Menschen gegenüber der Natur im Spätstadium der k[apitalistischen]. G[esellschaftsformation]. wirklich keine Rede sein. [...] Aus all diesen Gründen wird [...] in einer typischen hoch- bzw. überentwickelten k[apitalistischen]. G[esellschaftsformation]. mit einem unangemessenen hohen Aufwand an gesellschaftlicher Arbeit nur eine durchaus begrenzte Menge gesellschaftlich brauchbarer Gebrauchswerte erzeugt.« (Ebd.: 383)

Hier haben wir einen neuen Begriff, den des »überentwickelten Kapitalismus«. Er sei, um es zu wiederholen, dadurch definiert, dass

> »mit einem unangemessenen hohen Aufwand an gesellschaftlicher Arbeit nur eine durchaus begrenzte Menge gesellschaftlich brauchbarer Gebrauchswerte erzeugt wird«.

Die gegenwärtige Effektivität bleibe hinter der durch gebrauchswertorientierte (also nicht vorwiegend am Profit orientierte) und aufwandsmindernde Arbeitssteuerung zu erzielenden günstigeren »reproduktiv-systemaren Effektivität einer Volkswirtschaft« (Tjaden 1992: 213) zurück.

Exkurs: Eine erste Ergänzung der Kapitalismus-Definition

Wir haben ganz am Anfang unserer Überlegungen eine eigene kurz gefasste Kapitalismus-Definition versucht. Nach dem vorstehenden Durchgang durch verschiedene andere Kapitalismus-Erklärungen müssen wir sie nicht verändern, aber wir können sie ergänzen:

Kapitalismus beruht auf ungleichem Tausch (Braudel) sowie marktvermittelter Herrschaft (Heilbroner), und zumindest in seiner bisherigen Geschichte war er mit starkem Ressourcenverschleiß und mit zunehmender Belastung von Senken verbunden. (Commoner/Kapp/Tjaden).

Der letzte Gesichtspunkt – Ressourcenverschleiß und Belastung von Senken – ist allerdings nicht kapitalismus-spezifisch. Er findet sich auch in vorkapitalistischen Gesellschaften. Die im Vergleich zu ihnen enorm gesteigerte Arbeitsproduktivität im Kapitalismus hat allerdings zu einem viel höheren Materialaufwand und damit zu gesteigertem Ressourcenverschleiß und weitaus erheblicherer Senken-Belastung geführt. Offen muss bleiben, ob durchaus schon vorhandene Techniken zu ihrer Behebung (z. B. regenerative Energietechniken) innerkapitalistisch in ausreichendem Maße angewandt werden.

Ebenso wie Ressourcenverschleiß und Senkenbelastung ist auch das Patriarchat nicht kapitalismusspezifisch. Es geht bis auf die Entstehung der südwesteurasischen Zivilisation ca. 4000 Jahre v. u. Z. zurück und bedeutet die Unterordnung der Frauen unter die Männer, insbesondere die Dienstbarmachung ihres Reproduktions(=Gebär-)vermögens bei der Herstellung und Aufrechterhaltung von Herrschafts- und Aneignungsverhältnissen. (Tjaden-Steinhauer 2009)

2. Auf der Suche nach dem Gewinn

Die Rekapitulation von Kapitalismus-Definitionen hat ergeben: Kapitalismus ist Akkumulation der Produktionsmittel aus dem Gewinn. Es bleibt die Frage: Wie entsteht der Gewinn? Auch hier lassen wir verschiedene Theorien Revue passieren.

Adam Smith

Adam Smith (1723 – 1790) gilt – nach mehreren Vorläufern – als der Begründer der Wirtschaftswissenschaften oder – wie man im 19. Jahrhundert im englischen Sprachgebiet oft sagte – der Political Economy (Politische Ökonomie). Dieser Begriff meint, dass wirtschaftliches Handeln zugleich als gesamtgesellschaftliches Handeln verstanden wird.[11]

In seinem ökonomischen Hauptwerk »*An Inquiry into the nature and causes of the Wealth of Nations*«[12] (1776) führt Smith den Wohlstand der Nationen auf die menschliche Arbeit zurück. Eine weitere Quelle ist die Fruchtbarkeit der Natur, die aber erst durch Arbeit genutzt werden

11 In der Folgezeit, sowohl bei David Ricardo als auch bei Karl Marx und ihren jeweiligen Zeitgenoss(inn)en, bedeutete »Politische Ökonomie« nichts anderes als »Volkswirtschaftslehre« oder »Nationalökonomie«, also die Lehre von der Wirtschaft in ihrem gesellschaftlichen Gesamtzusammenhang, der damals in erster Linie noch als ein nationaler Komplex, aber doch auch schon im Verhältnis zum Außenhandel, gesehen wurde. Das schloß die Beziehung zur »Politik« im engeren Sinn ein. Dieser Sprachgebrauch wird hier beibehalten. Die Ausgliederung der Betriebswirtschaftslehre aus der Politischen Ökonomie erfolgt seit Ende des 19. Jahrhunderts, hat aber frühe Vorläufer, z. B. die landwirtschaftliche Betriebslehre bei Johann Heinrich von Thünen (er sah sie als Bestandteil seiner Theorie von der Organisation des – selbstverständlich vor allem außerbetrieblichen – Wirtschaftsraums).

12 Deutsch: Smith, Adam: Der Wohlstand der Nationen. Eine Untersuchung seiner Natur und seiner Ursachen. Aus dem Englischen übertragen und mit einer umfassenden Würdigung des Gesamtwerkes herausgegeben von Horst Claus Recktenwald. 4. Aufl. München 1988. (Smith 1988)

muss. Ein Überschuss an Produkten über den Einsatz von Rohstoffen und Werkzeugen hinaus wird durch die Teilung der Arbeit gesteigert. Sie ist für Adam Smith die Quelle für die Erhöhung der Arbeitsproduktivität. In einer arbeitsteiligen Gesellschaft erzeugt in der Regel kein einziger Mensch für sich allein all das, was er zum Leben braucht. Die Menschen produzieren Waren, die sie gegen andere Waren auf dem Markt eintauschen. Auf dem Markt decken sie sich mit den Waren ein, die sie benötigen, aber nicht selbst erzeugen, und im Austausch gegen diese Waren geben sie ihr eigenes Produkt.

Die Gesamtheit der von den Marktteilnehmer(inne)n erzeugten und verbrauchten Waren ist ihr Volkseinkommen: das, was Adam Smith als »*Wealth of Nations*« bezeichnet.

Die Bevölkerung zerfällt bei Smith in drei Hauptklassen: Arbeiter, Unternehmer, Grundeigentümer. Sie steuern zur Produktion Unterschiedliches bei:

- die Arbeiter ihre Arbeitsleistung,
- die Unternehmer das Kapital (= die Produktionsmittel),
- die Grundeigentümer verpachten oder verkaufen Land.

Dementsprechend entstehen drei verschiedene Einkommen:

- Lohn (»wages«) für die Arbeiter,
- Gewinn (»profit«) für die Unternehmer,
- Grundrente (»rent«) für die Grundeigentümer.

Die Höhe von »*wages*«, »*profit*« und »*rent*« bestimmt sich nach Angebot und Nachfrage von Arbeit, Kapital und Boden. Dies sind deren »Marktpreise«. Sie können auf Dauer aber nicht unter einen Mindestsatz sinken, der sich nach den Lebenshaltungskosten der Arbeiter, den Kosten der Produktionsmittel (= des Kapitals) und den Erwerbskosten von Grund und Boden bemisst. Dieser Mindestsatz ist bei Adam Smith der »natürliche Preis«, um den der »Marktpreis« oszilliert. Da nach Smith alle Waren durch Arbeit erstellt werden, muss ihr Preis letztlich durch die Menge der in ihnen verkörperten

Arbeit bestimmt sein. Smith ist – wie schon einige seiner Vorgänger[13] – »Arbeitswerttheoretiker«. Darunter verstehen wir alle Ökonomen, die der Auffassung sind, der Preis einer Ware entspreche der in der Menge einer standardisierten Ware – Geld, damals meist Silber oder Gold – gemessenen Menge an Arbeitszeit, die auf die Herstellung dieser Ware verwandt wurde.

(Zwischenbemerkung: Wir gebrauchen die Begriffe »Wert« und »Preis« hier zunächst synonym. Die Problematik dieser Begriffsbildung wird später noch erörtert.)

Da bei Smith alle Waren mithilfe von Boden, Kapital und Arbeit erstellt werden, der Preis von Boden, Kapital und Arbeit aber durch Grundrente, Profit und Lohn festgelegt ist, besteht auch der Preis der Waren aus der Summe von Grundrente, Profit und Lohn:

> »Der wirkliche Wert aller Bestandteile des Preises, das sollte man beachten, wird mit Hilfe der Arbeitsmenge gemessen, welche man mit jedem einzelnen Teil kaufen oder beanspruchen und einsetzen kann. Arbeit mißt nicht nur den Wert des Bestandteiles eines Preises, welcher sich in Arbeit verwandelt, sondern auch jenen, der sich in Rente und Gewinn auflöst.« (Smith 1988: 44)
>
> »Eine Ware wird dann zu dem verkauft, was man als ihren natürlichen Preis bezeichnet, wenn der Preis genau dem Betrag entspricht, der ausreicht, um nach den natürlichen Sätzen die Grundrente, den Arbeitslohn und den Kapitalgewinn zu bezahlen, welche anfallen, wenn das Produkt erzeugt, verarbeitet und zum Markt gebracht wird.« (Ebd.: 48 f.)

Dass diese Waren auf Arbeit beruhen, entnehmen wir bereits dem ersten Satz des Buches *»Der Wohlstand der Nationen«*:

> »Die jährliche Arbeit eines Volkes ist die Quelle, aus der es ur-

13 Zu diesen Vorläufern und zur Geschichte der Lehre von der Wertbildung von Waren vgl. Hofmann, Werner: Wert- und Preislehre. Dritte Auflage. Berlin 1971. (= Sozialökonomische Studientexte. Herausgegeben von Werner Hofmann. Bd. 1) (Hofmann 1971)

sprünglich mit allen notwendigen und angenehmen Dingen des Lebens versorgt wird, die es im Jahr über verbraucht. Sie bestehen stets entweder aus dem Ertrag dieser Arbeit oder aus dem, was damit von anderen Ländern gekauft wird.« (Ebd.: 3)

Beim Vergleich der beiden Zitate stoßen wir auf einen Widerspruch:

Wenn der Wert/Preis der Waren sich einerseits aus Grundrente, Profit und Lohn zusammensetzt, andererseits vollständig auf Arbeit beruht, dann müssten Grundrente, Profit und Lohn jeweils auf Arbeit zurückgeführt werden können.

Beim Lohn ist das evident. Wie aber steht es mit der Grundrente?

Sie ist der Preis für die Überlassung von Land. Dort muss gesät, geerntet, kurz: gearbeitet werden, und für diese Arbeit wird Lohn gezahlt. Die Arbeit wird aber nur auf das Land verwandt, weil dieses fruchtbar ist. Diese Fruchtbarkeit ist – sehen wir hier einmal von Arbeiten ab, die zu ihrer Erhaltung und Förderung erbracht werden müssen: Meliorieren, Bewässern, Düngen – eine natürliche Eigenschaft des Bodens, und für die Überlassung dieser Eigenschaft bekommt der Eigentümer des Bodens Grundrente. Gearbeitet hat er dafür aber nicht.

Der Profit ist Ertrag aus der Anwendung des Kapitals. Nehmen wir einmal an, dieses Kapital bestehe aus Produktionsmitteln oder Rohstoffen, dann ist davon auszugehen, dass die Rohstoffe durch Arbeit geborgen oder gefördert und die Produktionsmittel – z. B. Maschinen – durch Arbeit erzeugt wurden; nehmen wir ferner an, dass diese Arbeit nicht vom Unternehmer erbracht wird, sondern von Lohnarbeitern, dann müsste der Profit nicht an den Unternehmer gehen, sondern an die Arbeiter. Dann wäre es nicht mehr Profit, sondern Lohn. Der Unternehmer erhält diesen Profit nicht aufgrund seiner Arbeit, sondern aufgrund seines Eigentums an den Produktionsmitteln, er ist arbeitsloses Einkommen wie die Grundrente auch:

»Unter diesen Umständen gehört der gesamte Ertrag der Arbeit nicht immer dem Arbeiter allein. Er muß ihn in den meisten Fällen mit dem Eigentümer des Kapitals, der ihn beschäftigt, teilen.

> Auch ist nunmehr die Menge Arbeit, die gewöhnlich eingesetzt wird, um eine Ware zu erwerben oder herzustellen, nicht mehr der einzige Faktor, der die Menge der Ware bestimmen kann, zu welcher sie üblicherweise gekauft, beansprucht oder getauscht werden sollte. Offensichtlich muß eine zusätzliche Menge davon für den Gewinn des Kapitals abgezweigt werden, als welchem die Löhne vorgestreckt und das Material für die Arbeit geliefert wird.« (Ebd.: 44)

Wenn der Profit einerseits Bestandteil des Wertes/Preises der Ware ist, andererseits arbeitsloses Einkommen darstellt – wie kann dieser Widerspruch gelöst werden? Mit diesem Thema befasst sich u. a. einer der theoretischen Nachfolger von Adam Smith, David Ricardo.

David Ricardo

Das Hauptwerk von David Ricardo (1772 – 1823) – 1817 erstmals erschienen – hat sich unter anderem zum Ziel gesetzt, die Widersprüche der Arbeitswertlehre bei Adam Smith zu beheben, und zwar dadurch, dass der Grundsatz, der Wert einer Ware beruhe auf Arbeit, noch klarer herausgearbeitet wird. (Ricardo 1994)

Den Gedankengang, in dem dies geschieht, gebe ich im Folgenden anhand einiger zusammenfassender Kapitelüberschriften wieder, die wahrscheinlich nicht von Ricardo selbst, sondern von seinem Lehrer James Mill stammen, aber von Ricardo autorisiert sind.

> »Der Wert einer Ware oder die Quantität einer anderen Ware, gegen die sie ausgetauscht wird, hängt ab von der verhältnismäßigen Menge an Arbeit, die zu ihrer Produktion notwendig ist, nicht aber von dem höheren oder geringeren Entgelt, das für diese Arbeit gezahlt wird.« (Ricardo 1994: 5)

In den anschließenden Ausführungen stellt Ricardo eine Differenz zu Adam Smith fest, dem er vorhält, dass er in seinen Betrachtungen zum

Geldpreis der Waren den Gedanken des Marktpreises im Verhältnis zum natürlichen Preis – also dem Arbeitswert – überbetont.

Dass Arbeiten von unterschiedlicher Qualität sein können, relativiert laut Ricardo die Arbeitswertlehre nicht:

> »Verschieden qualifizierte Arbeit wird verschieden entlohnt. Das ist keine Ursache für die Veränderung des relativen Wertes der Waren.« (Ebd.: 13)

In einem weiteren Schritt stellt Ricardo fest, dass nicht nur die Löhne und der Wert der Rohstoffe, die sofort in der Produktion verbraucht werden, nach Arbeitswert gemessen werden, sondern auch diejenigen der Anlagen:

> »Nicht nur die auf Waren unmittelbar angewandte Arbeit beeinflußt den Warenwert, sondern auch die Arbeit, die auf Geräte, Werkzeuge und Gebäude verwendet worden ist, welche die unmittelbar verausgabte Arbeit unterstützen.« (Ebd.: 15)

Hieraus aber entsteht nun doch eine Komplikation:

> »Der Grundsatz, daß die auf die Produktion von Waren verwendete Menge Arbeit deren relativen Wert bestimmt, wird durch die Anwendung von Maschinerie und anderem fixen und dauerhaften Kapital erheblich modifiziert.« (Ebd.: 22)

Was folgt daraus?

In den folgenden Betrachtungen behandeln wir ausschließlich Kapital und Arbeit bei Ricardo, nicht Grundeigentum und Grundrente, die er an einer anderen Stelle seiner Schrift (Ebd.: 57-72) durchaus einleuchtend mit der Arbeitswertlehre in Übereinstimmung bringt. Nun aber zu Kapital, Arbeit und – hierauf richtet sich ja unser Interesse an dieser Stelle unserer Überlegungen – Gewinn.

Nehmen wir einmal an, für die Herstellung einer Ware werde nur Arbeit aufgewandt. Wie hoch wäre ihr Wert/Preis? Antwort: Ihr Wert/

Preis entspräche der in Geld ausgedrückten Menge der Arbeitsstunden. Wie hoch wäre der Gewinn? Antwort: Wenn der Preis gleich dem Lohn ist, entsteht kein Gewinn.

Nehmen wir jetzt zusätzlich an, es werden Rohstoffe verwandt, die sofort und vollständig in der Ware aufgehen und zu deren Gewinnung ebenfalls ausschließlich Arbeit notwendig ist. Dann müsste auch die in Geld ausgedrückte Menge von Arbeit, die auf die Gewinnung dieser Rohstoffe verwandt wurde, in den Wert/Preis der Ware eingehen. Auch hier ist nicht klar, wie ein Gewinn entstehen soll.

Jetzt nehmen wir drittens an, dass langlebige Produktionsmittel eingesetzt werden. Für ihre Herstellung wird ebenfalls ausschließlich Arbeit verwandt. Sie gehen aber nicht sofort vollständig in ein Produkt ein, sondern bleiben übrig, wenn ein Produkt entstanden ist, während die Arbeitskraft und die Rohstoffe, die unmittelbar in die Ware eingehen, mit dieser sozusagen auf dem Markt verschwinden und damit in deren Preis eingehen. Wird eine Maschine gekauft, muss deren Kaufpreis gezahlt werden. Sie nutzt sich bei der Herstellung einer Ware ab, und der Wert/Preis der abgenutzten Teile geht in den Wert/Preis der Ware ein. Für die noch nicht abgenutzten, aber schon bezahlten Teile der Maschine kann kein Preis erhoben werden. Ein Unternehmer, der Maschinen einsetzt, wäre also im Nachteil gegenüber einem anderen Unternehmer, der neben der Arbeit nur Rohstoffe verwendet, denn der zweite Unternehmer bekommt den vollen Wert seines Einsatzes ja sofort wieder. Um diesen Nachteil auszugleichen, wird der Maschinen-Unternehmer wahrscheinlich einen Aufpreis für die noch nicht vernutzten, aber bereits gekauften Maschinen-Anteile berechnen. Damit läge aber der Wert/Preis dieser Waren oberhalb ihres reinen Arbeitswertes.

Die Frage nach dem Gewinn wäre natürlich auch in diesem Fall noch nicht beantwortet. Formulieren wir den Widerspruch, in dem sich Ricardo – wie Smith – bewegt, noch einmal: Beide führen alle Einkommen – Grundrente, Lohn, Profit – auf Arbeit zurück. Aber nicht alle Bezieher dieser Einkommen arbeiten, sondern nur die Lohnarbeiter. Wie können also Grundrente und Profit auf Arbeit zurückgeführt werden? Dieses Problem wurde von Karl Marx aufgegriffen.

Karl Marx (II)

Auch bei Marx lassen wir aus Darstellungsgründen das – von ihm ebenfalls behandelte – Problem der Grundrente beiseite und beschränken uns auf Kapital und Arbeit.

Im ersten Band seines »Kapital« widerlegt er die Vorstellung, Gewinn könne durch einen Aufpreis erzielt werden, den man dem Preis, zu dem man eine Ware gekauft hat, vor dem Weiterverkauf hinzufügt. Insofern jeder Verkäufer auch Käufer ist, kann angenommen werden, dass dieser Aufschlag auch von dem Verkäufer gezahlt werden muss, der seine Preise in dieser Weise erhöhte. (Marx 1975: 170-181)

Die Lösung des Widerspruchs, den Marx bei Smith und Ricardo vorgefunden hat, nimmt er so in Angriff, dass er sich zunächst auf die Arbeit konzentriert. Als Mindestmaß des Lohns bestimmt er – wie Smith und Ricardo – den Wert aller Waren, die den Arbeiter oder die Arbeiterin instand setzen, überhaupt zu arbeiten: für Nahrung, Kleidung, Wohnung, aber auch für die Aufzucht des Nachwuchses. Dieser Wert lässt sich in den Arbeitsstunden darstellen, die die Herstellung solcher Waren erfordert, und deren Wert wieder in Geld. Weiterhin sei angenommen, dass der Arbeiter/die Arbeiterin bei der Herstellung einer anderen Ware ebenso viele Stunden arbeiten muss, wie zur Herstellung seiner/ihrer eigenen Lebensmittel ebenfalls nötig waren.

Im Anschluss an den Kauf der Mittel für den Lebensunterhalt und deren Konsum entsteht eine dritte Ware: die Arbeitskraft. Diese ist – so nimmt Marx an – imstande, längere Zeit zu arbeiten, als die Arbeitszeit dauert, die für den Erwerb der Lebensmittel (im weitesten Sinn) nötig ist. Arbeitet der Arbeiter/die Arbeiterin über diese Zeit hinaus, entsteht ein zusätzliches Produkt, ein Mehrprodukt. Es gehört dem Eigentümer der Produktionsmittel, denn dieser hat im Arbeitsvertrag den Arbeiter/die Arbeiterin nur unter der Bedingung eingestellt, dass diese/r bereit ist, nicht nur die für die eigene Reproduktion, sondern auch die für die Herstellung des Mehrprodukts notwendige Zeit zu arbeiten. Im Mehrprodukt ist also zusätzliche Arbeitszeit verkörpert, deren Wert heißt Mehrwert.

Sehr vereinfacht (nämlich ohne Berücksichtigung von Rohstoffen und Maschinerie) lässt sich dieser Gedankengang so darstellen:

Nehmen wir an, dass ein Arbeiter oder eine Arbeiterin sechs Stunden arbeiten muss, um eine bestimmte Menge einer Ware – Marx nennt als Beispiel: Garn – zu erzeugen. Nehmen wir weiter an, dass die Erzeugung der Lebensmittel für diesen Arbeiter/diese Arbeiterin ebenfalls sechs Stunden benötigt. Drittens nehmen wir an, dass der Lohn bei der Garnerzeugung 3 Shilling (Marx rechnete in britischer Währung) beträgt. Dieselbe Summe ist für die Lebensmittel zu zahlen. Nehmen wir weiterhin an, dass der Arbeitsvertrag nicht über sechs Stunden abgeschlossen wurde, sondern über zwölf. Dann wird in den Stunden 7 bis 12 noch einmal Garn im Wert von drei Shilling hergestellt, ohne dass noch einmal Lohn gezahlt würde. Das gesamte Garn im Wert von sechs Shilling gehört dem Kapitalisten. Verkauft er es, bekommt er nicht nur die Lohnkosten – drei Shilling – wieder herein, sondern auch drei weitere Shilling für das zusätzliche Garn. Der Mehrwert beträgt somit drei Shilling. (Ebd.: 200-213) Bilden wir den Quotienten aus dem Mehrwert und dem Lohn, dann erhalten wir die Mehrwertrate. Im hier angeführten Beispiel beträgt sie 100 Prozent. Marx zeichnet den Lohn mit v aus, den Mehrwert mit m, die Mehrwertrate mit m'. Die Formel für die Mehrwertrate lautet: m'= m:v.

Dieser Mehrwert wird laut Marx nicht allein vom Industriekapitalisten angeeignet, sondern er wird teilweise weitergeleitet: an den Grundeigentümer für die Grundrente, an einen Kaufmannskapitalisten, der die Organisation des Absatzes übernommen hat, und/oder an einen Gläubiger, der Zins nimmt.

Die Schwierigkeit, die sich bei Smith und Ricardo ergab, scheint bei Marx auf verblüffende Weise behoben. Sie stellt sich aber sofort wieder ein, wenn wir berücksichtigen, dass auch Rohstoffe und Maschinen für die Produktion des Garns notwendig sind. Sie müssen in den Nenner des Quotienten eingestellt werden. Marx nennt diesen Teil der Aufwendungen »konstantes Kapital« und zeichnet ihn als c aus. Die Aufwendungen für Lohn heißen bei ihm »variables Kapital«, hierfür verwendet er, wie gesagt, die Abkürzung v. Das Verhältnis von c zu v nennt Marx die »organische Zusammensetzung« des Kapitals. Ist der Anteil von c zu v hoch, spricht er von hoher organischer Zusammensetzung des Kapitals. Bei relativ niedrigem Anteil von c entsteht eine niedrige organische Zusammensetzung.

Der Wert (W) einer Ware ist die Summe aus Mehrwert und Aufwendungen für Lohn und konstantes Kapital:

W = c+v+m.

Da der Kapitalist c in seine Kosten einstellen muss, interessiert ihn nicht die Mehrwertrate, sondern das Verhältnis des Mehrwerts zur Gesamtheit der Aufwendungen.

Im dritten Band seines »Kapital« erweitert Marx seine Begrifflichkeit und nähert sie damit derjenigen von Ricardo an. (Marx 1976: 33-86) Wenn der Mehrwert auf die Gesamtheit der Aufwendungen bezogen wird, heißt er bei ihm nicht länger »Mehrwert«, sondern »Profit« (p). Der Quotient aus Profit und Aufwendungen heißt Profitrate (p'). Sie wird so dargestellt:

p' = m:(v+c)

(Wir vernachlässigen hier den Unterschied zwischen laufenden Aufwendungen und gesamtem Kapitaleinsatz.)

Es fällt sofort auf, dass die Mehrwertrate (m:v) höher sein muss als die Profitrate. Je mehr konstantes Kapital im Verhältnis zum variablen verwandt wird, desto geringer ist die Profitrate. Auch müsste angenommen werden, dass ein Kapital mit relativ geringem Anteil von v im Verhältnis zu c eine niedrigere Profitrate hat als ein gleich großes Kapital mit einem höheren Anteil von v. Marx meint allerdings die empirische Beobachtung gemacht zu haben, dass dies nicht der Fall ist. Gleich große Kapitale hätten eine gleich hohe Profitrate, unabhängig von ihrer Zusammensetzung. Die Ursache dafür sei die Bildung einer »Durchschnittsprofitrate« (P') durch Wanderung von Kapital von Branchen mit hoher Kapital-Zusammensetzung zu Branchen mit niedriger Zusammensetzung des Kapitals. (Ebd.: 164-181)

Die Summe c+v nennt Marx den Kostpreis. Indem ein Profit P'(c+v) addiert wird, ergibt sich der Preis (Pr) der Ware:

Pr = c+v + P'(c+v).

An dieser Stelle nun müssen wir endlich die Begriffe »Wert« und »Preis« voneinander trennen. Vom *Wert* einer Ware sprechen wir nur dann, wenn er ausschließlich *Arbeits*wert ist. Dies ist in dem eben vorgestellten Beispiel nicht der Fall: Der *Preis* setzt sich zusammen aus dem Kostpreis (der in Wirklichkeit ein Kost*wert* ist, denn er setzt sich ja aus Arbeitswerten zusammen) und einem Profit, in den nicht nur Arbeitswerte eingehen. Er bestimmt sich nämlich 1.) aus einem Quotienten von Mehrwert einerseits, der Summe von konstantem und variablem Kapital andererseits, 2.) aus dem Resultat einer Ausgleichsbewegung auf dem Kapitalmarkt, also nicht eines Arbeitsvorgangs, sondern des Verhältnisses von Angebot und Nachfrage von Kapital.

Mag der Gewinn auch annahmegemäß ausschließlich aus Arbeit entstehen, so stellt sich in seiner realen Größe eben nicht nur Arbeit dar, sondern auch der Ausgleichsvorgang auf dem Kapitalmarkt.

Das Problem lässt sich vielleicht in einem fiktiven Dialog zwischen einem marxistischen Arbeiter (wo immer dieser zur Zeit auch zu finden sein mag) und einem Kapitalisten darstellen.

Der Arbeiter wird behaupten, der Gewinn resultiere ausschließlich aus seiner Arbeit, er sei Mehrwert. Die Aneignung des Mehrwerts sei Ausbeutung. (Der im Englischen bedeutungsgleich verwandte Begriff ist: »exploitation«.)

Die Antwort des Kapitalisten lautet: von ausschließlichem Mehrwert könne nicht die Rede sein. Es handele sich vielmehr um eine Art Zins nicht nur auf vorgeschossenen Lohn für Arbeit, sondern auch auf Anlagen und Rohstoffe, dessen Höhe nicht nur von der Mehrwertrate abhängig sei, sondern auch von der Bewegung auf dem Kapitalmarkt.

Der Marxist könnte den Streit nur für sich entscheiden, wenn er imstande wäre, den Profit ausschließlich auf Arbeitswert zurückzuführen. Damit wäre der Preis der Ware identisch mit ihrem Wert.

In der Marxschen Darstellung gibt es die Schwierigkeit, dass der Preis Pr einer Ware aus verschiedenen Elementen zusammengesetzt ist: v und c sind Werte, auch m ist ein Wert, aber er kann ja nicht pur dargestellt werden, sondern wird nur als Profit sichtbar. Es müssten, um den Preis (Pr) als Wert (W) darstellen zu können, die Preiselemente der Ware (p', P', Pr) in Werte transformiert werden. Marx hat diesen Versuch im dritten Band des »Kapital«, der Fragment geblieben ist und aus dem Nachlass herausgegeben wurde, skizzenhaft unternommen. (Ebd.: 33-146) Die von ihm vorgelegte Lösung gilt rechnerisch als fehlerhaft, worauf als erster der Statistiker Ladislaus von Bortkiewicz hingewiesen hat. (v. Bortkiewicz 1906; v. Bortkiewicz 1907)

Das sogenannte »Transformationsproblem« ist Thema einer mittlerweile ca. hundertjährigen Debatte (Quaas 1992) geworden, die mittlerweile als abgeschlossen gelten kann. Nach Auffassung von Kritikern lassen sich Preise für eine gegebene Teilmenge von Waren nicht in reiner Form auf Arbeitswerte zurückführen. Der Profit sei nicht zwingend als Mehrwert darstellbar. Die Mehrwerttheorie galt nicht als falsch, aber als redundant (Fees-Dörr 1989): Gewinn *könne* als Mehrwert bezeichnet werden, *müsse* aber nicht.

Inzwischen hat sich eine Rehabilitation der Arbeitswerttheorie angebahnt: In dem 1983 erschienenen Buch »Laws of Chaos« verwerfen Emmanuel Farjoun und Moshé Machover Marx' Annahme von einer einheitlichen Profitrate. Diese Auffassung sei weder empirisch nachweis- noch widerspruchsfrei theoretisch begründbar, sondern lediglich aus der Theorietradition seit Adam Smith übernommen. Gebe man diese Voraussetzung auf, dann sei das, was bislang als einheitliche Profitrate galt, eine ausschließlich stochastisch zu ermittelnde Tatsache. Fällt die einheitliche Profitrate weg, dann – dies ist die zentrale These von Farjoun/ Machover – trifft die reine Arbeitswertlehre aus dem ersten Band des »Kapital« zu.

Exkurs: Die Wert-Preis-Problematik im dritten Band des »Kapital« von Karl Marx

Da das Wert-Preis-Problem entscheidend ist für die Marxsche Version der Mehrwert-Theorie, soll es hier in stark vereinfachter Form noch einmal rekapituliert werden.

Der Wert einer Ware bestimmt sich für Adam Smith, David Ricardo und Marx nach der für sie aufgewendeten Arbeit. Der auf dem Markt durch Angebot und Nachfrage für sie erzielte Preis Pr muss im Durchschnitt diesem Wert entsprechen. Also W = Pr.

Bei Marx setzt sich dieser Wert aus drei Bestandteilen zusammen: dem »konstanten Kapital« c (Rohstoffe, Anlagen, Maschinen, Energie etc.), dem »variablen Kapital« v (Löhne) und dem Mehrwert m. Also ist der Wert W = c+v+m. Die Summe c + v nennt er Kapital (C). (Auch hier vernachlässigen wir den Unterschied zwischen laufenden Aufwendungen und dem gesamten Kapitaleinsatz.) Das Verhältnis m:v heißt bei Marx die Mehrwertrate m'. Mehrwert, der ins Verhältnis nicht nur zum Lohn, sondern zu c+v gesetzt wird, nennt er nicht Mehrwert, sondern Profit. Das Verhältnis m: (c+v) ist die Profitrate p'. Die Mehrwertrate wird im ersten Band des »Kapital« behandelt, die Profitrate im dritten.

Im dritten Band hat Marx sich die Aufgabe gestellt, die Identität von Wert W und Preis Pr zu beweisen. Indem ich dies im Folgenden nacherzähle, verwende ich ein vereinfachtes Beispiel. Die von mir genannten Zahlen und ihre Proportionen sind ebenso erfunden wie die von Marx benutzten. Sie können variiert werden, ohne dass sich an der Argumentation etwas ändert.

Es soll hier angenommen werden, die Summe von v und c betrage: 12. Man kann auch sagen: es werde insgesamt ein Kapital C von12 (Dollar, Euro, Pfund Sterling, Yen ...) eingesetzt. Die Mehrwertrate sei 100 %. (Man kann auch eine geringere oder höhere heranziehen.)

Es gebe zwei Kapitalien (A und B) von gleicher Höhe, also 12. Allerdings ist bei ihnen das Verhältnis von c und v unterschiedlich.

A: C = 8 (c) + 4 (v). Unter der Voraussetzung einer Mehrwertrate von 100 % beträgt der Mehrwert m: 4. Die Profitrate ist 4: (8+4) = 33 1/3 %. Der Preis Pr = c+v+m = 8+4+4 = 16.

B: C = 4 (c) + 8 (v). Unter der Voraussetzung einer Mehrwertrate von 100 % beträgt der Mehrwert m: 8. Die Profitrate ist 8:(8+4) = 66 2/3 %. Der Preis Pr = c+v+m = 4+8+8 = 20.

Kapitale von gleicher Größe (12) werfen also unterschiedliche Profite (A: 4 = 33 1/3 %, B: 8 = 66 2/3 %) ab und erzielen unterschiedliche Preise (A: 16; B: 20).

Ersteres ist nicht einsichtig. Weshalb sollte A bei gleichem Kapitaleinsatz sich mit einem geringeren Profit begnügen?

Marx nimmt deshalb an, dass ein Ausgleich der Profitraten stattfinde. Kapital wandert aus dem weniger profitablen Sektor A in den profitableren B ab, bis dort ein Kapitalüberschuss entsteht. Dann setzt eine teilweise Rückwärtsbewegung ein, bis sich irgendwann eine Durchschnittsprofitrate eingependelt hat. Im vorliegenden Fall betrage diese 50 %. Ihr entspräche folgende Zusammensetzung des Kapitals (C), folgender Mehrwert und folgender Preis:

C = c + v = 6+6.
m = 6 (unter der Annahme, dass m' = 100 %).
p' = m: (c+v) = 6 : (6+6) = 50 %.
Preis Pr = 6 + 6 + 6 = 18

Nehmen wir an, dass nach den Kapitalbewegungen die Branchen A und B zu ihrem jeweiligen Kapital nicht ihre je individuelle Profitrate addieren, sondern die Durchschnittsprofitrate, also im hier angeführten Beispiel 50 % des Durchschnittskapitals = 6. Daraus ergibt sich:

Fall A:
Pr = 4 + 8 + 6 = 18.

Fall B:
Pr = 8 + 4 + 6 = 18.

Den Preis, der aus der Addition der Durchschnittsprofitrate zum eingesetzten Kapital (Marx: »Kostpreis«) entsteht, nennt Marx den »Produktionspreis«. Im Fall A liegt der Preis Pr (18) um 2 Punkte über dem Wert W (16), im Fall B liegt der Preis Pr (18) um 2 Punkte unter dem Wert W (20). Die Werte W sind Arbeitswerte. Pr ergab sich durch Kapitalwanderung, also nicht durch Arbeit allein, sondern durch einen (Kapital-)Marktvorgang. Die Arbeitswerte unterscheiden sich von den Preisen. Der Versuch, ihre Identität zu beweisen, ist in der Marxschen Form misslungen. Anders aber steht es mit der Rehabilitation der Arbeitswertlehre nach Farjoun/Machover, die sich des Konstrukts der Durchschnittsprofitrate nicht bedient.

Der Gewinn als Restgröße: Die Grenznutzenschule

Zur gleichen Zeit, als Marx sich abmühte, die Arbeitswertlehre durch die Mehrwerttheorie abzuschließen, befand sich die Arbeitswertlehre selbst schon in der Krise. Ihre Widersprüche veranlassten einige Theoretiker – u. a. William Stanley Jevons (1835 – 1882), Carl von Menger (1840 – 1921) und Leon Walras (1834 – 1910) – diese Theorie ganz aufzugeben, auf die Ermittlung dessen, was Adam Smith einst als den »natürlichen Preis« (= Wert) genannt hatte, zu verzichten und ihn durch den – ebenfalls auf Smith zurückgehenden – »Marktpreis« (kurz: Preis) zu ersetzen. In Absetzung von der klassischen Arbeitswerttheorie wird diese Richtung in der Ideengeschichtsschreibung der Wirtschaftswissenschaften häufig als »neoklassisch« bezeichnet.

In seinem 1871 erstmals erschienenen Werk »The Theory of Political Economy« beschreibt Jevons diesen Paradigmenwechsel so:

> »Wiederholte Überlegung und Untersuchung haben mich zu der einigermaßen neuen Meinung geführt, daß *der Wert gänzlich vom Nutzen abhängt*. Die herrschende Meinung erblickt eher in der Arbeit als im Nutzen den Ursprung des Wertes; und es gibt sogar solche, welche fest behaupten, daß die Arbeit die *Ursache* des Wertes sei. Demgegenüber suche ich zu zeigen, daß wir nur sorgfältig die natürlichen Gesetze der Nutzensveränderung aufzusuchen haben, wie sie von der Menge der in unserem Besitze befindlichen Güter abhängen, um zu einer befriedigenden Theorie des Tausches zu gelangen, von welcher die gewöhnlichen Gesetze von Angebot und Nachfrage eine notwendige Folge sind. Diese Theorie steht mit den Tatsachen im Einklang; und wann immer ein anscheinender Grund vorliegt, anzunehmen, daß die Arbeit die Ursache des Wertes sei, bekommen wir eine Erklärung dieses Grundes. Die Arbeit bestimmt oft den Wert, aber lediglich auf indirekte Weise, indem sie den Nutzensgrad des Gutes im Wege einer Vermehrung oder einer Einschränkung des Angebots verändert.« (Jevons 1924: 1 f., kursiv: Jevons)

Preise sind jetzt Knappheitspreise: sie sind umso höher, je mehr die Nachfrage das Angebot übersteigt. Der Grenznutzen einer Ware ist der Nutzen ihres letzten Exemplars, das überhaupt noch gekauft wird, bevor jede Nachfrage nach ihr aufhört. Jedes weitere Exemplar hat einen negativen Nutzen: es wird nicht mehr gekauft, sodass die Aufwendungen, die dafür erbracht wurden, eine Verschwendung darstellen. Wenn Angebot und Nachfrage sich ausgleichen, entsteht ein Gleichgewichtspreis: es ist der Preis eben jenes letzten Gutes, das überhaupt noch nachgefragt wird. Die Grenznutzenlehre ist denn auch zu einer »Allgemeinen Gleichgewichtslehre« ausgebaut worden.

Graphisch lässt sie sich – extrem vereinfacht – durch ein Koordinatensystem darstellen. Die Senkrechte ist die Nachfrage, die Waagrechte das Angebot. Liegt Letzteres für ein begehrtes Gut bei Null, ist die Nachfrage (und damit auch der Preis) unendlich. Mit jedem zusätzlichen Angebot sinkt die Nachfrage. Das »Grenzprodukt« ist das letzte Angebot, das überhaupt noch einen Preis und einen Gewinn erzielt, bevor diese Null wird.[14]

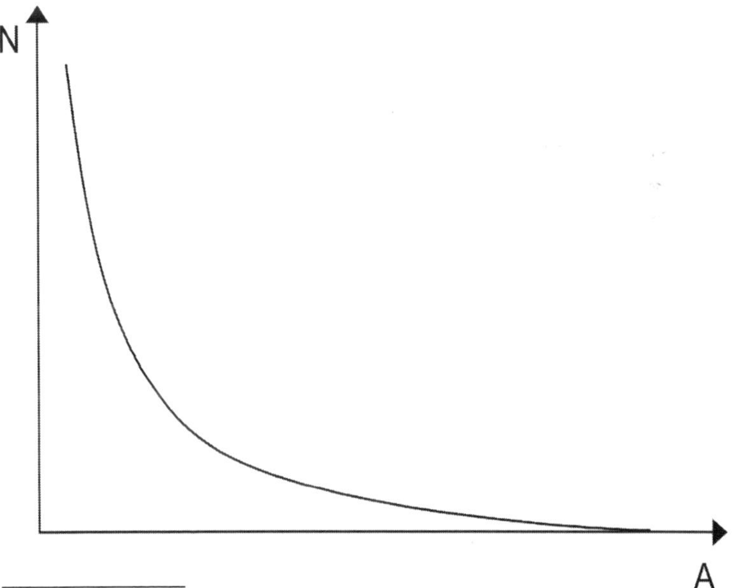

14 Grafik: Marco Tullney.

Hier scheint nun allerdings der Gewinn völlig zu verschwinden. Wenn Märkte im Gleichgewicht sind, bekommt jede(r) Marktteilnehmer(in) so viel zurück, wie er/sie vorher eingesetzt hat.

Diese Vermutung soll im Folgenden überprüft werden, indem wir – wie die Grenznutzentheoretiker – verschiedene Teilmärkte annehmen: Gütermärkte, den Arbeitsmarkt und den Kapitalmarkt. (Folgte man der klassischen Tradition, müsste man den Markt für Grund und Boden hinzunehmen. Dies unterbleibt im Folgenden aus Vereinfachungsgründen. Man könnte diesen Markt zur Not – und mit Abstrichen – auch den Gütermärkten zuschlagen.)

Beschränken wir uns auf den Arbeits- und Kapitalmarkt.

Gängig ist die Auffassung, dass der Lohn hoch ist, wenn Arbeitskraft knapp ist. Man könnte die Differenz zwischen einem hohen Lohn bei knappem Arbeitsangebot und einem niedrigeren Lohn bei einem ausgeglichenen Verhältnis von Angebot und Nachfrage als Gewinn bezeichnen, doch niemand tut dies.

Dies merken wir uns, wenn wir anschließend zum Kapitalmarkt übergehen.

Ist Kapital knapp, wird es einen hohen Gewinn erzielen. Was heißt das? Knappes Kapital fragt nur in geringem Maße Arbeit nach. Die Beschäftigung ist gering, die Löhne sind niedrig. Die Güter, die mit wenig Kapital und bei geringen Löhnen angeboten werden, sind damit ebenfalls knapp. Übersteigt die Nachfrage nach diesen Gütern das Angebot, kann ein Preis verlangt werden, der über den Entstehungskosten liegt. Das wäre dann der Gewinn, der daraus resultiert, dass kein Gleichgewicht besteht: Die Nachfrage der Lohnarbeit nach Kapital, das für ihre Bezahlung ausgegeben wird, ist höher als das Angebot an Kapital, ebenso ist die Güternachfrage größer als das Güterangebot.

Ist der angebotene Lohn so gering, dass zu ihm keine Arbeit mehr aufgenommen wird, wird er erhöht werden müssen. Ebenso: Sind die Güterpreise so hoch, dass zu ihnen nicht mehr gekauft wird, werden sie ermäßigt werden. Man kann sich eine Lohnhöhe vorstellen, die gerade noch ausreicht, dass zu ihr Arbeit aufgenommen wird, und einen Preis, der gerade noch niedrig genug ist, dass die Ware gekauft wird. Zugleich muss der Preis so hoch und der Lohn so niedrig sein, dass noch Profit entsteht, denn sonst hätte der Kapitalist keine Veranlassung mehr, zu investieren. Der Gewinn wäre dann ein Differential im Übergang zu Null – denn bei völliger Symmetrie der Marktteilnehmer(innen) müsste er verschwinden. Er ist dann eine Restgröße.

Ausbrüche aus dem Gleichgewicht

Bei unserer »Suche nach dem Gewinn« hilft uns die Allgemeine Gleichgewichtstheorie an der folgenden Stelle nicht weiter: Der Gewinn ist, wie wir gesehen haben, die ökonomische Voraussetzung eines der beiden Hauptmerkmale des Kapitalismus – der Akkumulation.

Für die Allgemeine Gleichgewichtstheorie ist er gleichsam nur eine Ausnahmeerscheinung, während er auch für sie in der Empirie des Wirtschaftens ja ganz offensichtlich eine permanent wirkende Triebkraft darstellt. Die Dynamik der kapitalistischen Wirtschaft wird durch sie also nicht hinreichend erklärt. Deren Begründung haben drei theoretische Ansätze des 20. Jahrhunderts versucht. Sie werden im Folgenden vorgestellt.

Joseph A. Schumpeter (II)

Schumpeter unterscheidet zwei Erscheinungsformen der Marktwirtschaft: die Kreislaufwirtschaft und die kapitalistische Entwicklung.

In der Kreislaufwirtschaft wird kein Gewinn gemacht. Die Marktteilnehmer produzieren und tauschen zwar Waren, auch mit Hilfe von Geld, aber sie haben am Ende dieser Operationen – in Preisen gemessen – genau so viel wie zuvor.

Sinnvoll sind Produktion und Tausch für sie deshalb, weil sie sich dadurch ja in den Besitz von Gütern setzen, die sie benötigen, aber nicht selbst herstellen.

Gewinn entsteht erst dann, wenn der »Unternehmer« auftritt. Dieser zerstört das Gleichgewicht, indem er Arbeitskräfte, Produktionsmittel und Geld, die bislang ausschließlich innerhalb dieses Gleichgewichts genutzt wurden, diesem entzieht und sie für die »*Durchsetzung neuer Kombinationen*« (Schumpeter 1997: 100) verwendet. Der Begriff: »neue Kombinationen«, deckt

> »folgende fünf Fälle:
> 1. Herstellung eines neuen, d. h. dem Konsumentenkreise noch nicht vertrauten Gutes oder einer neuen Qualität eines Gutes.
> 2. Einführung einer neuen, d. h. dem betreffenden Industriezweig noch nicht bekannten Produktionsmethode, die keineswegs auf einer wissenschaftlich neuen Entdeckung zu beruhen braucht und auch in einer neuartigen Weise bestehen kann mit einer Ware kommerziell zu verfahren.
> 3. Erschließung eines neuen Absatzmarktes, d. h. eines Marktes, auf dem der betreffende Industriezweig des betreffenden Landes noch nicht eingeführt war, mag dieser Markt schon vorher existiert haben oder nicht.
> 4. Eroberung einer neuen Bezugsquelle von Rohstoffen oder Halbfabrikaten, wiederum: gleichgültig, ob diese Bezugsquelle schon vorher existierte – und bloß sei es nicht beachtet wurde, sei es für unzulänglich galt – oder ob sie erst geschaffen werden muß.
> 5. Durchführung einer Neuorganisation, wie Schaffung einer Monopolstellung (z. B. durch Vertrustung) oder Durchbrechen eines Monopols.« (Ebd.: 100 f.)

Die Kunden werden ein Produkt, das entweder vollständig neu ist oder mit Verfahren gewonnen wird, die die Kosten senken, oder das auf einem neuen Markt abgesetzt wurde, zu einem Preis kaufen, der oberhalb des bisherigen Gleichgewichtspreises liegt, wobei letzterer nach Schumpeters Annahme ja nur die Kosten deckt. Diese Differenz ist der Gewinn des Unternehmers. Er übersteigt den bisherigen Gleichgewichtspreis.

Im Koordinatensystem von Angebot und Nachfrage wird das An-

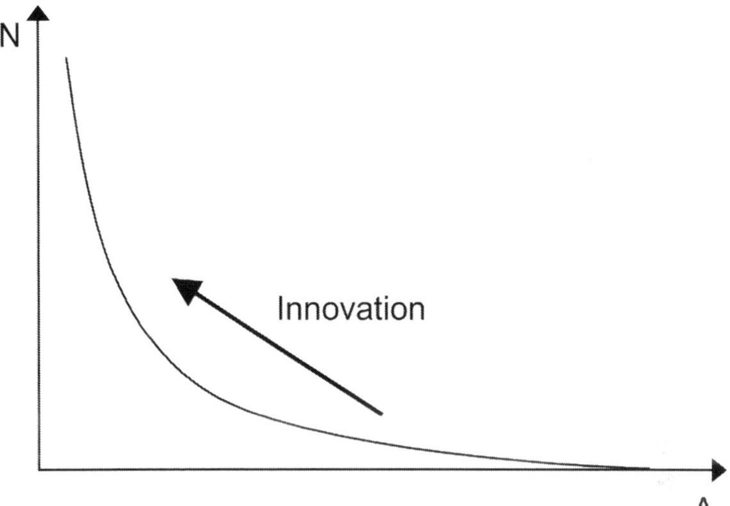

gebot auf der x-Achse gleichsam wieder nach links verlagert, wodurch Nachfrage und Preis wieder steigen.[15]

Innovationen der beschriebenen Art treten laut Schumpeter nicht gleichmäßig über die Zeit verteilt auf, sondern in Schüben. Eine neue Kombination entwertet massenhaft bisherige Produkte und Verfahren. Dann schwenken immer mehr Unternehmer auf die Innovationen ein. Sobald diese Gemeingut geworden sind, verschwindet der Unternehmergewinn. Ein neues Gleichgewicht hat sich eingestellt, in dem die Preise nur die Kosten decken. Dabei wird es aufgrund von Fehlkalkulationen zu zyklischen Rezessionen kommen. Diese aber werden gleichsam überspannt von einem Phänomen, das die Ökonomen Kondratieff und Spiethoff, auf die sich Schumpeter beruft, »Lange Wellen« nannten.

Diese beginnen in der Regel mit einer tiefen Krise, die nicht zu verwechseln ist mit einer zyklischen Rezession. Der Verlauf kann so dargestellt werden:

Eine der fünf oben genannten »neuen Kombinationen« tritt auf. Der Unternehmer, der sie einführt, macht hohe Gewinne. Zugleich werden herkömmliche Produkte und Verfahren außer Kraft gesetzt, die dort

15 Grafik: Marco Tullney.

engagierten Arbeitskräfte werden ruiniert oder versuchen ebenfalls sich an den neuen Kombinationen zu beteiligen. Dort werden tatsächlich einige Zeit Gewinne gemacht, die aber in dem Maße geringer werden, in dem die Beteiligung in diesen Sektoren zunimmt. Diese Phase wird heute häufig als Boom bezeichnet. Er endet, wenn im Bereich der neuen Kombinationen das Angebot die Nachfrage übersteigt. Dann können z. B. Kredite, die in der falschen Hoffnung auf einen Gewinn aufgenommen wurden, nicht mehr zurückgezahlt werden. Die Krise wirft die überzähligen Marktteilnehmer aus dem Markt. Diejenigen, die übrig bleiben, machen keinen Gewinn mehr, sondern decken nur noch ihre Kosten. Ein Gleichgewicht hat sich hergestellt – bis zum nächsten Mal.

Bei Schumpeter ist nicht jeder Eigentümer eines Betriebs ein Unternehmer. Diese Bezeichnung erhält bei ihm nur, wer Gewinn durch neue Kombinationen macht. Die anderen lassen sich auch nicht als Kapitalisten bezeichnen, denn Kapital sind für ihn nur die Mittel zwecks Finanzierung der neuen Kombinationen. Der Eigentümer von Betrieben, der keinen Gewinn erwirtschaftet, ist bei Schumpeter ein *»normaler Wirt«*. (Ebd.: 283) Er ist der typische Verwender von Produktionsmitteln im Gleichgewicht.

Genau dieses Gleichgewicht aber ist die Grenze, an die wir stoßen, wenn wir bei Schumpeter Aufschluss über das Wesen des Gewinns haben wollen. Der »normale Wirt« beschäftigt auch dort in der Regel Lohnarbeiterinnen und Lohnarbeiter. Sein Einkommen beruht weder auf Lohn noch auf Gewinn. Es ist das, was übrig bleibt, wenn die Löhne, die Rohstoffe, das Halbzeug, die Mieten, die Tilgung von Krediten und Zinsen gezahlt sind. Davon lebt dann der Wirt. Aber wo kommt das her? Mehrwert im Sinne von Marx kann es nicht sein, wenn die Arbeitswertlehre nicht akzeptiert wird. Unternehmergewinn ist es auch nicht, denn es fehlt ja die neue Kombination. Das heißt aber: im Zustand des Gleichgewichts kann der Profit nicht erklärt werden. Wir können den Gewinn als eine regelmäßige Erscheinung des Kapitalismus nur annehmen, wenn wir uns von der allgemeinen Gleichgewichtstheorie verabschieden, wenn wir kapitalistische Wirtschaft also als eine Wirtschaft auffassen wollen, die permanent im Ungleichgewicht ist.

Exkurs: Zweite Ergänzung der Kapitalismus-Definition

Bevor wir unsere Suche nach dem Gewinn fortsetzen, können wir anhand von Schumpeter eine weitere Ergänzung der Kapitalismus-Definition vornehmen: In seiner bisherigen Geschichte war er mit ständiger Produkt- und/oder Prozessinnovation verbunden, die meist auch (aber nicht nur!) auf Nutzbarmachung naturwissenschaftlich-technischer Fortschritte beruhte.

John Maynard Keynes

Das wirtschaftliche Ungleichgewicht ist in noch höherem Maße als bei Schumpeter das Thema von John Maynard Keynes (1883 – 1946). In der Weltwirtschaftskrise der Jahre 1929 – 1933 machte er die Entdeckung, dass Gleichgewicht und Ungleichgewicht zu gleicher Zeit stattfinden können, nämlich auf verschiedenen Märkten. Damals waren Güter- und Kapitalmarkt im Gleichgewicht, während Arbeitskräfteüberschuss herrschte. Hier fand kein Ausgleich von Angebot und Nachfrage statt: selbst bei sinkenden Löhnen stieg die Beschäftigung nicht. In seinem Buch »The General Theory of Employment, Interest and Money« kam er zu dem Ergebnis, dass ein Impuls von außerhalb des Marktes kommen müsse: durch zusätzliche Nachfrage von Seiten des Staates und des Konsums. Diese müsse vom Geldmarkt ausgehen: durch Geldschöpfung in Form von Krediten, die dann in Anspruch genommen werden, wenn der Zins niedrig gehalten wird, was aber nur möglich ist, wenn Geld reichlich vorhanden ist. Investitionen werden dann getätigt, wenn die Unternehmer – worunter wir hier nicht »Unternehmer« im Schumpeterschen Sinn verstehen – sich Gewinne versprechen. Gewinn ist bei Keynes eine Erwartungsgröße, aus den Erwartungen resultieren die Investitionen. Keynes bezeichnet »*Erwartung als Bestimmungsgrund von Produktion und Beschäftigung.*« (Keynes 1974: 41)

Die wirtschaftspolitischen Vorschläge von Keynes laufen nun darauf hinaus, in den Unternehmern eine zugleich realistische und hohe

Gewinnerwartung zu wecken, die sie zu Investitionen veranlassen soll: niedrige Zinsen, staatliche Nachfrage, Erhöhung des privaten Konsums durch eine Umverteilung, die die kleinen Einkommen erhöht. Insofern geht die Investition dem Gewinn voraus. Sie wird angeregt, wenn durch sofortige Investition einer bestimmten Geldmenge ein größerer Gewinn erzielt wird als durch Sparen und Verzinsung.

Gewinn wird auch bei Keynes als der Überschuss des Ertrags einer Investition über die zu seiner Erzielung aufgewandten Kosten aufgefasst. Hierin sind sich tatsächlich alle Kapitalismustheoretiker(innen) und Ökonom(inn)en einig.

Indem Keynes Maßnahmen zu sofortiger Investition empfiehlt, die sogleich Nachfrage nach Arbeit ausübt, möchte er einen Zustand herstellen, in dem alle Einkommen entweder Arbeitseinkommen oder Investitionseinkommen, aber nicht mehr Zinseinkommen sind. So kommt er zu einer Formulierung, die dicht an die alte Arbeitswertlehre heranreicht:

> »Ich neige daher zu der vorklassischen Lehre,[16] daß alles durch *Arbeit erzeugt* wird; unterstützt durch das, was man früher Kunst zu nennen pflegte, und jetzt Technik genannt wird; sowie durch natürliche Hilfsmittel, die frei sind oder je nach ihrer Knappheit oder ihrem Überfluß eine Rente kosten, und durch die Ergebnisse vergangener, in den Vermögenswerten verkörperter Arbeit, die ebenfalls gemäß ihrer Knappheit oder ihrem Überfluß einen Preis bedingen. Es ist vorzuziehen, die Arbeit, natürlich einschließlich der persönlichen Dienstleistungen des Unternehmers und seiner Gehilfen, als den einzigen Erzeugungsfaktor, wirkend in einer gegebenen Umwelt von Technik, natürlichen Hilfsquellen, Kapitalausrüstung und wirksamer Nachfrage, zu betrachten.« (Keynes 1974: 179. Kursiv: Keynes.)

16 Gemeint ist hier – wenden wir die von mir selbst bisher und im Folgenden benutzte Terminologie an – gleichermaßen die vor*neo*klassische wie die vorklassische (Arbeitswert-)Lehre. Allerdings nimmt Keynes hier keine genaue Abgrenzung vor. Ricardo figuriert – gemeinsam mit der Neoklassik – bei ihm unter der von Keynes abgelehnten »Klassik«. Unter »vorklassisch« sind deshalb vielleicht eher die Theorien vor Adam Smith zu verstehen, zum Beispiel der Merkantilismus, zu dem er sich positiv äußert (vgl. Keynes 1974:. 282-288). (G. F.)

Wir haben bisher von Keynes einiges zu den Voraussetzungen von Gewinn gehört: Investitionen, und in vorstehendem Zitat wird klar, was durch diese Investitionen veranlasst werden soll: Arbeit. Dabei wird Arbeit aber gleichermaßen den Kapitalist(inn)en wie den von ihnen Beschäftigten zugeschrieben. Deren Einkommen zerfällt auch bei ihm in Lohn und Profit. Damit sind wir aber wieder an der Stelle, an der die Quelle des Profits ebenso dunkel bleibt wie in der Vor-Marxschen Klassik und in der Neoklassik. Unverkennbar übernimmt Keynes die Auffassung der Grenznutzen-Schule von der Bestimmung des Verhältnisses von Lohn und Profit durch Angebot und Nachfrage. Wir gewinnen bei ihm also letztlich keinen neuen Aufschluss über die Ursachen des Gewinns.

Exkurs: Das Gemeinsame: Die Beziehung von Wettbewerb und Gewinn

Trotz ihrer gravierenden Unterschiede ist allen bisher behandelten Theorien über den Gewinn gemeinsam, dass dieser sich nicht allein aus der Verfügung und Anwendung von Kapital ergibt, sondern dass er an die Behauptung im Wettbewerb gebunden ist. Dieser (auch als Konkurrenz bezeichnet) stellt seinerseits auf die Produktion von Waren ab, die durch ihren innovativen Charakter (bzw. durch eine neue Art der Fertigung) die Verkäuflichkeit anderer Waren und damit auch den Gewinn, der mit diesen bisher gemacht werden konnte, beseitigen. Er ergibt sich aus einem Vorsprung, den ein Kapitaleigentümer gegenüber anderen hat. Dabei erweist sich der Wettbewerb gleichzeitig als Antriebskraft des Profits wie auch als Ursache seiner Beseitigung, nämlich dann, wenn dadurch ein Gleichgewicht entsteht.

Für Marx ergibt sich zwar der Gewinn nicht aus der Konkurrenz, aber auch bei ihm ist die Konkurrenz die Triebkraft für die Steigerung des Mehrwerts.

Eine zumindest vordergründig andere Sichtweise bieten die

Lehren vom Monopolgewinn

Kehren wir für einen Moment noch einmal zu Schumpeter zurück. Der schöpferische Unternehmer hat sich bei ihm unter anderem durch eine Prozess- oder Produktinnovation, durch die Erschließung bislang unbekannter Bezugs- oder Absatzmärkte, eine Sonderstellung erworben. Solange er diese Sonderstellung alleine innehat, ist sie ein Monopol: die Kunden zahlen ihm Preise, die niemand sonst verlangen kann. Muss er sich die Sonderstellung mit einem Zweiten teilen, ist es ein Duopol, handelt es sich um eine kleine Menge von Inhabern dieser Sonderstellung, sprechen wir von einem Oligopol. Solange nicht alle Anbieter über die neue Kombination von Produktionsfaktoren verfügen, werden Extragewinne gezahlt. Schumpeters Unternehmergewinn ist also ein Mono-, Duo- oder Oligopolgewinn. Er verschwindet durch Marktprozesse.

Werden diese durch staatlichen Eingriff oder durch Absprachen ausgeschaltet, spricht man von vermachteten Märkten, auf denen ebenfalls Extragewinne erzielt werden. Gegen diese richtet sich liberale Kritik, die eine gesetzliche Vorkehr gegen solche Monopole verlangt.

Ausschaltung von Wettbewerbsbeschränkungen muss nicht Wiederherstellung des Gleichgewichts bedeuten, im Gegenteil: für den Neoliberalen Friedrich August von Hayek (1899–1992) wird dadurch die Möglichkeit geschaffen, dass – offenbar im gleichen Sinne wie bei Schumpeter – immer neue Ausbrüche aus dem Gleichgewicht erst möglich werden: durch »*Wettbewerb als Entdeckungsverfahren*«. (Hayek 1968)

Neben der liberalen Monopoltheorie gibt es auch eine marxistische. Sie begann mit Hilferdings Buch »Das Finanzkapital«. Lenin knüpfte an diese Auffassung an und stellte die These auf, dass die Monopole durch staatliche Macht gestützt würden und »Extraprofite« erzielten. (Lenin 1961) Spätere leninistische Theoretiker betonten die zentrale Rolle des Staates bei der Sicherung der Monopolprofite so sehr, dass sie den »Staatsmonopolistischen Kapitalismus« als eine besondere Epoche kapitalistischer Entwicklung bezeichneten. (Boccara u.a. 1973) Die beiden US-amerikanischen Marxisten Paul A. Baran und Paul M. Sweezy behaupteten: »*Das typische Wirtschaftsunternehmen von heute besitzt also alle*

Eigenschaften, die einst nur den Monopolen zugesprochen wurden.« (Baran/ Sweezy 1973: 16) Der Gewinn – Surplus – ist bei ihnen der Mehrwert der Marxschen Theorie, der aber nunmehr ausschließlich unter monopolistischen Bedingungen erzeugt und angeeignet werde. Anders als bei Lenin, bei dem es sich noch um einen Extra-Profit handelte, sei dies nun der Normal-Profit der monopolkapitalistischen Periode.

Inzwischen dürfte klar geworden sein, dass wir mit den Monopoltheorien bei der Suche nach den Quellen des Gewinns nicht weiterkommen werden. Sie zerfallen in zwei Varianten: in

➲ die historisch-materialistische Mehrwertlehre

und in

➲ die Grenznutzenlehre vom Gewinn als Restgröße.

Die Monopole bringen dann jeweils nur Variationen auf der Basis dieser Voraussetzungen.

Wachstum?

Die Summe aus Löhnen und Gewinnen heißt Einkommen. Erfahrungsgemäß ist das Einkommen der Unternehmer – der Gewinn oder Profit – pro Kopf höher als der Lohn. (Die Lohnsumme dürfte in der Regel höher sein als die Profitsumme.) Bei fortwährender Ungleichheit ist denkbar, dass Löhne und Profite durch Wachstum gleichzeitig gesteigert werden. Dann allerdings ist zu fragen, woraus dieses Wachstum entsteht. Dies kann durch die Ausbeutung von Ressourcen geschehen, deren Verteilung zwischen Kapitalist(inn)en und Lohnarbeiter(inne)n nicht strittig ist: z. B. freie Güter, die Nutzung von Ungleichgewichten auf den Märkten zum Vorteil der Kapitalist(inn)en und Lohnarbeiter(inne)n eines Unternehmens oder eines Landes zu Lasten anderer sowie ungleichen Tausch durch Monopole oder anderweitig vermachtete Märkte.

Die Frage, wie der Gewinn im Verhältnis von Lohnarbeit und Kapital entsteht, ist dadurch nicht beantwortet. Gehen wir nämlich davon aus, dass Gewinn arbeitsloses Einkommen ist, dann wäre selbst bei gleichzeitigem Wachsen von Lohn und Profit die Quelle dieses Gewinns nicht klar.

Multifaktorielle...

Mittlerweile befinden wir uns, nachdem wir die Geschichte der ökonomischen Theorien nach Erklärungen für die Quelle des Gewinns durchgemustert haben, in der unbehaglichen Situation des Doktor Faust bei Goethe:

»Da steh ich nun, ich armer Tor,
Und bin so klug als wie zuvor.«

Die Mehrwertlehre zeigte sich uns als die konsequenteste Theorie zu diesem Thema, aber sie ist nicht empirisch verifizierbar.

Die Grenznutzenlehre hat eine hohe empirische Evidenz, aber in ihr ist der Gewinn nur eine Restgröße.

Im folgenden soll nun der Versuch gemacht werden, auf eklektische Weise beide zu verbinden.

Paul Samuelson hat sich bei allen, die auch in neuerer Zeit der Bemühung um eine Lösung des Problems einer Transformation von Werten in Preise Relevanz zumessen wollen, mit folgendem Scherz unbeliebt gemacht:

> »Betrachte zwei alternative, widersprüchliche Systeme. Schreib das eine hin. Zur Transformation nimm einen Radiergummi und radiere es aus. Schreib dann stattdessen das andere hin. Voilà! Damit ist der Transformationsalgorithmus beendet.« (Samuelson 1974: 239)

Der Hohn hat den mathematisch-systematischen Ehrgeiz der an diesem Thema Interessierten erfreulicherweise nicht gedämpft. (Eicker-Wolf u.a. 1999; Kuczynski, Thomas 2000)

Samuelson zufolge wären deren Anstrengungen zumindest dann

überflüssig, wenn sie sich auf den Versuch, die Tatsache von Ausbeutung in kapitalistischen Gesellschaften zu beweisen, beschränkten. Das könne man nämlich auch auf eklektische Weise haben:

> »Obwohl die Ergebnisse des Kapital insgesamt unabhängig von der Abschweifung des ersten Bandes in die Mehrwerte hätten entwickelt werden können, beruht seine wesentliche Funktion ganz auf dem Vergleich zwischen den Subsistenzmitteln, die zur Produktion und Reproduktion der Arbeit nötig sind, und dem, was die unverfälschte Arbeitswertlehre als Gütermengen ansieht, die für alle Klassen aufgrund der Arbeitsgehalte der Güter produzierbar wären. Die Analyseinstrumente der bürgerlichen Wirtschaftstheorie hätten zur Entdeckung und Erklärung dieses Begriffs Ausbeutung benutzt werden können, wenn nur jene Ökonomen ein Motiv gehabt hätten, die Instrumente für diesen Zweck einzusetzen.« (Samuelson 277 f.)

Samuelson räumt hier ein, dass der Profit teilweise durch die Marxsche Arbeitswertlehre erklärt werden kann, jedoch eben nicht in Gänze. Ein etwas gönnerhafter Unterton bleibt erhalten:

> »Wer an Verdienst und Bedeutung der Vorstellung glaubt, daß Löhne durch die Produktionskosten der Arbeitskraft bestimmt werden, wird aus meiner Marx-Zergliederung nicht ableiten, daß ihm jeder Glaube an diese seine grundlegende Einsicht geraubt worden ist.« (Ebd.: 277)

Marxist(innen) werden hier in den Status von Gläubigen versetzt, deren religiösen Empfindungen der Autor großzügigerweise nicht zu nahe treten möchte.

Lassen wir sie und ihn dort, wo sie sich jeweils hinstellen, und wenden uns stattdessen der von Samuelson implizit bejahten Frage zu, ob eine Theorie der Ausbeutung ohne Arbeitswertlehre möglich ist.

Einen Hinweis auf eine explizite Antwort können wir in Robert L. Heilbroners Schrift »The Nature and Logic of Capitalism« gewinnen. Er unterscheidet drei miteinander unverbundene Quellen des Profits:

Die erste ist der Handelsgewinn. (Heilbroner 1986: 65f.) Marx hat ihn bekanntlich als eine nur temporäre Erscheinung, die durch spätere Verluste wieder ausgeglichen wird, für irrelevant erklärt. Heilbroner misst ihm zumindest historisch eine größere Bedeutung bei: unter den Bedingungen ungleichen Tauschs.

Hierzu eine ergänzende – an Heilbroner anknüpfende, von ihm in dieser Weise aber nicht angestellte – Überlegung: Dass es bisher jemals eine Gesellschaft gegeben habe, die ausschließlich als geschlossener Markt ohne Beziehung zu irgendeiner nichtmarktlichen Außenwelt (und sei es ein informeller Sektor) gestanden habe, ist zumindest nicht nachweisbar. Dies gilt auch für die gegenwärtigen kapitalistischen Gesellschaften. Selbst für Marktwirtschaften kann nicht angenommen werden, dass sie zu jeder Zeit und an jedem Ort transparent und machtfrei sind, dass Käufer(innen) und Verkäufer(innen) also in einem Zustand des Gleichgewichts in Interaktion treten. Es herrscht immer wieder »unvollkommener Wettbewerb«.[17] In ihm haben Verkäufer, die einen Aufschlag über ihre eigenen Kosten hinaus erheben, die Chance, nicht zugleich als Käufer ihren eigenen Aufschlag wieder kompensieren zu müssen. Lassen wir dahingestellt, ob eine Marktwirtschaft des Vollkommenen Wettbewerbs überhaupt als möglich gedacht werden kann – als sicher kann gelten, dass ihre ausnahmslose Existenz in der bisherigen Geschichte des Kapitalismus nicht zu unterstellen ist. Das heißt aber: mit einer wahrscheinlich hohen Häufigkeit beruht Gewinn *auch* auf ungleichem Tausch.

Die *zweite* Quelle des Profits ist der Mehrwert als Ergebnis zusätzlicher Arbeitszeit über das zur Reproduktion der Ware Arbeitskraft Notwendige hinaus. (Ebd.: S. 66-73) Es handelt sich aber nicht ausschließlich um die Marxsche Mehrwertlehre aus dem Ersten Band des »Kapital«. Sie wird von Heilbroner nur innerhalb jenes Geltungsbereichs akzeptiert, der durch die Einbeziehung des konstanten Kapitals im dritten Band und die – offenbar nach über hundert Jahren Diskussion des Transformationsproblems anzunehmende – Unmöglichkeit, in öko-

17 Die These wird hier in einem allgemeineren Sinn vorgetragen, für den der Titel eines Werks von Joan Robinson insofern zunächst nur das Stichwort gibt. (Vgl. Robinson 1950. Zu Robinsons Argumentation: Reiner 1998: 53-82.)

nomisch relevanter Weise Preise in Werte umzurechnen, begrenzt ist. Heilbroner fällt hier ein salomonisches Urteil:

> »Die Auffassung vom Mehrwert (surplus value), der aus der Produktion resultiert, ist von der Mehrwerttheorie zu unterscheiden. Letztere ist der Versuch, relative Preise in Arbeit auszudrücken. Lohnarbeit kann – unabhängig davon, was die Quelle des Werts sein mag – so lange einen Mehrwert erzeugen, wie die Summe der Preise für Arbeitskraft und verbrauchtes Material geringer ist als der Preis des mithilfe von Arbeit hergestellten Produkts.« (Ebd.: 73. Deutsch: G. F.)

»*Mehrwert*« (Surplus value) ist hier also nicht identisch mit Arbeits-Mehrwert. Heilbroner greift vielmehr auf die vor-Marxsche Arbeitswertlehre seit Adam Smith zurück. Die von Marx beanstandete Erklärungslücke zur Quelle des Profits meint er schließen zu können nicht nur durch den – von jenem als zirkelschlüssig abgelehnten – Hinweis auf Gewinne in der Zirkulation, sondern durch:

Drittens: den Schumpeterschen Innovationsgewinn. (Ebd.: 73 f.) Er wird bekanntlich nach einiger Zeit wieder dadurch zunichte gemacht, dass die Konkurrenten die neuen Kombinationen des »schöpferischen« Prinzipals übernehmen, sodass auch dieser sich dann wieder mit einem durchschnittlichen Profit begnügen muss. Der aber ist laut Heilbroner durch Zirkulationsgewinn und surplus value erklärbar.

… und monokausale Gewinnerklärung

Die Kombination von drei Gewinnarten bei Heilbroner erscheint eklektisch, ist es aber wohl nicht. Denn die drei Profitquellen haben eine gemeinsame Ursache: das Privateigentum. Akkumulation wird so erklärt:

> »Zentral für diesen Prozeß [der Akkumulation. G. F.] ist die gesellschaftliche Beziehung zwischen den *Eigentümern* an Geld und Sachgütern, in denen Kapital jeweils vergegenständlicht ist, und den

> *Benutzern* dieser Sachgüter, die sie benötigen, um ihre Produktionstätigkeit, von der ihr Lebensunterhalt abhängig ist, fortzusetzen. Die gesetzliche Problematik dieser Beziehung liegt in der Berechtigung zum Ausschluß: eine zentrale, wenngleich oft nicht zur Kenntnis genommene Bedeutung des Eigentums besteht darin, daß die Eigentümer auf legale Weise anderen Menschen die Benutzung dieses ihres Eigentums verweigern können.« (Ebd.: 38. Übersetzung: G. F. Hervorhebungen: Heilbroner)

Ein Unterfall dieses Grundverhältnisses ist die Beziehung von Lohnarbeit und Kapital. Diese sei so zu verstehen,

> »daß das Erzeugnis dem Eigentümer der Kapitalressourcen, die bei der Produktion eingesetzt werden, gehört und nicht den Eigentümern der Arbeits-Ressourcen, die eine Bezahlung – ihren Lohn – erhalten und keinen gesetzlichen Anspruch auf ihr Erzeugnis haben.« (Ebd.: 67. Übersetzung: G. F.)

Keine dieser drei Arten von Gewinn kann ohne Eigentum an Kapital gemacht werden.

Letztes Wort?

Die hier vorgetragene eklektische Auffassung ist nicht das letzte Wort zur Gewinn-Entstehung. Wir müssen vielmehr 1. von einer Art Hierarchie der Erklärungen und 2. ihrer je aktuellen Relativierung ausgehen:

1. In der Version von Farjoun/Machover dürfte die Arbeits-Mehrwerttheorie die plausibelste sein.
2. Auf dem Markt aber tritt der Arbeits-Mehrwert in unterschiedlichen Form (Aufschlag, Differenz zwischen Angebot und Nachfrage im Sinne der Grenznutzentheorie, Innovationsgewinn, Monopolprofit) in Erscheinung, und dies in den einzelnen Perioden kapitalistischer Entwicklung in je verschiedener Art und Weise.

(Vorläufige) Schlussdefinition

Wir sind hiermit am Ende eines theoretischen Durchgangs angekommen. Zunächst bemühten wir uns um eine Definition von Kapitalismus, dann begaben wir uns auf die Suche nach dem Gewinn. Bevor wir im Folgenden die Entstehung und Entwicklung des Kapitalismus historisch darstellen, sei die Kapitalismus-Definition, zu der wir vorstehend schrittweise gelangt sind, noch einmal wiederholt und zusammengefasst:

Kapitalismus ist die Funktionsweise von Gesellschaften, die auf der Erzielung von Gewinn und der Vermehrung (Akkumulation) der hierfür eingesetzten Mittel (= Kapital) durch »Warenproduktion mittels Waren« (Sraffa) sowie durch den Kauf und Verkauf von Waren oder die Erbringung und den Verkauf von Dienstleistungen beruhen.

Der Gewinn entsteht aus unbezahlter Mehrarbeit (Marx), beruht auf ungleichem Tausch (Braudel) sowie marktvermittelter Herrschaft (Heilbroner), und zumindest in seiner bisherigen Geschichte war der Kapitalismus mit ständiger Produkt- und/oder Prozessinnovation (Schumpeter), die meist auch (aber nicht nur!) auf Nutzbarmachung naturwissenschaftlich-technischer Fortschritte beruhte, sowie mit starkem Ressourcenverschleiß und mit zunehmender Belastung von Senken (Commoner/Kapp/Tjaden) verbunden.

Im Kapitalismus hat die Erzielung von Gewinn Eigentum an Kapital zur Voraussetzung, gleichgültig, um welche Art von Gewinn (Handelsgewinn, Mehrwert, Innovationsgewinn) es sich im jeweiligen Fall handelt.

Im historischen Teil dieser Abhandlung werden wir diese Definition noch mehrmals aufgreifen und zeitspezifisch zu konkretisieren versuchen.

Zur Periodisierung der Gewinnformen

Wir haben bisher Warenproduktion und Warenhandel, Gewinn und Akkumulation als zentrale Merkmale des Kapitalismus festgestellt. Dabei ist nur die Akkumulation ein Merkmal, das ausschließlich den

Kapitalismus charakterisiert. Waren, Warenproduktion, Warenhandel und Gewinn gab es auch in vorkapitalistischen Gesellschaften. Akkumulation gibt es nur im Kapitalismus.

> »Was vorbürgerlichen Gesellschaften durchaus fremd bleibt, ist die Kapitalakkumulation, der Nichtverzehr des Gewonnenen und sein systematischer Wiedereinsatz für Zwecke der erweiterten Produktion. Selbst hochentwickelte vorkapitalistische Gesellschaften (wie etwa die des alten Athen oder Rom seit dem 7. bzw. 3. Jh. v. u. Z.) kennen nur zwei Arten, von erworbenem Geldreichtum Gebrauch zu machen: Verbrauch oder Schatzbildung – nicht aber: regelmäßige, systematische Rückverwandlung von Gewinn in Produktivvermögen.« (Hofmann 1969: 49. Kursivdruck: Hofmann)

Nichtkapitalistische Gesellschaften gehen in den Kapitalismus über, sobald Akkumulation in relevantem Maße stattfindet. Geschichte des Kapitalismus ist zugleich Geschichte der Akkumulation.

Wir haben gesehen, dass Akkumulation auf der Wiederverwendung von Gewinn beruht. Zugleich mussten wir feststellen, dass über die Quelle des Gewinns keine Einigkeit zu erzielen ist, was darauf beruhen könnte, dass es tatsächlich vier Arten von Gewinn gibt: Handelsgewinn (mit seinen Unterarten: Grenznutzen und Gewinnerzielung aufgrund von Ungleichheit auf dem Warenmarkt), Mehrwert, Unternehmergewinn (im Sinne Schumpeters, letztlich aber auf der Basis der Grenznutzenlehre) und Monopolgewinn. Es ist denkbar, dass das besondere Hervortreten der einen oder anderen Gewinnart auch für eine Gliederung der Geschichte des Kapitalismus taugt:

- *Handelsgewinn* war in Europa typisch bis ca. 1780.
- In der Industriellen Revolution war die Erzielung von *Mehrwert* das hervorstechende Merkmal.
- Seine Beibehaltung wurde in der Folgezeit aufgrund technischer Beschleunigung durch den (Schumpeterschen) *Unternehmergewinn* im Zusammenhang mit Prozess- und Produktinnovation überlagert.

➲ Seit dem Ende des 19. Jahrhunderts gewinnt der *Monopolgewinn* infolge zunehmender Zentralisation von Kapital an Bedeutung.

Eine besondere Form des Handelsgewinns wurde in allen Phasen der Geschichte des Kapitalismus durch Spekulation an den Börsen erzielt. Seit 1973 erhielt sie eine größere Bedeutung als je zuvor: nicht nur durch Kauf und Verkauf von Aktien sowie ganzer Unternehmen bzw. Unternehmensteile, sondern auch von Devisen an den internationalen Finanzmärkten. Fassen wir sie als eine eigene Gewinnform, deren Bedeutung durch den allgemeinen Ausdruck »Handelsgewinn« nicht adäquat wiedergegeben ist, dann können wir insgesamt von fünf Gewinn-Arten sprechen. (Die Gewinn-Erklärung aufgrund der Grenznutzentheorie berücksichtigen wir in diesem Fall nicht. Sie ist eine zeitlose Modell-Annahme, die für eine historische Periodisierung nicht herangezogen werden kann. Da Gewinn ihr zufolge nur bei Überwiegen der Nachfrage gegenüber dem Angebot angenommen werden kann, wäre dieser ein Handelsgewinn auf einem Markt, der sich nicht im Gleichgewicht befindet.)

Keiner dieser fünf Gewinntypen kann im Übrigen allein für sich bestehen. Es gab Mehrwert und Innovation in den Jahrhunderten des Überwiegens des Handelskapitals, Handelsgewinn und Innovation in der Industriellen Revolution, und der Unternehmergewinn ist ohne Handelsgewinn und Mehrwert ebenso wenig denkbar wie der Monopolgewinn. Immerhin haben wir mit den fünf Gewinntypen auch Anhaltspunkte gewonnen, die wir beibehalten wollen, wenn wir uns nun der Geschichte des Kapitalismus zuwenden.

II.
Geschichte

Vorbemerkung: Kriterien

Wir haben uns bisher um eine begriffliche Klärung dessen, was Kapitalismus ist, bemüht. Dabei stießen wir auf den zentralen Tatbestand des Gewinns. Bei dem Versuch, dessen Ursachen zu ermitteln, gerieten wir in Schwierigkeiten, deren eklektische Lösung vorgeschlagen wurde. Es soll nunmehr untersucht werden, ob unverkennbare Lücken dieses Verfahrens durch historische Darstellung geschlossen werden können.

Dabei kann allerdings ein neues Problem entstehen, nämlich dann, wenn geschichtliches Erzählen begriffliche Klarheit ersetzen soll. Diese Gefahr lässt sich entweder vermeiden oder doch einengen, wenn wir Kriterien zur Hand haben, die es uns erlauben, Fragen nach dem Wesen des Kapitalismus an die Geschichte zu stellen. Dadurch entsteht natürlich eine Auswahl. Die Kriterien für die Auswahl historischer Tatbestände gewinnen wir aus dem Gesellschaftsbegriff, den wir eingangs dargestellt haben. Zur Erinnerung noch einmal:

Gesellschaft *ist das Zusammenwirken von Menschen zur Sicherung ihres Lebensunterhalts, zur Unterhaltung der noch nicht oder nicht mehr zur Sicherung des Lebensunterhalts befähigten Generation und zur Reproduktion und Sicherung ihrer territorialen Lebensvoraussetzungen* (siehe oben: Kapitel 1).

Wir werden also *zunächst* immer fragen, wie die Menschen einer gegebenen Zeit die Mittel zur Sicherung ihres Lebensunterhalts gewinnen. Um dies zu wissen, sollte man Aufschluss über die stofflichen und technologischen Grundlagen ihres Wirtschaftens zu erhalten versuchen. Als »technologische Grundlagen« sollen dabei diejenigen Verfahren gelten, die in einer gegebenen Periode typisch sind, nicht aber diejenigen, die sehr avanciert sind, jedoch in der Regel noch nicht angewandt werden. Hierfür ein Beispiel: Obwohl die Prinzipien der Verwendung von Dampfkraft um 1700 einigen Technikern schon bekannt waren, sind sie erst im 19. Jahrhundert für Produktion und Transport typisch geworden.

Zweitens fragen wir nach der jeweiligen Eigentums- oder – was dasselbe ist – Sozialstruktur. Eine Gruppe von Menschen, die über dieselbe Art von Eigentum verfügen, nennen wir: Klasse. Menschen, die ihren Lebensunterhalt hauptsächlich aus dem Eigentum an Kapital beziehen, gehören somit zur Kapitalistenklasse (französisch: Bourgeoisie); wer überwiegend von Lohn lebt, wird zur Arbeiterklasse gerechnet. Andere Klassen müssen nach dem gleichen Kriterium: Eigentum oder Nichteigentum an Produktionsmitteln, bestimmt werden. (Ist im Deutschen von einer »bürgerlichen Gesellschaft« die Rede, darf dies im Folgenden als Synonym für »kapitalistische Gesellschaft« verstanden werden. »Bürger« wäre in diesem Zusammenhang keine staatsrechtliche [Staatsbürger, citoyen], sondern eine ökonomische [bourgeois: Kapitaleigentümer] Definition.)

Drittens sollten wir etwas über die gesellschaftliche Art und Weise wissen, wie innerhalb des Geschlechter- und Generationenverhältnisses die Nachkommenschaft erzeugt und aufgezogen wird und wie das Verhältnis der wirtschaftlich aktiven Generation zur noch lebenden älteren sich gestaltet. Ein Ensemble dieser Beziehungen – es muss nicht das einzige sein – nennen wir Familie. Wird als ihre Funktion für die Gesellschaft die Erzeugung und Konditionierung von neuen Gesellschaftsmitgliedern (unter anderem: Arbeitskräften) verstanden, so mag manchen eine solche Definition zynisch oder trivial erscheinen: eine Dimension scheint zu fehlen – die Sorge für die nicht mehr Arbeitsfähigen. Umso mehr verdient die konkret-historische Ausgestaltung des Inter-Generationenverhältnisses Interesse.

Viertens ist das räumliche Arrangement einer Gesellschaft zu bedenken, einschließlich der Art Weise und der Institutionen, in denen gemeinsame oder antagonistische Interessen wahrgenommen werden. Dies ist der Bereich der Politik im engeren Sinn, auch des Staates.

Fünftens sollten wir uns für etwaige Gegenbewegungen gegen die jeweilige gesellschaftliche Ordnung oder einzelne ihrer Varianten interessieren.

Eine sechste Tatsache wird nicht behandelt: das durch die anderen bedingte, aber auch sie bedingende Bewusstsein in seinen verschiedenen Formen. Sein Fehlen ist ein hier einzugestehender Mangel dieses Buches.

Für jede der im Folgenden behandelten Perioden kapitalistischer Entwicklung wird versucht werden, die in ihr führende Gruppe der Kapitalistenklasse zu identifizieren.

Zur Geschichtlichkeit des Kapitalismus gehört auch die quantitative Entwicklung des Kapitals. Näherungsweise könnte es durch das Wachstum bzw. das Schrumpfen der Investitionen in den einzelnen kapitalistischen Gesellschaften erfasst werden. Allerdings steht statistisches Material hierfür erst seit dem letzten Viertel des 19. Jahrhunderts (Maddison 1964: 234-242) zur Verfügung, methodisch weiterführende Erörterungen finden sich wohl erst seit 1924, dem *»Erscheinungsjahr des bahnbrechenden Werks von Arthur Lyon Bowley und Josiah C. Stamp, National Income«*. (Braudel 1990 III: 726) Eine Identifikation von Investitionen und Kapital ist überdies nur näherungsweise möglich. Ihr stehen u. a. nationale und theoretische Verschiedenheiten in der Berechnung der Investitionen im Weg.[18]

Angus Maddison hat 1982 einen anderen Kriterienkatalog vorgelegt, der sich mit dem hier dargelegten teils überschneidet, teils von ihm differiert. Die von ihm so genannten Determinanten des Produktionspotentials in sechs ökonomischen Epochen (»Determinants of Production Potential in Six Economic Epochs«; Maddison 1982: 5) sind: Naturressourcen in verschiedenen Verarbeitungsstufen, Arbeitskraft zunehmender Ausbildungs- und Ausstattungsgrade, Anlagen (Investitionsgüter), »plunder« (Ausbeutung von Kolonien und Monopolposi-

18 Ein ehrgeizigerer Versuch der Definition, was Kapital sei, wurde in den fünfziger Jahren des 20. Jahrhundert in der sogenannten »Cambridge-Cambridge-Debatte« unternommen. Vgl. Reiner 1998: 187-224. Joan Robinson konnte dabei nachweisen, dass der Wert des Produktionsfaktors Kapital von der Verteilung abhängig ist und dass Lohnarbeit nicht beliebig durch Sachkapital ersetzt werden kann. Dies ist für aktuelle wirtschaftspolitische Kontroversen bedeutsam, nicht allerdings für eine Bestimmung der in den einzelnen Phasen kapitalistischer Entwicklung jeweils eingesetzten Kapitalmassen, da hierfür Daten über die Investitionssummen verfügbar sein müssten.

tionen. Ebd.) Ihre Kombination und Anreicherung führt zu folgenden historischen Phasen: vorwiegend landwirtschaftlich bestimmte Produktions-, Wirtschafts- und Lebensweise (»agrarianism«) 500 – 1500 u. Z., eine weiter entwickelte Form dieser Produktions-, Wirtschafts- und Lebensweise (»advancing agrarianism«) 1500 – 1700, Handelskapitalismus (»merchant capitalism«) 1700 – 1820 und Kapitalismus (»capitalism«) seit 1820. (Ebd.: 4) Seit dem Handelskapitalismus wurde Kostensenkung und Produktivitätssteigerung durch Massenproduktion mit Hilfe von Arbeitsteilung wirksam: »economies of scale and specialization«. (Ebd.: 5)

Maddisons Kriterienbildung entspricht dem ersten und zweiten Punkt unseres eigenen Katalogs. Er konzentriert sich auf das Produktionspotential. Wir fügen, wie gezeigt, das Geschlechter- und Generationenverhältnis, das räumliche Arrangement und etwaige Gegenbewegungen hinzu.

Die Gliederung der Geschichte des Kapitalismus kann niemals nach allen den fünf oben aufgeführten Kriterien gleichzeitig erfolgen. In dieser Darstellung folgt ihr Rhythmus der Entwicklung der technologischen Grundlagen und der Eigentumsstrukturen, auf welche die Gegenbewegungen im Wesentlichen bezogen sind. Die üblichen Zeiteinheiten, in denen dabei zu messen ist, dürften seit der Industriellen Revolution in den »Langen Wellen« bestehen. Das Geschlechter- und Generationenverhältnis dagegen ist eine die Einschnitte übergreifende, jedoch keineswegs geschichtslose Struktur, die eher dem von Fernand Braudel für »das materielle Leben« und den Alltag empfohlenen Zeitmaß der »longue durée« folgen dürfte.

Damit haben wir Gliederungs- und Gesichtspunkte für jede Phase der Entwicklung der kapitalistischen Gesellschaft gewonnen. Wir wenden sie zunächst auf ihre unmittelbare Vorgängergesellschaft an, den Feudalismus.

1. Eine Vorgängergesellschaft: Der Feudalismus

Definition

Versuchen wir es auch hier zunächst mit einer Definition:

Unter Feudalismus verstehen wir die für Nord-, West-, Mittel- und Südeuropa typische Gesellschaft des 6. bis 15. Jahrhunderts n. Chr. (im Folgenden: u. Z. = unserer Zeitrechnung; v. u. Z. = vor unserer Zeitrechnung), in der die Eigentümer an Grund und Boden sich den Teil der Erzeugnisse der bäuerlichen Nichteigentümer, den diese nicht für sich selbst benötigten, durch nichtökonomische Gewalt aneigneten. (Entwicklungen auf der iberischen Halbinsel behandeln wir nicht. Vgl. hierzu: Tjaden-Steinhauer/Tjaden 2001: 336-437.)

Der Begriff »Mittelalter« für diese Periode entspricht einem Geschichtsschema, das zwischen Altertum (Antike), Mittelalter und Neuzeit unterscheidet, hat aber keinen gesellschaftlichen Inhalt und wird im Folgenden nicht verwandt.

Für unsere Beschäftigung mit dem Kapitalismus ist der Feudalismus deshalb interessant, weil dieser in Europa seine Vorgängergesellschaft gewesen ist, und tatsächlich ist Europa – genauer: Nordwesteuropa – die erste Region der Welt gewesen, in welcher der Kapitalismus entstand.

Die hier vorgeschlagene Periodisierung 500 bis 1500, ist sehr grob. In Wirklichkeit gab es Feudalismus in Frankreich noch bis 1789, in Deutschland noch am Beginn des 19. Jahrhunderts, in Russland bis zur Bauernbefreiung von 1861, in Japan bis zum Beginn der Meji-Periode (1868). (Japan war im Übrigen neben Europa die einzige Region mit einem voll ausgebildeten Feudalismus. Diesen behandeln wir im Folgenden deshalb ausschließlich am Beispiel Europas, weil dort der erste Übergang zu einem kapitalistischen Gesellschaftssystem erfolgte.)

Um das Jahr 1500 kann man vom Beginn kapitalistischen Wirtschaftens nur in den Niederlanden und Großbritannien sprechen. (Ansätze in Oberdeutschland führten nicht weiter.) Die drei Jahrhunderte ca. 1500 bis 1800 waren eine Übergangsperiode auf einem mehrheitlich noch feudalen Kontinent.

Die stofflichen Grundlagen

Wollten wir feststellen, die stoffliche Grundlage des Feudalismus sei die Landwirtschaft gewesen, so hätten wir damit zugleich etwas Zutreffendes und Unspezifisches gesagt. Dasselbe trifft nämlich für alle Gesellschaften zwischen der sogenannten »Neolithischen Revolution« und der »Industriellen Revolution« zu.

Unter der »Neolithischen Revolution« verstehen wir den Übergang von einer Sicherung des Lebensunterhalts durch Sammeln und Jagen zur Agrikultur: Landbebauung und Viehzucht, um ca. 8000 v.u.Z.

Die Industrielle Revolution, die in der zweiten Hälfte des 18. Jahrhunderts begann, werden wir gesondert behandeln.

Das Spezifikum der feudalen Landwirtschaft war eine bestimmte Technik: die Dreifelderwirtschaft. Hier wechselten der Anbau von Sommergetreide, von Wintergetreide und Brache ab. Die Dreifelderwirtschaft setzte sich seit dem 8. Jahrhundert allmählich durch. In dem Maße, in dem dies geschah, erhöhte sich die Produktivität der Landwirtschaft, die höher war als in der römischen Gesellschaft, in der eine Zweifelderwirtschaft bestand. Dort lag die Hälfte des Ackerlandes brach, jetzt war es nur noch ein Drittel.

Zusätzlich produktivitätssteigernd wirkte seit dem 13. Jahrhundert die wachsende Verwendung von Eisen – das früher vor allem für Waffen eingesetzt wurde – in der Landwirtschaft: der Holzpflug war nun in einem offenbar jahrhundertelangen Prozess durch den eisernen Wendepflug ersetzt worden: dieser drang tiefer in den Boden ein als Hakenpflug oder Grabstock, ritzte die Erde nicht nur auf, sondern drehte die von ihm aufgeworfene Scholle auch um. (White 1968: 39 ff.; kritisch hierzu: Hilton/Sawyer 1963) Verarbeitung von Getreide sowie die Behandlung von Stoffen – etwa beim Walken – wurden um 1200 durch den Übergang von der Roß- zur Wassermühle erleichtert. Der Dreschflegel ersetzte den Dreschstock, die Sense ergänzte die Sichel. (Letzteres war allerdings zunächst noch eine Ausnahme. Wenn eine neue Technologie zwar schon bekannt ist, aber noch nicht massenhaft in der Produktion angewandt wird, also für letztere noch nicht typisch ist, sprechen wir in dieser Darstellung durchgehend von »*Prototechno-*

logie«.) Beim – noch recht seltenen – Bau von Steinhäusern (gewöhnliche Wohnhäuser waren Fachwerkbauten mit Holz-»Gefachen«, Lehm und Weidengeflecht) ist seit dem 13. Jahrhundert ebenfalls zunehmend Eisen (für das Hochheben von schweren Steinen mit Zangen) verwandt worden. Aus Stein waren Sakral-, Herrschafts- und Wehrbauten. In Kirchen, Schlössern und Burgen fanden sich auch schon Fenster aus Glas, das im Übrigen selbst für Flaschen nur in Ausnahmefällen Verwendung fand. (Diese waren mehrheitlich aus Ton oder Leder.)

Dennoch blieb Holz das zentrale Material nicht nur beim Bauen, sondern auch bei der Energie-Erzeugung neben der Wasserkraft. In dem Maße, in dem das Eisen vordrang, wurde es sogar noch mehr gebraucht: für (von Köhlern hergestellte) Holzkohle. Da noch keine (oder kaum) Steinkohle benutzt wurde, brauchte man diese zur Gewinnung des Eisens aus dem Erz.

Als in der Spätphase des Feudalismus der Seehandel und der Transport mit Binnenschiffen zunahmen, wurde für den Schiffbau ebenfalls immer mehr Holz geschlagen.

Dieser wachsende Holzbedarf (neben den weiter zurückreichenden Rodungen zwecks Gewinnung und Urbarmachung von Fläche für Siedlung und Ackerbau) prägte auch die Landschaft. Um das Jahr 1500 war sie in Mittel- und Westeuropa weitgehend kahl: die Wälder waren verschwunden. In dieser Zeit entstanden die ersten Forstschutzgesetze, und der Holzmangel verursachte auch einen Wandel des Fachwerkstils: der Ständerbau, bei dem dicke, langsam gewachsene Stämme – zum Beispiel Eiche – verbaut wurde, wich dem Rähmbau: schneller wachsende Hölzer – Tanne – ergaben Stämme, die nicht die gesamte Höhe des Hauses trugen, sondern nur jeweils ein Stockwerk. Die Etagen wurden deshalb Kasten für Kasten gleichsam übereinandergestapelt. In Deutschland entstand die Lüneburger Heide durch Entwaldung einer großen Fläche, weil Holz bei der Salzgewinnung gebraucht wurde: für die Erhitzung der Sole.

In der Tierzucht ist eine ähnliche Produktivitätssteigerung wie im Ackerbau wohl nicht anzunehmen. Sie deckte unter anderem einen Teil des Energiebedarfs: durch die Zugtiere Pferd und Rind sowie das Lasttier Esel.

Sprechen wir von der energetischen Basis der feudalen Gesellschaft, dann spielt die menschliche Muskelkraft eine im Vergleich zum späteren Kapitalismus große Rolle. Hilfsmittel zu ihrer Steigerung sind Hebel, Winden als Geräte zum Heben von Lasten, Ruder und Rad (letzteres auch in Kombination mit der Zugkraft von Tieren).

Die Nutzung der Wasserkraft insbesondere in der Mühlentechnik gewann bald nach der Jahrtausendwende eine immer größere Bedeutung, insbesondere durch den zunehmenden Einsatz der – in geringerem Maße schon in der Antike bekannten – Nockenwelle. Deren Ausbreitung trug zu einer »Verdichtung von Technik« bei, deren Konsequenzen für das 13. Jahrhundert als »industrielle Revolution des Mittelalters« bezeichnet worden sind. (Ludwig 1997: 14 ff.; Carus-Wilson 1941/1943) Seit den Kreuzzügen wurde im 12. Jahrhundert die Baumwolle aus Indien und der islamischen Welt ein Importgut in Europa, verbunden mit der Anwendung des schon lange in Indien bekannten Spinnrads (das produktiver ist als die Handspindel) und des Trittwebstuhls. (Beckert 2015: 37-39)

Windkraft spielt als Energiequelle eine noch kleine Rolle. Sie konnte bei Segelschiffen genutzt wurden, doch geschah dies zunächst noch als Ergänzung zum Rudern. Erst im 12. und 13. Jahrhundert kamen – im Zusammenhang mit den Kreuzzügen – reine Segelschiffe auf. Dies ist ein weiterer Beleg für einen technologischen Schub in der Zeit um 1200.

Windmühlen nicht nur zum Mahlen, sondern auch zum Pumpen finden sich zu Beginn der Übergangszeit vom Feudalismus zum Kapitalismus, aber noch nicht im Feudalismus vor 1500.

Die Beleuchtung war in hohem Maße von der Ausnutzung des natürlichen Tageslichts abhängig. Künstliche Beleuchtung wurde mit Kerzen, Kienfackeln und Lampen mit nichtmineralischem Öl erzeugt.

Grundlage der Ernährung waren Getreide (Weizen, Gerste, Hirse, Hafer, Roggen, in südlichen Regionen Reis; im präkolumbianischen Amerika – also außerhalb des hier behandelten Feudalismus – Mais) und Fleisch (überwiegend aus Viehzucht, nur zum kleinsten Teil aus Jagd), wobei die Verfügbarkeit von letzterem in hohem Maße von gesellschaftlicher Stellung und Reichtum, überdies auch von der Bevölkerungsdichte (für Vieh wurden größere Flächen benötigt) abhing. Gesüßt wurde mit Honig, gewürzt in Europa mit Salz (mineralisch oder aus Sole gewonnen), das auch – ebenso wie das Räuchern – der Haltbarmachung von Fleisch diente. Einige Gewürze wurden vor allem in Südeuropa und im südlichen Mitteleuropa (Provence) erzeugt, Pfeffer dagegen war ein Luxusprodukt, das nur über den Fernhandel erlangt werden konnte.

Textilien wurden aus Wolle, Leinen (Grundstoff: gesponnener Flachs) und Leder gefertigt, in abnehmendem Maße aus Fellen (die im Laufe der Zeit – ebenso wie die zunächst über den Fernhandel bezogene Seide – vor allem Luxusverwendung fanden).

Information und Kommunikation hatten einen massenhaften Charakter nur im lokalen Bereich. Schriftlichkeit war auf die Geistlichen beschränkt und wurde von diesen der analphabetischen Adelsschicht für deren Herrschaftszwecke zur Verfügung gestellt. Außerhalb der unmittelbaren Sicht- und Rufweite konnte die Geschwindigkeit von Kommunikation nicht diejenige eines Pferdes oder eines – zuweilen segelunterstützten – Ruderboots oder -schiffs übertreffen.

Sozialstruktur

Die Sozialstruktur des Feudalismus ist durch das Verhältnis von grundbesitzendem Adel und landlosen Bauern bestimmt. Das zentrale Eigentumsverhältnis war das Eigentum an Grund und Boden (Grundherrschaft). Dabei sind grundsätzlich zwei Arten von Abhängigkeit innerhalb dieses Verhältnisses zu unterscheiden:

1. Die Leibeigenschaft. Die Bauern arbeiteten auf dem Hof des Herrn, dem Fronhof, unter Aufsicht (Fronarbeit). Von den antiken Sklaven unterschieden sie sich dadurch, dass sie nicht gekauft oder verkauft werden konnten, also keine Waren gewesen sind.
2. Um das Jahr 1000 geriet die Fronhofverfassung in eine Krise. Adlige, die östlich der Elbe »kolonisierten« – d. h. die dort wohnenden Slawen unterwarfen und sich das Land aneigneten –, boten Bauern an, in einem neuen Rechtsverhältnis für sie zu arbeiten: eigenständig auf Land, das dem Adligen gehörte. Für die Nutzung des Grundes und Bodens hatten die Bauern Abgaben und Arbeitsleistungen (»Dienste«) zu erbringen. Diese Form der Abhängigkeit

> hatte es im Westen auch schon vorher – neben der Arbeit auf den Fronhöfen – gegeben. Die Abgaben wurden in festen Stückzahlen, nicht anteilsmäßig (anders als bei Kirchenzehnten), erhoben. Eine Bauernfamilie, die ihre Abgaben geleistet hatte, durfte alles behalten, was sie darüber hinaus produzierte. Dies war ein Anreiz zur Produktivitätssteigerung und könnte eine der Voraussetzungen für das im 13. Jahrhundert sichtbar werdende Wachstum, das sich in der Entwicklung der Städte ausdrückte, sein.

Auch nach der Aufhebung der Leibeigenschaft hatte der Adlige das Waffenmonopol. Er konnte die Abgabe von Mehrprodukt durch nicht mehr leibeigene, sondern »hörige« Bauern in letzter Instanz mit außerökonomischer Gewalt erzwingen. Dieses Waffenmonopol bildete sich seit dem 8. Jahrhundert durch die Einführung der bewaffneten Reiterei heraus: ihre Mitglieder – der Adel – erhielten »Lehen«: die Verfügung über Land und Bauern. (Pirenne 1961: 63)

Es fiel leibeigenen Bauern ab dem 10. Jahrhundert nicht schwer, zu fliehen und sich einem kolonisierenden Adligen im Osten anzuschließen. Um dies zu verhindern, waren ihre Herrschaften genötigt, auch im Westen die Leibeigenschaft aufzuheben und zur Grundherrschaft überzugehen. Im 12. und 13. Jahrhundert beobachten wir also im Gebiet des späteren Deutschland westlich der Elbe eine Aufhebung der Leibeigenschaft. (Östlich der Elbe entstand sie vor dem 15. Jahrhundert gar nicht erst.) In anderen Regionen – z. B. Skandinavien und auf den britischen Inseln – wirtschafteten freie Bauern, deren Abgaben an die Adligen der heutigen Pacht ähnlich sind. Das neue Abhängigkeitsverhältnis im Bereich der ehemaligen Leibeigenschaft hieß Hörigkeit. Einen Zustand der Unfreiheit stellte es insofern dar, als die Bauern an das Land der Adligen gebunden blieben – dies galt nicht nur rechtlich, sondern ergab sich als eine Art materieller Notwendigkeit schon daraus, dass dieses Land ihre Lebensgrundlage bildete.

Zu den Grundherrschaften gehörten auch die Klöster. Für sie leisteten leibeigene oder hörige Bauern ebenfalls Abgaben. Neben Adel und Bauern war die Geistlichkeit eine weitere für den Feudalismus wichtige Schicht. Sie war zugleich die bewusstseinsbildende Instanz, die Normen des Zusammenlebens setzte und interpretierte.

Eine relative Ausnahmestellung hatten die Bewohnerinnen und Bewohner der Städte. Ursprünglich blieben sie den Grundherren abgabenpflichtig, von deren Land sie gekommen waren. Doch lockerte sich diese Bindung schnell. (»Stadtluft macht frei«.)

Familie und soziale Sicherung

Die Familie im Feudalismus wird als »*patriarchale Gattenfamilie*« bezeichnet. (Tjaden-Steinhauer/Tjaden 2001: 124)

> »Zugleich wurde kirchlicherseits die Muntehe bekräftigt, in der der Ehemann und Vater die Vormundschaft über die Ehefrau und die Kinder hatte, die ›nach mittelalterlicher Rechtsauffassung unmündig‹ waren und daher eines ›Muntwaltes‹ bedurften.«[19]

In der bäuerlichen Familie waren die Eheleute »bäuerliche Arbeitspaare«. (Tjaden-Steinhauer/Tjaden 2001: 174.).

> Die »bäuerliche Gattenfamilie« betrieb auf dem ihr zugewiesenen Land »eine selbständige Bauernwirtschaft. Als Ehe- und Arbeitspaar standen die Eltern mit ihren Arbeitsvermögen im Mittelpunkt dieser Wirtschaft. Sie war eine Produktions- und Konsumtionseinheit, die jedoch nicht nur für den eigenen Bedarf wirtschaftete.« (Ebd.: 142)

In diese Produktions- und Komsumtionseinheit waren die Kinder, die früh mitarbeiteten, einbezogen. Die Versorgung der nicht mehr arbeitsfähigen Alten erfolgte ebenfalls in der Familie. Aufgrund geringer Lebenserwartung war der Aufwand hierfür meist gering. Die adelige Gattenfamilie war in ihrer Funktion im Vergleich zur bäuerlichen beschränkter: Aufzucht von Herrschafts-Nachwuchs.

Der »Staat«

19 Tjaden/Tjaden-Steinhauer 2001: 123f. Tjaden-Steinhauer und Tjaden zitieren hier: Schulze 1992: 29; 22-25.

Bestimmt man in der Neuzeit den Staat durch Staatsvolk, Staatsgebiet und Staatsgewalt, dann lässt sich die Frage stellen, ob es im Feudalismus überhaupt einen Staat gegeben hat. Grenzen im heutigen staats- und völkerrechtlichen Sinn gab es nicht. Die Einwohner waren durch ihr jeweiliges Verhältnis innerhalb des Systems gegenseitiger Abhängigkeit definiert: die Bauern »gehörten« – soweit sie nicht gänzlich frei waren – durch Leibeigenschaft oder Abgaben- bzw. sonstige Leistungspflicht einem Adligen, dieser hatte sein Land von einem Fürsten »zu Lehen«.

Das Waffenmonopol war dezentralisiert: bei den Guts- und Grundherren. Sie hatten auf dem Land die Gerichtshoheit. Insoweit war auch das, was wir heute Staatsgewalt nennen, insgesamt weitgehend dezentralisiert. Die Herausbildung eines starken Zentralstaats ist erst typisch für die Übergangszeit vom Feudalismus in den Kapitalismus (1500–1800). Insofern es in dieser Periode noch Feudalismus gab, wäre dieser moderne Zentralstaat eine späte Form des feudalen und eine frühe des kapitalistischen Staates.

Das räumliche Arrangement

Das räumliche Arrangement des Feudalismus war in höherem Maße als das des Kapitalismus lokal bestimmt. Eine Differenzierung innerhalb eines regionalen Zusammenhangs bildeten die Beziehungen der Agrarproduktion des »platten« (= nicht durch Wehrbauten befestigten) Landes zu kleineren Zentren: zu den Adelssitzen (Burgen), an die Abgaben zu leisten waren, und zu den Städten, auf deren Märkten und Messen ländliche Waren gegen Handwerksprodukte getauscht wurden.

In den einzelnen Gemarkungen auf dem Lande – von Gemeinden kann man in diesem Zusammenhang nicht sprechen, es handelte sich in der Regel um ein paar Höfe – bestanden häufig mehrere »Obrigkeiten«, die sich aus der Abgabenpflicht des einzelnen Bauern gegenüber Adligen ergaben. Neben dem solcherart individuell genutzten Land gab es noch die Allmende: das Gemeindeland, das niemandem gehörte und deshalb von allen gemeinsam – z. B. als Weide – genutzt werden konnte. Eine Siedlung als Ganzes auch einem einzelnen Herrn gehören: die Abgaben wurden kollektiv von der Gemeinde aufgebracht.

Die (Wieder-)Entstehung überregionaler Handelswege seit dem 11. Jahrhundert war zunächst untergeordnet, schuf aber in wachsendem Maße eine zusätzliche Struktur, die von Bedeutung für den späteren Übergang vom Feudalismus zum Kapitalismus wurde. Eine (Tuch-) produzierende Region (»*das nordwestliche Europa – d. h., Südost-England, die Normandie, Flandern, die Champagne und die Gegenden um Maas und Niederrhein*« Le Goff [1993: 13]) lieferte ihre Waren an

> »zwei Randzonen mit mächtigen Handelsstädten [...]: in Italien und, in geringerem Maß, in der Provence und Spanien; sowie in Norddeutschland.« (Ebd.) »Der Nordwesten Europas war das große Tuchzentrum und das einzige Gebiet des mittelalterlichen Europas – zusammen mit Nord- und Mittelitalien –, bei dem man von Industrie sprechen konnte. Hanseaten und Italiener kauften auf den Märkten und Messen der Champagne und Flanderns die Produkte der europäischen Tuchindustrie, zusammen mit Nahrungsmitteln aus dem Norden und Orient.« (Ebd.)

Letztlich kann von einer »*Bipolarität des europäischen Wirtschaftsraums im 13. Jahrhundert mit den Niederlanden im Norden und Italien im Süden*« (Braudel 1990 III: 119) gesprochen werden, wobei die sechsmal im Jahr stattfindenden Messen der Champagne zum Austausch zwischen den beiden Hauptzonen beitrugen. Die Tuchproduktion war zunächst im Norden konzentriert.

> »Demgegenüber bleibt das so erfolgreiche Italien des 13. Jahrhunderts v. a. eine in den kaufmännischen Techniken führende Handelsmacht: Es hat in Europa die Prägung von Goldmünzen, den Wechsel, das Kreditwesen eingeführt, während es in die Gewerbeproduktion erst nach der Krise des 14. Jahrhunderts, also hundert Jahre später, wirklich einsteigt. In der Zwischenzeit ist es beim Levantehandel, dem es im wesentlichen seinen Reichtum ver-

> dankt, auf die Tuchproduktion des Nordens angewiesen.« (Braudel 1990 III: 118)

Die Prozesse, die für den Übergang vom Feudalismus zum Kapitalismus von Bedeutung wurden, verliefen zunächst in Mittel- und Westeuropa, auf den britischen Inseln und in Italien. Der japanische Feudalismus vollzog eine solche Entwicklung nicht.

Gegenbewegungen

Gegenbewegungen die den Feudalismus beseitigen wollten, hat es wohl nicht gegeben, wohl aber immanente Oppositionen im Zusammenhang mit der historischen Dynamik dieses Systems und den damit verbundenen Umgruppierungen. Hierzu könnte eine nicht-bewusste Arbeitszurückhaltung der nicht lückenlos kontrollierbaren Leibeigenen ebenso gehört haben wie das Entweichen von Leibeigenen in die Kolonisierungsgebiete östlich der Elbe. Die oberitalienischen Städte widersetzten sich den Ansprüchen des Kaisers, Einwohner des Languedoc stellten sich gegen Forderungen des Papstes und der Geistlichkeit. Florenz löste sich bereits um 1200 aus der Abhängigkeit externer adliger Obrigkeit und bildete eine republikanische Struktur heraus, in der jedoch nur eine extrem schmale Schicht politische Rechte hatte. In deutschen Städten fanden Auseinandersetzungen mit dem adligen Stadtherren statt, die teils zu einer Verbesserung ihrer rechtlichen Stellung, teils zur Ablösung seiner Herrschaft über diese Städte führten. In den Städten selbst erkämpften sich die Handwerkerzünfte Gleichberechtigung gegenüber den fernhandeltreibenden Patriziern. Der Machtanspruch (und die Ansammlung von Reichtum) der höheren Ränge der kirchlichen Hierarchie löste klösterliche Reformbewegungen aus: die Zisterzienser erneuerten den Arbeitsanspruch innerhalb der Formel »ora et labora«, die Franziskaner reaktivierten das Armutsideal.

Diese Oppositionen argumentierten nicht politisch oder ökonomisch, sondern religiös. Dabei griffen die Sekten (Kofler 1992 I: 199 ff.), in denen sie sich in der Regel organisierten, zuweilen – aber keineswegs immer – auf egalitäre Potentiale der christlichen Verheißung zurück, wie z. B. die Waldenser (benannt nach ihrem Gründer, dem Kaufmann Petrus Waldus in Lyon) in der Provence, die Albigenser (Katharer) u. a. im Languedoc (Baier 2002) und Norditalien, die Franziskaner oder auch – seit dem 14. Jahrhundert – die Mystiker am Niederrhein, in einer Landschaft, die relativ früh durch außerlandwirtschaftliche Erwerbsarbeit geprägt war. Eine andere Variante war der Versuch, vorfeudale, urgemeinschaftliche Reste bäuerlichen Lebens gegen feudale Abhängigkeitsverhältnisse zu verteidigen: diesen Charakter nahm die Waldenserbewegung schließlich in Teilen der Schweiz an. Auch die Sezession der Schweizer Urkantone 1291 enthält – jetzt allerdings nicht als religiöse Sekten-Opposition – Momente der Defensive gegen aktuelle feudale (hier sogar schon erste territorialstaatliche) Tendenzen.

Bleiben wir beim religiösen Selbstverständnis z. B. der Katharer, so zeigen sich diese als eine eigenständige innerchristliche Denkrichtung, die auch durch die Herrschaftsverhältnisse ihrer Zeit instrumentalisiert wurden. Sie konnten von einzelnen Adeligen zur Legitimation ihrer eigenen Ansprüche gegenüber Zentralgewalten (z. B. dem Papsttum und den französischen Königen) ebenso benutzt werden wie umgekehrt von diesen zur Rechtfertigung ihrer eigenen Durchsetzung gegen Partikulargewalten. Die religiösen Bewegungen aber wurden häufig in der einen oder anderen Weise integriert (wie zum Beispiel die Franziskaner).

Wo dies nicht möglich schien – u. a. bei den Katharern –, setzte brutale Repression ein, bei deren Ausübung da und dort sich auch ein integrierter Bettelorden – die Dominikaner – betätigte. Die Einführung der Folter im Inquisitionsverfahren durch Papst Innozenz IV. (1252) dürfte ebenso Ausdruck verschärfter innerer Widersprüche des feudalen Systems gewesen sein wie die Judenpogrome im Zusammenhang mit dem ersten Kreuzzug (1096), vor allem aber in und nach der großen Pest 1347–1349 sowie in Spanien u. a. 1391. Diese Letzteren richteten sich gegen die Träger einer – noch schmalen – Geldwirtschaft, über die vor allem die Fürsten durch Schuldenmachen ihren Finanzbedarf zu decken suchten. Populäre Bewegungen gegen die feudale Hierarchie wurden zuweilen auf die Juden abgelenkt bzw. machten diese von sich aus zum Objekt ihrer Ausschreitungen.[20]

Folter und christlicher Antisemitismus sind älter als das 13. bzw. 14. Jahrhundert. Jetzt lässt sich aber ihre Intensivierung feststellen. In der zunehmenden Härte der Repressionsapparate seit dem 13. Jahrhundert drückt sich aber wohl nicht nur die Kraft des durch sie Niedergehaltenen aus, sondern auch die Gewaltsamkeit neuer – seit der Antike nunmehr wieder »moderner« – Macht- und Herrschaftsverhältnisse.

Historische Dynamik

Mit der Absetzung des Kaisers Romulus Augustulus 476 endete das Römische Reich im Westen. Im Osten bestand es – als Byzantinisches Reich – bis 1453 weiter. Ein einheitlicher Handelsraum blieb zunächst erhalten. Er endete mit dem Vordringen des Islam bis nach Spanien, ja zeitweilig bis ins fränkische Reich (640–732).

Die von Karl Martell im 8. Jahrhundert in Westeuropa eingeführte neue Waffengattung – die bewaffnete Reiterei – war arabischen Ursprungs. Ihre Fortexistenz setzte Steigerung der Arbeitsproduktivität voraus – durch den Übergang von der Feld-Gras-Wirtschaft zur Dreifelderwirtschaft: die nichtarbeitenden Ritter wurden von den Bauern ernährt. Damit bildete sich auch eine neue Eigentumsstruktur heraus: bei den bis dahin gemeinwirtschaftlich lebenden Germanen entstand das Sondereigentum der Adligen (Lehen, Benefizium) an Grund und Boden, das diesen für ihre Waffendienste gegeben wurde und das groß genug sein musste, dass davon ihr Unterhalt bestritten werden konnte.

Der französische Historiker Georges Duby hat in den fünfziger Jahren des 20. Jahrhunderts die Ansicht vertreten, dass der Feudalismus

20 Allerdings wird der Judenhass wahrscheinlich nicht allein aus dieser Verschiebungs-Funktion erklärt werden können. Dass etwaige andere Ursachen hier nicht untersucht sind, resultiert aus der unzureichenden Beachtung von gesellschaftlichem Bewusstsein in diesem Buch.

als Herrschaftsform erst um das Jahr 1000 – zwischen 980 und 1050 – entstanden sei: Zentralstaatliche Strukturen, die in sehr langer Linie – über das Merowinger-, das Karolinger- und das Ottonenreich – letztlich auf das untergegangene Imperium Romanum zurückgingen, seien jetzt durch lokale Gewalten ersetzt worden. (Duby 1952; Duby 1977) Die Lehen, die zunächst nur für die Lebensdauer des Königs und des »Lehensmanns« galten und beim Tod eines der beiden erneuert werden mussten, wurden erblich, der einstige Zentralstaat zerfiel in die einzelnen Grundherrschaften. Allerdings war dieser Vorgang auch innerhalb Europas regional beschränkt:

> »Die Feudalherrschaft hat in Italien, in der Provence und in Burgund die Autorität des Fürsten völlig aufgelöst. Sie bewirkt ihren Zerfall im Großteil des französischen Königreichs und in England. Im Jahre Tausend hat sie noch nicht auf die germanischen Provinzen übergegriffen.« (Duby 1986: 25.)

Dubys These von der »mutation féodale« ist neuerdings wieder umstritten. (Barthélemy 1992)

Ein weiterer Einschnitt war die Teilemanzipation der Bauern ab dem 11. Jahrhundert: östlich der Elbe freie Bauern, westlich der Elbe Ersetzung der Leibeigenschaft durch selbständiges Wirtschaften der Bauern auf dem Land des Grundherren mit Abgabenpflicht und Dienstlasten. Die bäuerlichen Interessen sind mit einer weiteren Steigerung der Arbeitsproduktivität kompatibel. Ein so entstehender Überschuss von Menschen und Produkten auf dem Lande führt zur Gründung bzw. Revitalisierung von Städten, die ihrerseits im 14. Jahrhundert sich mit ihren Stadtherren auseinandersetzen und zugleich in innerstädtischen Kämpfen (zwischen Handwerkern und den Fernhändlern, den Patriziern) sich neu strukturieren.

Die Einkünfte des Adels aus Fronarbeit und aus den Abgaben der Bauern unter der Grundherrschaft waren wahrscheinlich nicht hoch, jedenfalls offenbar geringer, als die Adligen dies für angemessen hielten. Im Minnesang und der Versepik des 13. Jahrhunderts finden sich zum Beispiel Klagen über angeblich zu reich gewordene Bauern, die in ihrem äußeren Aufwand die Ritter nachahmten.

Die relative Kargheit der Einkünfte könnte einer der Gründe dafür gewesen sein, dass der Adel seine Waffen für Beute einzusetzen suchte: auf Kreuzzügen (der erste fand 1096 statt) nicht nur nach Palästina, sondern auch durch Landnahme des Deutschen Ordens in Ost- und Westpreußen und in den heutigen baltischen Staaten. 1204 wurde Konstantinopel von Kreuzfahrern erobert. Es geriet dabei unter den Einfluss von Venedig, das von dort aus Handelsverkehr mit Asien (bis hin nach Indien) betrieb. Die europäischen Waren, die dabei angeboten wurden, sind vor allem in Oberitalien, in Nordwesteuropa und in Süddeutschland erzeugt worden.

Jenseits dieser Handelsroute und des Austauschs der Produktionszentren mit Skandinavien und Osteuropa über die norddeutschen Handelsstädte bestand die Prekarität adliger Einkommen auch insofern fort, als ihre Kontrolle über Bauern und Städte in ihren relativ kleinen Grundherrschaften offenbar nicht sehr effizient war. Sozial- und Wirtschaftshistoriker sprechen vom »chaotischen langen 14. Jahrhundert« (1300–1450). Es gibt Anzeichen dafür, dass die landwirtschaftlichen Erträge auch durch einen Klimawandel ca. 1300 sanken: es scheint kälter geworden zu sein. Daraus resultierende Umstellungen in der Ernährung der Menschen sind vielleicht die Ursache dafür geworden, dass die 1347 von venezianischen oder genuesischen Schiffen eingeschleppte Pest besonders verheerend wirkte. Diese führte zu einem Bevölkerungsrückgang, der auch das Arbeitskräftepotential, welches das Mehrprodukt für den Adel bereitstellte, schmälerte.

Die Krise des »chaotischen langen 14. Jahrhunderts« wurde abgeschlossen und verschärft, als 1453 die Türken Konstantinopel eroberten. Damit war der bisherige Handelsweg nach Indien versperrt.

Zwei Wege führten aus der Krise:

- die Reorganisation der Herrschaft durch eine neue Staatsform, den Absolutismus;
- die Öffnung neuer Handelswege: die Portugiesen erschlossen die Route um Afrika herum, die Spanier entdeckten Amerika – beides kurz vor 1500.

Damit begann die Vorbereitungsphase des Kapitalismus auf nichtindustrieller Grundlage 1500–1780, die zugleich schon die Zeit eines bestimmten Kapitalismus-Typs war: des Handelskapitalismus.

2. Elemente des Übergangs vom Feudalismus zum Kapitalismus (1200–ca. 1780)

Es mag verlockend sein, mit Columbus 1492 eine neue Geschichtsepoche, die in den Kapitalismus führte, zu datieren. Nun ist aber eine erste europäische »Entdeckung« Amerikas – durch den Isländer Leif Erikson im Jahr 1000 – völlig folgenlos gewesen. Fragen wir uns also: warum war das so, und warum datiert mit 1492 tatsächlich eine neue Phase der gesellschaftlichen Entwicklung?

Die Antwort-Hypothese lautet: Zwischen 1100 und 1492 hat sich die feudale Gesellschaft aufgrund ihrer eigenen inneren Dynamik so umgestaltet, dass in ihr die Voraussetzungen zur Entstehung einer neuen Gesellschaft bereitlagen: des Kapitalismus.

Kontroverse: Innen oder außen?

Ist der Kapitalismus durch die historische Dynamik der Feudalgesellschaft – also gleichsam »von innen« – entstanden, oder waren die Entdeckungen der Jahre um 1492 die entscheidende Ursache?

Dies ist das Thema einer Kontroverse, zu der bereits am Beginn des 20. Jahrhunderts Max Weber und Werner Sombart beigetragen haben. Ersterer maß den überseeischen Gebieten europäischer Staaten seit dem 16. Jahrhundert nur geringe Bedeutung für die Entstehung des modernen Kapitalismus bei, während Sombart dieser ein großes Gewicht beimisst. (vgl. hierzu Boris 1992: 145-148)

Die Debatte wurde in den fünfziger Jahren des 20. Jahrhunderts zwischen marxistischen Historikern fortgesetzt.

Der britische Ökonom Maurice Dobb hatte die Entwicklung des Kapitalismus aus dem – vor allem britischen – Feudalismus dargestellt. (Dobb 1970) Dem widersprach Paul M. Sweezy. Aus der sehr ausgedehnten Debatte, die sich daraufhin entwickelte (Sweezy/Dobb u. a.

1976), entstand eine Spaltung in der Interpretation von Geschichte und Aktualität des Kapitalismus, die bis zur Gegenwart anhält. Die eine Richtung – zu ihr gehört z. B. Wallerstein – gibt den internationalen Handels- und Kapitalbeziehungen die Priorität, die andere – einst vertreten z. B. von Verfassern von Theorien über den Staatsmonopolistischen Kapitalismus – hält die Akkumulations- und Produktionsvorgänge in einem fest umgrenzten regionalen oder nationalen Bereich für wichtiger.

Es liegt nahe, hier wieder eklektisch zu verfahren, etwa so: Zwar sei die Entdeckung des Seewegs nach Indien durch die Portugiesen und Amerikas durch die Spanier eine Initialzündung für die Entstehung des Kapitalismus gewesen, doch konnten sie diese Wirkung nur deshalb haben, weil – anders als 1000 u. Z. – innerhalb des Feudalismus selbst schon einige Voraussetzungen dafür geschaffen worden waren. Diesen Grundlagen wollen wir uns im Folgenden zuwenden.

Eine neue Diskussion über den Übergang vom Feudalismus zum Kapitalismus wurde 1976 durch Thesen von Robert Brenner fortgesetzt. (Ashton/Philpin u. a. 1987) Für ihn waren die spezifischen Eigentums- und Klassenverhältnisse in der Landwirtschaft Großbritanniens dafür ausschlaggebend, dass der Industriekapitalismus schließlich in diesem Land entstanden ist und nicht – beispielsweise – in den Niederlanden, Flandern oder insgesamt in Frankreich. Seine Kontrahentinnen und Kontrahenten – darunter Mumia M. Postan – führten den Übergang auf durch demographische Entwicklungen ausgelöste Marktprozesse zurück.

Die Städte

Städte hat es in verschiedenen vorkapitalistischen Gesellschaften gegeben: nicht nur im Feudalismus, sondern auch in der orientalischen Despotie und in der Antike.

Als Stadtgründer fungierten in der Regel Feudalherren und Bischöfe. Ihre Einkünfte bezogen sie mehrheitlich aus den Abgaben von Bauern außerhalb der Stadt. Von dorther kam auch Mehrprodukt, das an in der Stadt ansässige Adlige geliefert wurde. Das Wachstum dieser Kommunen hatte also zunächst seine Quelle nicht in innerstädtischer Akkumulation, sondern in den ländlichen feudalen Abgaben. Ihre Empfänger – Adel und Geistlichkeit – waren große Konsumenten, deren Bedarf durch Handwerk, Lokal- und Fernhandel, zuweilen auch durch Geldleihe gedeckt wurde. Dadurch entstanden Einkommen für Gewerbetreibende.(Sombart 1987 I, 1: 142-154) In dem Maße, in dem deren Gewinne und Investitionen den Städten eine eigene ökonomische Basis verschafften, konnten viele von diesen größeren Kommunen sich im 12. und 13. Jahrhundert relative Autonomie gegenüber ihren adligen Stadtherren sichern.

Durch diese Prozesse wurden sie keineswegs Vorboten des Kapitalismus, sondern dies markiert zunächst nur eine Funktionsdifferenzierung innerhalb des Feudalismus. Diese Städte sind eben keine *vorkapitalistischen* Städte, es sind *feudale* Städte.

Als solche entstanden sie aus spezifisch feudalen Ressourcen: den Überschüssen an Produkten und Menschen auf dem Land. Gegenüber dem grundbesitzenden Adel hatten sie eine relative oder – wenn sie in Deutschland reichsunmittelbar waren – vollständige Autonomie. In ihnen konzentrierte sich das Handwerk. Ihre Kernfunktion bestand darin, dass sie Märkte waren. Damit findet sich hier eine Zentralinstanz des späteren Kapitalismus. Als Märkte traten sie in Austausch mit dem Umland, aber sie konnten zugleich Mittelpunkte des Fernhandels sein. Somit waren sie auch Orte der Geldwirtschaft.

Eine innovative Bedeutung hatten die Städte bis zum Ende des 14. Jahrhunderts. Danach stagnierten sie aus vier Gründen:

Erstens: der nun entstehende absolutistische Staat beschnitt ihre Rechte.

Zweitens: Die Pest 1347 ff. minderte ihre Einwohnerzahl und senkte die Nachfrage nach ihren Waren.

Drittens: Mit der Eroberung Konstantinopels 1453 verloren die Städte, die – über Genua und/oder Venedig – am Warenverkehr mit dem Orient partizipiert hatten, diese Möglichkeit. Die neuen Handelswege – um Afrika herum und nach Amerika – wurden nun in neuen staatlichen Zusammenhängen erschlossen: durch die Monarchien Kastiliens und Portugals, die republikanischen Niederlande und Großbritannien.

Viertens: Der Versuch der Städte, Handel und Produktion in ihren Mauern zu konzentrieren, führte dazu, dass neue Formen der Herstellung und Verteilung – Manufaktur, Verlagswesen, später auch die Industrie – nicht in erster Linie in den Städten gediehen, sondern auf dem Land.

Das Handwerk

Das Handwerk gehörte zwar nicht von Anfang an ausschließlich zur Stadt – der Schmied zum Beispiel arbeitete zunächst auf dem einzelnen Hof, auch die Klöster hatten Handwerker –, konzentrierte sich aber schließlich dort. Es handelte sich um nichtlandwirtschaftliche Produktion einerseits für den täglichen Bedarf (Bäcker, Fleischer), andererseits für den Handel. Im Handwerk bildete sich teilweise eine Klassenstruktur heraus, die für den späteren Kapitalismus typisch war: nämlich wenn ein Meister nicht nur einen oder wenige Gesellen beschäftigte, sondern viele. Insbesondere dann, wenn Gesellen keine Chance mehr hatten, selbst Meister zu werden, bildeten diese »Altgesellen« eine eigene Schicht, die dem späteren Proletariat vergleichbar gewesen ist. In großen Handwerksbetrieben mit vielen Gesellen kam es bereits im 14. und 15. Jahrhundert zur »*Entstehung von Ausbeutungselementen im handwerklichen Betrieb*« (Mottek 1971: 197-201), das heißt: es wurde bereits Mehrwert produziert. Dieser dürfte aber nicht den gesamten Gewinn ausgemacht haben: hinzu kamen die Auswirkungen der Organisation der Handwerker in Zünften, die ihnen erlaubten, das Angebot durch Regulierung so knapp zu halten, dass der Preis dadurch höher lag als die Summe aus Produktionskosten und Mehrwert – eine Art Monopolpreis.

Wie die Städte bahnte also das Handwerk eine Entwicklung an, die nicht typisch feudalistisch gewesen ist. Es hat aber den Kapitalismus nicht herbeigeführt. Die Organisation der Handwerker in Zünften schloss Konkurrenz aus. Damit wirkten sie auf die Dauer innovationshemmend (unter der – hier einfach unterstellten – Voraussetzung, dass die Entstehung des Kapitalismus als »Innovation« bezeichnet werden könnte).

Verlag und Manufaktur

Die Grenzen, die das Handwerk einer etwaigen kapitalistischen Entwicklung setzte, bestanden im *Verlagswesen* nicht. Dieses entstand im 14. und 15. Jahrhundert, aber erst vom 16. Jahrhundert an hatte es größere Bedeutung. Bis zur Industriellen Revolution war es neben dem Zunfthandwerk die am meisten verbreitete nichtlandwirtschaftliche Produktionsform.

Voraussetzung des Verlagswesens war das Handwerk, aber nicht mehr in Zünften, sondern als Heimarbeit von selbständigen Handwerkern, die ihre Produkte nicht länger selbst verkauften, sondern dies durch einen Kaufmann – den »Verleger« – besorgen ließen. Zuweilen lieferte er ihnen auch die Rohstoffe und/oder das Halbzeug ohne Bezahlung, sodass sie bis zur Anfertigung und Abgabe ihrer eigenen Erzeugnisse seine Schuldner waren. Wenn er das Endprodukt bei ihnen abholte, zog er von dem Preis, den er zu zahlen hatte, die Kosten für seine eigene vorangegangene Lieferung ab. Den weiteren Vertrieb besorgte er auf eigene Rechnung.

Den formell selbständigen Handwerkern stand also ein Kaufmann als Unternehmer, der über Geld als Kapital verfügte, gegenüber.

Das Verlagswesen hatte vier verschiedene Ausgangspunkte:

- Erstens das Handwerk selbst. Wenn ein bestimmtes Produkt als Endergebnis des Zusammenwirkens verschiedener Handwerker entstand, lag es nahe, dass der Letzte in dieser Reihe den Vertrieb übernahm. Ein Beispiel: in der Messerproduktion gab es Klingenmacher, Heftmacher und Fertigmacher. Die beiden ersten stellten die Klinge und das Heft her, der letzte fügte sie zusammen, machte also das Messer »fertig«, und danach verkaufte er es in Kommission seiner Kollegen. Wenn er dabei genügend viel Geld angesammelt hatte, war denkbar, dass er selbst nicht mehr als »Fertigmacher« arbeitete, sondern sich nur noch dem Vertrieb widmete.

- Ein zweiter Ausgangspunkt konnte das Kapital eines Kaufmanns sein. Dieser kaufte Rohstoffe und Halbzeug, verteilte sie an die Handwerker und holte die Waren dann bei ihnen ab. Er war also von Anfang an im Verhältnis zu den Handwerkern ein Kapitalist.
- Drittens: Als sich stehende Heere herausbildeten (seit der zweiten Hälfte des 15. Jahrhunderts), ging von diesen eine große Nachfrage aus, unter anderem nach Waffen. Soweit diese dezentral gefertigt wurden, übernahm ein Heereslieferant ihren Ankauf bei den Handwerkern und ihren Verkauf an die Armeen.
- Viertens: Die Fürsten hatten das »Bergregal«. Ihnen gehörten alle Bodenschätze. Diese wurden von formell selbständigen Bergleuten gefördert. Wenn ein Fürst verschuldet war, konnte er das Regal an seine Gläubiger verpachten. Sie nahmen den Bergleuten die von diesen geförderten Montanprodukte ab und verkauften sie. Die Gläubiger »verlegten« also die Bergleute.

> »Diese Entwicklung vollzieht sich gegen Ende des 15. Jahrhunderts überall etwa gleichzeitig: in den Silberbergwerken des Harzes und Böhmens; in den Tiroler Alpen, lange Zeit Zentrum der Kupferausbeutung; in den Gold- und Silberbergwerken Ungarns, von Königsberg bis Neusohl am Rande des kesselförmig eingeschlossenen Grantals. Die Folge ist, daß die persönlich freien Bergleute der Genossenschaften Lohnempfänger, also abhängige Arbeiter, werden. Bezeichnend im übrigen wohl auch, daß zu dieser Zeit das Wort *Arbeiter* aufkommt.« (Braudel 1990 II: 352)

Im Verlagswesen wurde Mehrwert produziert, allerdings nicht durch Lohnarbeiter, sondern durch formell Selbständige: die Heimarbeiterinnen und Heimarbeiter. (Heute würde man sie vielleicht »Scheinselbständige« nennen.) Der Verleger eignete sich Mehrwert an. In seinen Gewinn mögen noch andere Elemente eingegangen sein: Ausnutzung einer Monopolsituation dort, wo er der einzige Anbieter war, und von Intransparenz des Marktes. Wahrscheinlich gab es im Verlagswesen auch schon Unternehmergewinn im Schumpeterschen Sinn, nämlich dort, wo ein Handwerker oder Händler für ein bestimmtes Produkt als erster die Vorteile des verlagsmäßigen Vertriebs wahrnahm.

Der Verlag war eine neue Vertriebs-, aber keine neue Produktionsform. Eine neue Art des Herstellens brachte dagegen die *Manufaktur*. Sie entwickelte sich als einflussreiche Produktionsform im 16. und 17., hatte ihre weiteste Verbreitung im 18. Jahrhundert, war aber im Unterschied zum Verlag nie dominant. Als – im Übrigen noch völlig singuläre – Proto-Technologie findet sie sich im (militärischen) Schiffsbau schon im 14. Jahrhundert im »Arsenal«, der staatlichen Werft von Venedig. Dies ist einer der vielen Fälle, in denen eine neue Technik zunächst militärisch eingesetzt wurde, bevor sie auch im zivilen Sektor allgemeine Verbreitung fand.

In der Manufaktur wurden unselbständige Arbeitskräfte in einem Haus oder mehreren Häusern zusammengefasst. Sie wurden dem Verlag zuweilen vorgezogen, weil man

- Rohstoffunterschlagungen, die die Heimarbeiter zuweilen vornahmen, verhindern,
- Produktion und Verkauf wieder in einer Hand zusammenbringen wollte und
- weil der Staat für seine eigenen Bedürfnisse – vor allem die militärischen – zentrale Fertigungsstätten bevorzugte (einige Manufakturen waren in staatlichem Eigentum).

Die Manufaktur ist im Grunde genommen schon eine Fabrik, in der die Energie aber noch nicht von Wasserkraft, Dampf, Elektrizität oder Verbrennungsmotor geliefert wird, sondern von den Menschen selbst. Es herrscht schon die für spätere moderne Industrie typische Arbeitsteilung vor. Die Arbeiterinnen und Arbeiter fertigen (lat. facere) von Hand (lat. manus) Teile des Produkts, die von anderen dann zusammengefügt werden. Ein klassisch gewordenes Beispiel ist die Stecknadelproduktion, wie sie von Adam Smith beschrieben wurde. (Smith 1988: 9f.)

Marx unterschied zwei Formen der Manufaktur: die heterogene und die organische. (Marx 1975: 362 ff.) In der heterogenen Manufaktur stellten ausgebildete Handwerker größere Einheiten her, die mit anderen kombiniert wurden. Ein Beispiel ist die Kutschenmanufaktur, in der Sattler und Stellmacher zusammenwirkten.

In der organischen Manufaktur wurde ein ursprünglich von einem einzigen Handwerk betriebener Arbeitsgang in kleinere Einheiten zerlegt – so wie Jahrhunderte später am Fließband.

Die organische Manufaktur kommt der späteren »Großen Industrie« (nach der Industriellen Revolution) technisch am nächsten. Beide Manufakturformen – die heterogene und die organische – hatten mit dieser unter anderem gemeinsam, dass die Arbeitskräfte in einem einzigen Gebäude (oder in einem Komplex von Gebäuden) zusammengefasst waren.

Die Arbeitskräfte für die Manufakturen wurden sehr verschiedenartig rekrutiert: neben Handwerkern, die sich freiwillig in diese Anstalten begaben, gab es Strafgefangene und die Insassen von Arbeits- und Waisenhäusern, die Zwangsarbeit verrichteten. Der Gewinn war typischer Mehrwert.

Mochte die Manufaktur technisch die spätere, mit der Industriellen Revolution entstehende Industrie vorwegnehmen, so gibt es doch keine »Manufakturperiode« in dem Sinn, dass die Manufaktur jemals die dominierende Produktionsform gewesen wäre. Selbst in der Zeit, in der sie den größten Verbreitungsgrad erreichte (im 17. und 18. Jahrhundert), wurde sie quantitativ vom Verlagswesen überwogen.

Dass von der Manufaktur aus kein direkter Durchbruch zur moderneren, mit Wasser- und Dampfkraft betriebenen Industrie erfolgte, hatte die folgenden Gründe:

- Manufakturarbeit war (anders als die Heimarbeit für den Verleger) kein Nebenerwerb. Der gesamte Lebensunterhalt musste hier durch den Lohn bestritten werden, der deshalb höher war als in der Heimindustrie.
- Die Konzentration von (zum Teil ja auch unfreiwilligen) Arbeitskräften an einem einzigen Ort war ein Sicherheitsproblem für die Unternehmer.

- Waren die Manufakturen einmal errichtet, mussten sie auch ständigen Absatz haben (anders als die Verleger, die bei Nachfrageschwäche den Aufkauf von Heimarbeits-Produkten einstellen konnten). Damit unterlagen sie aber auch einem Absatzrisiko.
- Die Zunftschranken begrenzten die Ausbreitung der Manufaktur. Diese setzte sich deshalb vor allem bei der Herstellung neuer Produkte und bei der Bedienung von militärischem, politischem und Luxusbedarf der mit dem Absolutismus entstehenden Zentralgewalt (sowie der Seestaaten – Großbritannien und Niederlande mit ihren Bourgeoisien) durch (Waffen, Uniformen, Möbel, Parfümerie-Artikel). Häufig waren Manufakturen fürstliche Gründungen, die zuweilen später privatisiert, zugleich aber mit einem obrigkeitlichen »Privileg« (= Monopol) ausgestattet wurden.

Fernhandel und Handelskapital

Bevor wir uns nun dem Handel zuwenden, kehren wir noch einmal kurz zu unseren definitorischen Überlegungen zurück.

Man kann fünf Kapital-Sorten unterscheiden:

- Warenhandlungskapital (Gewinn = Handelsspanne),
- Geldhandlungskapital (Gewinn = Zins),
- Industriekapital (Gewinn = Mehrwert in unterschiedlichen Definitionen, sei es von Marx oder Heilbroner),
- Dienstleistungskapital (der Gewinn dürfte im Wesentlichen mit der Art des Gewinns des Industriekapitals vergleichbar sein),
- Börsenspekulationskapital (der Gewinn besteht weniger aus den Dividenden, die mit dem Gewinn des Geldhandlungs-, Industrie- und Dienstleistungskapital identisch sind, als aus positiven Kursdifferenzen).

Das Warenhandlungskapital ist das älteste und war schon in der Antike bekannt. Einen Einbruch erlitt es, wie gezeigt, nicht schon mit dem Untergang des weströmischen Reichs, sondern erst mit der Spaltung des früheren antiken Handels-Raums durch das Vordringen des Islam seit der zweiten Hälfte des 7. Jahrhunderts.

Seit dem 11. Jahrhundert erholte sich der Handel wieder, und zwar so sehr, dass der französische Mittelalter-Historiker Jacques Le Goff sogar von einer »*kommerziellen Revolution*« spricht. (Le Goff 1993: 12 f.)

Ursache war auch hier die gestiegene agrarische Arbeitsproduktivität. In den Städten, die sich nun ausbreiteten, sowie zwischen ihnen und in ihrem Umland entstand Lokalhandel. Zugleich wurden die alten Land- und Seewege für den Fernhandel wieder geöffnet. Aus dem Mittelmeer wurden die Sarazenen verdrängt, aus der Nord- und Ostsee die Wikinger.

1211 taucht erstmals der Begriff »Kapital« auf, und zwar in der Bedeutung »*Fonds, Warenbestand, Geldmasse oder zinstragendes Geld*«. (Braudel 1990 II: 249)

In diesen Zusammenhang gehört die allmähliche Durchsetzung der doppelten Buchführung, Sie war am Ende des 15. Jahrhunderts schon weit verbreitet. Auch die *einfache* Buchführung, in der lediglich Einnahmen und Ausgaben getrennt aufgeführt waren und die seit dem 13. Jahrhundert in den italienischen Stadtstaaten und bei der Kurie gebräuchlich wurde (Sombart 1987 I, 1: 111f.), war eine Neuerung gegenüber der früheren weitgehend ungeordneten Art der Rechnung. Die doppelte Buchführung aber ist etwas qualitativ Anderes: Sie geht von einem Vermögensbestand aus, bei dem eine Ausgabe zugleich wie eine Einnahme (also doppelt) verbucht wird (und umgekehrt). Wer eine Ware kauft, schlägt sie seinem Eigentum zu, muss von diesem aber den dafür verausgabten Geldbetrag abziehen. Das Verleihen von Geld ist zugleich der Erwerb von Schuldtiteln. Durch solche Notierung wird eine kontinuierliche Inventur vorgenommen. Auf diese Weise lässt sich Wachsen und Schrumpfen eines Vermögens feststellen. Damit sind die Vorstellungen von Gewinn und Verlust verbunden. Ein Vermögen, mit dem ersterer erzielt wird, heißt Kapital (von lat. Caput). Es kann die Substanz eines Unternehmens ausmachen, das damit als selbständige Einheit neben den Eigentümern (bzw. Eigentümerinnen) erscheint.

> »*Mit dieser Betrachtungsweise wird der Begriff des Kapitals überhaupt erst geschaffen.* Man kann also sagen, daß vor der doppelten Buchführung die Kategorie des Kapitals nicht in der Welt war, und daß sie ohne sie nicht da sein würde. Man kann Kapital geradezu definieren als das mit der doppelten Buchführung erfaßte Erwerbsvermögen.« (Sombart 1987 I, 1: 120)

Zu den intellektuellen Voraussetzungen der doppelten Buchführung gehörte die Rezeption der arabischen (ursprünglich in Indien entwickelten) Ziffern, darunter der Null, die neue Rechenmöglichkeiten eröffnete.

Auf der Ebene des Handels nahm Europa jetzt eine Dreiecks-Struktur an, die es nicht mehr erlaubt, sein räumliches Arrangement als nur noch lokal bestimmt zu bezeichnen: Vom Tuch-Produktionszentrum im Nordwesten verliefen die Handelswege einerseits bis nach Venedig, andererseits bis in die großen Handelsstädte des Nordens: Bremen, Breslau, Danzig, Hamburg, Lübeck, Rostock, Stettin, Stralsund, Wismar.

Letzter Bezugspunkt dieser Handelswege war jeweils Byzanz, wo Waren aus der islamischen Welt und Indien – Pfeffer und andere Gewürze (Spezereien), Baumwolle, Seide – ausgetauscht werden konnten.

Auch der Handel im Norden und Osten stand im Grunde im Zeichen von Konstantinopel. Um die Mitte des 9. Jahrhunderts ließen sich Skandinavier – »*halb Eroberer, halb Kaufleute*« (Pirenne 1961: 188) – am Dnjepr nieder. Sie blieben einerseits bis zum 11. Jahrhundert in Kontakt mit Skandinavien, trieben andererseits von Kiew und Nowgorod aus Handel mit Konstantinopel, sodass man sagen kann: auch in der Zeit, in welcher im fränkischen und dann im ottonischen Reich selbst nur sehr wenig Handel bestand, war dieses Reich von einem Handelskranz – genauer: einem Dreiviertelkreis – umgeben, der einerseits von Konstantinopel über Venedig bis Frankreich und Oberdeutschland, andererseits über Kiew, Nowgorod bis nach Skandinavien und Flandern reichte, wobei der südliche Bogen vor allem mit Waren aus Italien, der nördliche aus Flandern, der Champagne u. a. beschickt wurde. Zugleich wurde auch der Innenbereich dieses »Kranzes« allmählich mit Warenhandel (nicht nur mit Tuch, sondern z. B. auch mit Salz) ausgefüllt. Neben den Flüssen waren große Handelsstraßen (insbesondere zwischen den Messe-Städten, z. B. in der Champagne und Leipzig, Frankfurt/Main, Köln) die Haupt-Transportwege.

Die Städte hatten bei diesen Entwicklungen eine zugleich fördernde und hemmende Funktion.

Fördernd waren sie zunächst in ihrer Eigenschaft als Märkte für den Lokalhandel und mit ihren Messen für den Fernhandel. Hemmend wirkte sich das aus, was man heute »Standortkonkurrenz« nennen würde: Lokale Handwerker versuchten zu erreichen, dass ausländische Kaufleute ihre Produkte zwar aneinander verkauften, aber nicht an die Stadtbevölkerung; das eigene lokale Monopol sollte erhalten bleiben. In anderen Fällen gab es den »Stapelzwang«: die Waren fremder Kaufleute mussten eine bestimmte Zeit in der Stadt, die sie durchliefen, lagern und zunächst den heimischen Kaufleuten angeboten werden, die dann ihrerseits mit ihnen Handel treiben konnten. Dies verlangsamte den Kapitalumschlag der fremden Kaufleute. Als in Norddeutschland mehrere große Städte sich von diesen Diskriminierungen gegenseitig freistellten und sich damit Meistbegünstigung einräumten, erhielten sie im 14. und 15. Jahrhundert großen Einfluss im gesamten Nord- und Ostseeraum – als Städtebund der »Hanse«.

Seit dem 15. Jahrhundert begleiteten die größten Kaufleute ihre Waren nicht mehr selbst, sondern lenkten ihr Geschäft vom eigenen Kontor aus. (Einen Einblick in ihre Arbeit liefern die erhalten gebliebenen Geschäftsbücher des Kaufmanns Francesco di Marco Datini aus Prato bei Florenz. [Origo 1986])

Eine nächste Stufe der Kaufmannstätigkeit war der Zusammenschluss in Handelsgesellschaften, zum Beispiel in der »Großen Ravensburger Gesellschaft« (14. bis 16. Jahrhundert). Hier trat an die Stelle eines einzelnen Kaufmanns, wie wir ihn vor allem in Norddeutschland kennen, der kollektive Kaufmann. Nun konnte eine höhere Effektivität des Handels, der nun allmählich die enge Bindung an eine einzelne Stadt abstreifte, erreicht werden. Damit war allerdings eine neue Form der politischen und militärischen Absicherung nötig: der Territorial- oder Nationalstaat.

Im 14. und 15. Jahrhundert wurden Hilfsmittel für den Handel entwickelt, die es auch heute noch gibt: Versicherungen (zunächst vor allem für die durch Seenot und Piraterie gefährdeten Schiffsfrachten), Wechsel, doppelte Buchführung. Spätestens im 14. Jahrhundert entwickelt sich »*in den Städten Pisa, Venedig, Florenz, Genua, Valencia und Barcelona*« das Börsenwesen, (Braudel 1990 II: 99) für 1409 ist in Brügge eine Warenbörse belegt. Wer sich Staatspapiere[21], Anteile an einer Handelsgesellschaft, einem Schiff oder einem Bergwerk kaufte, besaß damit eine Vorform der späteren Aktien.

Bedeutung für die Ansammlung von Geld, aus dem Kapital entstehen konnte, gewann seit dem 14. Jahrhundert die Kirche. Von 1303 bis 1378 residierten die Päpste in Avignon. Sie bauten in dieser Zeit eine effiziente und zentralisierte Fiskalverwaltung auf und erschlossen sich so neue Finanzquellen, u. a. auch dadurch, dass sie sich den Zugriff auf solche Abgaben (nunmehr nicht mehr in Naturalien, sondern in Geld), die bis dahin untergeordneten kirchlichen Instanzen zugestanden hatten, sicherten. Diese Mittel wurden »von Kollektoren eingetrieben; doch die Überweisung an die Kurie und dortige Auszahlung erfolgte durch – meist florentinische – Banken.« Da die Höhe der Einnahmen schwankte und seit der Jahrhundertmitte hinter den Ausgaben zurückblieb, wurden diese Geldinstitute auch zu Gläubigern der Kirche. So ist vorstellbar, »daß der avignonesische Fiskalismus eine der wichtigsten Voraussetzungen zur Entstehung des Frühkapitalismus« war. (Schimmelpfennig 1984: 233) Zugleich setzte sich eine Tendenz fort, die schon im zwölften Jahrhundert begonnen hatte: Zuwendungen in Form von Sachgütern, mit denen Kirchen, Klöster und Orden in Testamenten bedacht wurden, sind verkauft, also in Geld umgewandelt worden. Dies setzte Kaufmanns- und Banktätigkeit einerseits voraus und förderte sie andererseits. Seit der frühen Neuzeit waren die evangelischen »Kirchenkästen« im lokalen Bereich Vorläufer der späteren weltlichen Sparkassen.

Handel, insbesondere Fernhandel, war nicht Naturaltausch (Barter), sondern bedurfte der Geld-Vermittlung. Damit stieg der Bedarf an den

21 Erstmals bezeugt in Venedig, Florenz und Genua schon im 14. Jahrhundert. Braudel 1990 II: 101.

Edelmetallen, aus denen Geld bestand: Gold und Silber. Dies führt zu einer Belebung des Bergbaus, durch den diese gewonnen wurden. Im 13. Jahrhundert beginnt die Goldprägung von Denaren in Genua, Florins in Florenz, Talern in Frankreich, Dukaten in Venedig.

Mit dem Warenverkehr war immer wieder ein Auseinanderfallen von Lieferung und Zahlung verbunden. Damit ergab sich die Möglichkeit des Geldhandlungskapitals: des Verleihens von Geld (= Kredit) und der Rückzahlung mit einem Aufschlag. Dadurch wurde Geld selbst zur Ware. Wenn es zu seiner eigenen Vermehrung in der Hand des Gläubigers ausgeliehen wurde, nahm es die Eigenschaft von Kapital an. In dem Maße, in dem hier immer mehr Gewinne gemacht werden konnten, entfiel das Verbot des Zinsnehmens für Christen. In Italien entstanden die ersten Banken. Zu ihren größten Schuldnern gehörten die Fürsten, die ihren Gläubigern das Bergregal verpfänden mussten. So ergab sich ein Interesse der Geldhandlungskapitalisten an der Förderung von Edelmetall.

Den Börsen von London und Amsterdam wird »*das Verdienst, dem Papiergeld in all seinen Formen langsam, aber sicher zum Zuge verholfen zu haben*«, zugeschrieben. (Braudel 1990 II: 114) Dieses aber war unerlässlich für eine Warenzirkulation, die nicht an das aktuelle Vorhandensein von gemünztem Gold gebunden war. Zwar gab es Papiergeld schon im 9. Jahrhundert in China, aber: »*Nur im Abendland, nicht in China, hat das Papiergeld den Kapitalismus vorangetrieben.*« (Ebd.) Hier also verbanden sich Spekulation und Kapitalismus mit dem gleichen technischen Mittel.

Die Staaten behielten das Münzrecht, d. h. sie garantierten Gewicht und Edelmetall-Gehalt des Geldes (wobei sie diese Aufgabe zuweilen zu eigenen Fälschungen missbrauchten). Für die Golddeckung des Papiergeldes aber bürgten die Privatbanken, die dieses emittierten.

Die Kaufleute handelten mit Waren, die nichtkapitalistisch erzeugt wurden. Eine Mischform war der Verlag. Indem aber die Kaufleute ein Interesse am Absatz von möglichst vielen handelbaren Waren hatten, war auch eine steigende Produktion von ihnen erwünscht. Wachsen des Warenhandlungskapitals konnte so zum Interesse an neuen Produkten und erweiterter Produktion führen.

Die Fernhändler – insbesondere in ihrer Organisation in überregionalen Handelsgesellschaften – und Bankiers können als die führende Gruppe in der Kapitalistenklasse beim Übergang vom Feudalismus zum Kapitalismus gelten.

Fragen wir abschließend nach der Art des Gewinns, der im Handel gemacht wurde. In seine Handelsspanne ging zweierlei ein:

- erstens Mehrwert aus dem Verlagswesen, dem Großhandwerk und der Manufaktur,
- zweitens ein Aufschlag auf intransparenten Märkten, von dem die Kaufleute nicht fürchten mussten, dass er sie zugleich als Preisnehmer irgendwann einmal wieder in gleichem Maße belasten werde.

Exkurs II: Kapitalismus im Feudalismus? Florenz, Genua, Venedig

Wenn wir unseren Blick auf einige Städte verengen, entdecken wir seit spätestens dem 13. Jahrhundert einige frühe kapitalistische Gesellschaften in Oberitalien. Ihre Mitglieder lebten (direkt oder indirekt) von Handwerk und Handel, waren weder Grundherren noch von diesen abhängig.

Die oberitalienischen Städte verdienen in diesem Zusammenhang besonderes Interesse, weil sie keinen Stadtherren hatten, also formell freie Republiken waren, in denen allerdings nur eine vergleichsweise kleine Schicht von Großhandwerkern und Kaufleuten tatsächlich das Regiment führte. Genua, Florenz und Venedig waren die mächtigsten unter diesen frühkapitalistischen Städten in Italien, jedoch keineswegs die einzigen.

Wir haben es hier also tatsächlich mit einem »Frühkapitalismus« zu tun. Allerdings verlieren diese Städte im 16. Jahrhundert ihre ökonomische Vorrangstellung wieder. Hierfür können folgende Gründe angenommen werden:

1. Es handelte sich um bürgerliche Enklaven in einer unverändert feudalen Umwelt. Seit der zweiten Hälfte des 15. Jahrhunderts nahm der Feudalismus eine neue Form an: er brachte den absolutistischen Flächenstaat hervor, der über große territoriale, militärische und ökonomische Ressourcen verfügte. Im Vergleich dazu waren die Stadtstaaten schwach.
2. Ihre ökonomische Bedeutung war durch die türkische Eroberung Konstantinopels schwer beeinträchtigt. Die Öffnung neuer Handelsrouten wurde durch den portugiesischen und spanischen Flächenstaat betrieben.
3. Der »Frühkapitalismus« der Städte war insofern ein unvollständiger Kapitalismus, als er auf die Zirkulationssphäre beschränkt war, während nach wie vor nichtkapitalistisch produziert wurde. Das galt für die seit Ende des 15. Jahrhunderts entstehenden portugiesischen und spanischen Reiche zwar auch, aber sie verfügten durch den Import von Gold und durch Sklavenarbeit in Übersee über Ressourcen, die weit oberhalb der Möglichkeiten der frühkapitalistischen Städte lagen.[22]

Da dieser Kapitalismus zunächst ein subalternes Teilsystem in einer noch nicht kapitalistischen Gesellschaft war, soll er hier als *Protokapitalismus* bezeichnet werden.

Protokapitalismus in Japan, Indien, in der islamischen Welt und in China

Aber es gab nicht nur in Europa einen »verfrühten« Kapitalismus, sondern auch in Japan. Dort fielen – laut Braudel – relativ früh

> »die Würfel für eine kapitalistische Zukunft, und zwar [...] in der Ashikaga-Zeit (1368 – 1573) mit dem Auftreten vom Staat unab-

22 Niccolò Machiavelli, der die ökonomischen Ursachen für den Niedergang seiner Stadt nicht kannte, schlug deshalb ausschließlich politische Lösungen vor. Vgl. Deppe 1987.

> hängiger wirtschaftlicher und sozialer Kräfte (Zünfte, Fernhandel, freie Städte, Kaufmannsgenossenschaften, die vielfach niemandem Rechenschaft schulden).« (Braudel 1990 II: 654)

In dem komplizierten Beziehungsgeflecht zwischen der Zentralgewalt, Lehnsherren, Städten, Bauern, Handwerkern und Kaufleuten »*entwickelt Japan offensichtlich von innen heraus einen ersten bodenständigen Kapitalismus.*« (Ebd.: 658) Allerdings wurde dieser im 17. Jahrhundert gestoppt. Die Zentralgewalt setzte 1638 die Abschließung Japans gegen die Außenwelt durch und schnitt damit die Expansion des Handelskapitals ab.

> »Es ist einfach nicht zu bestreiten, daß die über zwei Jahrhunderte auferlegten Beschränkungen einen sich schon ankündigenden Wirtschaftsaufschwung verzögert haben.« (Ebd.: 659)

Der europäische Fernhandel hatte einen äußersten Bezugspunkt: Indien. Mochte auch China am Rande einbezogen sein, so war Indien doch der Ort, mit dem am stetigsten Austausch stattfand. Venedig und Genua wurden zu Wirtschaftsmächten durch den Handel, den sie über Konstantinopel mit dem Osten trieben. Die Produktion und Finanzwirtschaft italienischer Festlandstädte wie Florenz und Prato war ebenfalls zumindest teilweise an diesem Bezugspunkt orientiert.

Indien aber wurde nicht ausgeraubt, sondern mit ihm wurden Tauschbeziehungen aufgenommen. Tatsächlich gab es indisches Handelskapital und eine heimische Produktion, auf die dieses zurückgreifen konnte. (Braudel 1990 II: 662-665) Die islamische Welt war keineswegs nur eine Art Durchgangsgebiet für den Warenverkehr zwischen Europa und Indien, sondern sie hatte ihr eigenes Kaufmannskapital (Ebd.: 662), ebenso auch China (Ebd.: 661).

In allen diesen Ländern und Regionen aber blieb das Handelskapital mächtigeren bürokratischen und staatlichen Instanzen untergeordnet. Kapitalismus war als Teilsystem schon weit entwickelt, wurde aber niemals eine Produktionsweise, die in den jeweiligen Gesellschaften herrschte. Auch hier ist der Begriff »Protokapitalismus« angemessen.

Die frühen Marktwirtschaften wurden dort nicht gesellschaftlich dominant, wo sie daran gehindert wurden, dauerhaft über ihre bisherigen räumlichen Grenzen hinaus sich auszudehnen und zu einer »Weltwirtschaft« entweder zu werden oder an ihr teilzunehmen.

Der europäische Ausbruch: Die Entdeckungen

In Europa war die mit frühkapitalistischen Elementen versetzte Feudalgesellschaft des »chaotischen 14. Jahrhunderts« (1300 – 1450) im Vergleich zur Entwicklung 1000 – 1300 wenig dynamisch und von einer ständigen krisenhaften Entwicklung geprägt:

1. Klima-Änderung 1300 ff. und Pest 1347 ff. führten zu einem Bevölkerungsrückgang. Den Feudalherren standen weniger Arbeitskräfte zur Verfügung, der Absatzmarkt von Verlagswesen, Handwerk und Kaufmannskapital war eingeschränkt.
2. Die (Teil-)Emanzipation der Bauern und der Städte ließ das Mehrprodukt, das sich der Adel aneignete, schrumpfen.
3. Der zentrale Bezugspunkt für den Fernhandel, Konstantinopel, war seit 1453 verloren.

Der Adel reagierte auf die Einengung seiner Möglichkeiten durch eine Offensive gegen Städte und Bauern. Östlich der Elbe wurde um 1500 die Leibeigenschaft innerhalb der nun errichteten Gutsherrschaft eingeführt, westlich der Elbe erhöhten die Grundherren die Abgaben, eigneten sich die Allmende an und hoben die sogenannten »Gemeinheiten« (gemeinsame Nutzungsmöglichkeiten für alle Bewohner einer ländlichen Region) zu ihren Gunsten auf.

Die Verteilungskämpfe zwischen Adel, Bauern und frühem Bürgertum nahmen auf der iberischen Halbinsel einen für die Zukunft ausschlaggebenden Charakter an. (Boris 1992)

Dort wirkte sich die Krise des »Langen 14. Jahrhunderts« zunächst in gleicher Weise aus wie in Mittel- und Westeuropa. Eine Besonderheit der gesellschaftlichen Struktur Iberiens war die im 15. Jahrhundert abgeschlossene »Reconquista«, die Beseitigung der maurischen Herrschaft mit Waffengewalt. Führende Akteure waren dabei der Adel und die Krone – letztere als zentrale Staatsmacht von Aragon und Kastilien (sowie, unabhängig davon, in Portugal), die sich in diesen Auseinandersetzungen herausgebildet hatte. Der Hochadel versuchte seiner ökonomischen Krise – Rückgang der Einkommen – dadurch zu entgehen, dass er selbst handelskapitalistisch tätig wurde: insbesondere im Wollhandel, wobei das Rohmaterial durch Schafzucht gewonnen wurde, die den Ackerbau zurückdrängte. Aber auch das Handelskapital war im »Langen 14. Jahrhundert« einer Krise ausgesetzt, die sich mit der türkischen Eroberung Konstantinopels noch zuspitzte. Dass nicht die oberitalienischen oder nordwesteuropäischen Städte, sondern Portugal und Spanien den Durchbruch bei der Erschließung neuer Handelswege erzielten, hatte seinen Grund darin, dass diese über ein militärisch-politisches Potential verfügten, das es im Übrigen Europa in dieser Weise nicht gab.

Die gesellschaftliche Basis dieses Unternehmens bildeten Handelskapital, Hochadel und Krone: ein in sich prekäres und rivalisierendes Amalgam, dessen interne Konflikte die Eroberung neuer Ressourcen nicht behinderten, sondern förderten. So wurden seit Ende des 15. Jahrhunderts u. a. der Seeweg nach Indien und Amerika entdeckt und erste Kolonialreiche gegründet.

Dies gilt allerdings nur für die gleichsam militärische Seite der Entdeckungen, nicht für ihre finanzielle. Diese wurde tatsächlich doch durch einen italienischen Stadtstaat gewährleistet: Genua.

Im Chioggia-Krieg gegen Venedig (1378 – 1381) hatte es diesem die Vorherrschaft über das östliche Mittelmeer und damit über den Orienthandel überlassen müssen. Schon damals aber verfügte Genua über große Goldvorräte, die nun anderweitig investiert wurden. Hierfür boten sich die militärischen Unternehmungen der iberischen Monarchien – zunächst gegen die Mauren, dann in Übersee – an. Sie wurden von Genua finanziert. Die großen Silbermengen, die die Habsburger schließlich im 16. Jahrhundert an sich brachten, machten sie von ihrem anderen großen Gläubiger, den Augsburger Fuggern, unabhängig, während die Genuesen ihren Einfluss behielten: sie waren die Finanziers der europäischen Welteroberung. (Arrighi 1996: 109-126.)

Lässt sich so erklären, weshalb die »*Europäische Welteroberung*« (Boris 1992) von der iberischen Halbinsel ausging, so erscheint eine andere

Frage aus heutiger Sicht überraschend, liegt unter den Umständen der damaligen Zeit aber durchaus nahe: »*Warum nicht China?*« (Ebd: 124 ff.)

Dieses Reich hatte zwischen dem zehnten und dem 13. Jahrhundert eine ähnliche Entwicklung durchlaufen wie Mittel-, Süd- und Westeuropa: Wachstum der agrarischen Produktivität (Durchsetzung einer zweiten Reisernte pro Jahr), Akkumulation von Handelskapital, Ausbreitung von großen Städten. Der naturwissenschaftliche Kenntnisstand und die technischen Leistungen (u. a. im Schiffsbau und in der Waffenherstellung) waren die avanciertesten der damaligen Welt. Es wird vermutet, dass nicht nur Wikinger, sondern auch Chinesen bereits vor Columbus in Amerika waren. (Ebd.: 125 f.) Die nautischen und technischen Voraussetzungen hatten sie auf jeden Fall. Der Überseehandel Chinas erstreckte sich nach Japan, Indien, Südafrika und dem Nahen Osten.

Aber es kam nicht zur Eroberung fremder Küsten, sondern im 15. Jahrhundert zu einem Stopp des überseeischen Engagements Chinas. Ein wichtiges Datum war das vom Hof verhängte Verbot des Großschiffbaus und von auf ihn gestützten Expeditionen. Der Kaiser und sein Apparat von Gelehrten-Beamten fürchteten Positionsverluste gegenüber der Kaufmannschaft und einem sich dann eventuell verselbständigenden Militär. Die Einkünfte des Hofes aus Tributen waren so hoch, dass die Staatsspitze keine weiteren Reichtumsquellen benötigte. Dass sie ihr Verbot durchsetzen konnte, weist darauf hin, dass die frühkapitalistischen Schichten schon vorher in eine Schwächeperiode geraten waren. Die Städte waren politisch völlig vom Staat abhängig, es gab keine genügende institutionelle Garantie des Eigentums. Das frühe chinesische Bürgertum hatte nur geringen Selbstbehauptungswillen gegenüber den anderen Machtfaktoren entwickelt und bemühte sich häufig um schnelle Integration in die Beamtenschicht.

Immanuel Wallerstein kommt zu dem Ergebnis: »*Europa brauchte die geographische Expansion dringender als China.*« (Wallerstein 1986: 70 f.) Dieses sei bereits als großflächiges »Imperium« verfasst gewesen, in dem Bereicherung durch Umverteilung und internes Wachstum ohne Erschließung zusätzlicher externer Ressourcen möglich war.

Hinzu kommt wahrscheinlich auch eine folgenschwere Auseinanderentwicklung in der stofflichen Basis. In China setzte sich der Reis als Hauptgetreide durch. Zu seiner Verarbeitung waren – anders als bei Roggen und Weizen in Europa – keine Mühlen notwendig. Diese wurden zur Ausgangstechnik weiterer technologischer Entwicklung. In China waren sie schon früher bekannt als im Westen, doch bestand kein Anlass zu ihrer ausgedehnten Nutzung und Verbesserung. Für den Reisanbau waren die mit Pferd und Zugrind verbundene Agrartechnik (Wendepflug) und die daran anschließende Weiterentwicklung von Kraftübertragung (Kummet) nicht erforderlich. (Mitterauer 2003)

Die Naturwissenschaften

Der Unterschied zwischen Florenz/Genua/Venedig und China einerseits, Portugal/Spanien andererseits zeigt, dass die Entdeckungen nicht irgendein »Ereignis« mit großen Folgen waren, sondern dass sie aus einem spezifischen gesellschaftlichen, politischen und militärischen Kontext erwuchsen. Zu den Voraussetzungen einer künftigen kapitalistischen Entwicklung gehört auch die Entstehung der modernen Naturwissenschaften und der auf diesen basierenden Technik.

Dieser Prozess könnte, wenn man wollte, geistesgeschichtlich erklärt werden. Man würde dann von der Scholastik des Thomas von Aquin (1225/26–1274) ausgehen. In seiner »Summa Theologiae« verstand er die ganze Welt als Offenbarung Gottes. Wer diese studieren wollte, war dann aber nicht allein auf Bibel-Lektüre verwiesen, sondern auch auf Empirie. Aus deren Teil-Emanzipation erwuchs der Universalienstreit des 14. Jahrhunderts. Die »Nominalisten« erklärten: »universalia« – allgemeine Begriffe – »sunt nomina«, die »Realisten« setzten dagegen: »universalia sunt realia«.

Dass dieser Streit überhaupt entstehen konnte, weist auf eine gesteigerte Bedeutung des Interesses an Empirie hin. Die ersten Universitäten (Bologna, Paris) waren zwar vor allem theologisch und juristisch orientiert, doch die voraussetzungslose Forschung konnte sich auch auf andere Gegenstände erstrecken und sich überdies an den Interessen von Handel und Produktion orientieren. Damit kommen wir zu einer materialistischen Erklärung, wie sie John Desmond Bernal in seinem Werk »Science in History« gibt. (Bernal 1978) Er spricht von einer »Wissenschaftlichen Revolution« zwischen 1440 und 1690, die sich in drei Etappen vollzogen habe:

1. 1440–1540: Hier gab es Fortschritte im Bergbau durch die Einführung von Pump- und Förderanlagen; neue Schmelztechniken bei der Gewinnung von Metallen, Entdeckung neuer Erze (Zink, Wismut, Kobalt). Wichtiger waren Erkenntnisse in der Astronomie, die von Notwendigkeiten der Navigation durch Beobachtung der Sterne angeregt wurden. Dies führte zur Ersetzung des ptolemäischen Weltbildes durch das kopernikanische im 16. Jahrhundert. Eine technische Konsequenz war die Entwicklung optischer Geräte, für die sich dadurch ein zusätzlicher Bedarf an Glas (vorher schon für die im späten Mittelalter noch recht seltenen Brillen und die zunächst kleinen Fenster verwandt) ergab.
2. 1540–1650. Die Holzkrise einerseits, der zunehmende Eisenbedarf andererseits erzwangen eine neue Energiebasis: Steinkohle, die vorher, in der Römerzeit, nur in Schottland und Teilen Englands gewonnen worden war. In den Niederlanden wurde das Teleskop erfunden, Galilei konnte durch Experiment und Berechnung die Bewegung der Gestirne simulieren. Mit ihm wurde die Astronomie von einer Beobachtungs- zu einer Experimental- und mathematischen Wissenschaft. Die Technik des Experiments und der Beobachtung war nun allerdings von den ursprünglichen, zunächst am Handelskapital orientierten Schwerpunkten ablösbar. Hierher gehört die Entdeckung des Blutkreislaufs durch William Harvey (1578–1657).
3. 1650–1690. Nunmehr wurde die Wissenschaft zu einem eigenständigen System mit relativ autonomen Organisationen auch jenseits der Universitäten, zum Beispiel durch die Gründung der Royal Society of Sciences in London. Die Entwicklung der astronomischen Theorie wurde durch das System von Newton vorläufig abgeschlossen. Denis Papin und Thomas Savery begannen mit der Entwicklung der Dampfkraft-Technologie.

Mit der Entwicklung der Differentialrechnung durch Isaac Newton und Gottfried Wilhelm Leibniz im 17. Jahrhundert wurde die Mathematik so erweitert, dass sie den Anforderungen und Möglichkeiten der kapitalistisch werdenden Welt zuarbeiten konnte:

> »Im Kern ist die Differentialrechnung die Lehre von den Bewegungen und Veränderungen. Bis dahin war Mathematik im wesentlichen auf die statischen Probleme des Zählens, Messens und der Beschreibung von Flächen beschränkt geblieben. Mit den neuen Techniken zur Beschreibung von Bewegungen und Veränderungen konnten die Mathematiker nun den Lauf der Planeten ebenso wie das Fallen von Körpern auf der Erde untersuchen, das Funktionieren von Apparaturen, den Fluß von Flüssigkeiten, die Ausdehnung von Gasen, physikalische Kräfte wie Magnetismus und Elektrizität, den Flug von Vögeln und Kanonenkugeln, das Wachstum von Pflanzen und Tieren, die Ausbreitung von Seuchen und die Zu- und Abnahme von Gewinnen in der Wirtschaft. Mathematik wurde zur Lehre von den Zahlen, geometrischen Formen, *Bewegungen, Veränderungen und des mehrdimensionalen Raums.*« (Devlin 2004: 21f. Hervorhebung: Devlin)

Die Konditionierung des Individuums

Zu den Voraussetzungen und Folgen des Übergangs vom Feudalismus zum Kapitalismus gehört ganz offenbar auch eine Umformung der Menschen selbst.

In der Belletristik des 15. und 16. Jahrhunderts findet man den Typ des »Grobianismus«, zum Beispiel bei Rabelais. Die Darstellung ungezügelten Benehmens dort ist zwar einerseits Zeitschilderung, andererseits Kritik: Unreflektiertes Triebleben wird lächerlich gemacht im Namen einer neuen – hier allerdings nur in der Negation sichtbar werdenden – Disziplin.

Die Einstellungswandlung, die damals begann, führt Max Weber auf den Calvinismus zurück. (Weber 1988) Angst um das je individuelle Seelenheil habe zum Kampf um innerweltliche Bewährung, die als Zeichen der Auserwähltheit begriffen wurde, geführt. Die Reformation des 16. Jahrhunderts trug seiner Auffassung nach zur neuen Konditionierung des Individuums offenbar in hohem Maße bei. Später, nachdem der Kapitalismus erst einmal durchgesetzt war, wurde die religiöse Motivation durch den »Sachzwang« ersetzt.

Eine Schwäche der Erklärung von Max Weber liegt in der Beschränkung auf das Angebot. Die calvinistischen Unternehmer produzieren und treiben Handel. Aber sie müssen ihre Waren auch absetzen. An wen? Im Handelskapitalismus wurden unverhältnismäßig viele Güter des gehobenen Bedarfs hergestellt und verkauft. Es ist nicht bekannt, dass die Calvinisten sich auf Getreide oder Tuch für den Massenverbrauch beschränkt hätten. Sie waren also auf eine Nachfrage angewiesen, die teilweise luxuriösen Charakter hatte. (Vgl. Sombart 1986; Schama 1988)

In seinem Buch »Über den Prozeß der Zivilisation« analysiert Norbert Elias die Instanzen und Vorgänge, die eine neue Kultur der Selbstzucht und Eigenverantwortung herbeiführten. Ein Ausgangspunkt war das Selbstbild des höfischen Personals, das dann in die entstehende bürgerliche Gesellschaft projiziert wurde. Zu den Instanzen, die zur Disziplinierung beitragen, gehörte der Staat. (Elias 2001)

Hier ist zu fragen, ob Norbert Elias das Moment der Gewalt – z.B. die Folter und ihre Funktion bei der zurichtenden Konditionierung des Individuums – im Prozess der Zivilisation genügend beachtet hat.

Michel Foucault hat schließlich die Verinnerlichung dieser Zwänge analysiert: als einen Vorgang, an dessen Ende die Menschen nicht mehr formell einer äußeren Macht unterworfen sein müssen, um doch deren Postulate auszuführen – als Ergebnis ihres eigenen Willens (Foucault 1969; Foucault 1976; Foucault 1978; Foucault 1983; Foucault 2002)

Es handelt sich bei diesen drei Entwicklungen sowohl inhaltlich als auch zeitlich nicht um denselben Vorgang.

Der »Prozeß der Zivilisation« bei Elias setzte bereits im 13. Jahrhundert ein und beschleunigte sich seit dem 14. Jahrhundert. Staat und gesellschaftliche Selbsterziehung waren die entscheidenden Instanzen.

Der Zusammenhang zwischen protestantischer Ethik und Geist des Kapitalismus bei Weber stellte sich ab dem 16. Jahrhundert her. Kirchen und Sekten und das individuelle Gewissen hatten hier die entscheidende Bedeutung.

Der von Foucault beschriebene Vorgang wird erst unmittelbar nach dem Ende der hier darzustellenden Übergangsperiode (1500 – ca. 1780) wichtig: zwischen 1770 und 1820 begann eine zunehmende Beherrschung der Individuen durch eine vornehmlich wissenschaftlich auf sie einwirkende Macht – ein Prozess, der im 20. Jahrhundert fortgesetzt werde.

(Im Lichte dieser Überlegungen könnte die Abschaffung der Folter gegen Ende des 18. Jahrhunderts in mehreren Staaten – Preußen, Sachsen-Weimar, in Frankreich aufgrund der Revolution – interpretiert werden: die Konditionierung erfolgte jetzt mit anderen Mitteln, aber aufgrund der Ergebnisse des vorangegangenen äußerst gewaltsamen Vorgehens.)

Absolutismus

Ganz offensichtlich wären einige der bis hierhin beschriebenen Prozesse – u. a. die Transformation der Individuen und die außereuropäische Expansion – nicht denkbar gewesen ohne eine neue Machtinstanz: den modernen Staat in Form des Absolutismus. (Anderson 1979)

Dieser entstand

1. im Zusammenhang mit neuen Anforderungen, denen sich feudale Gesellschaften bei ihren Außenbeziehungen ausgesetzt sahen, und
2. aufgrund innerer Konflikte.

   a) Im Hundertjährigen Krieg zwischen der englischen und der französischen Krone und deren jeweiligem Adel (1337–1453) bildeten sich sowohl in England als auch in Frankreich zentrale Staatsgewalten heraus, bedingt durch die Notwendigkeit der Aufbringung großer militärischer Mittel. Um diese zu finanzieren, mussten Anleihen aufgenommen werden. Für die Rückzahlung wurden den Gläubigern bis zur völligen Begleichung die Abgaben, die an den König zu zahlen waren, übertragen. Dies waren die Anfänge der modernen Steuern.

   In ähnlicher Weise bildete sich in der bewaffneten Auseinandersetzung mit den Mauren auf der iberischen Halbinsel in Aragon, Kastilien und Portugal eine militärisch starke Zentralgewalt heraus.

   b) Die zurückgehenden Einnahmen des Adels in ganz Europa veranlassten diesen ab dem 15. Jahrhundert, den Druck auf Bauern und Städte zu erhöhen. Er war aber nicht stark genug, aus eigener Kraft dezentral seinen Willen gegen sie durchzusetzen. Erfolg hatte er schließlich erst, als sich eine zentrale Staatsgewalt herausbildete: auf der iberischen Halbinsel, in England und Frankreich als großer Flächenstaat, in Deutschland als Territorialfürstentum. Um seine ökonomischen Ansprüche an Bauern und Städte zu sichern, musste der Adel seine politische und militärische Souveränität an die Krone delegieren. Dies geschah nicht immer freiwillig, sondern zuweilen in bewaffneter Niederwerfung des Adels durch die Krone (zum Beispiel die Besiegung des Fronde-Aufstandes in Frankreich 1648–1653). Danach wurden Adlige teilweise als Hofadel in die neue Staatsspitze integriert.

Der Begriff »Absolutismus« leitet sich aus dem Anspruch der Monarchen ab, »legibus absolutus« – den Gesetzen nicht unterworfen – zu sein.

Kennzeichen des absolutistischen Staates war die zentralisierte Exekutive, die das Waffenmonopol hatte. Ihre Finanzierung erfolgte durch Steuern, für deren Erhebung ein ebenfalls zentralisierter und zugleich weitverzweigter Verwaltungsapparat errichtet wurde. Zusätzliche Finanzquellen ergaben sich in den Ländern, deren Fürsten sich der Reformation anschlossen: durch die Enteignung der Kirchengüter.

Der Absolutismus war Flächenstaat, der die bislang zerstreuten Souveränitäten auf den adeligen Liegenschaften ersetzte. Nunmehr erst entstanden geschlossene Staatsgebiete, mit einer zentralen Staatsgewalt und einem Staats»volk« (im Sinne von Bevölkerung als Untertanen).

Einheit

1. der Herrschaft
2. des Territoriums
3. der Untertanen

wurde, was den dritten Punkt angeht, auch als Einheit der Religionszugehörigkeit (in Deutschland nach der Losung des Augsburger Religions- und Landfriedens 1555: »cuius regio, eius religio«) verstanden.

Seit der Reformation war sie nicht mehr selbstverständlich, sondern wurde staatlich erzwungen. Dies brachte eine nunmehr auch staatlich gesetzte Verschärfung der Diskriminierung einer Menschengruppe mit sich, die bislang schon religiös diskriminiert worden war: der Juden. In Spanien wurden sie im 15. Jahrhundert grausam verfolgt. In Polen, das keinen Absolutismus herausbildete, sondern eine Art Adelsrepublik war, kam es nicht zur zentralstaatlichen Verfolgung und Diskriminierung der Jüdinnen und Juden.

Da die Staatsgewalt auf ein hohes Steueraufkommen angewiesen war, war sie an einer Förderung von gewerblichen Geldeinkommen interessiert. Die Grenzen hatten für Importe geschlossen zu bleiben, um den Abfluss von Edelmetall zu unterbinden. Ökonomisch war der Absolutismus auf den Binnenmarkt konzentriert, zugleich hatte er ein Interesse an der Ausdehnung des Staatsgebiets zwecks Gewinnung neuer steuerpflichtiger Untertanen. Die auf den Binnenmarkt ausgerichtete Wirtschaftslehre des Absolutismus – die erste geschlossene Wirtschaftslehre in der Geschichte überhaupt – war der Merkantilismus. (Vgl. Hofmann 1979: 20-32) Die theoretische Begründung der absoluten Gewalt des »Souveräns« (worunter in der Regel – aber nicht ausschließlich – der Monarch verstanden wurde) erfolgte vor allem in den Schriften von Jean Bodin (Bodin 1962) und Thomas Hobbes. (Hobbes 1966)

Zweifellos entstand der Absolutismus in der Übergangsperiode vom Feudalismus zum Kapitalismus. Daraus ergibt sich nicht zwingend, dass er eine notwendige Voraussetzung dieses Übergangs war. Hierdurch unterscheidet er sich von den Städten, von Handwerk, Verlag und Manufaktur, Fernhandel, den modernen Naturwissenschaften sowie der Konditionierung des Individuums: sie waren notwendige, wenngleich je für sich nicht hinreichende Bedingungen für die Entstehung des Kapitalismus, soll heißen: ohne sie ist diese Entstehung des Kapitalismus in der konkret empirischen Form, in der sie sich vollzog, nicht vorstellbar. (Dabei soll unerörtert bleiben, ob nicht auch andere Übergänge, mit anderen Voraussetzungen, denkbar gewesen wären. Es gab historisch eben nur diesen einen Übergang mit diesen spezifischen Bedingungen.)

Mit dem Absolutismus ist es vielleicht anders. Es fällt auf, dass die führenden handelskapitalistischen Länder im 16. und 17. Jahrhundert – die Niederlande und Großbritannien – und das Land, in dem im 18. Jahrhundert die Industrielle Revolution durchbrach, Großbritannien, nicht absolutistisch regiert waren. Allerdings übernahmen sie vom Absolutismus ein wichtiges Element moderner Staatlichkeit: die Trennung von Staat und Gesellschaft, wobei die Exekutive stark genug sein musste, um gesellschaftliche Prozesse in Richtung Kapitalismus zu beeinflussen, aber nicht stark genug – wie in China und Japan –, um diesen als mögliche Gesellschaftsordnung zu unterbinden.

In mehreren Ländern übernahm mit der Anbahnung der allgemeinen Schulpflicht seit dem 18. Jahrhundert der Staat Qualifizierungs- und Disziplinierungsaufgaben gegenüber den heranwachsenden Generationen und stellte dafür – sehr kärglich – Personal und Infrastruktur zur Verfügung, was, da die Bezahlung aus Steuermitteln erfolgte, auch einen gewissen Ressourcentransfer darstellte.

Neben dem Schulwesen – und weit mehr gefördert als dieses – gehörten der Straßenbau, das Militär, die Hochschulen, die Repressionsorgane zur staatlichen Infrastruktur, außerdem auch schon die Post (seit dem 16. Jahrhundert) zur Beförderung von Personen, Briefen und Paketen. In katholischen Ländern blieb die Schule der Kirche überlassen.

Die militärische Revolution

In ähnlicher Weise ist die Durchsetzung der Feuerwaffen im 14. und 15. Jahrhundert (Parker 1990; Zinn 1989) – zum Beispiel im Hundertjährigen Krieg zwischen England und Frankreich – zu beurteilen. Sie hat in folgender Weise zur Herausbildung des Kapitalismus, wie sie sich konkret historisch vollzogen hat, beigetragen:

- In den absolutistischen Staaten verfügte die Krone mit ihnen über Instrumente zur Unterordnung des Adels und der Städte.
- Bei der »europäischen Welteroberung« und bei der Sicherung han-

delskapitalistischer Interessen insbesondere der Niederlande und Großbritanniens wurden Kanonen eingesetzt.

➲ Durch Artillerie, moderne Befestigungswerke und stehende Heere wurden Kriege kostspieliger. Die Staaten waren zur Vergabe von Anleihen gezwungen, deren Rückzahlung durch Steuern, die zunächst an die Gläubiger zu entrichten waren, erfolgte. So ist der Krieg tatsächlich zwar nicht der Vater aller Dinge, aber doch der Anleihen, der modernen Steuern und auch der staatlichen Finanzverwaltung.

In Japan wurden – allerdings ohne dieselbe sozio-ökonomische Folgewirkung – im 16. Jahrhundert im Bürgerkrieg schon »Musketen-Schützen« eingesetzt. (Pohl 2005: 38) Allerdings kamen Gewehre dort unter dem Druck der Kriegerkaste der Samurai nach 1600 wieder außer Gebrauch. (Diamond 2011: 312 f.)

Zweifellos haben diese Entwicklungen die konkrete Form, in der sich der Kapitalismus herausbildete, nachhaltig – bis heute – geprägt. Aber auch hier – wie beim Absolutismus – könnte es sich um eine Art historischer Fundsache halten, die sich zum Grundprozess (Übergang zum Kapitalismus) nicht ursächlich, sondern kontingent verhält, dann aber, nachdem sie einmal zur historischen Tatsache geworden ist, die Entwicklung mitbestimmt hat.

»Agrarrevolutionen«

Der wachsende Ausstoß von nichtagrarisch erzeugten Waren, die durch das Handelskapital zirkuliert wurden, und schließlich die Industrielle Revolution setzten eine Steigerung der Arbeitsproduktivität in der Landwirtschaft voraus, die über das bereits durch die Dreifelderwirtschaft Erreichte hinausging. Dies vollzog sich durch folgende Maßnahmen:

1. Gehobene Feldgraswirtschaft. Hier wurde die bisherige »Allmende« dem Ackerland als Weide – Brache – zugeschlagen und durch Futterpflanzen angereichert.

2. Verlegung der Brache ins dritte bis vierte Jahr. Dem Ackerbau stand dadurch eine größere Fläche zur Verfügung. Dies wurde möglich durch bessere Düngemethoden, die ihrerseits Effektivierung der Viehzucht voraussetzten.
3. Qualitativ verbesserte Dreifelderwirtschaft. Hier wurde die Brache »besömmert«, d.h. mit Futterpflanzen besät. Dadurch wurde das Vieh besser ernährt. Die Futterpflanzen – etwa Klee und Luzerne – enthielten Nährstoffe, die an den Boden abgegeben wurden und damit dem Ackerbau wieder zugutekamen, sobald auf diesem Boden wieder Getreide angebaut wurde.
4. Die höchste Form der Effektivierung der Landwirtschaft war die Fruchtwechselwirtschaft, die sich im 18. Jahrhundert durchsetzte. Hier wurde die Brache aufgegeben, das gesamte Land durch Ackerbau genutzt: es wurde abwechselnd mit Getreide und Hackfrucht (Rüben, später auch Kartoffeln) bepflanzt. Statt der wilden Wiesen gab es nun künstliche Wiesen mit spezifischen Futterpflanzen. Auch hier wurde gleichzeitig die Allmende durch nunmehr privates Land ersetzt.

Nunmehr wurde die Landwirtschaft auch zum Anwendungsgebiet von (Agrar-)Wissenschaft. Die ökonomische Schule der Physiokraten erklärte überdies die landwirtschaftliche Arbeit zur Quelle allen Reichtums.

Die Steigerung der landwirtschaftlichen Produktivität brachte nicht den Weltmarkt hervor, sondern umgekehrt: die Weltmärkte erzwangen eine auch regionale Umstrukturierung der Landwirtschaft: Nach dem Modell der – später erst – von Johann Heinrich von Thünen (1783–1850) (Thünen 1990) entdeckten »Ringe« waren um das nichtagrarische Produktionszentrum des 16. – 18. Jahrhunderts – Flandern – die folgenden Landwirtschaftsbereiche angeordnet:

1. Die Intensivzone. Dies waren die Niederlande (einschließlich Flanderns) selbst.
2. Die Meiereiwirtschaft zur Milchproduktion in den Nordseemarschen. Hinzu kam die holsteinische Koppelwirtschaft. Hier war die gesamte landwirtschaftliche Fläche in »Koppeln« eingeteilt, die

nacheinander als Getreideland (vor allem zum Füttern des Viehs) und Weidefläche genutzt waren.

3. Getreidezone. Sie lieferte vor allem den Weizen für das Brot aus dem ostelbischen Deutschland und Polen.
4. Die Weidezone für die Fleischproduktion: Jütland, die dänischen Inseln, Schonen, ja sogar Teile Russlands.
5. Die Liefergebiete für Zucker, Baumwolle, Kaffee, Tee und Kakao in Amerika, Indien und der Insulinde.

> »Die Niederlande zwangen als die ›Metropole‹ der damaligen Welt ihren Rohstofflieferanten Produktionsstrukturen auf, die sich an den Gegebenheiten des Marktes in der Nordwestecke Europas orientierten. Die Austauschbeziehungen zwischen ihr und dem Ostseeraum nahmen quasikolonialen Charakter an.« (Kriedte 1980: 39; zur Bedeutung der überseeischen Liefergebiete vgl. Hobsbawm 1997 I: 26)

Aus der so bedingten Transformation der Landwirtschaft ergaben sich neue Agrarverfassungen:

- In Deutschland östlich der Elbe entstand seit ca. 1500 die »Zweite Leibeigenschaft«. Die freien Bauern wurden Landarbeiter für adelige Großgrundbesitzer, die Getreide für den Export produzieren ließen.
- In England begannen um 1470 die »Enclosures«: Allmende wurde zum Privateigentum des Adels, der es an auf großer Fläche wirtschaftende Unternehmer für die Produktion von Schafwolle und Getreide verpachtete. Die freien Bauern verloren ihr Land und damit ihre bisherige Existenzgrundlage, einige von ihnen wurden lohnabhängige Landarbeiter.

Dieser Prozess fand bis ca. 1600 statt, verlangsamte sich im 17. Jahrhundert und beschleunigte sich wieder im 18. Jahrhundert. Er wurde mit massiver staatlicher Gewalt durchgesetzt. Hier wurden – ebenso wie bei der Ausplünderung von Teilen Mittelamerikas – große Kapitalmassen angesammelt, ohne dass vorher eine Investition im ökonomischen Sinn stattgefunden hätte. Diesen Vorgang bezeichnete Karl Marx als »Ursprüngliche Akkumulation«. (Marx 1975: 741-802)

Bereits im 17. Jahrhundert kann man Großbritannien in der Landwirtschaft als eine kapitalistische Gesellschaft (Agrarkapitalismus) mit drei Hauptklassen bezeichnen: Landlords, Pächter (middle class), Lohnarbeiter. Die Landlords bezogen Pacht (»rent«), die Pächter Profit, die Arbeiter Lohn.

In Übersee entstand Plantagenwirtschaft mit Sklavenarbeit.

Das Römische Recht

Die Ausbreitung und Differenzierung des Privateigentums sowie die Herausbildung eines von der Gesellschaft unterschiedenen Staates waren die Voraussetzung für eine Rezeption des Römischen Rechts, das Privat- und Staatsrecht als Formen bereithielt, die nun auf völlig neue Inhalte angewandt werden konnten. (Siehe auch Berman 1983) Sein Vordringen wurde auch von der Kirche gefördert, denn die in ihm mögliche freie Verfügung über das Eigentum erleichterte Schenkungen und Vermächtnisse zugunsten geistlicher Einrichtungen.

Gegenbewegungen

Die Transformation des Feudalismus führte zu Formen der Gegenwehr, die Fernand Braudel sogar als »*Revolutionen und Klassenkämpfe*« (Braudel 1990 II: 546-556) bezeichnete.

Hierzu gehören die Aufstände der Arbeiter in Gent 1280 (Ebd.: 556) sowie der Bauern in der Île-de-France 1358 (die »Jacquerie«) und in England 1381. Die Bauernbewegungen wandten sich gegen die Einschränkung der Rechte der Landbevölkerung. Diese lösten auch in Thüringen, im Odenwald und in Oberdeutschland 1525 deren bewaffneten Aufstand aus. Es handelte sich um eine jener Oppositionen im Feudalismus, die eine neue Ordnung nicht anstrebten, wohl aber eine Verbesserung innerhalb desselben (im deutschen Fall: die Rückkehr zum »guten alten Recht«).[23] In diesen Zusammenhang gehören auch die zahlreichen Bauernbewegungen in Russland. »*Der von Pugatschew angeführte Volksaufstand (1774–1775) ist lediglich der dramatischste dieser immer wieder ausbrechenden Stürme.*« (Braudel 1990 III: 500) Für das Indien des 18. Jahrhunderts gilt: »*Die Reihe der Bauernaufstände reißt nicht mehr ab.*« (Ebd.: 563)

In ihrem Aufstand 1637/38 wandten sich die Bauern von Shimabara auf Kyûshû (Japan) gegen ihre Feudalherren. Sie waren – beeinflusst von portugiesischen und spanischen Missionaren – Katholiken, die den Shintoismus und Buddhismus ablehnten. Zu ihrer Niederwerfung musste ein Heer 124.000 Soldaten aufgeboten werden. (Hartmann 1996: 17)

Einen anderen Charakter hatten die Revolten städtischer Lohnarbeiter und Gesellen in den Zentren des Textil-Gewerbes schon im 14. Jahrhundert, insbesondere in Flandern, Südengland und Florenz. Diese Bewegungen richteten sich bereits gegen eine Form des Kapitalismus. Aber noch ehe er in ersten Ansätzen sichtbar wurde, in der zweiten Hälfte des 12. Jahrhunderts, kam es in Teilen Nordwesteuropas zu »Walkmühlenstürmerei« von Arbeitern, »die ihre mühsame Stampftätigkeit im lauwarmen, mit allerlei Zusätzen versehenen Wasser gefährdet sahen.« (Ludwig 1997: 90) Im Aufstand der »Ciompi« – der Tucharbeiter – von Florenz 1378 (Trexler 1993) wurden Klassenkonstellationen der sich später erst voll entfaltenden kapitalistischen Gesellschaften deutlicher.

In Lyon streikten und revoltierten im 16. Jahrhundert die Buchdrucker (Braudel 1990 II: 550f.), in Leiden streikten die Tuchmacher »*1619, 1637, 1644, 1648, 1700 und 1701*« (Ebd.: 554). In Sarum (Grafschaft Wiltshire bei Bristol in England) revoltierten 1738 die Arbeiter der Wolltuchindustrie. (Ebd.: 555)

Gegen die Ostindische Kompanie des niederländischen Handelskapitals erhoben sich Bauern auf Ceylon und chinesische Zuckerarbeiter auf Java. (Braudel 1990 III: 240f.) Der Aufstand der städtischen »Comuneros« in Kastilien 1520/21 richtete sich gegen die Herrschaft der Habsburger. (Haliczer 1981)

---

23 Anders: Engels 1969. Zu utopischen Elementen in der Ideologie dieser Bewegung siehe Bloch, Ernst 1960. Die Bauern traten nicht als Warenproduzenten in den Aufstand ein, auch die in Zünften organisierten Stadtbürger nicht.

Braudel ist der Ansicht, dass die soziale Unruhe in der Übergangszeit zwischen Feudalismus und Kapitalismus weit breiter gewesen ist, als bislang erforscht werden konnte. Im aquitanischen Raum habe es zwischen 1590 bis 1715 fünfhundert Bauernaufstände gegeben. Eine

> »Aufstellung über rund hundert deutsche Städte vermerkt für die Jahre 1301 bis 1550 zweihundert vielfach blutige Zusammenstöße; und in Lyon kam es in den 357 Jahren zwischen 1173 und 1530 126mal (mit anderen Worten, knapp alle drei Jahre) zu Unruhen.« (Braudel 1990 II: 546)

3. Vorindustrieller Kapitalismus (1500–ca. 1780)

Handelskapitalismus

Handelskapitalismus ist die Funktionsweise von Gesellschaften, die im Wesentlichen auf der Erzielung von Gewinn und der Vermehrung (Akkumulation) der hierfür eingesetzten Mittel (= Kapital) durch Produktion, Kauf und Verkauf von solchen Waren beruhen, die durch abgabenpflichtige oder leibeigene Bauern, selbständige Handwerker, Zwangsarbeiter oder Sklaven sowie in Verlag und Manufaktur hergestellt werden.[24]

Die einzige Art von Kapital war das Kaufmannskapital[25] mit seinen beiden Unterformen: dem Warenhandlungskapital (Marx 1976: 278-291) und dem Geldhandlungskapital. (Ebd.: 327-334) Die typische Form des Gewinns wurde der Handelsgewinn auf intransparenten Märkten. Eine besondere Form war hier der Zwangshandel. Dieser wird von Werner Sombart so definiert:

> »Zwangshandel nenne ich dasjenige Verfahren, mittels dessen einem Urteilsunfähigen oder Willenlosen durch Anwendung von List oder Gewalt auf dem Wege einer scheinbar freiwilligen Tauschhandlung möglichst unentgeltlich Wertobjekte abgenommen werden. Zwangshandel in diesem Sinne ist fast aller Warenaustausch zwischen den europäischen Völkerschaften und den Naturvölkern, wenigstens in seinen Anfängen und in der Art, wie er bei der Begründung der europäischen Kolonialwirtschaft zur Anwendung gelangte, aber auch aller Handel mit den indischen Kulturvölkern in den ersten Jahrhunderten ist Raub, Betrug oder Diebstahl.« (Sombart 1987 I, 2: 680)

24 Zur Frage, ob der Handelskapitalismus eine selbständige Periode in der Geschichte des Kapitalismus darstellt vgl. Kriedte 2002.

25 Vgl. das Kapitel »Geschichtliches über das Kaufmannskapital« in: Marx 1976: 335-349.

Eine Minderheitsbedeutung hatte der Mehrwert in direkter (Großhandwerk, Manufaktur) und indirekter (Verlag) Form.

Da Lohnarbeit noch keine prägende Tatsache war, gab es Anwendung von Kapital im Wesentlichen zwar in der Zirkulationssphäre, aber nur untergeordnet in der Produktion selbst: der Kapitalismus hatte die Produktion noch nicht durchgehend erfasst. In den Worten von Karl Marx: es handelte sich um »*die bloß formelle Subsumtion der Arbeit unter das Kapital*«. (Marx 1975: 533)

Die stofflichen Grundlagen

Die Nahrungsmittel für die Menschen (Weizen, Roggen, Fleisch) und ihre Haustiere (z. B. Hafer fürs Pferd, Gras für die Kühe) blieben im Wesentlichen dieselben. Erweiterungen bzw. Ersatz für die menschliche Subsistenz bringen Mais und Kartoffel (aus Amerika), für das Vieh die Ergebnisse der Fruchtwechselwirtschaft.

Im 16. Jahrhundert breitete sich ein neues Genussmittel aus, das in den folgenden Jahrhunderten massenhaft (und offenbar in zunehmendem Maße) konsumiert wurde. Es handelt sich »*um das erste Auftreten des Branntweins und des Kornbrands, mit einem Wort, der Spirituosen oder hochprozentigen Alkoholika.*« (Braudel 1990 I: 254)

Bedeutsam zwar nicht für Verbrauch der breiten Massen, wohl aber für die Erzielung von Gewinn im Fernhandel waren Luxusgüter (Sombart 1986) und Genussmittel aus den durch Entdeckung und Eroberung erschlossenen Überseegebieten. Dazu gehörten die altbekannten, nunmehr aber vermehrt zur Verfügung stehenden Edelmetalle Gold und Silber, aber auch entweder völlig neue oder bislang kaum bekannte Produkte: Kaffee (ursprünglich aus Arabien, jetzt aber vor allem in Amerika angebaut), Kakao, Zucker, Tabak. Sie sind stoffliche Grundlage zwar nicht der Subsistenz, wohl aber des Handelskapitals.

Diesen Importgütern stehen als Exporte aus Europa vor allem Textilien aus Wolle und Leinen gegenüber. Mindestens ebenso wichtig für die Gewinnerzielung aber war der Umschlag (An- und Verkauf) importierter Luxus- und Genussgüter ohne Dazwischentreten in Europa selbst erzeugter Waren. Nach 1500 wurde Seide nicht nur eingeführt, sondern bereits massenhaft »*in der Toskana, in Venetien, der Lombardei, im unteren Rhônetal*« (Braudel 1990 I: 349 f.) und seit dem 18. Jahrhundert in Savoyen produziert. Diese Güter werden zwar in großen Mengen gehandelt, aber sie dienen im Wesentlichen dem Konsum einer schmalen Schicht von reichen Verbrauchern.

Eine andere Handelsware, die wir aber nicht zynischerweise als »stoffliche Grundlage« bezeichnen wollen, waren afrikanische Sklavinnen und Sklaven. Sie brachten nicht nur ihren »Herren« in Amerika durch ihre Arbeit Gewinn, sondern auch den Kaufleuten durch ihre Jagd, ihren An- und Verkauf.

Insgesamt wurden in Europa vier Sorten von Waren durch das Handelskapital bewegt:

1. Textilien, vornehmlich für den gehobenen Bedarf (der Massenverbrauch wurde zu großen Teilen noch durch Eigenarbeit oder im Handwerk gedeckt);
2. Luxusgüter (einschließlich Sklaven) für die Oberschicht;
3. Gegenstände des staatlichen Militärbedarfs;
4. für den Massenkonsum in den Handelszentren, die nicht mehr aus ihrem unmittelbaren Umland landwirtschaftlich versorgt wurden: Getreide und (in geringerem Umfang) Schlachtvieh.

Prozessinnovation zwecks Verbilligung spielt noch keine Rolle.

Dies mag erklären, dass das inzwischen schon reichlich vorhandene technologische Wissen nur in geringem Maße in der Produktion umgesetzt wird. (Zu den – allerdings folgenschweren – Ausnahmen gehört die Fruchtwechselwirtschaft als Agrartechnologie.) Man begnügte sich mit der quantitativen Vermehrung schon lange bekannter Energiequellen: die Zugpferde werden immer zahlreicher, (Braudel 1990 I: 371-380) ebenso die Wassermühlen. (Ebd.: 380-390) Anders allerdings steht es mit Neuerungen, die der Handel nutzen kann. Hierzu gehören die neuen Hochseeschiffe: Koggen und Karavellen. Sie bewegen sich nicht mehr vornehmlich mit der Muskelkraft von Ruderern vorwärts, sondern mithilfe von Segeln, die so gesetzt werden, dass nicht nur der Rückenwind genutzt werden kann. Dabei waren sie nicht nur Handels-, sondern zugleich mit Kanonen bestückte bewaffnete Schiffe. (Cipolla 1999)

Soweit solche Technologie auch außerhalb des Handels eingesetzt wird, kann vermutet werden, dass es sich gleichsam um Synergieeffekte handelt, die durch ihn angestoßen wurden. Dies gilt für den erweiterten Gebrauch von Windmühlen (nicht nur zum Mahlen, sondern auch für Pumpen) oder auch das Mikroskop – eine Art arme Verwandtschaft des für die Seefahrt nützlichen Fernrohrs. Die so folgenreiche Erfindung des Buchdrucks wird zunächst handwerklich und in Manufakturen genutzt.

Zur Energiegewinnung wird nun zunehmend Steinkohle gefördert, dies allerdings wohl vorerst nur als Ersatz für das knapp gewordene Holz. Selbst die verbesserte Bergbautechnologie dürfte zunächst eher bei der Silbergewinnung entwickelt worden zu sein.

Immerhin mag Anlass bestehen, die Summe neuer Fertigungen vor der Industriellen Revolution als »Protoindustrialisierung« (Kriedte/Medick/Schlumbohm 1978) zu bezeichnen. Nach Auffassung des US-amerikanischen Wirtschaftshistorikers John Ulric Nef ging die Entwicklung in England nach 1540 schon darüber hinaus: Bis ca. 1640 habe sich dort eine erste Industrielle Revolution (also noch vor der Entwicklung gleichen Namens ebenfalls in England nach 1780) durchgesetzt. Sie habe habe in der Ausbreitung der Montanindustrie und hier vor allem des Kohlebergbaus bestanden. Mit letzterem wurde dieser Auffassung nach schon damals die Basis des auf fossile Energieträger gestützten späteren, sich in immer mehr Branchen verwirklichen Industriekapitalismus gelegt. (Nef 1966; Nef 1967)

Erzeugnisse der kapitalistischen Landwirtschaft waren: Getreide als Massenkonsumgut für den Binnenmarkt und Wolle und Leinen als Rohstoff für Textilien, die in erster Linie in den Export gingen.

Die Bautechnik zumindest für Wohnungen änderte sich zunächst nur wenig. Immerhin wurde hier zunehmend mehr Fensterglas auch für Privathäuser eingesetzt.

Sozialstruktur

Von einer einheitlichen Sozialstruktur des Handelskapitalismus kann nicht gesprochen werden. Jeder »Thünensche Ring« dieses frühen kapitalistischen Weltsystems hat seine eigene, zum Beispiel:

- östlich der Elbe Gutsherren und Leibeigene,
- westlich der Elbe Grundherren und abgabenpflichtige Bauern,
- in Großbritannien Landlords, kapitalistische Pächter, Verlags- und Handelsbourgeoisie sowie Lohnarbeiter,
- Verlags- und Handelsbourgeoisie und Lohnarbeiter in den Niederlanden,
- Sklavenhalter und Sklaven in den Kolonien, vor allem Amerika.

Hinzu kommt insbesondere in den Niederlanden und Großbritannien, aber auch in den anderen handelskapitalistisch geprägten Staaten eine wachsende Schicht von Armen außerhalb von Produktionsbeziehungen. Sie unterschied sich von der bisherigen »offiziellen« Armut. Unter letztere können die Bettler(innen) und andere Menschen ohne sicheres Einkommen in der feudalen Gesellschaft gezählt werden. Jetzt bildeten sich Massen von neuen Ausgegrenzten: Opfer u.a. der Vertreibungen von Bauern von ihrem Land. Sie hatten keine regelmäßige Beschäftigung und waren nun so zahlreich, dass die bisherigen Formen der »Barmherzigkeit« sie nicht mehr zu integrieren vermochten. Einige fanden eine Position in den Armeen, andere wurden kriminell oder kriminalisiert, z.B. als Landstreicher und Räuber. (Braudel 1990 II: 558-567 spricht von einem Bereich »Unterhalb der Nullebene«.) Nimmt man die Gesamtbevölkerung des Handelskapitalismus abstrakterweise als eine Einheit und teilt sie in Oben und Unten, ergibt sich folgendes Bild:

- unten eine breite Verschiedenheit von arbeitenden Menschen,
- oben eine Art Doppelspitze: Adel einerseits, Handels- und Verlagsbourgeoisie andererseits. (Unter Bourgeoisie wird hier und im Folgenden die Kapitalistenklasse – = die Bezieher von Profit, für die

dieser ihren ausschließlichen oder überwiegenden Lebensunterhalt darstellt – verstanden.) Als ihre führende Gruppe können wie in der Übergangsperiode vom Feudalismus zum Kapitalismus die Bankiers und Fernhändler – insbesondere soweit Letztere in den großen Handelskompagnien organisiert waren – gelten. Hinzu kommen jetzt Eigentümer von Manufakturen, die vom Staat mit den Privilegien eines Monopols ausgestattet waren.)

Das bürgerliche und das adelige Element stehen in den absolutistischen Staaten einander gegnerisch gegenüber und werden von der Exekutive einigermaßen ausbalanciert, in Großbritannien und in den Niederlanden konkurrieren sie, doch kommt es auch zu gegenseitiger Angleichung.

Das in absolutistischen Staaten zuweilen gebrauchte Bild von den drei »Ständen« (Adel, Geistlichkeit, Dritter Stand) ist demgegenüber wenig realitätstauglich: Adel und Geistlichkeit haben ähnliche – feudale – Einnahmequellen, der Dritte Stand zerfällt in Verlags- und Handelsbourgeoisie (einschließlich der Bankiers) einerseits, leibeigene bzw. abgabenpflichtige Bauern, Lohnarbeiter, sonstige Arme andererseits.

Familie und soziale Sicherung

Die bäuerliche Familienstruktur – die Ehe als Gemeinschaft der Arbeit und der Aufzucht von Nachkommenschaft – bleibt in den Gebieten der Grundherrschaft erhalten. Bei den Leibeigenen gilt die familiale Produktionseinheit wohl nur noch für die Reste der Subsistenzgewinnung. Auch die Adelsfamilie bleibt, was sie war: eine Gemeinschaft mit der Funktion der Bereitstellung von Herrschaftsnachwuchs.

Der Beitrag der Frauen im ländlichen Bereich zur stofflichen Grundlage des Handelskapitalismus war durch Verarbeitung von Flachs zu Garn in häuslicher Spinntätigkeit sehr groß. Dies gilt vor allem für die Arbeit von noch unverheirateten jungen Frauen. (Ideologischer Ausdruck ist die große Bedeutung des Spinnens in den überlieferten Märchen. [Schneider, Jane 1989])

Die Familienverhältnisse der neuen städtischen Unterschichten dürften in den ersten Generationen noch keine feste beschreibbare Struktur gehabt haben.

Neu ist die bürgerliche Familie der Verlags- und Handelsbourgeoisie durch die Freistellung der Frau von materieller Arbeit. Sie unterscheidet sich darin auch von der Meistersfrau im Handwerk, die betriebsorganisatorische Aufgaben hatte. Die bürgerliche Frau wird auf ihre biologische Reproduktionsfunktion reduziert und ähnelt insofern nun der adeligen Dame. Beiden stehen Dienstbotinnen und -boten zur Verfügung. Von den Knechten und Mägden in der Landwirtschaft unterscheiden sie sich dadurch, dass sie nicht mehr produktiv tätig sind. Stattdessen erbringen sie persönliche Dienstleistungen. Zusammen mit einigen wenigen Angehörigen freier Berufe (z. B. Ärzten und Badern) sind sie die ersten Dienstleister.

In dem Maße, in dem die bürgerlichen Frauen auf den häuslichen Bereich beschränkt wurden, nahmen sie eine zusätzliche Funktion gegenüber dem Nachwuchs ein: die Kinder des Bürgertums unterschieden sich von denen der Unterschichten dadurch, dass sie allmählich überhaupt erst als »Kinder«, also als Menschen in einer besonderen Altersphase, wahrgenommen wurden. »Kindheit« wurde jetzt erst – zunächst auf das Bürgertum beschränkt – zu einem spezifischen Lebensabschnitt. (Ariès 1982) In der adligen Erziehung des Feudalismus mag es Vorformen gegeben haben. Soweit – ansatzweise – die allgemeine Schulpflicht in die Wege geleitet wurde, erhielt die Herausbildung der Kindheit gleichsam staatlich sanktionierten Ausdruck und griff auch über die bürgerlichen Familien hinaus.

Eine besondere Funktion erhält die bürgerliche Familie dadurch, dass sie nunmehr die institutionelle Form für die Sammlung und Vererbung von Vermögen wird. Auch hier ergibt sich eine Analogie zum Adel: die Lehen und das Grundeigentum werden innerhalb der Familie vererbt.

In allen Schichten erfolgt die Sicherung gegen die Risiken von Krankheit und Alter weiter in den Familien. Diejenigen Armen, für die dies nicht ausreicht, werden in Hospizen und Arbeitshäusern mehr unter Kontrolle gehalten denn ausreichend versorgt. In den Armen-

und Arbeitshäusern sammeln sich auch diejenigen, die kein Arbeitseinkommen haben oder dauerhaft erwerbsunfähig sind – soweit sie nicht die Straßenränder und Gassen bevölkern. Die soziale Sicherung der Sklaven – falls davon überhaupt gesprochen werden kann – dürfte auf dem Wege marginaler Subsistenzwirtschaft erfolgt sein.

Angesichts der »technologischen Lücke« zwischen der sich ausdehnenden Zirkulationssphäre einerseits, der geringen Energieausstattung in der Produktion andererseits wurde die Bereitstellung von möglichst vielen Arbeitskräften auch ein Thema staatlicher Sorge. Die »Peuplierung« (expansive Bevölkerungspolitik) hatte hier ihre Ursache. Sie erregte Aufmerksamkeit seit den entvölkernden Schocks der Pest von 1347–1349 und des Dreißigjährigen Krieges 1618–1648.

Impulse für Produktion und Handel entstanden durch die Migration und Ansiedlung verfolgter religiöser Minderheiten (spanische Juden seit 1492, britische Calvinisten in Nordamerika, französische Hugenotten in Deutschland).

Die These, dass auch die Hexenverfolgungen in diesem Zusammenhang zu sehen sind – als die Eliminierung von Verhütungswissen (Heinsohn/Steiger 1985)–, ist zumindest in ihrer monokausalen Form umstritten.

Das räumliche Arrangement

Die Zentren des Handelskapitalismus sind niemals Mittelpunkte der Produktion, sondern der Warenzirkulation und des Kredits gewesen (in der Regel in dieser Reihenfolge: der Kredit floss aus Kapital, das zuvor in der Warenzirkulation angehäuft worden war). Dies gilt schon für Venedig vom 13. bis 15. Jahrhundert und sein nordwesteuropäisches Pendant Brügge. Bis zum Aufstieg Großbritanniens zum unbestrittenen Zentrum der kapitalistischen Welt (Ende des 18./Beginn des 19. Jahrhunderts) waren sie andererseits auch latente politische Führungsinstanzen, von deren Kredit militärisch starke Großmächte abhängig waren (so z. B. Schweden und Frankreich im 17. Jahrhundert von Amsterdam [Braudel 1990 III: 271-284]). Dies relativierte die scheinbar unumschränkte Autonomie des Absolutismus, der in Wirklichkeit immer wieder auf oft ausländische Gläubiger angewiesen gewesen ist.

Es fällt auf, dass die ersten führenden Entdecker- und überseeischen Exploitationsstaaten – Portugal und Spanien – keine eigenen Handels- und Kredit-Zentren ausgebildet haben. Die Edelmetalle, die sie aus Amerika holten, bildeten Tauschmittel für Handelswaren, die über Antwerpen – diese Stadt war das europäische Zentrum in der ersten Hälfte des 16. Jahrhunderts (Ebd.: 152 -167) – zirkuliert wurden. Doch trotz der Zufuhr von Gold und Silber aus Amerika über Iberien blieb die neue Metropole auf die Kredite von Bankiers angewiesen: der Fugger in Augsburg. (Ebd.: 153; 158; 160 f.) Dies gilt umso mehr, als der Beitrag Portugals nicht in erster Linie aus Edelmetallen bestand, sondern aus Schiffsladungen mit Pfeffer, Muskatnüssen und anderen Gewürzen, die in Antwerpen gegen Rheinwein, Kupfer und Silber getauscht wurden. Die Nachfolgerin Antwerpens als Zentrale, Genua (1557 – 1627; vgl. ebd.: 167-185), verdankt diese Stellung ausschließlich ihrem Einfluss als Bank-Stadt. Danach übernimmt Amsterdam (Ebd.: 187-303) seit dem zweiten Drittel des 17. Jahrhunderts die Position als Vorort, jetzt allerdings in einer Doppelfunktion:

1. Zunächst ist es die Handelsmetropole der damaligen Welt und hält diese Position bis zum Aufstieg Londons ca. 1700.
2. Danach bleibt es für den größeren Teil des 18. Jahrhunderts die wichtigste Kreditgeberin, finanziert u. a. Frankreich im Krieg um die Vorherrschaft in Nordamerika und auch die nordamerikanischen Unabhängigkeitskämpfe gegen Großbritannien. Spätestens mit dem Untergang der französischen Monarchie und damit eines wichtigen Schuldners, der zugleich eine Art militärischer Arm der Niederlande gegen Großbritannien gewesen war, verliert Amsterdam seine Stellung als Finanzmetropole an London. (Arrighi 1996: 142-144)

Zur Beschreibung dieses frühen »Weltsystems« (Wallerstein) genügt die Analogie der Thünenschen Ringe dann nicht, wenn diese nur auf die Struktur der europäischen Landwirtschaft und deren Zuordnung zu Handelszentren angewandt wird. Die überseeischen Gebiete müssen einbezogen werden, denn von dort kamen ja die Luxusgüter und

Genussmittel, die vom Handelskapital zirkuliert wurden: Edelmetalle, Kaffee und Kakao aus Lateinamerika, Pfeffer und Baumwolle (die zunächst ja ebenfalls für den gehobenen Verbrauch benötigt wurde) aus Indien, Gewürze von der Insulinde. Afrika lieferte Edelmetalle. Die makaberste Ware waren afrikanische Sklaven, die nach Amerika gebracht wurden.

Es handelte sich zumeist nicht um formelle Kolonien (Ausnahme: Amerika), sondern um Handelsstützpunkte, von denen aus auch eine politische und militärische Durchdringung erfolgte. So begann zum Beispiel die Besiedlung des südlichsten Afrika durch Niederländer, nachdem im Auftrag der niederländischen Ostindischen Kompagnie (Vereenigde Oostindische Compagnie, VOC) 1652 Kapstadt als Zwischenstation (für die Aufnahme von Proviant) auf dem Weg nach Indien gegründet worden war. Während die ökonomischen Operationen von Handelsgesellschaften vorgenommen wurden, erfolgte deren Unterstützung durch die Waffengewalt ihrer jeweiligen Staaten (Niederlande, Großbritannien, Frankreich).

Die Rechtsformen der überseeischen »Besitzungen« waren verschiedenartig: u. a. Krongut (z. B. in Lateinamerika) oder Privateigentum der Handelsgesellschaften, über das jedoch die Staatsgewalt des jeweiligen europäischen Landes hoheitlichen »Schutz« ausübte. Von dort aus wurde dann die weitere Durchdringung des Landes vorgenommen.

Die Binnenstruktur der kolonisierten Gebiete ist zunächst nicht angetastet (Ausnahme: Amerika), sondern von den Europäern für ihre eigene Herrschaft genutzt worden.

Zum territorialen Arrangement gehören auch die Ergebnisse der Auseinandersetzungen der europäischen Mächte: die Seeherrschaft Großbritanniens setzte sich im 16. Jahrhundert gegen Spanien durch (1588: Sieg über die spanische Armada). Die Navigationsakte von 1651 schaltete den niederländischen Zwischenhandel aus: Im- und Exporte nach England durften nur noch auf Schiffen, die in England gebaut und zu mindestens 75 Prozent mit Briten bemannt waren, transportiert werden. Im 18. Jahrhundert entschied Großbritannien eine nahezu weltweite Auseinandersetzung mit Frankreich für sich: Letzteres musste sich nach dem Siebenjährigen Krieg (1756–1763), bei dem der preußische Absolutismus Friedrich II. (mit britischen Subsidien) Frankreich in Europa ebenso bekämpfte, wie dies Großbritannien in Nordamerika tat, aus Amerika (mit Ausnahme Westindiens) zurückziehen. Gleichzeitig verdrängte Großbritannien Frankreich auch aus Indien. Die bald danach erfolgende Gründung der unabhängigen Vereinigten Staaten von Amerika beseitigte nicht die Handels- und Finanzhegemonie Großbritanniens, die bis zum Ersten Weltkrieg fortbestand.

Während Portugal, Spanien, die Niederlande und Großbritannien durch die Erschließung von Schifffahrtsrouten über den Atlantik überseeische Einflussgebiete erwarben, dehnte sich eine neue Landmacht an den Küsten des Mittelmeers aus: das Osmanische Reich erlangte in der zweiten Hälfte des 17. Jahrhunderts seine größte Ausdehnung durch Eroberungen auf dem Balkan, im Nahen Osten und Nordafrika (Ägypten). 1683 wurde sogar Wien belagert, wenngleich erfolglos.

Weitere Landmächte, die sich zu »Reichen« entwickelten, ohne sich an der überseeischen handelskapitalistischen Expansion zu beteiligen, waren Preußen, Österreich, Schweden und Russland.

Schweden hatte in den Dreißigjährigen Krieg interveniert, verlor aber später wieder seinen Einfluss in Mitteleuropa. Russland unterwarf sich große Teile Asiens bis zum Pazifik, die österreichischen Habsburger herrschten in Böhmen, Mähren, in Teilen Italiens und auf dem nördlichen Balkan. Im 18. Jahrhundert teilten Österreich, Preußen und Russland Polen untereinander auf.

Kontinentaler Absolutismus und (quasi-)republikanische »Seestaaten«

Der Absolutismus war nur eine der beiden modernen Staatsformen in der Periode des Handelskapitalismus. Er war eine kontinentale Erscheinung: Frankreich, die deutschen Territorialstaaten (insbesondere Preußen), Schweden, Russland. Zwar war er häufig militärisch aggressiv, innenpolitisch aber war er ein Produkt der durch die Krone organisierten Defensive des grundbesitzenden Adels.

Die kapitalistische Zukunft aber gehörte den Seestaaten: den Niederlanden und (schließlich) Großbritannien. Sie waren keine Demokratien, sondern wurden von einer schmalen Schicht geleitet, die in den Niederlanden aus der Verlags- und Handelsbourgeoisie bestand, in Großbritannien – keiner Republik, sondern einer Monarchie mit (seit 1688) Parlamentsherrschaft – von jener und dem grundbesitzenden Adel.

Eine Zwischenform zwischen beiden Staatstypen bildete die Habsburger Monarchie in Spanien: eine absolutistische Seemacht. Gleiches gilt für Portugal.

Japan – geographisch ein Inselreich – schloss sich durch Herrschafts-Entscheidung nach 1600 vom Welthandel ab und entwickelte eine eigene Form des Absolutismus.

Neben den Infrastrukturleistungen des frühneuzeitlichen Staates – nicht nur des absolutistischen, sondern auch der britischen konstitutionellen Monarchie und der niederländischen Quasi-Republik – muss deren Repressionsfunktion beachtet werden. Die mit Folter verbundenen öffentlichen Hinrichtungen (Braudel 1990 II: 571-574) und verstümmelnden Leibesstrafen waren Abschreckungs- und Disziplinierungsmaßnahmen, die sich insbesondere gegen die Schicht der neuen Paupers unterhalb der bisherigen »offiziellen« Armut richteten.

Die fundierte Staatsschuld

Es war nicht der Absolutismus, sondern ein quasi-republikanischer »Seestaat«, Großbritannien, der eine Revolution der Staatsfinanzen (Braudel 1990 II: 581-585; Braudel 1990 III: 416-421) durchführte: zwischen 1688 und 1756 ersetzte es die »schwebende« durch die »fundierte« Staatsschuld: Anleihen wurden nach ihrem Ablaufen nicht endgültig getilgt (sei es unmittelbar, sei es durch Verpachtung von Einnahmen), sondern sie wurden erneuert und waren im Übrigen handelbare Papiere. Wer dem Staat Geld geliehen hatte, konnte dies jederzeit durch Verkauf der Schuldverschreibung wiedererlangen. Die Verzinsung erfolgte durch Steuern, die in der Folgezeit nicht mehr an Gläubiger vergeben, sondern ausschließlich durch die staatliche Finanzverwaltung erhoben wurden. Damit war eine weitere Grundlage moderner Staatlichkeit – der ständige Staatskredit in der Form, wie er bis heute besteht – geschaffen. Er befindet sich in einem symbiotischen Verhältnis zur Mobilisierung privaten Kapitals: einerseits wird dieses zur Staatsfinanzierung herangezogen, andererseits entstehen Wertpapiere, die staatlich gedeckt und zwischen Privaten handelbar sind und die ihre Rendite aus staatlichen Steuern beziehen.

Gegenbewegungen und Aufklärung

Folgende Oppositionsbewegungen sind in der Periode des Handelskapitalismus feststellbar:

1. In Deutschland, Frankreich und Russland richteten sich Bauernaufstände nicht gegen das Bürgertum, sondern gegen den Adel.
2. Anders steht es mit den Bewegungen der Tuchmacher in Leiden und Bristol und der Buchdrucker in Lyon. Sie wehrten sich gegen ihre kapitalistischen Prinzipale.
3. Die einflussreichste Opposition im Handelskapitalismus waren die Bewegungen der Handels- und Verlagsbourgeoisie gegen den Feudalismus und Absolutismus. 1520 erhob sich im Aufstand der »Comunidades« in Kastilien das städtische Bürgertum. (Bernecker/ Pietschmann 2005: 90-106) Die Niederlage dieser Bewegung beeinträchtigte in der längeren Entwicklung die ökonomische Grundlage des gerade entstehenden spanischen Weltreiches. Gold und Silber, die aus Lateinamerika importiert wurden, fanden als Zahlungsmittel kein ausreichendes Angebot an gewerblich erzeugten Waren und flossen deshalb in die Niederlande ab. Es entstand keine ausreichende inländische Produktion. In Großbritannien dagegen mündete der Aufstand des Bürgertums, zeitweise verbündet mit Kleinbauern und Lohnarbeitern, gegen den Absolutismus der Stuarts 1640 – 1688 in eine erfolgreiche Revolution, deren letztliche Siegerin die Manufaktur- und Handelsbourgeoisie wurde. Die Oppositionsbewegungen im Handelskapitalismus brachten auch ein intellektuelles Resultat

hervor, das einerseits mit ihr kompatibel war, andererseits in der Allgemeinheit seiner Normen zugleich zur kritischen Instanz gegenüber dem Kapitalismus werden konnte: die Ersetzung Gottes als Bezugsinstanz durch die Vernunft in der Aufklärung. Wenn Kant forderte:

> »Handle so, daß du die Menschheit sowohl in deiner Person, als in der Person eines jeden andern jederzeit zugleich als Zweck, niemals bloß als Mittel brauchest« (Kant 1988: 79),

dann lässt sich dies durchaus auch als normative Grenze und Rechtfertigung (zum Beispiel) eines Arbeitsvertrags im Kapitalismus verwenden, ebenso bildet dieser Imperativ ein Kriterium zur Überprüfung dieser kapitalistischen Verhältnisse, allerdings nicht nur dieser: seine Kriterien sind nicht gesellschaftswissenschaftlich oder in anderer Weise material gefasst und ihrem Selbstverständnis nach nicht historisch begrenzt. Versuche der gesellschaftlichen Einflussnahme und Selbstverständigung mit Hilfe der Aufklärung wurden unter den Bedingungen des Absolutismus teilweise in klandestiner Form (Freimaurerei) unternommen.

Bürgerliche Revolutionen

1. Die Trennung der Niederlande von Spanien 1581–1621,
2. die englische Revolution 1640–1688,
3. die Lösung der nordamerikanischen Kolonien (ohne Kanada) von Großbritannien 1775–1783,
4. die französische Revolution 1789–1794

haben bei allen Unterschieden gemein, dass in ihnen die Verlags-, Handels- und Manufakturbourgeoisie (in Großbritannien auch der pachtbeziehende Adel) den Staat übernimmt und diesen in parlamentarischen, aber nicht demokratischen Formen (nur die Zahler der direkten Steuern haben das aktive und passive Wahlrecht) regiert, wobei das Budgetrecht, also die Selbstbesteuerung, den Kern der neuen

Machtverhältnisse im Vergleich zu den bisherigen Befugnissen der Krone bildet.

Dies galt auch für die Vereinigten Staaten von Amerika. Die sklavenhaltende Pflanzerbourgeoisie sagte sich von der britischen Verwaltung los, da sie zwar deren Besteuerung unterlag, aber keinen Anteil an der Gesetzgebung hatte. Nach der Unabhängigkeit war das Wahlrecht nicht an einen Zensus gebunden, aber den freien Weißen männlichen Geschlechts vorbehalten.

Die französische Revolution geht zeitweilig insofern darüber hinaus, als in einer Zwischenphase auch kleinbürgerliche, völlig besitzlose, ja proto-proletarische Schichten an der Macht beteiligt sind. Im Thermidor 1794 wird sie aber auf das Normalmaß einer bürgerlichen Revolution unter den Bedingungen des Handelskapitalismus zurückgebracht. In ihrer radikalen Phase fanden Versuche statt, von kapitalistischen Verhältnissen abstrahierende Gleichheitsforderungen der Aufklärung zu verwirklichen. Gegen die unter der politischen Form des »Direktoriums« etablierte Macht der Bourgeoisie richtete sich (und scheiterte) 1796 die »Verschwörung der Gleichen« unter Führung von Gracchus Babeuf.

Die von den Revolutionen in den Niederlanden, Großbritannien und Nordamerika abweichende Bedeutung der französischen Revolution bestand

1. in der zeitweiligen Dominanz nicht nur kapitalistischer Ziele,
2. in der Erschütterung des europäischen Staatensystems durch den Ersten Konsul und späteren Kaiser Napoléon Bonaparte, den »Erben der Revolution«, dessen militärische Erfolge Reformen in den absolutistisch verbleibenden Teilen Europas auslösten.
3. Die französische Revolution bildete eine Voraussetzung dafür, dass der Sklavenaufstand in der Kolonie Saint-Dominque von 1791 erfolgreich sein konnte und schließlich zur Entstehung des ersten unabhängigen Staates in Lateinamerika (Haiti) führte, womit der weltweite Kampf gegen die Sklaverei begann und – nach der Gründung der Vereinigten Staaten von Amerika – ein weiteres Mal eine antikoloniale Perspektive eröffnet wurde. 1794 hatte der französische

Konvent die Abschaffung der Sklaverei proklamiert. Napoléon Bonaparte hatte dies wieder rückgängig gemacht, erlitt aber in Haiti eine Niederlage.

Die britische und die nordamerikanische Revolution fanden in Staaten statt, die am sich entfaltenden Weltmarkt führenden Anteil hatten. Die französische Revolution – eine Festlandsrevolution (mit Ausnahme Haitis) – hat zunächst (fast) nur Europa verändert, die niederländische, britische, nordamerikanische aber die Welt, bzw. sie waren kompatibel mit der Herausbildung eines weltweiten Handelskapitalismus: es handelte sich um Seestaaten-Revolutionen.

Die Rechte und die Linke

Seit 1789 entstand in Europa und Nordamerika eine Linke und eine Rechte. Das heißt: Nicht nur die Linke gehört zur Moderne, sondern auch die Rechte. (Letztere wurde durch die gleichzeitig in Großbritannien einsetzende Industrielle Revolution später so rationalisiert, dass sie nicht nur reaktionär, also ausschließlich rückwärtsgewandt ist. Die Industrielle Revolution ist ideologiepolitisch eine Korrektur der französischen Revolution insofern, als sie deren allgemeine politische Losungen in einen diese relativierenden ökonomischen Rahmen zwingt.)

Die Linke zerfällt in eine liberale[26] und eine radikaldemokratische Richtung, die Rechte in eine reaktionär[27]-antikapitalistische Variante (die hinter die bürgerliche Ordnung zurückgehen will), in eine kapitalismuskritische und in eine kapitalismus-kompatible Position.

---

26 Als politischer Begriff ist »liberal« seit der Revolution in Spanien 1820 gegen den Absolutismus des Königs Ferdinand VII. gebräuchlich. Die politische Richtung selbst ist älter und kann mindestens bis in die britische »Glorious Revolution« von 1688 zurückdatiert werden.

27 Unter »reaktionär« wird eine politische Position verstanden, deren Vertreter entweder einen vorkapitalistischen Zustand wiederherstellen oder auf einen Status innerhalb des Kapitalismus zurückgehen wollen, der einen bereits erreichten Grad an Freiheit und Gleichheit revidieren will. Es versteht sich, dass es sich hier um eine Wertung handelt, die »links« von einer solchen Haltung getroffen wird und Freiheit und Gleichheit als Fortschritte schätzt.

Die hegemoniale Strömung auf der Linken war der Liberalismus, auch die radikale Demokratie nimmt von ihm ihren Ausgang.

Eine Analyse kann von der zentralen Losung der französischen Revolution ausgehen: liberté – égalité – fraternité.

Liberté bedeutet in einem restriktiven Verständnis zunächst nicht mehr als die Ersetzung außerökonomischen Zwangs durch die Freiheit der Märkte in allen Lebensbereichen, als »*the career open to talent*« (Hobsbawm 1997 I: 224-244 / »Freie Bahn für das Talent«, Deutsch: G. F.) und als freie Entfaltung der Möglichkeiten des Individuums (z. B. Freiheit der Meinungsäußerung). Sie findet ihre Grenze in der Freiheit der anderen Gesellschaftsmitglieder und muss mit der Freiheit der Märkte kompatibel sein. Unrestriktive Entfaltung eines jeden Menschen wäre nur in einer Gesellschaft des Überflusses denkbar. Wo Knappheit herrscht, tritt an die Stelle der unbegrenzten Freiheit die Restriktion durch Vertrag und Markt.

Die hier darzustellende Freiheitsvorstellung ist mit den Entfaltungsmöglichkeiten der einzelnen Person verbunden. Verwirklichung dieser Freiheit wird als Emanzipation von allem auf diese Person ausgeübten Zwang und von Mangel, der diese Freiheit einschränkt, verstanden.

Égalité ist – in der gleichen zurückhaltenden Interpretation – die Gleichheit der Startchancen ohne Privilegien und Diskriminierungen aufgrund der Geburt.

In der Verbindung von Freiheit und Gleichheit ist die universelle Emanzipation – also nicht nur die Freiheit des (oder der) je einzelnen oder einer beschränkten Zahl von Menschen, sondern aller – die Zentralforderung der Linken. (Bobbio 1994: 76- 86) So weit sie die Verfügung über Mittel nicht nur für ein physiologisches Existenzminimum, sondern für alles, was zur Entfaltung persönlicher Möglichkeiten notwendig ist, einschließt, meint Emanzipation auch die Verwirklichung des »Strebens nach Glück« (= »the pursuit of happiness« in der Unabhängigkeitserklärung der nordamerikanischen Neuengland-Staaten 1776).

Fraternité ist die Organisationsform von Freiheit und Gleichheit.

Die Rechte ist ebenso ein Resultat der französischen Revolution wie die Linke, sie ist die Reaktion auf diese. Ihre reaktionäre Variante zielt auf die Revision von 1789 und hatte ihre soziale Basis im grundbesitzenden Adel nach der Restauration von 1815 in Frankreich sowie in allen absolutistisch verbliebenen Ländern. Sie akzeptierte weder die französische Revolution noch den modernen Kapitalismus.

Historisch folgenreicher bis in die Gegenwart ist die liberalkonservative Rechte, die sich selbst als Mitte sieht. Ihr Manifest veröffentlichte bereits 1790 der britische ehemalige Whig und nunmehrige Tory Edmund Burke. (Burke 1993) Ihre Selbst-Verortung in der Mitte folgt einem Muster, das bis auf Aristoteles zurückgeht: die gute Ordnung, die gleichermaßen den Despotismus (rechts) und die Anarchie (links) vermeide. (Die Richtungsangaben »rechts« und »links« gibt es erst seit den Sitzordnungen französischer Parlamente nach 1789.)

Reaktionäre und liberal-konservative Rechte konvergieren in drei Werten, die sie der Trias Liberté – Égalité – Fraternité entgegenstellen: Ordnung – Differenz (= Ungleichheit) – Distanz. (Nolte 1993: 85-90; hier: 89)

Ordnung wäre für die reaktionäre Rechte das gegenüber der Freiheit prioritäre Prinzip schlechthin, für die Liberalkonservativen ist sie die institutionelle Garantie gegen alle Versuche, Freiheit über die Freiheit der Meinungsäußerung und der Märkte hinaus auszudehnen. Differenz als Gegenbegriff zur Gleichheit sieht die Ungleichheit als konstituierendes menschliches Merkmal, dessen Beseitigung zur Unfreiheit führe. Distanz ist die Haltung, die einen politischen Eingriff erlaubt, der die Differenz vor sogenannter Gleichmacherei und die Freiheit des Privateigentums vor Beseitigung im Namen der Gleichheit schützt.

Die Trennung in Rechts und Links spaltete seit der französischen Revolution die relativ einheitliche Wertewelt zumindest des bis dahin sich als »christlich« verstehenden Europa zwar weitgehend, aber nicht vollständig: seit der Frieden zum zentralen Rechtfertigungsgrund der staatlichen Ordnung wurde (in der Neuzeit seit Hobbes' »Leviathan«), blieb seine generelle Wünschbarkeit nicht kontrovers (wohl aber waren die Ziele, für deren Erreichbarkeit er gebrochen werden durfte, in zunehmendem Maße an die jeweiligen Absichten der Rechten und der Linken gebunden).

Seit der Entstehung der Linken am Ende des 18. Jahrhunderts verband sich ihr Wertesystem mit der Vorstellung des **Fortschritts**: dieser werde in einem historischen Prozess durchgesetzt, der die Form der **Revolution** annehmen könne. Demgegenüber sah sich die Rechte der **Tradition** verbunden.

Dabei sind zwei Vorstellungen von Fortschritt zu unterscheiden, eine ausschließlich normative und eine an den Wettbewerb gebundene.

Die normative Denkweise ist typisch für Vorstellungen der Aufklärung von einer ständigen Weiterentwicklung des Menschengeschlechts zu mehr Freiheit, Gleichheit und Humanität (letzterer Begriff kann als allgemeinere Bestimmung dessen verstanden werden, was in anderer Terminologie als fraternité oder Solidarität ausgedrückt wird). Dabei werden die Mittel dieser Weiterentwicklung nicht näher benannt.

Eine im engeren Sinne »liberale« (genauer wohl: wirtschaftsliberale) Auffassung bindet Fortschritt an die Hervorbringung immer besserer Lösungen zum Vorteil der Menschen – neben Freiheit und Gleichheit auch materielles Wohlergehen – durch die Konkurrenz, die zu ständiger Optimierung zwinge.

Diese geschichtsphilosophischen Zuweisungen (Fritzsche 1998: 267-318; hier: 273) hatten ihre Ausschließlichkeit allerdings nur im 18. und 19. Jahrhundert. (Die Verbindung von Konkurrenz und Fortschritt stellte schon Marx in Frage.) Nach den Katastrophen des 20. Jahrhunderts hat die Linke den Optimismus verloren, dass ihren Werten unweigerlich die Zukunft gehöre. Der zeitweilig erreichte Stand von Gleichheit und Freiheit erschien (und erscheint) nunmehr als eine Art Tradition, die von rechts her in Frage gestellt wurde. Der Faschismus verstand sich als eine revolutionäre Bewegung, und die Aufkündigung bisheriger Formen des Sozialstaats im letzten Viertel des 20. Jahrhunderts galt als »neoliberale Revolution«.

4. Industrielle Revolutionen

Definition

Um den Einschnitt zu ermessen, den die Erste[28] Industrielle Revolution bedeutet, mag es sinnvoll sein, sich zu vergegenwärtigen, welche gesellschaftlichen Bereiche vorher schon kapitalistisch waren, nämlich:

1. die Erzeugung von Getreide und Wolle in Großbritannien,
2. der Fernhandel,
3. das Kreditwesen.

Die Industrielle Revolution ist durch folgende Tatsachen bestimmt:

1. Die Ersetzung der handwerklichen und manufakturiellen Fertigung durch den Einsatz von Maschinen. Bis dahin hatte es über Jahrhunderte hin nur zwei Produktions-Maschinen gegeben: die Mühle und die Druckerpresse. Zumindest die Erzeugnisse der ersteren waren von geringer Bedeutung für Fernhandel und Handelskapital. Die Maschinen, mit denen die Industrielle Revolution begann: mechanische Spinnmaschinen und Webstühle, dagegen produzierten für den Weltmarkt. Von da ging eine weitere technologische Umwälzung aus.
2. Ersetzung der Muskelkraft von Tier und/oder Mensch als Hauptantriebskräfte zunächst vorwiegend durch Wasser-, dann durch Dampfkraft.

Beide Vorgänge (1 und 2) waren mit einer enormen Steigerung der Arbeitsproduktivität verbunden.

3. Vorrang der mithilfe von Maschinen hergestellten Waren gegenüber der landwirtschaftlichen Urproduktion (= Übergang von der Agrar- zur Industriegesellschaft).

---

28 Diese Zählung ist gebräuchlich geworden zur Unterscheidung von späteren technologischen Umwälzungen: der Durchsetzung von Verbrennungsmotor und Elektrizität an der Wende vom 19. zum 20. Jahrhundert und dem massenhaften Gebrauch von elektronischer Informationstechnologie seit der zweiten Hälfte des 20. Jahrhunderts.

4. Durchsetzung der Ware-Geld-Beziehung als Hauptform der horizontalen Verteilung.
5. Übergang von der außerökonomischen zur ökonomischen Aneignungsform in der vertikalen Verteilung durch die Lohnarbeit.
6. Es entsteht eine neue Ware: die Arbeitskraft, und ein neuer Markt: der Arbeitsmarkt.
7. Das Kapital erfasst die Produktion jetzt auch außerhalb der Getreidewirtschaft. In der Erzeugung nichtlandwirtschaftlicher Güter erfolgt die Ersetzung der nur »*formellen*« durch die »*reelle Subsumtion der Arbeit unter das Kapital*«. (Marx 1975: 533)
8. Herausbildung von zwei strukturbestimmenden Klassen: Arbeiterklasse und Bourgeoisie.
9. Der Mehrwert ist die dominante Gewinnform gegenüber dem Handels- und dem Innovationsgewinn. Dies gilt für die Industrielle Revolution in höherem Maße als für den Handelskapitalismus und die späteren Phasen der kapitalistischen Entwicklung.

Spezifizierung der Kapitalismus-Definition unter den Bedingungen der Industriellen Revolution

Seit der Industriellen Revolution ist Kapitalismus die Funktionsweise von Gesellschaften, die im Wesentlichen auf der Erzielung von Gewinn und der Vermehrung (Akkumulation) der hierfür eingesetzten Mittel (= Kapital) mittels solcher Waren beruht, die (meist mit Maschinen) durch Lohnarbeit im Bergbau, in den Grundstoffindustrien und im Maschinen- und Anlagenbau hergestellt werden. Als Industrie definieren wir hier: Massenfertigung (in künftigen Perioden kapitalistischer Entwicklung – also nach der Industriellen Revolution – auch: massenhafte Dienstleistungen).

Periodisierung

Die Industrielle Revolution nahm ca. 1780 ihren Ausgang von Lancashire in England. (Zur Datierung vgl. Hobsbawm 1997 I: 43 f.) Ihre erste Phase dauerte bis ca. 1840. Hauptprodukt waren aus Baumwolle (bzw. Barchent, einer Kombination aus Leinen und Baumwolle) hergestellte Textilien für den Export. Schon bald nach Großbritannien schloss sich Belgien der Industriellen Revolution an, es absolvierte deren erste Phase seit Anfang des 19. Jahrhunderts.

In deren zweiter Periode wurde der Eisenbahnbau strategischer »Leitsektor der Industrie« (Wehler 1969: 65; vgl. auch 51; 58) mit dem Montanbereich (Kohle, Eisen, später Stahl) und dem Maschinenbau als Zulieferern. Auf diesem Gebiet wuchs auch die Bautätigkeit über den Status des Handwerks hinaus und nahm industrielle Züge an. Damit wurde – nach dem Getreideanbau – ein weiterer Binnenmarkt eröffnet: der Investitionsgüterbereich. Nach wie vor aber gab es keinen Massenmarkt für kapitalistisch erzeugte nichtlandwirtschaftliche Konsumgüter.

Seit ca. 1830 begann die Industrielle Revolution in Frankreich, in den deutschen Staaten und in den USA. 1853/54 erzwangen US-amerikanische Kanonenboote den Zugang zum japanischen Markt. Die Meji-Dynastie (ab 1868) schaffte nun in einer Art Revolution von oben das Feudalsystem ab. Daraufhin entwickelte sich schnell eine eigenständige japanische Industrielle Revolution, die ca. 1920 abgeschlossen war. Zu deren Voraussetzungen gehörte, dass bereits vorher ein japanisches Handelskapital bestanden hatte. Erinnern wir uns daran, mit welchen Worten Braudel die Kappung einer eigenständigen kapitalistischen Entwicklung in Japan seit 1638 kommentiert hatte:

> »Es ist einfach nicht zu bestreiten, daß die über zwei Jahrhunderte auferlegten Beschränkungen einen sich schon ankündigenden Wirtschaftsaufschwung verzögert haben.« (Braudel 1990 II.: 659)

Er fuhr fort:

> »Nach deren Aufhebung hat Japan seinen Rückstand äußerst schnell aufgeholt.« (Ebd.)

Das heißt: die 1853/54 unter US-amerikanischem Druck erfolgte Beendigung der japanischen Abschließung hat dort den Kapitalismus nicht von außen implantiert, sondern die Weiterentwicklung von schon seit langem vorhandenen, allerdings künstlich gekappten Ansätzen ermöglicht.

Seit der Bauernbefreiung 1861 war Russland ein »Treibhaus des Kapitalismus«. (Gitermann 1987, Dritter Band: 191) In Skandinavien breitete sich die Industrielle Revolution seit ca. 1870 aus.

Die Initialzündung, die von Großbritannien ausgegangen war, hatte unterschiedliche Resultate: Belgien, Frankreich, Deutschland, der deutsche und der tschechische Teil der Habsburger Monarchie, Japan und die USA wurden industrialisiert, China ebenso wenig wie Indien, dessen eigenständige Textilproduktion vielmehr durch die britischen Importe zerstört worden ist. Auch in Russland war der größere Teil des Territoriums bis 1917 nicht industrialisiert.

Es ist sinnvoll, die Erste Industrielle Revolution zuweilen im Plural zu nennen: Industrielle Revolution*en*. Hiermit soll zum Ausdruck gebracht werden, dass der Initialzündung in Großbritannien weitere Industrialisierungen in anderen Ländern auf der gleichen technologischen Grundlage (vor der Zweiten Industriellen Revolution um die Wende vom 19. zum 20. Jahrhundert) folgten.

Der Begriff »Industrielle Revolution« ist bereits im ersten Drittel des 19. Jahrhunderts zur Bezeichnung der damaligen Umwälzung benutzt worden und seit dem ersten Drittel des 20. Jahrhunderts in allgemeinem Gebrauch. (Paulinyi 1997: 271) Seitdem wurde er auch für frühere (13. Jahrhundert; teilweise auch 16./17. Jahrhundert) und spätere (»Zweite« bzw. »Dritte« Industrielle Revolution im 19. und 20. Jahrhundert) angewandt. Diese Ausweitung ist auch angezweifelt und eine Beschränkung auf die Jahrzehnte vor und nach 1800 gefordert worden:

> »Die Industrielle Revolution war ein komplexer technischer, ökonomischer und gesellschaftlicher Umwälzungsprozess, mit dem die durch ein beschleunigtes ökonomisches Wachstum gekennzeichnete Industrialisierung begann, aber nicht vollendet wurde. Gleichgesetzt mit Industrialisierung überhaupt und verwendet für so manche bedeutsame technische Neuerung im Mittelalter oder im Verlauf der weiteren Entwicklung des Industriekapitalismus wird ›Industrielle Revolution‹ zu einem Modewort und letztlich zu einer leeren Formel.« (Ebd.)

Auch bei Anerkennung dieser Warnung wird es sich doch immer wieder einmal dann als sinnvoll erweisen, auch andere technisch bedingte gesellschaftliche Umwälzungen und Beschleunigungen mit dem Terminus (Zweite, Dritte) Industrielle Revolution zu belegen, wenn als deren fundamentale Voraussetzung die Erste Revolution um die Wende vom 18. zum 19. Jahrhundert – die als der zweite ganz große Einschnitt der Menschheitsgeschichte neben der Neolithischen Revolution anzusehen ist – im Auge behalten wird: der Übergang von einer agrarischen zu einer Industriegesellschaft (darstellbar u. a. durch die Zahl der jeweils in Landwirtschaft oder Industrie Beschäftigten, wobei letztere nach der »Dritten« Industriellen Revolution am Ende des zwanzigsten Jahrhunderts in den am meisten entwickelten Ländern zugunsten von Dienstleistungen abnehmen).

Die stofflichen Grundlagen

»*Wer Industrielle Revolution sagt, meint Baumwolle.*« (Hobsbawm 1969 I: 55; siehe auch Beckert 2015). Dies gilt für deren erste Phase bis 1840. Danach waren die Montanprodukte Kohle, Eisen, Stahl die stofflichen Grundlagen. Güter- und Personentransport sowie Information wurden durch die Eisenbahn sowie durch die Dampfschiffe, die im Laufe des 19. Jahrhunderts die Segelschiffe zu ersetzen begannen, beschleunigt. Prototechnologien waren in der Mitte des 19. Jahrhunderts der Telegraph, die Gasbeleuchtung und die Agrikulturchemie. Die Fotografie wurde bald nach ihrer Erfindung, seit den fünfziger Jahren, die Grundlage für ein neues, zunächst noch gleichsam handwerklich betriebenes Gewerbe. In der zweiten Phase der Industriellen Revolution entstand mit dem Eisenbahnbau auch eine Bauindustrie, die damit über das Handwerk hinauswuchs. Sie befand sich in dieser Zeit noch an der Schwelle zwischen einer Proto-Industrie und einer voll entwickelten Industrie – ein Status, den sie erst in der nächsten Phase des Kapitalismus, im letzten Viertel des 19. Jahrhunderts, erreichte. Sie fing zunächst als Tiefbau an, ging aber zur Erstellung von massenhaftem, billigem und meist ungesundem Wohnraum über. (Die Miete – der »Hauszins« – wurde zu einer relevanten Einnahmequelle.)

Mit der Industriellen Revolution endet das Zeitalter des Holzes. Dieser Stoff wurde als Hauptlieferant von Heizenergie nun durch Kohle und Koks ersetzt, als wichtigster Werkstoff allmählich durch Eisen und Stahl. Glas wurde unverändert ausschließlich für Fenster und optische Geräte verwandt.

Den technischen Vorgang, der die Industrielle Revolution auslöste, beschreibt Eric J. Hobsbawm so:

> »Jedes Schulkind weiß, daß das technische Problem, das die Arbeit der Mechanisierung in der Baumwollindustrie bestimmte, das mangelhafte Leistungsgleichgewicht zwischen Spinnen und Weben war; das Spinnrad, ein minder produktives Gerät als der Handwebstuhl (insbesondere als dieser durch das ›Fliegende Weberschiffchen‹, das um 1730 erfunden und nach 1760 allgemein verwendet wurde, sein Arbeitstempo beschleunigte), konnte die Weber nicht ausreichend beliefern. Drei Erfindungen erschütterten dieses Gleichgewicht: die ›Jennymaschine‹ (Feinspinnmaschine) der 1760er Jahre, mit deren Hilfe ein Heimspinner mehrere Fäden auf einmal spinnen konnte; die ›Wasserspinnmaschine‹ (›water frame‹) von 1768, die sich die ursprüngliche Spinnweise durch eine Kombination von Rollen und Spindeln zunutze machte; und die Vereinigung der beiden, die ›Mule-Spinnmaschine‹ (Wagenspinner) der achtziger Jahre, die bald mit Dampfkraft arbeitete. Die beiden letzteren Erfindungen inaugurierten die fabrikmäßige Produktion. Die Baumwollfabriken der Industriellen Revolution waren im wesentlichen Spinnereien (und Fabriken, in denen Baumwolle durch Rauhen zum Spinnen vorbereitet wurde).« (Ebd., 57 f.)

Die qualitative Nahrungsgrundlage blieb im Vergleich zur Schlussphase des Handelskapitalismus nahezu unverändert. Dabei wurden die Menge und der Preis (einschließlich der Zölle) des vorhandenen Getreides zu einer Bestimmungsgröße für die Zahl der Arbeitskräfte, die ernährt werden konnten. Teilweise wurde es durch die Kartoffel ergänzt oder ersetzt. (Eine Pflanzenkrankheit, die in den vierziger Jahren in Irland dieses Gewächs betraf, löste eine Hungersnot mit gesteigerter Auswanderung aus.) Seit der durch Napoleon I. gegenüber Großbritannien verhängten »Kontinentalsperre« (ab 1806) wurden auf dem europäischen Festland die Importe von Rohrzucker durch Verfahren zur Gewinnung von Rübenzucker verstärkt. (Hobsbawm 1997 I: 122).

Zwischen 1786 und 1831 gewannen Luigi Galvani, Alessandro Volta, Hans Christian Oersted und Michael Faraday Erkenntnisse auf dem Gebiet der Elektrizität – Entdeckung des Stroms und der Elektrolyse, Zusammenhang zwischen Elektrizität und Magnetismus, Induktion –, die aber in dieser Periode noch nicht industriell genutzt wurden. (Ebd.: 340)

Sozialstruktur

Die Gründer und Eigentümer der Industrieunternehmen der Textil- und Montanbranche sowie häufig ihre Erb(inn)en gehören jetzt zusammen mit den Bankiers zur führenden Gruppe in der Kapitalistenklasse.

Mit der Industriellen Revolution entsteht das moderne städtische Proletariat, das der Bourgeoisie ökonomisch gegenübersteht. In Großbritannien und Belgien – aber nur da! – machte es in der Mitte des 19. Jahrhunderts die Mehrheit der Bevölkerung aus, während in allen anderen Industriestaaten eine relativ breite Schicht von selbständigen Bauern erhalten blieb.

Die industriellen Gewinne wurden als »*absoluter Mehrwert*« erzielt: durch ständige Ausdehnung der Arbeitszeit.

> »Die Verlängerung des Arbeitstags über den Punkt hinaus, wo der Arbeiter nur ein Äquivalent für den Wert seiner Arbeitskraft produziert hätte, und die Aneignung dieser Mehrarbeit durch das Kapital – das ist die Produktion des absoluten Mehrwerts.« (Marx 1975: 532)

Zwischen ca. 1750 und 1830 gingen in Großbritannien »*die Reallöhne um etwa ein Drittel bis zwei Fünftel zurück.*« (Kuczynski, Jürgen 1964: 115)

Zur Sozialstruktur der Industriellen Revolution, insbesondere deren erster Phase, gehören auch die Sklaven in den US-amerikanischen Baumwollplantagen: sie ernteten den wichtigsten Rohstoff der für diese Periode zentralen Textilbranche: Kattun. Der Fang von Sklaven in Afrika, ihr Verkauf nach Amerika und ihr Einsatz auf den Feldern nahmen in dem Maße zu, in dem die Nachfrage nach Baumwolle anstieg. Zeitgleich mit dem Beginn der Industriellen Revolution, also seit ca. 1780, befand sich die »Sklaverei auf dem Vormarsch«. (Beckert 2015: 109-114)

In der zweiten Phase der Industriellen Revolution war in Großbritannien die Rekrutierung eines großen Teils des Proletariats durch die Immigration aus Irland wichtig. (Hobsbawm 1997 I: 66; 72) Sie wurde durch eine große Hungersnot in der Mitte des 19. Jahrhunderts angetrieben: zwischen 1835 und 1850 verließen eineinhalb Millionen der acht Millionen Irinnen und Iren ihre Heimat. Für die britische Industrie vergrößerte dies die Zufuhr in einem Moment, in dem durch die Ausweitung der Investitionsgüterindustrie erhöhter Arbeitskräftebedarf bestand, andererseits das Industrieproletariat sich in vorrevolutionärer Bewegung befand. Deren Abschwellen nach 1850 ist nicht nur auf inzwischen durchgeführte Reformen (Beseitigung der Kornzölle, Zehnstundentag) zurückzuführen, sondern auch auf migrationsbedingte Verschärfung der Konkurrenz in der Arbeiterklasse.

Familie und soziale Sicherung

Mit der Industriellen Revolution wird die Familie zum Subsystem. Im Feudalismus, ja auch noch im Handelskapitalismus können die Funktionen von Familien für Produktion, Politik und Reproduktion so beschrieben werden:

Produktion: Die bäuerliche Familie war eine Produktionseinheit.

Politik: Das Herrschaftspersonal wurde nicht nur in Familien reproduziert, diese herrschten auch als machthabende Adelsgeschlechter durch ihr (männliches) Familienoberhaupt. Die Familien der nichtherrschenden Gesellschaftsschichten waren nicht nur in ihren Individuen, sondern auch als Familien Adressaten von Herrschaft.

Reproduktion: Die Familien waren die zentralen Instanzen der sozialen Sicherung: Aufzucht der Kinder, Versorgung der Alten und Kranken.

In der Industriellen Revolution wurden besonders zahlreich Frauen und Kinder als billige und spezifisch geschickte Arbeitskräfte eingesetzt. Die Familien konnten ihre bisherige Reproduktionsfunktion und die soziale Sicherung nur noch unzureichend wahrnehmen, ohne dass öffentliche Institutionen ihnen dies abgenommen hätten. Produktionseinheiten waren sie ebenfalls nicht mehr, denn die Produktion von Gütern fand ja nicht mehr in ihnen statt, sondern in der Fabrik.

In dem Maße, in dem der Staat durch Exekutive, Legislative und Judikative der Gesellschaft verselbständigt gegenübertrat, verlor Herrschaft ihr familiäres Gesicht spätestens dann, wenn ihre Ausübung oder die Teilhabe an ihr nicht mehr durch Abstammung, sondern durch Wahl oder (in untergeordneten Funktionen in der Bürokratie und Justiz) durch Ernennung erreicht wurde.

Die gesellschaftliche Umschichtung und die Steigerung der Arbeitsproduktivität in den vorindustriellen Gesellschaften erzeugten teils periodische, teils permanente Arbeitslosigkeit. Nicht Bevölkerungsmangel wurde nun zum Thema, sondern Übervölkerung. Thomas Malthus formulierte ein angebliches ökonomisches Gesetz, aufgrund dessen die Nahrungsgrundlage nur in arithmetischer Progression zunehme, die Bevölkerung aber in geometrischer. Deshalb sei Zurückhaltung der Armen bei der Erzeugung von Nachwuchs in deren eigenem Interesse.

Mit der Industriellen Revolution wuchs Massenarmut, die nicht mehr integrierbar gewesen ist, noch über den Grad hinaus, den sie schon seit ca. dem 15. Jahrhundert angenommen hatte. Von den Paupers der vorindustriellen Zeit unterschieden die Proletarier sich dadurch, dass sie für den Produktionsprozess benötigt wurden. Auf die zeitweilig oder dauerhaft Arbeitslosen wurden ältere Armengesetze angewandt. Sie dienten vor allem der Kontrolle dieser Menschen, die in Arbeits- und Armenhäusern interniert und nur äußerst dürftig unterstützt wurden. 1795 verabschiedeten die Friedensrichter von

Berkshire das »Speenhamland-Gesetz«. Es sah einen Mindestlohn für landwirtschaftliche Arbeiter in deren Heimatgemeinden vor. Waren sie arbeitslos oder blieb der tatsächlich gezahlte Lohn unterhalb dieses Satzes, wurde er aus der öffentlichen Kasse subventioniert. Das Resultat dieser Maßnahme wird in der wissenschaftlichen Literatur als katastrophal eingeschätzt: die Unternehmer drückten die Löhne unter den Unterstützungssatz und ließen diese subventionieren, Arbeitsmoral und -produktivität waren gering. 1834 wurden neue Armengesetze beschlossen. Sie sahen für Arbeitsfähige keinerlei Unterstützung mehr vor und stellten einen ungeschützten Arbeitsmarkt her. Karl Polanyi bezeichnet die Zeit von diesem Datum bis zur Einführung des Zehnstundentages als die Periode einer durch keinerlei politische Maßnahmen eingegrenzten Marktwirtschaft. (Polanyi 1978: 57-181) Es war eine Zeit des Massenelends, in der die Gefahr bestand, dass eine Arbeiterklasse, die unter das physische Existenzminimum zu geraten drohte (durch Hunger, Wohnungslosigkeit, gesundheitlichen Ruin, hilflose Kompensationsversuche, etwa exzessiven Alkoholgenuss auch der Ärmsten), trotz gleichzeitiger sogenannter »Überbevölkerung« die Reproduktion des kapitalistischen Systems nicht mehr gewährleisten könne.

Das räumliche Arrangement

Die meisten städtischen Ballungsgebiete sind Ergebnisse der Industriellen Revolution.

Zugleich tritt ein neuer Akteur auf: der Nationalstaat. Seine allgemeineren Bestimmungen – Staatsvolk, Staatsgewalt, Staatsgebiet – hatten sich, häufig in absolutistischer Form, schon während des Handelskapitalismus herausgebildet. Jetzt standen diesen Staaten weit größere ökonomische Potentiale zur Verfügung. Diese dynamisierten ihre innere Entwicklung und nahmen die staatlichen Institutionen für ihre Interessen in Anspruch.

Belgien als souveräner Nationalstaat entstand erst in der Industriellen Revolution. In Deutschland waren die Ressourcen einzelner

Territorialstaaten (z. B. Sachsen) oder von Regionen innerhalb derselben (z. B. das Rheinland und Berlin in der preußischen Monarchie) die Voraussetzungen der industriellen Entwicklung. Die sogenannte Kleinstaaterei bildete also zunächst kein Hindernis, sondern ihr Merkantilismus förderte – teilweise unterstützt durch leistungsfähige regionale Kreditinstitute – den Kapitalismus. Erst in einer späteren Phase, seit ca. 1840, wurde sie zu eng für eine weitere Akkumulation, sodass das auf Expansion angelegte Kapital sich einen nationalen Rahmen schuf. Ähnliches gilt für Italien.

Wie schon seit Beginn des 18. Jahrhunderts blieb auch im 19. Großbritannien die den Weltmarkt beherrschende Macht. Zu seinem – zunächst noch informellen – »Reich« gehörten Irland, aus dem es einen ständigen Strom von Arbeitskräften bezog, und Indien, letzteres als Rohstofflieferant und als Absatzmarkt (nachdem Großbritannien die eigenständige indische Textilfertigung ausgeschaltet hatte). Von 1775 bis 1819 führte Großbritannien mehrere Kolonialkriege in Indien, seit 1765 amtierte in Bengalen ein britischer Gouverneur in einem System der Doppelherrschaft (Dual Government), in dem zugleich einheimische Staatsgewalt fortexistierte.

Im den beiden Opiumkriegen (1840 – 1842; 1856 – 1858) wurde China gezwungen, seinen Markt für britische und indische Waren zu öffnen. Australien, ab 1770 britischer Besitz, wurde von 1786 bis 1872 für Strafkolonien genutzt.

Der Versuch Großbritanniens, Afghanistan an Indien anzuschließen, scheiterte im (ersten) britisch-afghanischen Krieg 1838 – 1842. In der Folgezeit entsteht in dieser Region ein Rivalitätsverhältnis zu Russland bei dem Versuch, Einfluss auf Afghanistan zu gewinnen (»The Great Gamble«). Für Großbritannien geht es dabei um die Ausweitung und Absicherung des indischen Besitzes, für Russland um Stabilisierung seines zentralasiatischen Territoriums. Die britische Wirtschaft

> »tauschte ihre eigenen Fabrikerzeugnisse, Waren und Dienstleistungen (Kapital, Schiffahrt, Bankwesen, Versicherung etc.) gegen ausländische Grundstoffe (Rohmaterialien und Nahrungsmittel) ein.« (Hobsbawm 1969 I: 137)

Es entstand eine

> »Komplementärwirtschaft in mehreren Ländern zu verschiedenen Zeiten, hauptsächlich auf der Grundlage einiger örtlicher Produkte, deren Hauptabnehmer die Briten waren: Baumwolle in den Südstaaten der USA bis zum Amerikanischen Bürgerkrieg, Wolle in Australien, Nitrate und Kupfer in Chile, Guanodünger in Peru, Wein in Portugal usw.« (Ebd.: 138)

Noch umfangreicher waren die Handelsbeziehungen zu den Ländern, die bereits in der ersten Hälfte des 19. Jahrhunderts mit ihrer eigenen Industrialisierung begannen. Sie bezogen Investitionsgüter aus Großbritannien. Massenverbrauchsgüter und Binnenmärkte hatten – sehen wir von den landwirtschaftlichen Erzeugnissen ab – nach wie vor eine nur untergeordnete Bedeutung.

Den Exportinteressen der überlegenen britischen Industrie entsprach eine Politik des Freihandels, mochte diese auch – wie 1846 die Abschaffung der Getreidezölle – zu Lasten der heimischen Landwirtschaft gehen. 1849 wurde die Navigationsakte von 1651 aufgehoben: britische Reeder und Schiffsbauer brauchten schon seit langem nicht mehr politisch gestützt zu werden.

Der internationale Austausch wurde durch eine weitgehende Durchsetzung des Goldstandards begleitet. Seiner Gewährleistung auch dort, wo aus technischen Gründen Papiernoten benutzt wurden, diente ab 1844 die erste nationale Zentralbank der Welt: die bereits 1694 gegründete Bank of England. Nach ihrem Vorbild wurden 1875 die Deutsche Reichsbank und 1913 in den USA das Federal Reserve System gegründet.

Sie alle garantierten die Golddeckung der nationalen Papierwährung. Wenn sie gemünztes Gold an Privatbanken ausliehen, bestimmten sie durch die von ihnen dafür erhobenen Zinsen und Vorschriften über Mindestreserven, die aufgrund ihrer Vorschriften die Banken in Gold halten mussten, die Menge des umlaufenden Papiergeldes.

Die britische Außenpolitik folgte

1. einer sicherheits- und
2. einer handelspolitischen Maxime:

Eine Politik des europäischen Gleichgewichts sollte das Entstehen einer kontinentalen Vormacht, die Großbritannien hätte bedrohen können, verhindern. Hierher gehört der Kampf gegen das napoleonische Frankreich. In der Schlacht bei Trafalgar (1805) vernichtete Großbritannien die spanisch-französische Flotte. Die von Napoleon I. 1806 verhängte wirtschaftliche Abschließung des europäischen Festlandes gegen Großbritannien (Kontinentalsperre) ließ auf dem Kontinent zwar die Kapitalmasse anschwellen, die später zur Fortsetzung der Industriellen Revolution auch auf dem Kontinent führte, konnte aber das auf seine Dominanz zur See gestützte Großbritannien nicht entscheidend treffen.

Die Verteidigung dieser britischen Herrschaft auf den Meeren zwecks ungehinderten Handels und unangefochtenen Zugriffs auf die eigenen Einflussgebiete war Inhalt der zweiten – der handelspolitischen – Maxime britischer Außenpolitik. Diesem Zweck diente u.a. das Engagement im Krimkrieg (1854–1856): Großbritannien unterstützte das Osmanische Reich, um eine Beherrschung der Meerenge am Bosporus durch Russland zu verhindern. (Bereits seit 1704 war Gibraltar in britischem Besitz.)

In der Zeit der Industriellen Revolution entstand – über Großbritannien hinaus – das, was man viel später, im 20. Jahrhundert des Kalten Krieges – den »Westen« oder die »Erste Welt« nannte: die am frühesten industrialisierten Staaten, die den in Unterentwicklung verbleibenden Regionen mehr oder weniger ihre eigenen Bedingungen auferlegen können.

Auf die Unterschiede in den Lebensbedingungen der Gewinner und der Verlierer dieser neuen Weltordnung warf zwischen 1848 und 1875 laut Eric Hobsbawm folgende Tatsache ein bezeichnendes Licht:

> »Der sichtbarste Kontrast zwischen der entwickelten und der unterentwickelten Welt war und blieb der Gegensatz zwischen Armut und Reichtum. In den reichen Ländern verhungerten immer noch Menschen, jetzt aber in einem Ausmaß, das man im neunzehnten Jahrhundert schon für gering hielt: in Großbritannien etwa durchschnittlich fünfhundert pro Jahr. In Indien starben sie zu Millionen – ein Zehntel der Bevölkerung von Orissa in der Hungersnot von 1865/66, zwischen einem Viertel und einem Drittel der Einwohner

> von Rajputane 1868 – 1870, dreieinhalb Millionen (15 Prozent) in Madras, eine Million in Mysore während der großen Hungersnot 1876 – 1878, der schlimmsten in der bedrückenden Geschichte Indiens im 19. Jahrhundert.« (Hobsbawm 1997 II: 162. Deutsch: G. F.)

Zur führenden Gruppe in der neuen Weltordnung gehörte auch der Verlierer der Auseinandersetzung mit Großbritannien im 18. Jahrhundert und in den napoleonischen Kriegen: Frankreich. 1830 – 1847 eroberte es Algerien, in dem französische Siedler nun eine Kornkammer für das »Mutterland« einrichteten. 1858 beginnt Frankreich sich in Indochina festzusetzen. 1859 – 1869 wurde vor allem mit französischem Kapital der Suezkanal gebaut.

Das spanische Kolonialreich wurde ab 1810 durch Revolutionen in Südamerika, aus denen selbständige Staaten hervorgingen, weitgehend zerschlagen. Dies öffnete den Halbkontinent für die Wirtschaftsbeziehungen zunächst vor allem mit Großbritannien noch weiter als vorher.

1823 erklärte der Präsident der Vereinigten Staaten, James Monroe, dass der amerikanische Kontinent nicht länger Objekt europäischer Kolonisierung sein dürfe.

Während die »frühen« Nationen (Spanien, Portugal, Niederlande, Großbritannien, Frankreich) ihre Kolonialreiche bzw. überseeischen Einflusssphären teils verloren (Spanien), teils hielten (Portugal in Afrika, die Niederlande in der Insulinde), teils ausdehnten (Großbritannien und Frankreich), befanden sich andere Länder noch im Prozess des »nation building«:

1. In Deutschland entstand erst 1871 ein einheitlicher Nationalstaat: ökonomisch erzwungen von der Industriellen Revolution, militärisch und politisch durchgesetzt durch Bismarcks »Revolution von oben«.
2. Italien wurde 1861 – 1870 unter Führung Piemonts zu einem einheitlichen Nationalstaat.
3. In den USA war zunächst praktisch eine gespaltene Ökonomie entstanden: Sklavenwirtschaft im Süden, freie Lohnarbeit im Norden. Der Bürgerkrieg 1861 – 1865 stellte erst einen einheitlichen Arbeitsmarkt her.

4. Belgien, das in der Vergangenheit verschiedenen anderen Staaten einverleibt war, wird 1830 unabhängig.
5. In der Schweiz wird 1848 die nationale Einheit in einem Krieg der stärker industrialisierten und liberal regierten Landesteile gegen einen »Sonderbund« von sieben agrarischen und katholischen Kantonen bestätigt und in einer neuen Bundesverfassung formuliert.

Große »Innere Kolonisierungen« fanden in Russland (Ostausdehnung bis zum Pazifik) und den Vereinigten Staaten (Westausdehnung, ebenfalls bis zum Pazifik) statt. Nach einem Krieg gegen Mexiko (1846–1848) werden u. a. die heutigen Staaten Arizona, Colorado, Kalifornien, Nevada, Texas, Utah den USA angegliedert.

Die Konstituierung neuer Nationalstaaten, die überseeische Interessenpolitik der älteren Nationalstaaten, zugleich die Versuche der politischen Inbesitznahme der Staatsapparate durch Interessenkämpfe bisher davon ausgeschlossener Klassen und Schichten gehören zu den Voraussetzungen auch mentaler Identifikation mit der »Nation« im Nationalismus, insbesondere seit der französischen Revolution.

Staat und Politik

Die bürgerlichen Revolutionen noch im Handelskapitalismus hatten zur Beteiligung der Bourgeoisie an der Staatsgewalt geführt. Politischer Ausdruck dieser neuen Konstellation wurde der Verfassungsstaat mit Zensuswahlrecht und dem Budgetrecht des zunächst ausschließlich von der Kapitalistenklasse und älteren »Ständen« beschickten Parlaments. Wir finden ihn u. a. in Großbritannien (hier schmälerte 1832 eine Parlamentsreform den Vorrang der ländlichen, vom Grundbesitz beherrschten Wahlkreise), Belgien ab 1830/31, Frankreich unter der »Julimonarchie« (1830–1848).

Zwei Abweichungen sind bemerkenswert:

1. Formelle Demokratien wie die kurzlebige Zweite Republik in Frankreich von 1848 bis 1851 und die dritte französische Republik ab

1870, die USA sowie die Schweiz (»selbstverständlich« sind in allen diesen Ländern die Frauen vom aktiven und passiven Wahlrecht ausgeschlossen). Hierher gehört auch eine allmähliche Demokratisierung des Wahlrechts in Großbritannien: ab 1867 können auch Arbeiter wählen, sofern sie einen näher qualifizierten festen städtischen Wohnsitz haben.

2. Konzentration der Staatsgewalt in der Exekutive, die sich teilweise legitimierender Plebiszite bediente, wie im Frankreich Louis Bonapartes (1851 Diktator, 1852–1870 Kaiser; sein Herrschaftstyp wurde als »Bonapartismus« bezeichnet), oder als Monarchie keine Volkssouveränität akzeptierte, ihre Herrschaft aber durch eine oktroyierte Verfassung, Budgetrecht der Parlamente in den Ländern und auf zentraler Ebene modifizierte: so in Deutschland ab 1871, wo der nur mit eingeschränkten Befugnissen ausgestattete Reichstag (keine parlamentarisch verantwortliche Regierung) sogar nach allgemeinem Männerwahlrecht zustande kam, während in den Ländern das Zensuswahlrecht galt.

Die skandinavischen Staaten entwickeln sich zu konstitutionellen Monarchien nach britischem Vorbild.

Laut Eric Hobsbawm waren die entkolonialisierten Staaten Lateinamerikas im dritten Viertel des 19. Jahrhunderts »die größte Ansammlung von Republiken in der Welt«. (Hobsbawm 1997 II: 146. Deutsch: G. F.)

Bei allen nationalen Unterschieden stimmen die einzelnen politischen Ordnungen der bürgerlichen Gesellschaften während der Industriellen Revolution in der Tendenz zu einem Verfassungsstaat überein, der das Privateigentum durch seine Rechtsordnung garantiert und so viel Demokratie zulässt oder verweigert, wie dies mit der kapitalistischen Produktionsweise vereinbar ist.

Die staatliche Infrastruktur blieb auf die Institutionen beschränkt, die bereits der Staat des Handelskapitalismus aufgewiesen hatte: Schule (in den protestantischen Ländern), Hochschulen, Straßenbau, Post, Militär, Innere Sicherheit. Die »Armenpflege« war Angelegenheit der Gemeinden.

Modifizierter Geltungsbereich der außerökonomischen Gewalt

Mit der Industriellen Revolution setzte sich ein Prozess fort, der bereits im Feudalismus mit dem Übergang von der Leibeigenschaft zur Hörigkeit begonnen und sich im Handelskapitalismus intensiviert hatte. Er bestand in der Ersetzung der außerökonomischen Gewalt bei der Aneignung des Mehrprodukts durch ökonomische Formen, eben Mehrwert, Handels- und Innovationsgewinn. Die Bedeutung der – nunmehr staatlich konzentrierten – Gewalt in der Gesellschaft nahm aber nicht ab, im Gegenteil: Innovationen in der Waffentechnologie vollzogen sich mindestens im gleichen Tempo wie in der Industrie, ja, gingen diesen oft sogar voraus – eine Entwicklung, die sich in späteren Phasen des Kapitalismus, also nach der Industriellen Revolution, noch beschleunigte und intensivierte. Außerökonomische Gewalt hatte nunmehr folgende Funktionen:

1. Eroberung und Sicherung von Territorien als Absatz- und/oder Einflussgebiete.
2. Präventive und/oder aktuelle Repression gegen die Unterklassen.

Beide Funktionen waren nicht neu. Vorindustrielle Gesellschaften (z. B. Rom oder einige absolutistische Staaten) waren militärisch äußerst aggressiv gewesen, wenngleich nicht in erster Linie zur Gewinnung von Absatzgebieten, sondern zur Eroberung von Objekten nicht marktvermittelter Ausbeutung (Sklav/inn/en, »Untertanen«, Bodenschätze). Diese Rolle der Gewalt blieb also auch jetzt erhalten. Im Kernbereich des Aneignungsprozesses allerdings wurde sie durch ökonomische Machtbeziehungen ersetzt.

Beginn der Wirtschaftszyklen

Seit dem Ausbruch der ersten britischen Wirtschaftskrise nach den napoleonischen Kriegen verläuft die kapitalistische Entwicklung bis heute in – oft ca. zehnjährigen – Zyklen, die von Krisen oder doch einer deutlichen Verlangsamung des Wachstums markiert sind. (Ein Überblick über die Wirtschaftszyklen im 19. und 20. Jahrhundert findet sich bei: Mandel 1970: 379 ff.)

Eine Krise ist der Rückgang des Sozialprodukts[29] hinter den vorher gegebenen Stand aufgrund der Tatsache, daß die Nachfrage geringer ist als das Angebot an bereits erstellten Gütern und/oder Produktionskapazitäten (Kapital und Arbeitskräfte).

Der Aspekt des Übergebots an Waren tritt in der

Überproduktionskrise

hervor, das Überangebot an Produktionskapazitäten in der

Überakkumulationskrise,

der Ausfall an kaufkräftiger Nachfrage als

Unterkonsumtionskrise.

In jedem Fall entsteht erhöhte Arbeitslosigkeit, häufig Preisverfall (Deflation).

Auch im vorindustriellen, also dem Handels-Kapitalismus sind Ansätze von Wirtschaftszyklen zu beobachten (Braudel 1990 III: 76-79): als Preisschwankungen vor allem für Getreide und Luxusgüter. Es gab sogar schon Spekulationsblasen, sei es für Tulpenzwiebeln in den Niederlanden im 17. Jahrhundert, sei es für Papiergeld, das der Bankier John Law im 18. Jahrhundert durch Anleihen auf französischen Kolonialbesitz in Nordamerika ausgab. Preisverfall oder Platzen der Zahlungserwartungen haben aber niemals die Gesamtheit der wirtschaftlichen Vorgänge berührt. Dadurch unterscheiden sie sich von den modernen Wirtschaftskrisen. Spekulative Einbrüche vor der Industriellen Revolution lassen sich am ehesten noch mit Preisverfall für einzelne Waren oder mit solchen Börsenkrächen vergleichen, deren Wirkung auf den Wertpapier- und Devisenhandel beschränkt bleibt, ohne die Volkswirtschaft als Ganze in Mitleidenschaft zu ziehen. Zuweilen gehen Letztere einer allgemeinen Wirtschaftskrise und/oder langdauernden Depression voraus (z. B. 1873 und 1929), doch muss dies nicht immer der Fall sein. So hatte z. B. der US-amerikanische

29 Zur Definition des Sozialprodukts vgl. Eicker-Wolf 2000: 21-34.

Börsenkrach von 1987 keine gesamtwirtschaftlichen Konsequenzen. Ständig aber vollzog sich die ökonomische Entwicklung seit der Industriellen Revolution in einer Abfolge von kurz-, mittel- und langfristigen Zyklen, die mehr sind als nur Preisschwankungen – auch insofern brachte also diese Form des Kapitalismus ein neues Phänomen hervor.

Die drei Märkte und die Arbeitslosigkeit

In der Industriellen Revolution entstand neben den beiden bereits existierenden Märkten, nämlich

1. dem Markt für Güter und Dienstleistungen und dem
2. Kapitalmarkt,

ein dritter Markt:

3. der Arbeitsmarkt

und eine neue Ware: die Arbeitskraft. Sie setzt eine Menschenklasse voraus, die keine anderen Waren besitzt und deshalb auf den Verkauf ihrer einzigen Ware, der Arbeitskraft, angewiesen ist.

(Allerdings gab es erste lokale und regionale Arbeitsmärkte schon seit dem 13. Jahrhundert. Sie nahmen in der Periode des Handelskapitals zu; Braudel 1990 II: 44-50. Doch erst mit der Industriellen Revolution wurden sie zu einer die Gesellschaft mitstrukturierenden Tatsache.)

Geht in den zyklischen Krisen die Nachfrage nach Gütern, Dienstleistungen und Kapital zurück, tritt Arbeitslosigkeit ein. Auch sie ist eine völlig neue Tatsache, die in vorkapitalistischen Gesellschaften entweder überhaupt nicht oder nur in deren protokapitalistischen Enklaven bekannt ist.

Da die Arbeiterinnen und Arbeiter in der Industriellen Revolution über keinerlei Rücklagen verfügten, hatten sie während der Krisen keine Möglichkeit, ihre Ware – die Arbeitskraft – zurückzuhalten, wenn die Unternehmer nicht die von ihnen verlangten Löhne zahlen wollten.

Karl Marx meinte festgestellt zu haben, dass Arbeitslosigkeit nicht nur ein Ergebnis der Krisen ist, sondern der Kapitalakkumulation selbst: Aufgrund der Konkurrenz suchen die Unternehmer die Arbeitsproduktivität mithilfe von Maschinen zu steigern, wodurch Arbeitskraft erübrigt wird. Dasselbe Mittel wird auch zur Dämpfung von Lohnforderungen benutzt: Arbeiter(innen) werden durch Maschinen ersetzt.

> »Je größer der gesellschaftliche Reichtum, das funktionierende Kapital, Umfang und Energie seines Wachstums, also auch die absolute Größe des Proletariats und die Produktivkraft seiner Arbeit, desto größer die industrielle Reservearmee. Die disponible Arbeitskraft wird durch dieselben Ursachen entwickelt wie die Expansivkraft des Kapitals. Die verhältnismäßige Größe der industriellen Reservearmee wächst also mit den Potenzen des Reichtums. Je größer aber diese Reservearmee im Verhältnis zur aktiven Arbeiterarmee, desto massenhafter die konsolidierte Übervölkerung, deren Elend im umgekehrten Verhältnis zu ihrer Arbeitsqual steht. Je größer endlich die Lazarusschichte der Arbeiterklasse und die industrielle Reservearmee, desto größer der offizielle Pauperismus. *Dies ist das absolute, allgemeine Gesetz der kapitalistischen Akkumulation.* Es wird gleich allen andren Gesetzen in seiner Verwirklichung durch mannigfache Umstände modifiziert, deren Analyse nicht hierher gehört.« (Marx 1975: 673 f. Hervorhebung: Marx. Die heftige Sprache dieses Abschnittes erklärt sich daraus, daß damals das Zentrum der Akkumulation und das Elend sich im selben Land, in dem er selber schrieb, Großbritannien, befanden.)

Eine Arbeitslosigkeit von null Prozent gab es im Kapitalismus bisher nur in Ausnahmesituationen. Dieselbe Tatsache, die zu einer Nachfrage nach Arbeitskräften führt, die Akkumulation, führt auch zur Arbeitslosigkeit, nämlich dann, wenn nicht in Löhne, sondern in Maschinen investiert wird. Ein gewisser – schwankender, aber so gut wie nie dauerhaft auf Null gehender – Satz von Arbeitslosigkeit hält

Lohnsteigerungen in Grenzen. Deshalb kann angenommen werden, daß in der gesamten Geschichte des Kapitalismus die Lohnquote – das ist der Pro-Kopf-Anteil der Löhne am Volkseinkommen – nicht gestiegen ist. Dies ist durchaus vereinbar mit dem empirisch beweisbaren Steigen der Reallöhne. Es hat sogar die gleiche Ursache wie die Stagnation der Lohnquote: durch den Einsatz von Maschinerie wird die Arbeitsproduktivität erhöht, die von den Arbeiterinnen und Arbeitern zu konsumierenden Waren werden also billiger.

Teil-Säkularisierung

Im europäischen Feudalismus bediente sich Herrschaft des christlichen Glaubens, und ebenso beriefen die Gegenbewegungen sich auf ihn. Seine Allgemeinverbindlichkeit wurde in der Aufklärung des 18. Jahrhunderts bestritten, und diese Erosion setzte sich in der Industriellen Revolution fort. (Hobsbawm 1997 I: 266-272) Dennoch erfasste sie zunächst wohl nach wie vor nur eine – wenngleich größer werdende – Minderheit der Bevölkerung. Zwei religiöse Orientierungen breiteten sich trotz der ansonsten deutlich zunehmenden Säkulisierungen aus: in Europa und in den USA protestantische Sekten; in Asien, das von der Industriellen Revolution entweder noch gar nicht oder nur in von Großbritannien abhängiger Weise erfasst war, der Islam. (Ebd.: 272-283)

Gegenbewegungen

Unter »Gegenbewegungen« im Kapitalismus wird hier zweierlei verstanden.

1. Zunächst sind hier alle Bestrebungen zu nennen, die auf eine Änderung aktueller, von ihnen als Mängel wahrgenommener, Zustände im Kapitalismus abzielen, ohne daß sie diese Gesellschaftsordnung

als Ganze in Frage stellen. Hier lassen sich wieder zwei verschiedene Tendenzen feststellen:

a. Bewegungen, die ausschließlich an korrigierenden Einzelmaßnahmen interessiert sind,

b. Bewegungen, die eine systematische Lösung anstreben, aus der sich eine Art »anderer Kapitalismus« ergibt.

Beide Varianten können sowohl auf der politischen Rechten wie Linken auftreten, je nachdem, ob sie mehr an Freiheit und Gleichheit (wie zum Beispiel, um ein aktuelles Beispiel zu benutzen, der Anti-Rassismus) oder an Ordnung, Differenz, Distanz (etwa, ebenfalls aktuell: ausländerfeindliche Bewegungen) orientiert sind.[30] Gleiches gilt für anti-egalitäre systemische Lösungen: der Faschismus ist ebenso ein anderer Kapitalismus wie ein möglichst egalitärer und freiheitsbetonter Sozialstaat.

2. Zu den Gegenbewegungen gehören auch alle Bestrebungen zur Aufhebung des Kapitalismus. Die Kennzeichnung »sozialistisch« ist nicht auf sie zu beschränken: auch die reformerische Kombination sozialstaatlicher Maßnahmen wird zuweilen mit diesem Terminus belegt.

Im Übergang vom Handelskapitalismus zum Industriekapitalismus (aber auch noch später in ähnlichen Übergangssituationen in Ländern nachholender Industrialisierung im 20., ja sogar im 21. Jahrhundert) traten (und treten) Gegenbewegungen auf, die sich irgendeiner strategischen oder geschichtsphilosophischen Einordnung von vornherein entziehen – die »Sozialrebellen«: Briganten, Geheimbünde, sektenartige Vereinigungen, spontane Zusammenschlüsse, in denen Menschen – oft Bauern und Arbeiter – sich der Zumutungen zu erwehren versuchen, die der Übergang in eine neue Gesellschaft für sie bedeutet. (Hobsbawm 1962)

Aufstände von Bauern im österreichischen Galizien 1846 und in Russland 1826–34, 1835–55 sowie unmittelbar vor 1861 (Hobsbawm 1997 I: 362) richteten sich gegen die Leibeigenschaft, also nicht gegen

30 Zur Kritik an »reaktionäre[m]« und »konservative[m]« Sozialismus vgl. bereits Marx/Engels 1969: 482- 484.

eine Institution des Kapitalismus, sondern des untergehenden Feudalismus.

Wenn die Arbeiterbewegung ebenfalls zu den Gegenbewegungen gerechnet wird, wird ihr dies nicht völlig gerecht. Sie ist zugleich eine Art Status, resultierend aus der Entstehung einer völlig neuen Ware: der Arbeitskraft, und einer neuen Klasse: des Proletariats, das in einer für seine einzelnen Mitglieder vor allem in der ersten Generation völlig beispiellosen gesellschaftlichen Situation zu reagieren hat.

Hierher gehörte u. a. Massenauswanderung des 19. Jahrhunderts nach Nordamerika (sowie aus Großbritannien in die britischen Einflussgebiete). Sie hat den Industriekapitalismus in Europa wahrscheinlich vor Belastungen bewahrt, die unter Umständen sogar seine Existenz hätten in Frage stellen können: das Massenelend wurde verringert, revolutionäre Potentiale wurden abgesaugt (man denke z. B. an viele Teilnehmer an den europäischen Revolutionen von 1848/49, die sich in den USA eine neue Existenz, oft als Farmer, schufen und ihre Teilnahme am Bürgerkrieg auf Seiten der Nordstaaten als Fortsetzung ihrer alten Kämpfe verstanden). Zugleich wurde durch den Zustrom dieser Arbeitskräfte die Entwicklung des Kapitalismus in den Vereinigten Staaten gefördert.

Diejenigen, die in Europa blieben, verstanden sich in der ersten Generation oft nur zeitweilig als Arbeiterinnen und Arbeiter, träumten von der Rückkehr in ihre alten Gewerbe und suchten – zum Beispiel bei der Patenwahl für ihre Kinder – die Verbindung zu ihrem Herkunftsmilieu zu halten. Lösten sich diese Verankerungen, so suchte man in Ausnahmefällen vielleicht sogar Anschluss an die Welt des Prinzipals (etwa wiederum durch Patenschaften), bis schließlich die »Konstituierung des Proletariats als Klasse« unausweichlich erschien. (Zwahr 1981) Diese vollzog sich zunächst als Versuch der kollektiven Bewältigung von Defiziten in der sozialen Sicherung, zum Beispiel mit der Gründung von Hilfskassen für in Not geratene Kollegen. Aus der Bemühung, den Preis der Ware Arbeitskraft zu stabilisieren, entstanden Gewerkschaften. Je nach den institutionellen Voraussetzungen der einzelnen Länder folgten darauf die Bemühungen um politische Einflussnahme durch Parteien. Dieser Konstituierungsprozess verlief in den einzelnen Staaten höchst unterschiedlich.

In Großbritannien wurde das zweite Jahrzehnt des 19. Jahrhunderts zur ersten Periode von »labour unrest«, unter anderem auch in der Form der Maschinenstürmerei, des »Luddismus«. Gewerkschaften waren zunächst verboten und sind erst 1824 zugelassen worden. Das Jahrzehnt 1838–1848 war die Zeit der Massenbewegung des »Chartismus«. (Thompson 1987) Sie verlangte unter anderem allgemeines Männerwahlrecht und Arbeitszeitbeschränkung. Zugleich ist sie nicht nur durch ihre ökonomischen und politischen Forderungen definiert, sondern auch durch das Bemühen, die kulturelle, sittliche und religiöse Identität der Arbeiter und ihrer Familien zu bewahren: »Moral Economy«. Die Beseitigung der Kornzölle 1846 schuf die – zunächst allerdings noch nicht realisierte – Möglichkeit zur Senkung der Brotpreise und damit zur Steigerung der Reallöhne, die vom Parlament 1847 beschlossene Zehnstunden-Bill begrenzte den Arbeitstag. Damit erlosch die Chartistenbewegung. Die Gewerkschaften organisierten in der Folgezeit nur Gelernte. Eine Wahlreform 1867 gab den männlichen Arbeitern, die in den Städten ein Haus bewohnten, ebenso das Wahlrecht wie den Arbeitern auf dem Lande, die eine Mindestmiete zahlen konnten. Damit wurden die Arbeiter für die beiden bürgerlichen Parteien – die Konservativen und die Liberalen – auch als Wähler interessant. Die Gewerkschaften schickten einzelne Arbeiterabgeordnete für die Liberale Partei ins Unterhaus.

In Frankreich setzte die Tradition der nachjakobinischen Geheimbünde sich auch in der Arbeiterbewegung fort. Der einflussreichste Theoretiker des Aufstandes war Auguste Blanqui. (Blanqui 1969) Henri de Saint-Simon entwarf das Modell eines Anderen Kapitalismus, in dem die »industrielle Klasse« (»*la classe industrielle*«) – Unternehmer und Arbeiter – gemeinsam ausschlaggebend sein sollten, von Fourier und Proudhon wurden Genossenschaftsmodelle entwickelt. In der Revolution 1848 entstanden Nationalwerkstätten. Gegen ihre Schließung richtete sich eine Erhebung des Pariser Proletariats, die in der »Junischlacht« blutig niedergeschlagen wurde (3.000 Tote). Die Pariser Commune 1871 war – wenngleich nur für die Dauer von zwei Monaten – der erste Ansatz einer von Sozialisten geführten quasi-staatlichen Ordnung. Sie wurde in einem staatlichen Massaker (20.000 bis 30.000 Tote) zerschlagen.

Deutsche Handwerksgesellen gründeten 1834 in Paris einen »Bund der Geächteten«. Aus seiner Spaltung ging 1836 der »Bund der Gerechten« hervor. Er stand in Verbindung mit Blanquis »Gesellschaft der Jahreszeiten«. Ableger hatte er in der Schweiz und in London. Während der vierziger Jahre bildeten sich in Deutschland Hilfskassen.

In der Revolution 1848 entstanden erste politische Organisation im Lande selbst, die »Arbeiterverbrüderung« unter Leitung von Stephan Born, und Gewerkschaften. Mit dem Scheitern der Revolution wurden sie illegalisiert. Im Kontext der nationalen und politischen Bewegung des deutschen Bürgertums wurden seit den sechziger Jahren »Arbeiterbildungsvereine« gegründet. In sie wirkte die politische Agitation Ferdinand Lassalles (1825–1864) stark hinein. Er forderte »Produktivassoziationen mit Staatskredit« und das allgemeine Wahlrecht.

1863 gründete er den »Allgemeinen Deutschen Arbeiterverein« (ADAV). Auch die zweite Parteigründung – die »Sozialdemokratische Arbeiterpartei« (August Bebel, Wilhelm Liebknecht, 1869) – entstand aus der Bewegung der Arbeiterbildungsvereine heraus, zugleich in Auseinandersetzung mit dem ADAV.

Anarchistische Bewegungen vom Typ der »Sozialrebellen« hatten stärkeren Einfluss im romanischen Teil der Schweiz, in Spanien und Italien. Ihr einflussreichster Politiker war Michail Bakunin.

Noch vielfältiger als die organisatorischen Experimente der frühen Arbeiterbewegung waren ihre theoretischen. Hierzu gehörte der Utopische Kommunismus, die Auffassung, es sei möglich, aus der Industriellen Revolution heraus unmittelbar eine vorher konstruierte gemeinwirtschaftliche Ordnung zu errichten. Zu seinen deutschen Vertretern gehörte Wilhelm Weitling. Der britische Fabrikant Robert Owen versuchte sein eigenes utopisch-kommunistisches Modell in praktischen Versuchen umzusetzen. Seine Anhänger und diejenigen Fouriers gründeten in den USA Siedlungen nach den Konzepten der von ihnen anerkannten Theoretiker.

Aus einer Kritik der Politischen Ökonomie, der materialistischen »Umstülpung« der Hegelschen Geschichtsphilosophie und unter Auswertung der Erfahrungen der frühen Arbeiterbewegung entwickelten Karl Marx und Friedrich Engels ihre Theorie des Historischen Materialismus. In London ging aus der dortigen »Gemeinde« des Bundes der Gerechten der »Bund der Kommunisten« hervor. Für ihn schrieben Marx und Engels das »Manifest der kommunistischen Partei«, bekannter geworden unter dem Namen »Kommunistisches Manifest« (1847/48). Beide waren auch führend beteiligt an der Gründung der »Internationalen Arbeiter-Assoziation« (IAA, Erste Internationale, 1864–1876).

Die frühen Kritiker des Kapitalismus entdeckten in ihm eine ruinöse Anarchie, hervorgerufen durch die Konkurrenz. Die meisten von ihnen setzten ihr das – formal ja eher aus der Begriffswelt der Konservativen stammende – Prinzip der Ordnung entgegen. Diese solle auf bewusster Planung von Produktion und Verteilung beruhen, sei es durch den Staat oder durch Selbstregulierung in Staat oder Genossenschaften. (Eine davon abweichende Position nahmen die Anarchisten insofern ein, als Plan und Ordnung bei ihnen nicht betont wurden und sie den Staat explizit ablehnen.) Eine Verbindung zum liberalen Freiheitsmotiv findet sich bei Marx und Engels auf folgende Weise: Als Ziel nennen sie eine

> »Assoziation, worin die freie Entwicklung eines jeden die Bedingung für die freie Entwicklung aller ist.« (Marx/Engels 1969: 482)

Damit befinden sie sich in Übereinstimmung einerseits mit den Liberalen, andererseits mit den Anarchisten.

Von beiden unterscheiden sie sich in der Bestimmung der Mittel, mit denen dieses gemeinsame Ziel zu erreichen sei: Aufhebung des Privateigentums an den Produktionsmitteln (hierin besteht die Differenz zu den Liberalen) durch einen zwischenzeitlich weiter bestehenden Staat (der nach den Vorstellungen der Anarchisten sofort abgeschafft werden sollte).

Zuweilen ist die Entstehung der Arbeiterbewegung als »Lernprozess« bezeichnet worden. (Vester 1970) Aber was wurde dabei gelernt? Vielleicht dies: die Wahrnehmung der eigenen Interessen als eine völlig neue Klasse in einem ebenso neuen Gesellschaftssystem durch Verkauf der Ware Arbeitskraft unter Bedingungen, über die diese Klasse ein höchstmögliches Maß eigener Verfügung erlangen wollte. Die Arbeiterklasse lernte nicht, wie der Kapitalismus zu überwinden ist, sondern wie sie in ihm überleben kann. Für einige ihrer Mitglieder und Theoretiker mag Sicherung des Überlebens für die Lohnabhängigen nicht ohne den Sturz der bürgerlichen Gesellschaft denkbar gewesen sein. Vom Resultat her gilt: Arbeiterbewegung war Konditionierung der Ware Arbeitskraft. Die praktischen und theoretischen Experimente während der Industriellen Revolution waren de facto trial-and-error-Verfahren.

Doch dies ist eine Betrachtung im Nachhinein. Dem Selbstverständnis der Arbeiterbewegungen in der Industriellen Revolution war eine solche Definition fremd. Für sie war der Kapitalismus eine neue Tatsache mit kurzer Perspektive, die durch die Aktivität ihrer Opfer aufzuheben war. Nicht Überleben im Kapitalismus war in dieser Sicht das Ziel, sondern die Überwindung dieser Gesellschaftsordnung.

Diese Dualität bestimmte im 19. und 20. Jahrhundert die Geschichte der Arbeiterbewegungen.

Außerhalb des Schemas von Gegenbewegungen in Europa verliefen Sklavenaufstände in den Kolonien, z. B. der verschleppten Sudanesen in Bahia (Brasilien) zwischen 1807 und 1835. (Hobsbawm 1997 I: 274) Gegen die britische Kolonialherrschaft richtete sich 1857/58 eine Bewegung in Nordindien unter der Führung von Vertretern der traditionellen Ordnung. (Hobsbawm 1997 II: 151 f.) In Algerien fand 1871 ein großer Aufstand gegen Frankreich statt. (Ebd.: 153) Der Führer der chinesischen Taiping-Revolution (1850 – 1864), Hung-Hsiu-ch'üan, entsprach dagegen eher dem Typus des chiliastischen Sozialrebellen. (Ebd.: 156-158)

5. Organisierter Kapitalismus und Entstehung des Ersten Imperialismus (1873–1914)

Große Depression und wirtschaftliche Wechsellagen

Mit der Wirtschaftskrise von 1873 war die Industrielle Revolution in Großbritannien, Mittel- und Westeuropa abgeschlossen. Jetzt traten die kapitalistischen Gesellschaften in eine Periode verlangsamten wirtschaftlichen Wachstums ein (bis ca. 1895), in der die Abschwünge steil, die Aufschwünge schwach waren: die Große Depression. (Rosenberg 1967) Nicht schon die Zeitgenossen, aber spätere Analytiker entdeckten anhand dieses Phänomens die Tatsache der über die Zyklen hinausreichenden »Wirtschaftlichen Wechsellagen« (Kondratieff 1926) oder Langen Wellen.

Ausgangspunkt der Krise von 1873 und der Großen Depression war der Zusammenbruch des Kapitalmarktes für Eisenbahnaktien und die Erschöpfung des Eisenbahnbaus als »Strategischer Leitsektor« (H.-U. Wehler). Davon wurde in gleichem Maße die Montanindustrie betroffen. Die Verbesserung der Transportwege (Eisenbahn und Dampfschifffahrt) setzte die Getreideproduktion unter Konkurrenzdruck. Durchgehende Begleiterscheinung der Depression war ein lang währender Preisverfall (Deflation).

Die stofflichen Grundlagen

Hatte die Baumwolle die stoffliche Grundlage für die erste Phase der Industriellen Revolution gebildet, Kohle und Eisen für die zweite, so waren die Hauptstoffe in der ab 1873 beginnenden neuen Phase des Kapitalismus weiterhin Kohle sowie der Stahl. Ab ca. 1900 wurde diese Basis durch die Elektro- und Chemieindustrie ausgedehnt, wobei die Elektrizität in der Regel aus Kohle erzeugt wurde.

Insgesamt ist davon auszugehen, dass eine jeweils bestehende Grundlage nicht ersetzt, sondern erweitert wurde. So wurde auch jetzt massenhaft Baumwolle verarbeitet, aber die anderen Technologien traten hinzu. Symbolisches Zentralkriterium für die Leistungsfähigkeit einer Volkswirtschaft war in dieser Periode die Stahlproduktion, die durch neue Verfahren verbessert worden ist (Bessemerbirne, Thomas-Verfahren und Siemens-Martin-Hochofen).

Die Chemie-Industrie lieferte Sprengstoffe, synthetische Farben, künstlichen Dünger, pharmazeutische Produkte und veredelte einen Rohstoff, der nun rasch größere Bedeutung gewann: das Erdöl (vor allem in den USA, während sie in Europa noch auf Kohlebasis arbeitete). Stimulierend auf sie wirkten die großen Fortschritte der Medizin (Mittel z. B. gegen Diphterie und Tuberkulose).

Die breite Anwendung der von Justus Liebig (1803 – 1873) entwickelten Agrikulturchemie erhöhte die Produktivität der Landwirtschaft so sehr, dass das von Malthus formulierte Gesetz über das Missverhältnis zwischen generativer und Bodenfruchtbarkeit in den Industrieländern außer Kraft gesetzt war. Nunmehr bestanden die wissenschaftlichen Grundlagen für eine Nahrungsmittelindustrie (z. B. Entwicklung des Fleischextrakts), die außerhalb der USA, wo bereits Fleisch in großen Massen industriell verarbeitet wurde (D'Eramo 1992: 40-49), noch nicht entwickelt war, sodass es sich hier noch um eine Prototechnologie handelte.

Nach wie vor war die Bauindustrie ein expandierendes Gewerbe, zumal auch die öffentlichen Aufträge (Verwaltungssitze, Schulen, Kasernen, Gefängnisse) zunahmen. Die Geschwindigkeit beim Transport von Menschen und Waren wurde weiterhin durch die (nun schneller werdende) Eisenbahn bestimmt, bei der Informationsübermittlung durch eine neue Technologie: das Telefon, dessen Benutzung im Wesentlichen der öffentlichen Verwaltung, dem Militär und wenigen sehr vermögenden Haushalten vorbehalten blieb. Der Telegraph wurde überdies von der Presse und einigen großen Firmen für den Geschäftsverkehr angewandt. Grammophon, Film und Flugzeug waren Prototechnologien ohne Massen- oder nachfragerelevante Luxusproduktion.

In der Entwicklung der stofflichen Grundlagen des Kapitalismus nahmen die USA jetzt eine Sonderstellung ein: Was in Europa allenfalls noch Prototechnologie war, ist dort teilweise schon industriell umgesetzt worden. Dies gilt für die Zergliederung von Arbeitsvorgängen im Taylor-Verfahren, das Fließband (das zunächst industriell bei der Fleischverarbeitung in Chicago entwickelt worden war, D'Eramo 1992: a. a. O.; ein besonders früher Vorläufer war – dies aber noch protoindustriell – ein noch Ende des 18. Jahrhunderts von dem US-Amerikaner Oliver Evans in einer Mühle eingesetztes Fließband, Hobsbawm 1997 I: 211), die Elektrifizierung und das Automobil (bereits 1908 brachte Henry Ford das »T-Modell« als künftiges Massenprodukt heraus). In Europa begann man zwar ebenfalls Ende des 19. Jahrhunderts mit der Elektrifizierung, diese war aber dort erst in den zwanziger Jahren abgeschlossen. Eine Sonderstellung hatte die Schweiz, in der diese früher und breiter in Angriff genommen wurde.

Die Taylorisierung bedeutete Prozess-, das Vordringen von Chemie- und Elektroindustrie Produktinnovation. Letztere entfaltete ihre gesellschaftsprägende Wirkung in der zivilen Wirtschaft allerdings erst im fortschreitenden 20. Jahrhundert, vor allem nach 1945.

Eine Besonderheit bei der Entwicklung der stofflichen Basis des neuen Kapitalismus bildet die staatliche Förderung der naturwissenschaftlich-technischen Grundlagenforschung in Deutschland (Gründung der Kaiser-Wilhelm-Gesellschaft mit privatindustrieller finanzieller Beteiligung, Ausbau der Universitäten und von Technischen Hochschulen). Selbst Albert Einstein, der nicht gern in Deutschland leben wollte, konnte schließlich die äußerst attraktiven Arbeitsbedingungen, die ihm Berlin bot, nicht ignorieren, und wechselte von der Schweiz nach Preußen. Die technologischen Folgen der durch ihn mitbewirkten Revolution des physikalischen Weltbildes und der Atomphysik, deren Anfänge (Boltzmann, Rutherford) auf die Zeit vor 1914 zurückgehen, stellten sich jedoch erst in späteren Perioden der kapitalistischen Entwicklung ein, es handelte sich also auch hier um Prototechnologie. Auch die Entdeckung der radioaktiven Strahlung (Röntgen) und der Radiowellen führte zunächst zu einer Proto-, also noch nicht zu einer allgemein angewandten Technologie.

Insgesamt gab es nun folgende Industriezweige: aus der ersten Phase der Industriellen Revolution nach wie vor

1. die Textilindustrie,

aus der zweiten Phase der Industriellen Revolution:

2. die Montanindustrie
3. den Maschinenbau
4. die Bauindustrie

sowie als neue Industrien im Organisierten Kapitalismus:

5. die Chemie- und
6. die Elektro-Industrie.

Dabei sind nicht nur qualitative, sondern auch quantitative Aspekte zu beachten. Erstere betreffen den Anteil von technischen Innovationen, letztere die sich erweiternde Massenproduktion aufgrund von Bevölkerungswachstum, Steigerung der Arbeitsproduktivität sowie erhöhten Konsumbedürfnissen und -möglichkeiten auch der Mittelschichten und der Arbeiterklasse. Dies kann dazu führen, dass sehr alte Branchen, die unverändert die Grundbedürfnisse Nahrung, Wohnung und Bekleidung zu decken haben, sich ausdehnen. Ein Beispiel ist der Landwirtschaftszweig der Baumwollproduktion. Er erforderte zunehmend erweiterte Anbauflächen und trug dazu bei, dass die hochentwickelten und nachholenden Industrienationen sich um zusätzliches – häufig koloniales – Territorium für diesen Zweck bemühten. (Beckert 2015: 293-316)

Die Organisierung des Kapitals

Der Kapitalismus ging verändert aus der Großen Depression hervor. Das Stichwort für seinen neuen Zustand hat Jahrzehnte später Rudolf Hilferding gefunden: »Organisierter Kapitalismus«. (Hilferding 1982) Dabei wurden sowohl das Kapital als auch die Arbeit »organisiert«.

Beginnen wir mit der Organisierung des Kapitals.

Dieser Vorgang kann zumindest im Ansatz noch durch Begriffe erklärt werden, die Marx im ersten Band des »Kapital« entwickelt hat, obwohl das empirische Material nicht auf dem Organisierten, sondern dem Konkurrenzkapitalismus beruhte:

Die Industrielle Revolution war stark durch die **Konzentration** von Kapital gekennzeichnet. Darunter verstand Marx die Einbeziehung von bislang nichtkapitalistisch angewandten Arbeitskräften, Materialien und Finanzmitteln in der kapitalistischen Produktion. (Marx 1975: 653 f.) Jetzt wird sie in einigen Ländern durch die **Zentralisation** ergänzt: die Zusammenfassung bereits gebildeter Kapitale. (Ebd.: 653-657) Hinzu tritt aber auch eine neue Form der Konzentration: die Zusammenlegung von bislang nicht kapitalistisch genutzten Finanzmitteln in großkapitalistisch wirtschaftenden Aktiengesellschaften. Diese Addition ist zwar schon aus den Handelsgesellschaften des späten Mittelalters und der frühen Neuzeit bekannt, jetzt aber erfolgte sie in weit größerem Maßstab, bezog auch vergleichsweise kleine Beträge ein und vollzog sich unter industriekapitalistischen Bedingungen.

Die Organisierung des Kapitals bestand

1. in der Selbstorganisierung des Kapitals,
2. in der Unterstützung dieser Selbstorganisierung durch den Staat.

Zentraler Vorgang der neuen Organisierung des Kapitals war seine weitgehende Monopolisierung durch Kartelle, Konzerne und Trusts. Dadurch wurden die Konkurrenz und so auch die von den frühen Kritikern des Kapitalismus beobachtete »Anarchie« von Produktion und Vertrieb eingeschränkt.

Die Konzentrationsvorgänge unterschieden sich in den USA und in Zentraleuropa. In den Vereinigten Staaten überwog die vertikale Konzentration in Trusts: Zusammenfassung möglichst der gesamten Fertigungstiefe und des Vertriebs in einer Hand. Dagegen bildete sich in Kontinentaleuropa die horizontale Konzentration – Zusammenfassungen auf der gleichen Fertigungsebene in einem Industriezweig – heraus. (Arrighi 1996: 286 f.)

Die Monopolisierung erfasste zunächst die Montanindustrie. Die ab der Jahrhundertwende an Boden gewinnende Elektroindustrie hatte von Anfang an eine zumindest oligopolistische Struktur (in Deutschland: AEG und Siemens). Die ebenfalls »neue« Chemieindustrie begann ihre Monopolisierung später, nämlich im Ersten Weltkrieg.

Ein Zentralisationsprozess fand auch bei den Banken statt. Durch Aktienemissionen, Kredite, Beteiligungen und die Wahrnehmung von

Aufsichtsratsmandaten gewannen diese überdies Kontrolle über das – seinerseits zentralisierte – Industriekapital. Daraus entstand ein neuer Kapitaltyp, den Rudolf Hilferding so beschrieb:

> »Ich nenne das Bankkapital, also Kapital in Geldform, das auf diese Weise in Wirklichkeit in industrielles Kapital verwandelt ist, das Finanzkapital.« (Hilferding 1968: 309)

Die Monopolisierung wurde dort, wo sie stattfand, von den Staaten seit den siebziger Jahren durch Schutzzölle unterstützt. Sie wurden auch für Getreide erhoben. Der Beeinflussung des Staates dienten Unternehmerverbände (für den Agrarbereich Verbände für die Wahrnehmung der landwirtschaftlichen Interessen).

Die hier beschriebene Organisierung des Kapitals war allerdings auf die USA sowie Zentral- und Westeuropa beschränkt. Anders als in der Industriellen Revolution gab es jetzt nicht mehr nur einen einzigen Typ des Kapitalismus, sondern fünf:

1. In den USA kam es zur Monopolisierung, die aber vom Staat nicht gefördert, sondern zeitweilig (in der »Progressive Era« unter Präsident Theodore Roosevelt, 1901 – 1909) sogar bekämpft wurde (durch Interventionen für Preiskontrolle, Verbraucherschutz sowie vereinzelte, wenngleich erfolglose, Initiativen zur Entflechtung). (Vgl. Pringle 1984: 290-313)
2. Der west- und mitteleuropäische Kapitalismus entsprach dem Typ des Organisierten Kapitalismus, in Deutschland mit der Besonderheit eines starken Einflusses des nichtindustriellen Großgrundbesitzes.
3. Großbritannien dagegen behielt die nichtmonopolistische und freihändlerische Kapitalismus-Variante bei.
4. Der Kapitalismus in den skandinavischen Ländern zeichnete sich durch einen geringen Konzentrations- und Zentralisierungsgrad, das Fehlen von einflussreichem Großgrundbesitz und die Kooperation von selbständigen Bauern und Arbeiterbewegung bei der Einflussnahme auf den politischen Prozess aus.
5. Ein fünfter Typ des Kapitalismus fand sich in den Ländern der nachholenden Industriellen Revolution: Japan, Russland, Lateinamerika.

Das hierfür notwendige Kapital wurde in einigen dieser Staaten in der Form von Auslandsanleihen bezogen. In Japan bildete sich eine besondere Unternehmensorganisation heraus: die »Zaibatsus« waren Konzerne mit breiter Produktpalette sowie eigenen Banken und arbeiteten eng mit dem Staat zusammen.

Vorherrschende Gewinntypen im monopolistischen Kapitalismus waren Mehrwert, Monopolgewinne und die Ergebnisse von ungleichem (bzw. Nicht-)Tausch mit den Kolonien (letztere waren auch typisch für den nichtmonopolistischen britischen Kapitalismus). Letzterer mag privatwirtschaftliche Vorteile gebracht haben, die aber oft geringer wogen als der öffentliche Aufwand, der zu ihren Voraussetzungen gehörte.

Die Organisierung der Arbeit

Die meist kurzlebigen Arbeiterbewegungen der Industriellen Revolution wurden nun durch stabile Organisationen ersetzt: Gewerkschaften und sozialdemokratische Parteien.

Das trial-and-error-Verfahren für die Interessenvertretung der Lohnarbeit im Kapitalismus war noch lange nicht beendet. Allerdings fand es in Europa jetzt strukturiert statt: als Streit darüber, ob die Arbeiterbewegung eine Stellung im Kapitalismus finden oder diesen überwinden solle.

Dabei sind zwei Ebenen auseinanderzuhalten:

In den Organisationen selbst wurde dieser Konflikt bis 1914 nicht entschieden. Man stritt über das Verhältnis von Reform und Revolution. Im gesamtgesellschaftlichen System selbst war das Ergebnis aber früh klar: Die Gewerkschaften übernahmen die Kartellierung der Arbeitskraft und setzten in Streiks teilweise ihre Bedingungen durch. Insofern wirkten sie auf die Gegenseite, die Kapitalistenklasse, ein. Zugleich richteten in Europa die sozialdemokratischen Parteien ihre Forderungen an den Staat. Diese wurden in der Regel abgewiesen, oft aber nachträglich doch in einer Art Umwegverfahren realisiert: etwa in der Sozialgesetzgebung zu dem Zweck, den Masseneinfluss der Sozialisten zu begrenzen und einen vorzeitigen Verschleiß der Ware Arbeitskraft zu verhindern. Durch ihre Kartellfunktion – gegen die sich sofort (und bis heute) der Kampf des dogmatischen Flügels der Liberalen wandte – übernahmen die Gewerkschaften ihrerseits eine Funktion im Organisierten Kapitalismus. In der Bourgeoisie bildete sich nach 1900 eine Minderheitsfraktion heraus, die eine politische und soziale Integration der Arbeiterbewegung in den Kapitalismus für notwendig hielt (Sozialliberalismus). Das war nicht umsonst zu haben: der Preis bestand im allgemeinen Wahlrecht, in Mitsprache bei der Gestaltung der industriellen Beziehungen und in Steigerung des Wohlstands zumindest für Teile der Arbeiterklasse. Die Durchsetzung dieses Prozesses bzw. seine Bekämpfung wurde mit dem Beginn des 20. Jahrhunderts zum zentralen Gegenstand der Klassenauseinandersetzungen.

Der von der Arbeiterbewegung geforderte Preis ist vor 1914 nicht gezahlt worden. (Lediglich das allgemeine Männerwahlrecht wurde zugestanden, in Deutschland überdies nur für den für die Regierungsbildung und die wichtigsten Steuern machtlosen Reichstag. In den Landtagen gab es dort sogenannte Plural-Wahlrechte, in Preußen, dem größten und die meisten industriellen Zentren umfassenden Land, z. B. das Dreiklassen-Wahlrecht.) Deshalb war sie nicht in den Kapitalismus integriert. Sie war zwar in sich organisiert, doch fand keine Kooperation mit Staat und Kapital statt. Die Gewerkschaften waren nicht als »Tarif-Partei« anerkannt. Die jetzt ebenfalls gegründeten Arbeitgeberverbände waren ausschließlich Organisationen zu ihrer Bekämpfung. Als in Frankreich 1899 erstmals ein Sozialist in eine bürgerliche Regierung eintrat (Alexandre Millerand), hatte er dafür nicht das Mandat seiner Partei. Er schied in der Folgezeit ebenso aus der sozialistischen Bewegung aus wie Aristide Briand, der 1909 Ministerpräsident wurde. In »Australien übernahm 1912 eine zugegebenermaßen völlig unsozialistische Labour Party die Regierung.« (Hobsbawm 1997 III: 117. Deutsch: G. F.) In Deutschland war die Arbeiterbewegung auch nach Aufhebung des Sozialistengesetzes (1878 – 1890) Objekt staatlicher Bekämpfung.

Die Organisierung der Arbeitskraft findet im Kapitalismus niemals durch die Arbeiterinnen und Arbeiter allein statt. Der Kapitalismus selbst ist eine Arbeitskraft-Organisierung, die, da die Ausgaben für Arbeitskraft Kosten für die Unternehmer (in Marxscher Terminologie: variables Kapital) sind, somit auch ein Teil der Organisierung des Kapitals darstellt. Es findet also eine doppelte Organisierung der Arbeitskraft statt:

1. durch die Unternehmer (Ziele: Gewinne; Sicherung der Souveränität der Unternehmer über den Produktionsprozess und dessen gesellschaftliche und politische Voraussetzungen),
2. durch Gewerkschaften und Arbeiterparteien (Ziele: hohe Löhne, Verkürzung der Arbeitszeit, gesellschaftlicher und politischer Einfluss zur Erreichung dieser Zwecke und/oder zur Beseitigung der Lohnabhängigkeit).

Sozialstruktur

Zur führenden Gruppe in der Kapitalistenklasse im organisierten Kapitalismus gehörten die Vorstandsvorsitzenden der Aktiengesellschaften, die häufig auch die Mehrheit der Anteile hielten, sowie der Großbanken.

Seit der Zehnstundenbill in Großbritannien 1847 und den kontinentaleuropäischen Revolutionen 1848/49 begann ein säkularer Prozess der allmählichen Arbeitszeitverkürzung, als dessen nächste Etappe die Arbeiterbewegung ab den achtziger Jahren den Kampf um den Achtstundentag proklamierte. Mit der Großen Depression setzte ein zweiter säkularer Prozess ein: die Anhebung der Reallöhne, zunächst durch Deflation, später durch Steigerung der Arbeitsproduktivität in Industrie und Landwirtschaft, welche die zur Verteilung anstehende Gütermenge erhöhte, auch wenn die Lohnquote unverändert blieb. Diese Erhöhung der Löhne stagnierte allerdings ab Ende der neunziger Jahre des 19. Jahrhunderts bzw. war teilweise leicht rückläufig.

Familie und soziale Sicherung

Durch die Fortschritte in der Medizin ging die Früh-Sterblichkeit zurück. Mit dem Ende der Großen Depression endete die Massenauswanderung aus Mittel- und Westeuropa, nicht jedoch aus Italien, Polen und Russland. Die Geburtenentwicklung war rückläufig: offenbar durch gezielteres generatives Verhalten zwecks Sicherung des materiellen Status der Familien vor allem in der unteren Mittelschicht. Als sozialtechnische Prototechnologien gewannen eugenische und genetische Überlegungen ersten Einfluss.

Die Familie fiel seit der Industriellen Revolution als System der sozialen Sicherung zumindest für Arbeiterinnen und Arbeiter weitgehend aus und wurde in dieser Funktion teilweise – und unzureichend – durch staatlich veranlasste Sozialsysteme ersetzt. In Deutschland ist 1883 ein Krankenversicherungsgesetz, 1884 ein Unfallversicherungsgesetz verabschiedet, 1889 die Alters- und Invalidenversicherung eingeführt worden, 1891 in Dänemark sowie 1913 in Schweden die Volksrente. In Großbritannien wurde 1908 die Rente für Siebzigjährige eingeführt, 1914 eine allgemeine Sozialversicherung mit (geringer) Krankenunterstützung. Seit 1911 gab es eine gesetzliche Altersversicherung auch in Frankreich.

Das Verbot von Kinderarbeit am Ende der Industriellen Revolution schuf nun auch in Arbeiterfamilien ansatzweise eine Zeitphase für den speziellen Lebensabschnitt »Kindheit«, der allerdings mit 14 Jahren in der Regel bereits beendet war.

In den bürgerlichen Familien setzte sich eine Tendenz fort, die während der Industriellen Revolution schon begonnen hatte: die Herausbildung der Jugendphase als eines von Kindheit und erwerbstätigem Erwachsenenalter deutlich unterschiedenen Abschnitts, charakterisiert durch gymnasiale und universitäre Ausbildung. In der Geschichte der Intelligenz auch der vorindustriellen Zeit waren diese besonderen Qualifizierungsjahre das Spezifikum einer kleinen Schicht, gleichsam der berufsmäßigen Wissenschaftler (der »Gelehrten«, im Feudalismus: der Geistlichen), gewesen. Der »Akademiker« stellte nunmehr einen neuen Typus dar: seine universitäre Ausbildung verlieh ihm auch einen nicht nur wissenschaftlich konnotierten Habitus. Zu diesem gehörte die verlängerte Prägezeit der »Jugend«. (Auch der Adel kannte diese Phase: die »Bildungsreise«. Ein Parallel-Phänomen bei Handwerkern war die schon in vorindustriellen Zeiten betriebene »Wanderschaft«. Sie wurde auch in dieser Periode noch beibehalten.)

Anders als in der Industriellen Revolution war die Arbeitskraft nun ein weitgehend qualifiziertes, relativ knappes Gut – »relativ« deshalb, weil die industrielle Reservearmee fortbestand: ist diese ebenfalls qualifiziert und in genügender Anzahl vorhanden, damit sie gegebenenfalls andere Arbeitskräfte ersetzen kann, geht von ihr ein Druck auf die Beschäftigten aus. Fällt sie völlig weg, führt dies zur Gewinnminderung. Unfallschutz, Unfall- und Krankenversicherung verlangsamen den Verschleiß der Arbeitskraft. Die Alters- und Invalidenversicherung folgt dagegen nicht einem unmittelbar ökonomischen, sondern einem politischen Kalkül: sie soll gesellschaftlich befriedend wirken, indem sie Verzweiflungspotentiale abbaut.

Der Beitrag der Öffentlichen Infrastruktur zur Politischen Ökonomie der Arbeit und des Kapitals

Qualifizierung und Schutz der Arbeitskraft waren auch Aufgabe einer nun verstärkten öffentlichen Infrastruktur: Das (Volks-)Schulwesen wurde ausgebaut, kommunale Abwasser- und Frischwasserleitungen verbesserten die Hygiene, städtische Gas- und Elektrizitätswerke sorgten für beleuchtete Wohnungen und Straßen. An den Flüssen wurde verstärkt Hochwasserschutz angebracht, die Netze für die ersten Telefone und die Telegrafenverbindungen wurden in der Regel von der staatlichen Post eingerichtet (wobei die Geräte und Kabel von Privatunternehmen hergestellt und verkauft worden sind). Ebenso wie der Arbeitsschutz, die Unfall- und Krankenversicherung trugen sie zur Politischen Ökonomie der Arbeitskraft bei: sie lagen im Interesse der Lohnabhängigen. Bereits 1864 hatte Marx im Rückblick auf die gesetzliche Einführung des Zehnstundentages durch das Unterhaus interpretiert: »*Zum ersten Mal erlag die politische Ökonomie der Mittelklasse in hellem Tageslicht vor der politischen Ökonomie der Arbeiterklasse.*« (Marx 1968: 11) Zugleich waren sie Teil der Politischen Ökonomie des Kapitals, und zwar nicht nur in dem Sinn, dass Geld, das für Löhne ausgegeben wird, in der betriebswirtschaftlichen Rechnung ebenfalls Kapital (bei Marx: variables Kapital) ist (mag der Kapitalbegriff da und dort auch enger gefasst, nämlich auf Anlagen, Rohstoffe und Halbzeug beschränkt werden). Öffentliche Nahverkehrssysteme sowie die Eisenbahnen erhöhten die Mobilität der Arbeitskraft und erleichterten den Transport von Rohstoffen, Halbzeug und fertiggestellten Waren. Einzelne Großunternehmen (z. B. Krupp in Essen) banden Stammbelegschaften durch die Bereitstellung von Werkswohnungen an sich.

Zur Begriffsklärung: Der zentrale Begriff in der Politischen Ökonomie des Kapitals ist der Gewinn, in der Politischen Ökonomie der Eigentümer der Ware Arbeitskraft tritt an seine Stelle der Lohn, einschließlich des sogenannten intertemporalen Lohns (= Rente), der Lohnersatzleistungen (Arbeitslosen- und Krankengeld, Zahlungen aus der Unfallversicherung) und steuerfinanzierter staatlicher Leistungen, die der Qualifizierung und Reproduktion der Arbeitskraft dienen (u. a. Schulen, Krankenhäuser).

Die überregionalen Transportsysteme, verbreiterte Schulbildung, staatlich geförderte naturwissenschaftlich-technische Forschung und Qualifizierung sowie die Forschungen auf dem Gebiet der Hygiene dienten zugleich militärischen Zwecken.

Staat und Politik

Der Staat im Organisierten Kapitalismus (wir erinnern uns, dass dieser Kapitalismus-Typ nur einer unter mehreren anderen gewesen ist) war:

1. Marktgarant durch Gesetzgebung und Gewährleistung von Rechtssicherheit,
2. Marktbeschränkender Absatzgarant durch Zölle,
3. Verteidigungs- und Expansionsakteur,
4. Reproduktionsakteur (Schule, Arbeitsschutzgesetzgebung, Altersbeschränkung bei der Heranziehung von Minderjährigen zur Erwerbsarbeit, spezifischer Gesundheitsschutz für arbeitende Frauen, Gesetze über Sozialversicherung),
5. Finanzieller und institutioneller Förderer von naturwissenschaftlich-technischer Grundlagenforschung,
6. Beschaffer und Erschließer von Ressourcen,
7. Instanz für die Gewährleistung nicht gewinnträchtiger Infrastruktur (z. B. durch die Verstaatlichung vormals privater Eisenbahnen, u. a. auch zu Militärzwecken),
8. Abnehmer (z. B. Rüstung).

Er war in der kapitalistischen Welt nun durchgehend ein Nationalstaat, in dem sich – von Land zu Land verschieden und häufig verzögert, ja blockiert – Demokratisierungsprozesse vollzogen. In den meisten Staaten hatten die Frauen kein Wahlrecht.

> »Vor 1914 war es auf nationaler Ebene nirgendwo erreicht worden mit Ausnahme von Australien, Finnland und Norwegen, außerdem in einer Anzahl von US-amerikanischen Bundesstaaten und in begrenztem Maß in der örtlichen Selbstverwaltung.« (Hobsbawm 1997 III: 213. Deutsch: G.F.)

Beginn der Großen Transformation

Die zunehmende infrastrukturelle und sozialpolitische Aktivität des Staates veranlasste den Nationalökonomen Adolph Heinrich Gotthilf Wagner (1835–1917) zur Formulierung des »Gesetzes der wachsenden Ausdehnung der Staatstätigkeit« (Wagnersches Gesetz). Er wertete diese Entwicklung als Kulturfortschritt. Jahrzehnte später, in einem 1944 erstmals erschienenen Buch, sah Karl Polanyi seit den siebziger Jahren des 19. Jahrhunderts den Beginn einer »Great Transformation«, in der Geld, Boden und Arbeit ihres Warencharakters entkleidet und unter gesellschaftliche Verfügung gestellt würden. (Polanyi 1978) In der Zeit bis 1914 kann lediglich von verstärktem Schutz und einer größeren sozialen Einbettung der Arbeitskraft, die aber unverändert eine Ware blieb, die Rede sein.

Das räumliche Arrangement

In der neuen Phase kapitalistischer Entwicklung zeigte sich ein verändertes räumliches Arrangement auf lokaler, nationaler und internationaler Ebene.

Die Städte ordneten sich in neue bürgerliche (»Westend«) und proletarische (»Eastend«) Quartiere. Ihr enormes Wachstum seit dem letzten Viertel des 19. Jahrhunderts war mit großräumiger Bodenspekulation verbunden. Hier wurde Kapital angelegt, das in der Industriellen Revolution entstanden war und jetzt neue Investitionsmöglichkeiten suchte.

Der Nationalstaat blieb politische Instanz kapitalistischer Interessenwahrnehmung. Durch Schutzzölle (Ausnahme: Großbritannien) förderte er Monopolisierungen, die zum dritten Mal im 19. Jahrhundert zu Kapital-Überschuss führten:

1. Der erste Überschuss war in der baumwollverarbeitenden Industrie entstanden und daraufhin in Eisenbahnbau und Montanindustrie investiert worden.
2. Die Große Depression hatte Kapitalüberschuss durch die Reduktion bisheriger Anlagemöglichkeiten geschaffen.
3. Die Monopolisierungen führten zu Monopolgewinnen, die nicht ausschließlich auf dem Binnenmarkt investiert werden konnten.

Die Tendenzen Nr. 2 (Großbritannien, USA, Mittel- und Westeuropa, Österreich-Ungarn) und 3 (in den Ländern des Organisierten Kapitalismus) führten zu gesteigertem Kapitalexport in Form von Anleihen insbesondere in den überseeischen Einflussgebieten. Um deren Investition zu kontrollieren, ihre Verwendung durch Aufträge an Firmen aus den Gläubiger-»Mutter«ländern sowie ihre Rückzahlung zu sichern, gingen mehrere Industriestaaten nun dazu über, diese Einflussgebiete unmittelbar unter ihre eigene staatliche Hoheit zu stellen, als Protektorate und Kolonien. Ein weiteres Motiv war die Stützung von Siedlergebieten, die im Zuge der Auswanderung während der Industriellen Revolution entstanden waren. (Für den britischen Kolonialpolitiker Cecil Rhodes war die Förderung einer solchen Auswanderung eine Präventivmaßnahme gegen eine etwaige soziale Revolution – ein Denken, das in der Phase nach der Industriellen Revolution populär wurde, sich aber noch auf demographische Daten aus den Jahrzehnten vor 1870 stützte.)

Diese neue Kapitalstrategie war der Imperialismus. Er ist die systematische und konkurrierende Ausdehnung der Herrschaft von Industriestaaten über nicht oder nur geringfügig industrialisierte Gebiete in Form von

- Kolonien,
- neu einverleibten Teilen des Staatsgebietes,
- Einflusssphären

zwecks

- Bezug von Rohstoffen,
- Waren- und Kapitalexport und
- Besiedelung.[31]

Diese Art versuchter Außendominanz hochentwickelter kapitalistischer Gesellschaften war typisch für die Jahrzehnte bis 1945. Danach nahm sie andere Formen an. Zur Unterscheidung von ihnen wird sie hier als »Erster Imperialismus« bezeichnet.

Großbritannien wandelte sein bisheriges Informal Empire nun in ein offizielles Reich mit eigener staats- und völkerrechtlicher Qualität um. 1852 hatte es sich die Küste von Burma gesichert, 1885/86 eroberte es auch dessen Binnenland und gliederte es Indien an. 1876 wurde die Königin Victoria zugleich Kaiserin von Indien. Großbritannien durchdrang und kolonisierte überdies Afrika von Norden nach Süden. 1882 besetzte britisches Militär Ägypten (Protektorat 1914), 1902 wurde Südafrika eine britische Kronkolonie.

Frankreich hatte schon 1858 mit der Durchdringung Indochinas begonnen und errichtete 1883 ein Protektorat über Annam. In Afrika besetzte es Tunesien (1881) und sicherte sich u. a. einen kleinen Teil des Kongo-Gebiets. 1912 wurde Marokko französisches Protektorat.

Der belgische König Leopold II. wurde 1885 persönlicher Eigentümer des größten Teils des Kongo-Gebiets.

1912 besetzte Italien Libyen.

Seit 1884 trat auch Deutschland als Kolonialmacht auf: es errichtete Protektorate in Südwestafrika (heute: Namibia) und Ostafrika (heute: Tansania) und etablierte seine Herrschaft in Kamerun und Togo. In Asien wurde 1898 Kiautschau auf hundert Jahre gepachtet, kleinere deutsche Besitzungen gab es in der Südsee und im Pazifik.

---

31 Zum Imperialismus vgl. Hobson 1970, Lenin 1961, Luxemburg 1985, Wehler 1972.

Expansionsbestrebungen Italiens in Nordafrika wurden durch Frankreich und Großbritannien blockiert.

Die USA verstanden sich weiter als antikoloniale Macht. Aus einem Krieg, den sie 1898 gegen Spanien führten, ging Kuba als selbständiger Staat hervor. US-amerikanische Kriegsschiffe unterstützten 1903 die Losreißung Panamas von Kolumbien. Der neue Staat gestand den Vereinigten Staaten 1904 ein Interventionsrecht zu, das diese 1908, 1912 und 1918 auch wahrnahmen. Der 1914 eröffnete Panama-Kanal (Baubeginn: 1906) gehörte de facto zur Verkehrsinfrastruktur der USA. Nachdem 1902/03 britische, deutsche und italienische Kriegsschiffe venezolanische Häfen blockiert hatten, um die Rückzahlung von Anleihen zu erzwingen, erwirkte Theodore Roosevelt 1904 einen Zusatz zur Monroe-Doktrin: darin nehmen die Vereinigten Staaten für sich ein Interventionsrecht in Anspruch, um Zugriffe europäischer Mächte auf dem amerikanischen Kontinent abzuwehren.

So entstand in Lateinamerika ein »Informal Empire« der USA. Weniger wichtig waren im Vergleich hierzu 1898 die Annexionen Hawaiis, Puerto Ricos und der Philippinen durch die Vereinigten Staaten nach dem Krieg gegen Spanien.

Nachdem in Russland 1861 die Leibeigenschaft und 1865 in den USA die Sklaverei abgeschafft worden waren, entstanden in Afrika und Asien neue Formen der – nunmehr: kolonialen – Zwangsarbeit.

Entstehung und Entwicklung des Imperialismus waren mit – zum Teil kriegerischen – Konflikten verbunden.

1. Zunächst ist hier die Bekämpfung der indigenen Bevölkerungen in den Kolonien und Protektoraten zu nennen. Die Expeditionen u. a. Großbritanniens und Deutschlands in Burma und Afrika waren teilweise Vernichtungskriege.

   Das von Großbritannien und Deutschland praktizierte System des »Indirect Rule« war ein Instrument u. a. zur Spaltung der indigenen Bevölkerung: Herrschaft wurde an eine bestimmte Ethnie zur Unterdrückung der anderen delegiert.
2. Die imperialistische Expansion tangierte die Interessen der – teils kolonialen, teils nichtkolonialen – Reiche, die in der frühen Neuzeit entstanden waren.

Das Osmanische Reich wurde durch Großbritannien aus Ägypten verdrängt. Auf dem Balkan kollidierten seine Interessen zudem mit denjenigen zweier anderer Landmächte: Österreich-Ungarns und Russlands. Nach dem russisch-türkischen Krieg 1877 musste das Osmanische Reich 1878 der Unabhängigkeit Rumäniens, Montenegros und Serbiens zustimmen. Bulgarien blieb als Fürstentum gegenüber dem Osmanischen Reich tributpflichtig, stand aber im Übrigen unter russischem Einfluss. Im ersten Balkankrieg (1912) unterlag die Türkei gegen eine von Russland unterstützte serbisch-bulgarische Koalition, im zweiten Balkankrieg (1913) wurde die Stellung Serbiens (und damit auch Russlands) gestärkt.

Spanien verlor 1898 seine letzten überseeischen Kolonien. Portugal dagegen behielt Mosambik und Angola vor allem wohl deshalb, weil diese Territorien sonst Gegenstand von Auseinandersetzungen mit ungewissem Ausgang insbesondere zwischen Großbritannien und Frankreich geworden wären. Die Entstehung von Belgisch-Kongo hatte einen ähnlichen Grund. Das niederländische Kolonialreich in Indonesien blieb ebenfalls erhalten. Dagegen wurden die selbständigen Burenrepubliken Natal und Transvaal in Südafrika Teil des britischen Imperiums.

3. Die Kolonien waren auch Gegenstand von Konflikten zwischen den imperialistischen Mächten. Doch gab es auch friedlichen Interessenausgleich. Ein Beispiel ist der Sansibar-Helgoland-Vertrag zwischen Deutschland, das ein Stück ostafrikanischen Territoriums aufgab, und Großbritannien, das im Gegenzug Helgoland abtrat (1890). Die britische Nord-Süd-Durchdringung Afrikas und die Westausdehnung des französischen Einflusses an der nordafrikanischen Küste führten 1898 fast zu einem bewaffneten Konflikt bei Faschoda (Nordafrika). Frankreich erkannte schließlich die britische Oberhoheit über Ägypten und den größten Teil des Sudan an.
4. Russland als eines der in der Frühneuzeit entstandenen Großreiche wurde zu einer imperialistischen Macht, während es sich noch in der Industriellen Revolution befand. Seine Expansionsinteressen richteten sich auf die Mandschurei und Korea. Dort traf es auf den zweiten Staat, der noch in seiner Industriellen Revolution imperia-

listisch expandierte: Japan. Nach dem japanisch-russischen Krieg 1904/05 räumte Russland die Mandschurei und trat Südsachalin an Japan ab. 1910 wurde Korea ein japanisches Generalgouvernement.

5. Das Streben europäischer Mächte nach Einflussgebieten und Kolonien erhielt eine zusätzliche Dynamik durch das Fortbestehen des Gegensatzes zwischen Deutschland und Frankreich. Die Annexion des Elsass und des durch seine Montanindustrie wichtigen Lothringen durch Deutschland nach dem deutsch-französischen Krieg war eine Eroberung von Rohstoffquellen, Anlage- und Absatzgebieten, die von der imperialistischen Politik der alten Kolonialmächte Großbritannien und Frankreich dadurch abwich, dass nicht ein wenig oder gar nicht industrialisiertes Gebiet das Opfer war, sondern ein anderer Industriestaat. Sie war von Frankreich zwar im Frieden von Frankfurt 1871 gezwungenermaßen zugestanden, moralisch und politisch aber nie akzeptiert worden. Bismarck suchte einen etwaigen Zweifrontenkrieg durch ein gutes Einvernehmen mit Russland – das er seit 1848 auch als einen Garanten konservativer innenpolitischer Verhältnisse in Deutschland verstand – zu verhindern. Seit Russland auf dem Berliner Kongress von 1878, der die Verhältnisse auf dem Balkan neu regeln sollte, seine Interessen durch Deutschland gegenüber der Türkei nicht genügend gewahrt sah, verschlechterten sich die Beziehungen Berlin-Petersburg.

1882 schlossen Deutschland, Österreich-Ungarn und Italien ein Bündnis (Dreibund). (Italien näherte sich den beiden anderen Mächten nach der Besetzung von Tunis durch Frankreich an.) Deutschlands Verbindung mit Österreich förderte seine Entfremdung zu Russland weiter. Zwar gelang es Bismarck noch, 1887 einen geheimen Nichtangriffspakt mit Russland (»Rückversicherungsvertrag«) zu schließen, doch wurde dieser 1890 nicht erneuert. Stattdessen schlossen Frankreich und Russland 1892 eine Militärkonvention.

In Deutschland hatten Teile der Industriellen (hier vor allem der Elektro-Industrie: Siemens) und der Banken (Deutsche Bank) ein Interesse an einer Art Informal Empire im Nahen Osten durch wirtschaftliche und politische Zusammenarbeit mit der Türkei (u. a. durch Anleihen), und sie fanden dabei – zuweilen lautstarke und demonstrative

– Unterstützung bei Kaiser Wilhelm II. Dies schloss den Balkan als Interessensphäre mit ein. Zu den Projekten in diesem Zusammenhang gehörte der Plan zum Bau einer Bagdadbahn. (Opitz 1994: 134-137) Hierdurch ergab sich eine Interessenkollision nicht nur mit Russland, dem traditionellen Gegner der Türkei, sondern jetzt auch mit Großbritannien, das in Deutschland nun eher als in Russland einen Konkurrenten um Einfluss in der Bosporus-Region sah.

Bereits 1895 hatten Russland und Großbritannien ihre alten Differenzen über Zentralasien beigelegt: die Grenzen zwischen Russland und Afghanistan, das jetzt auch von Russland zur britischen Einflusssphäre gerechnet wurde, wurden einvernehmlich geregelt. 1904 schließlich endete auch die Rivalität zwischen Frankreich und Großbritannien über Afrika in einem Interessenabgleich. Die »Entente Cordiale« zwischen beiden, die nun entstand, war kein förmliches Bündnis, war aber von Bedeutung innerhalb des Kräfteverhältnisses zwischen Deutschland und Frankreich. Über das aktuelle Einvernehmen über die afrikanischen Fragen hinaus war nunmehr auch die bis ins 18. Jahrhundert zurückreichende Gegnerschaft zwischen Frankreich und Großbritannien beendet.

Der 1898 vom Deutschen Reich in Angriff genommene Bau einer großen Schlachtflotte bediente industrielle Interessen (u.a. der Firma Krupp) und wurde von Großbritannien als Herausforderung seiner Seeherrschaft aufgefasst. 1905 begann auch Großbritannien mit einer neuen Runde des Schlachtschiffbaus. Ein Wettrüsten, an dem sich auf dem Gebiet der Landwaffen auch Frankreich und Russland beteiligten, war jetzt in vollem Gang.

Dabei schien die Zeit gegen Deutschland zu arbeiten: Das Wettrüsten machte über kurz oder lang eine Änderung des Steuersystems nötig: Erhebung direkter Steuern, die bislang den nach Pluralwahlrecht gewählten Landtagen zustand, auch durch den nach allgemeinem Wahlrecht gewählten Reichstag. (Witt 1970) Tatsächlich war 1913 erstmals eine Wehrvorlage durch eine direkte Reichssteuer (mit Zustimmung der Sozialdemokratie) finanziert worden. Ohne Parlamentarisierung des Reichs wäre dies auf Dauer nicht zu haben gewesen. Ebenso musste eine im Zug des Wettrüstens notwendig werdende

Heeresvermehrung das Adelsprivileg im Militär gefährden. Wurden diese Neuerungen aber nicht vorgenommen, war ein Zurückfallen Deutschlands im Wettrüsten absehbar. Ein Präventivkrieg lag also im Interesse der bisherigen Eliten, insbesondere des konservativen Adels.

6. Ein kollektiver Imperialismus hatte in dieser Konstellation keine Perspektive, trotz des gemeinsamen Vorgehens von Deutschland, Großbritannien und Italien gegen Venezuela 1902/03 und des Interventionskrieges, den 1900 Deutschland, Großbritannien, Frankreich, Italien, Japan, Russland und die USA gegen den I-ho-ch'üan-Aufstand, den sogenannten Boxeraufstand, in China führten. Sie erzwangen die weitere Öffnung Chinas für ihre Handelsinteressen, und jeder dieser Staaten versuchte durch seine Teilnahme an dieser Aktion seine rivalisierenden Interessen gegen die anderen imperialistischen Mächte zu wahren.
7. 1880 holten die USA Großbritannien im Anteil an der Weltproduktion ein (beide: 28 Prozent). 1890 hatten sie mit 31 Prozent Großbritannien (22) überflügelt. 1900 betrug der Anteil der USA 31 Prozent, der Großbritanniens 18 und der Deutschlands 16. Die Verschiebungen haben das Konfliktpotential zwischen den größten Industriemächten allerdings zumindest vordergründig nicht vergrößert.

Gegenbewegungen

Folgende Gegenbewegungen traten im beginnenden Organisierten Kapitalismus (und in den anderen, mit ihm zeitgleichen, Kapitalismen) auf: 1. Arbeiterbewegungen, 2. Bewegungen für die Rechte der Frauen, 3. Freihandels-Opposition, 4. Radikaldemokratische Bewegungen, 5. Antimoderne Bewegungen, 6. Antisemitismus, 7. Bewegungen der kulturellen Differenz, 8. Religiöse Opposition, 9. Nationalistische Oppositionsbewegungen, 10. Friedensbewegungen, 11. Pan-Bewegungen, 12. Antikoloniale Bewegungen.

Schon die Aufzählung gibt einen Eindruck davon, dass es sich nicht nur um Bewegungen der Linken handelt, sondern auch der Rechten sowie um solche Interessenvertretungen, die sich zwischen Links und Rechts nicht einordnen lassen, da ein Bezug zu den Maximen Freiheit und Gleichheit (links) einerseits, Ordnung und Differenz (rechts) sich nicht herstellen lässt. Als Gegenbewegungen können alle diese Tendenzen insofern gelten, als sie sich gegen aktuelle Ausprägungen des Kapitalismus, die ihren Interessen widersprachen, wandten oder zumindest von ihnen abwichen.

Keineswegs bezogen sich alle diese Bewegungen auf den Kapitalismus. Dieser bildete einen Rahmen ihrer Tätigkeit, aber nicht notwendig deren Voraussetzung. Soll ein solches Verhältnis zwischen Bewegungen und Kapitalismus hergestellt werden, so erfolgt dies in vielen Fällen gleichsam von außen und entspricht nicht notwendig deren Selbstverständnis.

Eine – wenngleich nicht ausreichende – Zuordnung kann anhand der verschiedenen Gewinnformen getroffen werden:

Freihändlerische Bewegungen bekämpfen den Monopolgewinn. Antisemiten dagegen projizieren entweder ihre Ablehnung einer Menschengruppe (der Juden) auf die Verurteilung bestimmter (von ihnen als »wucherisch« bezeichneter) Formen des Handelsgewinns (unter besonderer Berücksichtigung des Gewinns aus Geldhandel = Zins), oder sie machen die Juden – umgekehrt – für diese Profitform verantwortlich. Anders als die Freihändler nehmen sie nicht gegen die aktuellste (in diesem Fall: monopolistische oder doch zumindest »organisierte«) Form des Kapitalismus Stellung, sondern verhalten sich affirmativ zu ihr. Zumindest zeitweilige Übereinstimmungen mit einigen deutschen »Sozialkonservativen«, die für mehr Staatseingriffe in die Wirtschaft eintraten und zugleich Antisemiten waren, erklären sich so.

Andere Bewegungen – unter ihnen feministische, pazifistische und radikaldemokratische – werden sich entweder in ihrer Gesamtheit oder doch zu erheblichen Teilen weder auf den Kapitalismus noch auf seine verschiedenen Gewinnformen beziehen. Sie sind insofern für eine Erörterung der Emanzipationsmöglichkeiten und -grenzen im Kapitalismus besonders interessant, denn es stellt sich hier die Frage, ob und (falls ja) in welchem Maß die Verwirklichung von Emanzipation (sowie, für den Pazifismus: Frieden) mit dieser Gesellschaftsordnung vereinbar ist.

Es handelt sich dabei letztlich um ein entscheidendes Kriterium für Akzeptanz oder Ablehnung des Kapitalismus. Hinzu kommt das Problem, inwieweit der Kapitalismus die Reproduktion seiner eigenen physiologischen und stofflichen Voraussetzungen ermöglicht oder verhindert. Im 19. Jahrhundert wurde es als »soziale Frage« erörtert. (Das stoffliche Problem wurde damals noch nicht als ökologisches wahrgenommen, sondern nur als drohende Überforderung der Bodenfruchtbarkeit durch zu schnelles Bevölkerungswachstum – ein für die Industrielle Revolution typisches Szenario, das nach 1870 für Europa seine Schrecken weitgehend verloren hatte.)

Negative Antworten auf emanzipatorische Forderungen haben in der Geschichte immer wieder einmal dazu geführt, dass auf Freiheit und Gleichheit gerichtete (und, zuweilen jenseits von diesen, pazifistische) Bewegungen einen sozialistischen Flügel hervorbrachten (bzw. dieser sich von ihnen abspaltete). Sie führen in ein Dilemma, wenn einerseits die Nichtvereinbarkeit von Emanzipation mit dem Kapitalismus festgestellt wird, eine andere Gesellschaft aber entweder nicht verwirklicht werden kann oder sich als ebenfalls ungeeignet für die Realisierungen dieser Bestrebungen erweist. Dann mag sich die Frage nach dem kleineren Übel und nach wenigstens partieller Reformierbarkeit des Kapitalismus stellen.

Eine banale Antwort kann so lauten: Der Kapitalismus war in der bisherigen Geschichte die äußerste Möglichkeit und zugleich Grenze von Emanzipation und der Schaffung technischer Möglichkeiten für den *pursuit of happiness.* Sie würde zu zwei weiteren Fragen führen:

1. Ist es denkbar, dass er aufhört, die relativ größte Möglichkeit von Emanzipation und *pursuit of happiness* zu sein?
2. Ist es denkbar, dass er aufhört, Emanzipation und *pursuit of happiness* zu begrenzen?

Indem hier – wieder einmal – Freiheit und Gleichheit als Kriterien herangezogen wurden, ist die Frage nach Akzeptanz und Ablehnung gleichsam ein Thema der Linken. Auch im beginnenden Monopolkapitalismus gibt es eine rechte Variante. Ihre Kapitalismus-Kritik orientierte sich an den Werten Ordnung, Differenz und Distanz. Vertreter dieses gleichsam romantischen Antikapitalismus waren in Großbritannien in der Schlussphase der Industriellen Revolution Thomas Carlyle, in Deutschland im beginnenden Monopolkapitalismus die Kathedersozialisten sowie, in dessen Fortgang und von jenen in mancherlei Hinsicht wieder zu unterscheiden, Werner Sombart.

Hiermit ist (von links wie von rechts) eines der großen Themen genannt, die das Zwanzigste Jahrhundert beherrschen sollten. Die verschiedenen »Gegenbewegungen« haben sich – jeweils von ihrem eigenen Standpunkt aus – damit befasst.

Beginnen wir mit der

1. **Arbeiterbewegung**.

a. In dem Grade, in dem der Arbeiterklasse politische Gleichberechtigung, Mitsprache bei der Gestaltung der industriellen Beziehungen und Wohlstand versagt blieben (oder bleiben), war (und ist) sie eine Gegenbewegung gegen die jeweilige Verfasstheit des Kapitalismus, also eine Gegenbewegung *im* Kapitalismus
b. Insofern dieser selbst als die Grenze zu Erreichung dieser Ziele erscheint (oder tatsächlich ist), kann sie eine Gegenbewegung *gegen* den Kapitalismus sein, wenn damit eine Erfolgs-Chance verbunden ist.
c. Bleibt diese aus, wird Arbeiterbewegung die Lage der Lohnabhängigen im dadurch gezogenen Rahmen zu verbessern versuchen, ohne ihre grundsätzliche Opposition zu diesem System aufzugeben.
d. Soweit eine Koordination der Interessen von Kapital und Arbeit stattfindet, ist Arbeiterbewegung ein stabilisierendes Moment im Kapitalismus selbst, auch wenn diese Koordination nicht gleichberechtigt erfolgt.

In den Jahrzehnten bis zum Ersten Weltkrieg überwogen eindeutig die drei ersten der vorstehend aufgelisteten Konstellationen.

Beurteilt man Arbeiterbewegungen bzw. ihre verschiedenen Richtungen nach ihrem Verhältnis zu einer der für den damaligen (und auch den späteren) Kapitalismus relevanten Gewinnformen, nämlich dem Mehrwert, wiederholt sich die vorstehende Einteilung: die einen werden an einer Steigerung der Reallöhne und der politischen Teilhabe interessiert sein, auch wenn dadurch die Lohnquote nicht erhöht wird und die Existenz des Mehrwerts nicht in Frage gestellt ist. Hiermit vereinbar ist auch die Ablehnung der Marxschen Mehrwerttheorie (soweit diese überhaupt zur Kenntnis genommen wurde). Andere werden die Beseitigung des Privateigentums an den Produktionsmitteln zur

Voraussetzung von Emanzipation einschließlich Wohlfahrt (als einer Bedingung für ein erfolgreiches »pursuit of happiness«) erklären.

Diese Spaltung kennzeichnete die Geschichte der Arbeiterbewegung seit Beginn der achtziger Jahre des 19. Jahrhunderts.

Die Tatsache, dass der Arbeiterklasse Gleichberechtigung weitgehend versagt blieb, verhinderte ihre »positive« Integration in das kapitalistische System. Der Historiker Dieter Groh hat behauptet, die deutsche Sozialdemokratie vor 1914 sei nur »negativ« integriert gewesen. Für viele ihrer Mitglieder schien Gleichberechtigung letztlich doch nur durch eine Revolution möglich. Wo diese selbst aber aktuell nicht realisierbar schien, erschöpfte sich der erzwungene Radikalismus, den Groh als »revolutionären Attentismus« (Groh 1973) bezeichnete.

In Großbritannien trat nach 1848 an die Stelle des Chartismus die Einpassung der Gewerkschaften – sie organisierten nur Gelernte – in den nunmehr von ihnen nicht mehr angefochtenen Kapitalismus, in dem ihren Mitgliedern höhere Löhne sicherer waren als den Ungelernten und den Arbeiterinnen und Arbeitern anderer Länder. Mit dem Verlust des britischen Industriemonopols dynamisierte sich diese Arbeiterbewegung wieder (seit Ende der achtziger Jahre): im »New Unionism« organisierten sich die Ungelernten (zum Beispiel nach dem Streik der Londoner »Matchgirls« 1888 und der Arbeiter im Londoner Eastend 1889). 1893 wurde die »Independent Labour Party« gegründet. 1900 ging aus ihrem Zusammenwirken mit der Fabian Society und den Gewerkschaften die Labour Party hervor. Auch für sie stellte sich das Problem des Verhältnisses von Reform und Revolution nicht: ihre Aufgabe war im Wesentlichen die parlamentarische Absicherung der Kartellierung der Arbeitskraft durch die Gewerkschaften.

In den USA wurde die Bewegung für den Achtstundentag brutal niedergeschlagen. Als am 4. Mai 1886 auf dem Haymarket in Chicago kurz vor dem Ende einer Arbeiterversammlung eine Bombe gegen Polizisten geworfen wurde, die sieben von ihnen tötete, wurde diese Tat, deren wahre Urheber nie bekannt wurden, den Anarchisten zugerechnet. In einem offensichtlichen Willkürurteil wurden sieben Angeklagte zum Tod verurteilt. Zwei von ihnen wurden zu lebenslänglicher Haft begnadigt, einer beging Selbstmord, vier wurden hingerichtet.

Wenn in der Folgezeit die revolutionäre Arbeiterbewegung zum Erliegen kam, war dieser Terror hierfür nur ein Grund unter mehreren und wahrscheinlich noch nicht einmal der wichtigste. Ausschlaggebend war die Tatsache, dass mit der fortwährenden Immigration die Konkurrenz unter den Lohnabhängigen fortdauerte, zumal diese nach ihren Herkunftsländern segmentiert blieben. Die von Werner Sombart 1906 gestellte Frage: »Warum gibt es in den Vereinigten Staaten keinen Sozialismus?« (Sombart 1969) hatte Karl Marx bereits 1852 beschäftigt. Er schrieb von den

> »Vereinigten Staaten von Nordamerika, wo zwar schon Klassen bestehn, aber sich noch nicht fixiert haben, sondern in beständigem Flusse fortwährend ihre Bestandteile wechseln und aneinander abtreten, wo die modernen Produktionsmittel, statt mit einer stagnanten Übervölkerung zusammenzufallen, vielmehr den relativen Mangel an Köpfen und Händen ersetzen, und wo endlich die fieberhaft jugendliche Bewegung der materiellen Produktion, die eine neue Welt sich anzueignen hat, weder Zeit noch Gelegenheit ließ, die alte Geisterwelt abzuschaffen.« (Marx 1960: 122 f.)

Unter solchen Umständen sei die Republik »die konservative Lebensform« der bürgerlichen Gesellschaft. (Ebd.)

Kritisches Potential wurde in der US-Gesellschaft dann wieder am Beginn des 20. Jahrhunderts – in der »Progressive Era« – wirksam, jetzt aber nicht als Arbeiterbewegung, sondern in der sozialkritischen Enthüllungsliteratur der »muckraker« (z. B. Upton Sinclair), in der Opposition der Farmer gegen ihre beginnende Abhängigkeit von der Großindustrie und in den antimonopolistischen Versuchen des Präsidenten Theodore Roosevelt.

In Deutschland wirkten das Verbot der Sozialdemokratie im Sozialistengesetz (1878 – 1890) und danach die fortdauernde Diskriminierung der Arbeiter bei Wahlen radikalisierend. Andererseits waren Sozialdemokraten in den Vertretungskörperschaften der Sozialversicherungen und in den Parlamenten vertreten. Die Gewerkschaften konzentrierten sich Anfang des 20. Jahrhunderts zunehmend auf die Kartellierung der Arbeitskraft und wehrten sich dagegen, politische Streiks für die Aufhebung des preußischen Dreiklassenwahlrechts führen zu müssen. Ihre Bereitschaft, an der Organisierung des Kapitalismus mitzuwirken, war größer als diejenige des Adels und der Bourgeoisie, darauf einzugehen. Insofern blieb es bei einer nur *»negativen Integration«* (Groh 1973) der Arbeiterbewegung in den Kapitalismus. Die Notwendigkeit einer Revolution verfocht Rosa Luxemburg, die Möglichkeit positiver Integration vertrat Eduard Bernstein, während Karl Kautsky zum Theoretiker des »Revolutionären Attentismus« wurde.

In Frankreich spaltete sich 1882 die 1879 gegründete *Fédération du Parti des Travailleurs Socialistes*: die »Possibilisten« suchten den Weg der positiven Integration (sie konnten sich dabei auf Mitwirkungsmöglichkeiten z. B. bei der kommunalen Arbeitsvermittlung in Paris berufen), Marxisten und Blanquisten blieben bei der Notwendigkeit eines revolutionären Weges. Als weitere Richtung kamen diejenigen Radikaldemokraten hinzu, die sich im Lauf der achtziger Jahre zum Sozialismus bekannten. 1905 vereinigten sich diese Strömungen in der Section Française de l'Internationale Ouvrière (SFIO). Sie blieb in Revolutionäre und Reformer gespalten und stand zusätzlich unter dem Druck eines auf den politischen Generalstreik drängenden Syndikalismus.

In Russland brachte Lenin 1902 den Konflikt innerhalb der Arbeiterbewegung auf einen Begriff, als er die Selbstbeschränkung der Gewerkschaften als »Trade-Unionismus« bezeichnete, über den aber die Arbeiterklasse von sich aus nicht hinauskomme. Für eine Überwindung des Kapitalismus sei dagegen eine andere Organisation notwendig: die revolutionäre Partei.

In der russischen Revolution von 1905 hatte die 1903 vollzogene Spaltung der russischen Sozialdemokratie in Bolschewiki und Menschewiki keine Bedeutung: beide Komponenten waren radikal marxistisch, unterschieden sich lediglich in Organisationsfragen und standen insofern beide auf dem linken Flügel der 1889 gegründeten Sozialistischen Internationale.

2. Die **Bewegungen für die Rechte der Frauen** geht auf drei Voraussetzungen zurück:

a. die Entstehung der bürgerlichen Familie seit dem Aufkommen des Handelskapitalismus,
b. das Gleichheitspostulat der französischen Revolution von 1789 ff.,
c. die Zerstörung der proletarischen Familie in der Industriellen Revolution.

Hierzu nun im einzelnen:

a. Mit Entstehung der bürgerlichen Familie im Handelskapitalismus hatte die Ehe ihre Funktion als Arbeitsgemeinschaft von Frau und Mann verloren, zugleich gewann sie eine neue Bedeutung für die Tradierung des Vermögens. Dies ließ die Frage nach der Stellung der Frau z. B. im Erbrecht entstehen.
b. Olympe de Gouges hatte bereits während der französischen Revolution von 1789 ff. die Universalität der Gleichheitsforderung in einer Proklamation der Rechte der Frauen betont.

   Zu Beginn des 20. Jahrhunderts entstand eine Gleichheitsbewegung, die in ihren Kampf die Männer nicht mehr einbezog. In den USA kandidierte Victoria Woodhull, eine Kämpferin für das Frauenwahlrecht, 1872 bei der Präsidentschaftswahl. (Hobsbawm 1997 II: 192)
c. Die Bedeutung der Industriellen Revolution für die proletarische Frau beschrieb Karl Marx so:

> »So furchtbar und ekelhaft nun die Auflösung des alten Familienwesens innerhalb des kapitalistischen Systems erscheint, so schafft nichtsdestoweniger die große Industrie mit der entscheidenden Rolle, die sie den Weibern, jungen Personen und Kindern beiderlei Geschlechts in gesellschaftlich organisierten Produktionsprozessen jenseits der Sphäre des Hauswesens zuweist, die neue ökonomische Grundlage für eine höhere Form der Familie und des Verhältnisses beider Geschlechter. [...] Ebenso leuchtet ein, daß die Zusammensetzung des kombinierten Arbeitspersonals aus Individuen beiderlei Geschlechts und der verschiedenen Altersstufen, obgleich in ihrer naturwüchsig brutalen, kapitalistischen

> Form, wo der Arbeiter für den Produktionsprozeß, nicht der Produktionsprozeß für den Arbeiter da ist, Pestquelle des Verderbs und der Sklaverei, unter entsprechenden Verhältnissen umgekehrt zur Quelle humaner Entwicklung umschlagen muß.« (Marx 1975: 514)

Aufgrund dieser Voraussetzungen können wir für diese Zeit eine bürgerlich-liberale, eine radikaldemokratische und eine proletarische Frauenbewegung unterscheiden.

a. Die bürgerlich-liberale Frauenbewegung konzentrierte sich auf die Statussicherung der bürgerlichen Frau innerhalb der kapitalistischen Eigentumsordnung. Hier ging es um Probleme des Erb-, Familien- und Unterhaltsrechts, teilweise auch um den Zugang von Frauen zum Hochschulstudium, keineswegs aber immer um das Frauenwahlrecht, weil dies ja eine positive Stellung auch zum allgemeinen Wahlrecht für Männer (also zugleich für Arbeiter) vorausgesetzt hätte. Die beiden führenden Politikerinnen der deutschen bürgerlichen Frauenbewegung z. B., Gertrud Bäumer und Helene Lange, scheuten hier lange den Konflikt mit den männlichen Politikern des Liberalismus.
b. Ein Manifest des radikaldemokratischen Feminismus stammt noch aus der Mitte des 19. Jahrhunderts, also aus der Zeit der Industriellen Revolution: die Schrift »Die Hörigkeit der Frau« von John Stuart Mill und Harriet Taylor Mill. (Mill/Taylor Mill 1997) Hier wird eine Beseitigung der rechtlichen Diskriminierungen aller Frauen – nicht nur der bürgerlichen – gefordert. Diese Position fokussiert sich in der nächsten Generation auf die Frage des Frauenwahlrechts. Sie ist in Großbritannien die zentrale Losung vor allem von zwei Organisationen: National Union of Women's Suffrage Societies (NUWSS) unter der Führung von Garrett Fawcett und Women's Social and Political Union, deren wichtigste Funktionärin Emmeline Gould Pankhurst war. Beide unterschieden sich in der Wahl der Mittel: während Fawcett den gesetzlichen Weg gehen wollte, entschied sich Emmeline Gould Pankhurst für regelverletzende und provokative Kampfmittel, z. B. Hunger- und

Durststreiks. 1913 waren in Großbritannien ca. 1.000 Frauenrechtlerinnen (Sufragetten) inhaftiert. (Anderson/Zinsser 1988, Bd. 2: 357-367) Vertreterinnen des radikaldemokratischen Feminismus in Deutschland waren Anita Augspurg, Lida Gustava Heymann und Minna Cauer.

c. Emmeline Gould Pankhurst veränderte kurz vor dem ersten Weltkrieg ihre Position insofern, als sie einen gemeinsamen Kampf von Frauen und Männern nicht mehr für möglich hielt. Die radikaldemokratische – also Männer und Frauen einschließende – Politik wurde also zugunsten einer ausschließlichen Organisierung von Frauen aufgegeben.

d. Die sozialistische Frauenbewegung hatte zunächst einen proletarischen Antifeminismus zu überwinden, der in arbeitenden Frauen vor allem Konkurrentinnen um Arbeitsplätze sah. Für die französische Sozialistin Louise Michel war die Beseitigung des Privateigentums an den Produktionsmitteln die Voraussetzung für die Aufhebung der Unterdrückung der Frauen. Einen großen Beitrag zur Begründung und Popularisierung dieser Position, die auch von Clara Zetkin vertreten wurde, leistete der Bestseller »Die Frau und der Sozialismus« von August Bebel. (Bebel 1990)

3. Die Schutzzoll-Gesetzgebungen seit den siebziger Jahren des 19. Jahrhunderts lösten eine neue **Bewegung für den Freihandel** aus und verursachten damit auch eine Spaltung in der Bourgeoisie: während die Montanindustrie protektionistisch war, vertraten die auf Ex- und Import angewiesenen Unternehmer der Chemie- und Elektroindustrie handelsliberale Positionen.

4. **Radikaldemokratische Bewegungen** blieben angesichts der Identifikation großer Teile des Bürgertums mit dem Monopolkapital und autoritären Regimes – in Deutschland: der Politik Bismarcks und Wilhelm II., in Frankreich mit dem Bonapartismus – einerseits, des Erstarkens der konkurrierenden sozialistischen Bewegung andererseits schwach. In Frankreich fanden sie sich in der parlamentarischen Gruppierung der Radicaux unter Führung von Clemenceau. Gegen

die autoritäre Meji-Herrschaft in Japan verbündeten sich Liberale und Radikaldemokraten. (CHJ 1989: 402-425)

5. Unter **Antimodernen Bewegungen** lassen sich sehr verschiedenartige Phänomene zusammenfassen, darunter auch (im Folgenden jedoch gesondert behandelt) relativ weit auseinanderliegende Richtungen wie Varianten des Antisemitismus und des politischen Katholizismus. Hierher gehören auch agrarische Konservative, deren Einkommensquelle die Bodenrente ist und die sich von der profitbeziehenden Kapitalistenklasse bedrängt sahen. Gemeinsam ist diesen sehr disparaten Bewegungen die Opposition gegen verschiedene Formen der kapitalistischen Modernisierung. Militante Formen nahmen diese nach 1868 in Japan an: Bauern erhoben sich 1868 – 1879 gegen ihre wachsende ökonomische Belastung, aber auch gegen rationalisierende Verwaltungsreformen. Der durch die »Meji-Restauration« entmachtete Adel griff 1874 – 1877 zu den Waffen. (CHJ 1889: 372-402; Hartmann 1996: 39-42).

6. Der **Antisemitismus** versuchte seit den achtziger Jahren des 19. Jahrhunderts die sozialen Ängste vor allem von Mittelschichten zu kanalisieren. In Deutschland bemühte sich der Hofprediger Stoecker damit erfolglos um Einfluss in der Arbeiterschaft, in Frankreich führte die Dreyfus-Affäre zu einem Exzess des Antisemitismus, auf den allerdings auch eine stark radikaldemokratische Mobilisierung antwortete.

7. **Bewegungen der kulturellen Differenz** wurden zum Ausdruck der Spannung zwischen den neuen technischen und ökonomischen Potentialen des Kapitalismus einerseits und der relativen Enge der offiziell akzeptierten Lebens- und Äußerungsformen andererseits. Hierauf reagierten u. a. Jugend- und Lebensreformbewegungen, neue Kunst- (Impressionismus, Expressionismus) und Verhaltensstile (z. B. Dandyismus). Symptomatisch war auch die große Wirkung des Werkes von Friedrich Nietzsche: einerseits Kritik der Bürgerlichkeit, andererseits Geistes-Aristokratismus.

8. **Der politische Katholizismus** wurde nach 1870 (zeitweiliges – bis 1929 – Ende des Kirchenstaates) zu einer Kraft des Kampfes gegen Liberalismus und Sozialismus, programmatisch in der Enzyklika »Rerum Novarum« des Papstes Leo XIII. 1891.

9. In den führenden Industriestaaten war der Nationalismus ein Element imperialistischer Integration. Er wurde zur mächtigen Oppositionsideologie für **Bewegungen, die die Gründung von Nationalstaaten für Völker ohne bisher eigenen Staat** forderten: Polen, Tschechen, bosnische Serben.

10. Auf die anhaltende internationale Konfliktlage nach 1871 und das darauf folgende Wettrüsten antwortete eine **klassenübergreifende pazifistische Massenbewegung** mit starker Verankerung in den sozialistischen Parteien, aber auch mit profilierten bürgerlichen Führungsfiguren, z. B. Bertha von Suttner.

11. Die **Pan-Bewegungen** (Arendt 2000: 472-558) (Panslawismus, Alldeutsche Bewegung, in Japan die »Amurgesellschaft«, die für einen japanischen Herrschaftsraum in Ostasien eintrat) stellten die bestehenden Staaten im Namen eines völkischen Prinzips in Frage.

12. Die **antikolonialen Bewegungen** dieser Zeit hatten noch nicht das Ziel der nationalen Befreiung von Fremdherrschaft, sondern waren unmittelbare Reaktionen auf die Unterdrückungs- und (teilweise) Vernichtungspolitik der entwickelten Industriestaaten, zum Beispiel im deutschen Herero-Krieg (1904 – 1907). Noch vor der offiziellen Kolonisierung Ägyptens durch Großbritannien wandte sich dort eine von Grundbesitzern, Intellektuellen, Beamten und Offizieren geführte Bewegung gleichermaßen gegen die osmanische Herrschaft und den zunehmenden Einfluss des Westens. (Hobsbawm 1997 II: 154 f.)

6. 1914 – 1945: Kriege und Krisen

Allgemeine Merkmale

Die Periode 1914 – 1945 in der Geschichte des Kapitalismus, von Eric Hobsbawm als das »*Katastrophenzeitalter*« bezeichnet (Hobsbawm 1999: 35-281), ist charakterisiert durch

- zwei Weltkriege (1914 – 18; 1939 – 1945);
- ökonomische und politische Anpassungskrisen im Übergang vom Ersten Weltkrieg zum Frieden 1918 – 1923, darunter eine Hyper-Inflation in Deutschland mit einer Zerstörung aller Geldvermögen,
- wenige Jahre der Stabilität in Mittel- und Westeuropa 1924 – 1928,
- einen langen Boom in den USA bis 1929,
- die Weltwirtschaftskrise 1929 – 1933,
- militärisch-politische Krisen im Vorfeld des Zweiten Weltkriegs: Überfall Japans auf die Mandschurei 1931 und China 1937, Annexion Abessiniens durch Italien 1935, Spanischer Bürgerkrieg 1936 – 1939, Anschluss Österreichs an Deutschland 1938, Annexion des Sudetenlandes 1938 und der Tschechoslowakei 1939 durch Deutschland,
- die Etablierung faschistischer Ordnungen in Italien (1922) und Deutschland (1933) sowie von Militärdiktaturen in Spanien, Polen, Bulgarien und einer Zivildiktatur in Portugal, von denen ein Regime – die deutsche Diktatur – mit dem Judenmord die bis dahin normierten Zivilisationsstandards durchbricht,
- die Zweite Industrielle Revolution: Elektrizität und Verbrennungsmotor überwinden den Status von Prototechnologien und werden die Basis dominanter Industriezweige,
- die Entwicklung eines enormen technischen Destruktionspotentials,
- eine enge Verbindung zwischen Kapital und Öffentlicher Hand in den beiden Weltkriegen, in Auswertung der Weltwirtschaftskrise und bei der Einführung neuer technologischer Versorgungssysteme (Elektrizität und Telekommunikation),

- die Einengung der räumlichen Erstreckung des Kapitalismus durch einen sozialistischen Staat (Sowjetrussland) sowie die Ausdehnung von dessen Einflussbereich auf Ost- und Mitteleuropa im Laufe des Zweiten Weltkriegs.

Zu den bislang schon klassisch gewordenen kapitalistischen Gewinnformen (Handelsgewinn, Mehrwert, Innovationsgewinn, Monopolprofit) traten im Zweiten Weltkrieg Sonder-Einkommen durch Raub und Zwangsarbeit.

Die stofflichen Grundlagen

Neben den klassischen Werk- und Baustoffen Eisen, Stahl, Naturstein, Lehm (für Ziegelsteine), Holz (mit ständig abnehmender Bedeutung), Glas, Naturfasern wurden nun eingesetzt: Beton (zunächst fast ausschließlich für Militär- und Autobahnbau), vereinzelt (aber noch als Prototechnologie) Kunstfasern und die Neuverwendung eines bisher schon bekannten Stoffs für einen neuen Zweck: Stahlbau (anfänglich vor allem in den USA).

Die Kohle blieb zentraler Rohstoff für Heizung (jetzt auch mit aus Koks gewonnenem Gas), Erzgewinnung, Dampfkraft sowie nun zunehmend für die Erzeugung von Elektroenergie. Letztere wird auch in Wasserkraftwerken hergestellt und wird angewandt für Beleuchtung sowie den Antrieb von Elektromotoren.

Der zweite, nun rasch aufholende Energie-Rohstoff ist das Erdöl, insbesondere für den Betrieb von Automobil- und Panzermotoren sowie von Maschinen in der Produktion.

Elektrizität und Verbrennungsmotoren sind die zentralen Techniken der seit dem Ersten Weltkrieg einsetzenden Zweiten Industriellen Revolution. Sie bilden die Voraussetzungen für neue Informations- und Unterhaltungstechnologien (Radio, Film) und für eine Beschleunigung sowie Intensivierung des Luft-, Schiffs- und Straßenverkehrs. Der Hörfunk war seit den dreißiger Jahren ein Massenkommunikationsmittel.

Für den Überlandverkehr blieb die Eisenbahn zentral. Nur in den USA gewann das Automobil die gleiche Bedeutung, während es in Europa ein Luxusartikel war. (Die Planung eines Volkswagens im deutschen Faschismus hatte erst nach 1945 massenwirksame wirtschaftliche Folgen.) Immerhin kam es dort allmählich auch als Nutzkraftfahrzeug (statt der Pferdewagen) in Gebrauch. Der Verbrennungsmotor gewann wachsende Bedeutung in der Militärtechnik: Panzer und Flugzeuge, dagegen kam das Flugzeug zivil nur als Prestige-Artikel zum Einsatz.

Zu den medizinischen Fortschritten dieser Periode gehörte die Entwicklung des Penicillins 1928.

Die Ernährung beruhte – mit regionalen Unterschieden – auf der gleichen Produktpalette wie etwa seit dem 18. Jahrhundert. Mit Ausnahme des Weizens und – teilweise – des Fleisches wurden Nahrungsmittel noch nicht über den internationalen Handel bezogen. Kaffee, Kakao, indischer Tee waren in Europa zwar unverändert Importgüter, die beiden ersten blieben aber Genussgüter, noch keine Massenwaren (das Gleiche galt auf dem Kontinent für den Tee).

Eine völlig neue Entwicklung bahnte sich aufgrund neuer Erhitzungs- und Haltbarkeitstechniken (Konservendose; als Prototechnologie bereits für die Proviantierung der britischen Flotte in den napoleonischen Kriegen angewandt: Hobsbawm 1997 I: 122) an. Sie ermöglichten die Entstehung einer Nahrungsmittelindustrie, auch diese zunächst in den USA.

Schallplatte und Film, durch welche Kunstwerke – ebenso wie durch die sich technisch rasch vervollkommnende, in ihren Ursprüngen vor die Mitte des 19. Jahrhunderts zurückreichende Fotografie – reproduzierbar wurden (Benjamin 1969), waren die Basis einer neuen Industrie: der Bewusstseins-, Kultur- und Unterhaltungsindustrie. (Horkheimer/ Adorno 1969)

Zu den Technologien, die schon entwickelt waren, aber noch nicht massenindustriell eingesetzt wurden, gehörten die Kunststoffe (im Unterschied zu chemischen Lösungs-, Reinigungs- und Pflanzenschutzmitteln, die schon eine große Rolle spielten), das Fernsehen und die Spaltung des Atomkerns. Diese fand zunächst – 1945: Abwurf von Atombomben auf Hiroshima und Nagasaki – ausschließlich militärische

Anwendung. Kriegstechnische Erfordernisse führten zur Entwicklung und zum Einsatz von Plexiglas (für Flugzeugkanzeln) und Radar.

Zu den Industriezweigen

1. aus der ersten Phase der Industriellen Revolution (Textilindustrie),
2. aus der zweiten Phase der Industriellen Revolution (Montanindustrie, Maschinenbau) sowie
3. aus dem Beginn des Organisierten Kapitalismus (Bau-, Chemie- und Elektro-Industrie)

traten nun:

4. die folgenden neuen Industrien:
   a. die Nahrungsmittelindustrie,
   b. die Autoindustrie (in den USA) und (wiederum mit einem Vorsprung der Vereinigten Staaten)
   c. die Bewusstseins-, Kultur- und Unterhaltungsindustrie.

Zugleich transformierte sich der Einzelhandel in eine Proto-Industrie, nicht für Zwecke der Produktion, sondern der Distribution. (Im Unterschied zur Proto*technologie* beruht die Protoindustrie nicht auf neuen Verfahren und Technologien, sondern sie bahnt die industrielle Verwendung bislang nichtindustrieller Produktion und Distribution an.)

In der Erweiterung des Bereichs kapitalistischer Erwerbszweige setzt sich eine Tendenz fort, die seit der Industriellen Revolution ununterbrochen anhält: die Einbeziehung immer neuer Bereiche der Produktion und Reproduktion in die kapitalistische Warenwirtschaft und die Schaffung einer ihr adäquaten Stoff- und Energiebasis. Hatte diese in ihren Anfängen immer nur Teile des menschlichen Lebens erfasst, so war doch bereits dort jener Weg der Totalisierung, einer ständigen Durchkapitalisierung der Welt, beschritten.

Diese kann prinzipiell auf zwei Arten erfolgen:

1. Entweder die Umwandlung bisher nichtkapitalistischer Produktion und Zirkulation in kapitalistische (z. B. die frühere zur Deckung des Eigenbedarfs vorgenommene Weiterverarbeitung landwirtschaftlicher Erzeugnisse, die jetzt durch die Nahrungsmittelindustrie vorgenommen wird),
2. oder die kapitalistische Herstellung völlig neuer Produkte, die vorher auf nichtkapitalistische Art nicht hergestellt worden waren. Dies gilt

z. B. für Film und Schallplatte, die nicht nur eine Weiterentwicklung von Theater oder der bisherigen Form der Musikdarbietung sind.

Die Tatsache, dass kapitalistisch erzeugte Waren

- in der Regel billiger sind als ihre nichtkapitalistisch hergestellten Vorgänger, deshalb auch in größerer Zahl erworben werden können, sodass höhere quantitative Bedürfnisbefriedigung erzielt werden kann,
- bereits vorhandenen Bedarf qualitativ oft besser decken (z. B. in der Gesundheitsversorgung),
- zuweilen auch der Befriedigung völlig neuer Bedürfnisse dienen,

verband sich seit dem 19. und in wachsendem Maße im 20. Jahrhundert mit dem Begriff des Fortschritts, war mit den älteren Vorstellungen von zunehmender Freiheit und Gleichheit verbunden und/oder überlagerte sie. Als Fortschritt wird später – wie es der US-amerikanische Präsident Franklin D. Roosevelt 1941 ohne explizite Verwendung des Fortschrittsbegriffs formulierte – auch Freiheit von Not und (von ihm nicht erwähnt) Freiheit von Schmerz verstanden werden.

Spezifizierung der Kapitalismus-Definition nach der Zweiten Industriellen Revolution

Nach der Zweiten Industriellen Revolution ist Kapitalismus die Funktionsweise von Gesellschaften, die im Wesentlichen auf der Erzielung von Gewinn und der Vermehrung (Akkumulation) der hierfür eingesetzten Mittel (= Kapital) dadurch beruht, dass folgende Waren in Lohnarbeit erzeugt und verkauft werden:

- Güter der materiellen Produktion durch Maschinen und Anlagen, in der Montan-, chemischen und Elektroindustrie, im Maschinen- und Anlagenbau sowie im Kraftwagen- und Luftfahrzeugbau (in den USA), im Bauwesen, der Landwirtschaft (ebenfalls in den USA) und der Nahrungsmittelindustrie (wiederum zunächst vor allem der USA)

und

- immaterielle Güter der Kulturindustrie
- sowie Rüstungsgüter.

Die Organisierung des Kapitals

Spätestens nach dem Ersten Weltkrieg erfasste der Kapitalismus auch den Konsumbereich als selbstständige Anlagesphäre. Bis dahin war der Massenverbrauch nur die abhängige Variable von Investitionen in die Produktion von Luxus- und Exportgütern sowie von Urproduktion und Produktionsmitteln gewesen. Verbilligte Herstellung durch Fließbandproduktion führte dazu, dass jetzt auch breite Massen diese Waren kaufen konnten.

Soweit es bis 1914 zu Monopolisierung kam, beruhte diese auf rein wirtschaftlichen Voraussetzungen, war also gleichsam eine innere Angelegenheit der daran beteiligten Kapitale. Im Ersten Weltkrieg koordinierte die »Kriegswirtschaft« der an ihm beteiligten europäischen Staaten die ökonomischen Beiträge zu den militärischen Anstrengungen. Dies bedeutete einerseits Staatseingriffe in die Wirtschaft, andererseits die Betrauung von Unternehmern mit Staatsaufgaben und schließlich auch eine Militarisierung von Staat und Wirtschaft. Auch in Großbritannien wuchs der Konkurrenzkapitalismus nun in den Monopolkapitalismus hinüber. In Deutschland entstand 1925 mit der IG Farben ein Chemie-Konzern, der im Ersten Weltkrieg vorbereitet worden war. In den USA, die erst 1917 in den Krieg eintraten, hatte dieser zunächst noch keine Auswirkungen auf die Organisation des Kapitals. Dies änderte sich erst am Ende der Weltwirtschaftskrise von 1929–1933.

Die Organisation der Arbeit

Die Kartellierung der Arbeitskraft durch Gewerkschaften blieb in den parlamentarischen und den repräsentativen Demokratien erhalten. In den USA wurde sie ab 1933 auch durch den Präsidenten Roosevelt zu dem Zweck gefördert, Umverteilungsprozessen zur Hebung der Massennachfrage zum Durchbruch zu verhelfen und Partner für die von ihm angestrebte Kooperation von »Big Business«, »Big Labour« und »Big Government« zu gewinnen.

Neben der freiwilligen Organisation der Arbeitskraft gibt es im Kapitalismus immer auch die unfreiwillige: die Unterordnung der Arbeit unter das Kapital im Produktionsprozess selbst.

Eine weitere unfreiwillige Organisation der Arbeitskraft kann durch den Staat erfolgen: durch Zwangsrekrutierung von Arbeitskräften im Krieg und im Faschismus. (Dabei ging die »Vernichtung durch Arbeit«, die der deutsche Hitlerfaschismus vor allem mit jüdischen Zwangsarbeiter/innen betrieb, in ihrer Brutalität über die bis dahin bekannten Formen der Sklaverei, auch über die Art der Ausbeutung in spanischen Silberminen in Lateinamerika zu Beginn der Kolonialzeit, weit hinaus.)

Die Organisation von Kapital und Arbeit

Neben den jeweiligen Selbstorganisierungen von Kapital und Arbeit gibt es ihre gemeinsame Organisierung unter Hinzutritt des Staates, den Korporatismus.

Wir können drei Formen unterscheiden:

1. Den Kriegskorporatismus. Hier versuchen Staat und Militär Produktion und Verteilung zu lenken.
2. Den Konsenskorporatismus. Nach staatlichen Vorgaben wirken hier Unternehmer und Gewerkschaften zusammen, z. B. in den von ihnen paritätisch finanzierten Selbstverwaltungssystemen. In Deutschland begann dies für die Unfall-, Kranken- und Altersversicherung schon unter Bismarck, 1927 kam die Reichsanstalt für Arbeit (gesetzliche Arbeitslosenversicherung) hinzu. Vorwiegend korporatistisch waren auch die Anfänge der betrieblichen Mitbestimmung (Betriebsrätegesetz 1920 in Deutschland) und die Entwicklung eines Arbeitsrechts, das nicht nur die Pflichten der Lohnabhängigen und die Rechte der Unternehmer festschrieb, sondern auch Unternehmer-Pflichten und Rechte für die Lohnabhängigen. Allerdings waren sie in der Regel Ergebnis von Forderungen und Kämpfen der Arbeiterbewegung. Staatliche Schlichtung von Arbeitskonflikten und Arbeitsgerichtsbarkeit waren ebenfalls Ele-

mente dieses republikanischen Korporatismus, deren Gesamtheit zuweilen als »Wirtschaftsdemokratie« bezeichnet wurde.

Politischer Ausdruck dieses Korporatismus war auch die Beteiligung sozialdemokratischer Parteien an Regierungen. Das im Sinne der sozialdemokratischen Arbeiterbewegung erfolgreichste Beispiel dieses Modells war Schweden seit den dreißiger Jahren: Von 1932 bis in die achtziger Jahre hinein stellte die Sozialdemokratie dort den Ministerpräsidenten. Unternehmer und Gewerkschaften einigten sich 1938 in der Vereinbarung von Saltsjöbaden auf gemeinsame Ziele: Wirtschaftswachstum und Vollbeschäftigung. 1937 wurde in der Schweiz ein »Friedensabkommen« zwischen den Unternehmern und Gewerkschaften der Maschinenbau, Elektro- und Uhrenindustrie abgeschlossen (Gesamtarbeitsvertrag), in dem ein Streikverzicht festgelegt wurde.

3. Zwangskorporatismus schon zu Friedenszeiten brachten der italienische und der deutsche Faschismus: Auflösung der Gewerkschaften, Zerschlagung der Arbeiterparteien, Zusammenfassung von Lohnabhängigen und Unternehmern in staatlich angeordneten Organisationen bei uneingeschränkter betrieblicher Herrschaft der Unternehmer.

Die Weltwirtschaftskrise und das Ende des Laisser Faire

Trotz zunehmender Organisierung des Kapitalismus war die liberale Auffassung vom freien Spiel der Kräfte, das letztlich immer zu einem Ausgleich von Angebot und Nachfrage auf dem Markt führen müsse, in den zwanziger Jahren noch herrschende Lehre. In ihrem Licht wurde zunächst auch die 1929 von den Vereinigten Staaten ihren Ausgang nehmende Weltwirtschaftskrise interpretiert.

Sie begann als Ende des langen US-Booms der zwanziger Jahre. Hierfür gab es folgende Ursachen:

Preisverfall in der Landwirtschaft ohne zunehmende Nachfrage nach ihren Erzeugnissen hatte nach 1920 die Einkommen der Farmer schrumpfen lassen. Die industrielle Beschäftigung stagnierte unter anderem aufgrund von Rationalisierung. Für die zusätzlichen Güter fand sich keine erweiterte Binnennachfrage, zumal ja die Kaufkraft der Landwirtschaft zurückging. Die Löhne blieben hinter der Produktivität zurück. Zwar sanken auch die Preise für industrielle Güter, aber nicht so stark, dass dadurch ausreichend neue Kaufkraft erzeugt worden wäre. Überschüssiges Kapital wurde deshalb zunehmend spekulativ eingesetzt, die Investitionen gingen zurück. (Heilbroner/Milberg 2002: 99-108. Zur Weltwirtschaftskrise allgemein: Kindleberger 1973.)

Diese internen Schwächen der US-Wirtschaft waren zunächst noch durch Export- und Anleihenoffensiven und einen Börsenboom überdeckt. 1929 aber endete die Überbewertung der Aktien in einem Zusammenbruch der Kurse an der New Yorker Börse. Als Kredite, die bislang nach Europa gegangen waren, nicht mehr verlängert wurden, traf die Krise auch diesen Kontinent, in erster Linie Deutschland, das aufgrund seines Kapitalmangels infolge des verlorenen Krieges (Reparationszahlungen) in besonders hohem Maße davon abhängig gewesen war. Der Ausfall der US-amerikanischen Nachfrage nach Rohstoffen und Nahrungsmittelimporten zog die bisherigen Lieferregionen in Lateinamerika und Asien, aber auch Kanada, Finnland und Ungarn in die Krise. (Hobsbawm 1999: 122-123)

Die ungewöhnliche Dauer und Heftigkeit des Einbruchs machten schließlich eine Revision der Auffassungen, wonach es sich nur um einen weiteren Fall einer zyklischen Schwankung handele, nötig. John Maynard Keynes legte – insbesondere in seinem Werk »Allgemeine Theorie der Beschäftigung, des Zinses und des Geldes (1936) – eine neue Erklärung vor: (Keynes 1974)

Ein Gleichgewicht auf den Kapital- und Gütermärkten ist mit Ungleichgewicht auf dem Arbeitsmarkt (hier: Arbeitslosigkeit) vereinbar. Dieses resultiert daraus, dass nur ein Teil der Gewinne wieder in arbeitsplatzschaffende Investitionen umgesetzt wird. Die fehlende Nachfrage kann vom Staat übernommen werden, wenn er bereit ist, sich zu verschulden (Deficit-Spending). Dabei ist ein »Multiplikatoreffekt« in Rechnung zu stellen: staatliche Nachfrage löst zusätzliche und vermehrte private Nachfrage aus, wobei die Verschuldung nach

Anspringen der Konjunktur wieder durch erhöhte Steuereinnahmen ausgeglichen werden kann. Da wohlhabende Haushalte nur einen Teil ihres Einkommens wieder nachfragefördernd ausgeben, arme Haushalte jedoch in hohem Maße (oder gar völlig), ist eine Umverteilung zugunsten der schwachen Haushalte vorteilhaft für Nachfrage und Konjunktur. Deficit-Spending ist letztlich Geldschöpfung jenseits des bis dahin sakrosankten Goldstandards. Es sollte durch niedrige Zinssätze und gezielte Entwertung von nichtinvestiertem Geld gefördert werden.

Der Goldstandard war bereits während des Ersten Weltkrieges de facto aufgehoben worden: die kriegführenden Staaten erhöhten die Papiergeldmenge. Nach Kriegsende wurden Versuche unternommen, durch (Papier-)Geldschnitt den Goldstandard wiederherzustellen. Dies scheiterte in der Weltwirtschaftskrise: nach und nach stellten die großen Industriestaaten die Konvertibilität ihres Papiergeldes zum Gold und damit auch der einzelnen Landeswährungen zueinander ein.

De facto haben zwei Staaten dieses Instrument mit einer gezielten Politik des Deficit-Spending verbunden: Der 1932 neu gewählte US-amerikanische Präsident Franklin D. Roosevelt ging bereits 1933 (also noch vor der Veröffentlichung von Keynes' Werk »Allgemeine Theorie der Beschäftigung, des Zinses und des Geldes«) zu seiner Politik des »New Deal« über: Staatliche Arbeitsbeschaffung, Förderung der Kartellierung (in Umkehrung der Politik eines anderen Roosevelt-Präsidenten, Theodore Roosevelt), Kooperation der Regierung (»Big Government«) mit den Interessenvertretungen nicht nur des Kapitals (»Big Business«), sondern auch der Lohnabhängigen (»Big Labour«), Ansätze zu einer Umverteilung. Die Arbeitslosigkeit sank, war aber erst beseitigt, als die USA sich auf ihren 1941 schließlich erfolgenden Kriegseintritt vorbereiteten.

In Deutschland wurde der gleiche Effekt ebenfalls durch Rüstungsanstrengungen erreicht. Der frühe Keynesianismus (auf den sich Hitler nicht berief) war also im Wesentlichen ein Rüstungskeynesianismus.

Das Ende des Laisser Faire war auch das Ende des Goldstandards. Geld war jetzt nicht mehr ein internationales Austausch-, sondern ein nationales Steuerungsmittel.

Sozialstruktur und Bevölkerungsentwicklung

Auch in dieser Periode gehörten die Vorstandsvorsitzenden der Aktiengesellschaften, die häufig auch die Mehrheit der Anteile hielten, sowie der Großbanken zur führenden Gruppe in der Kapitalistenklasse.

In den entwickelten Industriestaaten blieb die Arbeiterklasse die absolut (Großbritannien) oder relativ größte Klasse. Der massenhafte Zustrom vom Land in die Städte war dort weitgehend abgeschlossen. Die Landwirtschaft beschäftigte einen Bevölkerungsanteil, der zwar kleiner war als das Industrieproletariat, jetzt aber weniger schnell zurückging als in der Industriellen Revolution. Allerdings gerieten die Bauern durch ihre Abhängigkeit von kapitalistischen Zulieferern (Chemische Industrie, Landmaschinenbau), Abnehmern (Nahrungsmittelindustrie) und Gläubigern (Banken) oft in eine bedrängte Lage, die sie häufig zur Unterstützung protektionistischer, konservativer und nationalistischer Politik veranlasste. In Kriegs- und Nachkriegszeiten verbesserte sich ihre Stellung am (dann oft auch informellen) Markt. Innerhalb der Lohnabhängigen wurden die Angestellten zu einer wachsenden Schicht. In beiden Weltkriegen wurden verstärkt Frauen zu Erwerbsarbeit herangezogen.

In Deutschland erfolgte ab 1939 eine Unter-Schichtung der Arbeiterklasse durch den Einsatz ausländischer Zwangsarbeiterinnen und -arbeiter. 1944 stellten sie zwanzig Prozent der Arbeitskräfte, in der Rüstungsindustrie waren es 30 Prozent. (Hobsbawm 1999: 69)

Im Ersten Weltkrieg kamen etwa zehn Millionen Menschen, im Zweiten vierundfünfzig Millionen gewaltsam ums Leben, (Ebd.: 72) im Zweiten Weltkrieg mehr Zivilisten als Soldaten. Unter ihnen waren fünf bis sechs Millionen von Hitlerdeutschland ermordete Juden, etwa 500.000 Sinti und Roma, die Opfer des deutschen Vernichtungskrieges im Osten sowie von Flächenbombardements. Viele sowjetische Kriegsgefangene verloren ihr Leben aufgrund einer Behandlung, die das Kriegsvölkerrecht brach und oft unmittelbar auf ihre physische Liquidierung hinauslief.

In beiden Kriegen und Nachkriegszeiten wurden große Menschenmassen gewaltsam zur Migration gezwungen.

> »Es wird geschätzt, daß es im Mai 1945 etwa 40,5 Millionen entwurzelter Menschen in Europa gab, wobei die nichtdeutschen Zwangsarbeiter und Deutsche, die vor der vorrückenden Roten Armee geflüchtet waren, noch gar nicht mitgezählt sind.« (Ebd.: 74)

Familie und soziale Sicherung

Die kapitalistischen Industriegesellschaften blieben patriarchal verfasst, mit zeitweilig größerer Präsenz von Frauen im Berufsleben während der Kriege. Die wirtschaftliche Regulierung während der Kriege stärkte teilweise die soziale Sicherung (z. B. durch Mieterschutz, in Deutschland seit 1917). In Friedenszeiten wurden in den USA unter Franklin D. Roosevelt Sozialgesetze verabschiedet. Die Regulierung des Banksektors in der Weltwirtschaftskrise durch die Regierung der Vereinigten Staaten (Trennung von Geschäftsbanken und Investitionsbanken) zog die Konsequenz aus der Tatsache, dass Rücklagen und Aktienpakete, die zur individuellen Vorsorge dienen sollten, vernichtet worden waren.

Ab 1933 setzte die faschistische deutsche Regierung Sozialpolitik bevölkerungspolitisch und zum »Kampf um die Seele des deutschen Arbeiters« ein: Einführung des Kindergeldes (Schneider, Michael 1999: 453), der Erste Mai war ab 1933 gesetzlicher Feiertag, 1937 wurden Neujahr, Oster- und Pfingstmontag sowie die beiden Weihnachtsfeiertage bezahlt arbeitsfrei. (Ebd.: 530) Dies gehörte zur kurzfristigen Mobilisierung einer »Volksgemeinschaft« – zu einer Strategie, die gleichzeitig auf Kriegsvorbereitung und Niederwerfung anderer Völker sowie auf den Ausschluss, die Verfolgung und Vernichtung der als »minderwertig« Stigmatisierten angelegt war. (Aly 2005)

Das räumliche Arrangement

Das schnelle Wachstum der Städte in der Periode 1870–1914 kam in den entwickelten Industriestaaten mit dem Beginn des Ersten Weltkrieges zu einem Ende und wurde bis 1945 nicht mehr aufgenommen. An seine Stelle traten ab 1940 teilweise umfangreiche Kriegszerstörungen.

Insgesamt war das räumliche Arrangement des Kapitalismus in diesem Zeitabschnitt durch Verlauf und Ergebnisse der beiden Weltkriege (1914–1918 und 1939–1945) bedingt. Es war dadurch charakterisiert, dass das bisherige weltwirtschaftliche Zentrum – Großbritannien – ab 1918 als solches ebenso zu bestehen aufhörte wie das europäische Gleichgewicht und dass die hierdurch zerstörte Konstellation erst ab 1944/45 durch eine neue internationale Ordnung abgelöst wurde: mit den USA als Zentrum der kapitalistischen Welt, die sich zugleich in Konfrontation zu einem anderen System – dem sozialistischen – befand. Das »Zeitalter der Katastrophen« füllte das Intervall zwischen diesen beiden Arrangements aus.

Beschränkt man das Beobachtungsfeld zunächst auf die Oberfläche von Diplomatie und internationaler Politik, liegt das Urteil nahe, dass der Erste Weltkrieg deshalb ausgebrochen sei, weil er bereits seit den achtziger Jahren des 19. Jahrhunderts gleichsam als unvermeidlich galt.

Der Gegensatz zwischen Frankreich und Deutschland beruhte darauf, dass die 1871 erzwungene Abtretung von Elsass-Lothringen von der französischen Politik nicht auf Dauer hingenommen wurde. Indem das Deutsche Reich sich für einen etwaigen künftigen Krieg mit Österreich verbündete, geriet es in einen weiteren Gegensatz hinein: mit Russland, das sich als Garantiemacht für Interessen der Slawen im österreichisch-ungarischen Vielvölkerstaat (Tschechei, Slowakei, Balkan) und auch des serbischen Staates anbot. Das deutsch-russische Verhältnis wurde dadurch zusätzlich belastet, dass Deutschland sich um ein positives Verhältnis zum Osmanischen Reich bemühte, das schon seit langem dem Versuch des Zarenreichs, Zugang zu den Meerengen (Bosporus, Dardanellen) zu erlangen, im Wege stand.

Ein Gegensatz zu Großbritannien entwickelte sich erstens aufgrund der neuen deutschen Beziehungen zur Türkei. Russlands Streben nach den Meerengen wurde von der britischen Außenpolitik nunmehr für weniger gefährlich gehalten als die von Deutschland angestrebte stärkere Präsenz im Nahen Osten. Eine der Ursachen hierfür war –zweitens – die deutsche Flottenrüstung, durch welche die bisherige maritime Hegemonie Großbritanniens herausgefordert war.

Als Österreich-Ungarn nach der Ermordung des österreichisch-ungarischen Thronfolgers Franz Ferdinand (28.6.1914, Sarajewo) am 28.7.1914 Serbien den Krieg erklärte, Deutschland danach seine Kriegserklärungen an Russland (1. August) und Frankreich (3. August) folgen ließ, am 3. August in Belgien einmarschierte (um in einem schnellen Angriff Frankreich besiegen und sich danach gegen Russland wenden zu können) und damit den Kriegseintritt Großbritanniens provozierte, rechtfertigte das Reich seine Angriffshandlungen als »Präventivkrieg«. Italien, das 1882 mit Deutschland und Österreich-Ungarn einen »Dreibund« abgeschlossen hatte, blieb neutral, da Deutschland und Österreich-Ungarn (die sogenannten »Mittelmächte«) die Angreifer waren und ein Zusatzprotokoll zum Dreibund festgelegt hatte, dass dieser sich nicht gegen Großbritannien richten dürfe. 1915 trat es an der Seite Frankreichs, Großbritanniens und Russlands (der »Entente«) in den Krieg ein (Gebietsansprüche gegenüber Österreich-Ungarn).

Welche Verbindung bestand zwischen Kriegsausbruch und -verlauf einerseits, kapitalistischen Interessen andererseits?

Im ersten »Historikerstreit« der BRD (erste Hälfte der sechziger Jahre des 20. Jahrhunderts) hat Fritz Fischer die These vertreten, dass die Eliten des Deutschen Reiches – Agrarier, Industrielle und die politische Führung – den Ersten Weltkrieg absichtlich ausgelöst hätten. (Fischer 1961, Fischer 1969, Fischer 1979) Dabei stützte er sich unter anderem auf das »Septemberprogramm« des Reichskanzlers v. Bethmann Hollweg.[32] Kritiker hielten ihm entgegen, dass dieses Dokument erst nach Kriegsausbruch verfasst wurde und die dort niedergelegten – auch ökonomischen – Kriegsziele eine Art Rationalisierung einer zunächst ohne sie getroffenen Entscheidung darstellten. (vgl. Septemberdenk-

32 Die Septemberdenkschrift Bethmann Hollwegs. In: Aus Politik und Zeitgeschichte. Beilage zur Wochenzeitung das Parlament. B 19/63, S. 41-44.

schrift 1963) Der marxistische Politologe Reinhard Opitz brachte (in Anlehnung an die von der DDR-Geschichtswissenschaft entwickelte »Monopolgruppen-Theorie«) diese Kriegsziele in Verbindung mit »Europastrategien des deutschen Kapitals«. (Opitz 1994: 211-466) Die Chemie- und die Elektroindustrie hätten eine Expansion der deutschen Interessen im Nahen Osten gegen Großbritannien und Russland (auf längere Sicht vielleicht sogar um den Preis eines Ausgleichs mit Frankreich) verlangt, Montanindustrie und Großgrundbesitz dagegen eine vorrangige Wendung gegen Frankreich. Das Kriegszielprogramm Bethmann Hollwegs habe beiden Zwecken Rechnung zu tragen versucht. Eric Hobsbawm betont die imperialistischen Interessen aller beteiligten Mächte, nicht nur Deutschlands:

> »Weshalb also wurde der Erste Weltkrieg von den führenden Mächten beider Seiten als Nullsummenspiel geführt, als ein Krieg also, dessen Ausgang nur ein totaler Sieg oder eine totale Niederlage sein konnte?
>
> Der Grund dafür war, daß sich dieser Krieg, im Gegensatz zu den (normalerweise begrenzten und spezifizierten) früheren Kriegen, auf unbegrenzte Ziele richtete. Im imperialen Zeitalter waren Politik und Wirtschaft miteinander verschmolzen. Internationale politische Rivalität ahmte Wirtschaftswachstum und Wettbewerb nach, deren charakteristisches Merkmal es ja schon prinzipiell war, grenzenlos zu sein. ›Die ›natürlichen Grenzen‹ von Standard Oil, der Deutschen Bank oder der De Beers Diamond Corporation lagen dort, wo das Universum endet, zumindest aber erst da, wo ihre Expansionsfähigkeit endete.‹« (Hobsbawm 1999: 47[33])

Hobsbawm sieht also auf beiden Seiten imperialistische Interessen als Ursachen für den Ersten Weltkrieg. Dass dabei aber Deutschland (neben Österreich-Ungarn) der Angreifer war, lässt sich aus der besonderen Interessenlage seiner wirtschaftlichen und politischen Eliten (Adel, darunter vor allem die ostelbischen Großgrundbesitzer, und Großindustrie) verstehen:

---

33 Hobsbawm zitiert hier: Hobsbawm 1997 III: 318.

1. Sie waren nicht bereit, dauerhafte direkte Reichssteuern, die vom nach allgemeinem Wahlrecht gewählten Reichstag hätten beschlossen werden müssen, zuzulassen. (Eine Ausnahme – Sondersteuern für die Wehrvorlage 1913 – war für sie ein Alarmzeichen.)
2. Eine von dem führenden Militärplaner Ludendorff verlangte Heeresvermehrung hätte das Adelsprivileg des Offiziers-Corps angegriffen.

Wurden diese beiden Reformen nicht vorgenommen, war auf die Dauer ein Vorsprung Großbritanniens und Frankreichs im Wettrüsten absehbar. Um ihm zuvorzukommen, empfahl sich ein Kriegsbeginn, bevor die Aussicht auf einen Sieg völlig zunichte gemacht war (Groh 1973: 617-652).

Im Kriegsverlauf selbst bewährte sich zunächst drei Jahre lang auf makabre Weise das Europäische Gleichgewicht: keine der beiden Seiten konnte die Oberhand gewinnen. Erst der Kriegseintritt der USA 1917 brachte die Entscheidung zugunsten der Entente.

Ein Untersuchungsausschuss des US-Senats hat viel später – 1934/1935 – die versuchte Einflussnahme von Finanzgruppen und des Morgan-Trusts zugunsten eines Kriegseintritts sichtbar gemacht. (Stolberg-Wernigerode 1973: 149) Den Ausschlag gab aber im Februar 1917 der Beschluss der deutschen Reichsleitung zum uneingeschränkten U-Boot-Krieg, der auch die US-amerikanische Zivil- und Handelsschifffahrt bedrohte. (Als bereits vorher – 1915 – der britische Dampfer »Lusitania« versenkt worden war, starben 1.198 Menschen, darunter 139 US-Amerikaner.) Am 6. April 1917 erklärten die Vereinigen Staaten von Amerika Deutschland den Krieg.

Am 7. November desselben Jahre brach Russland aus dem kapitalistischen Zusammenhang aus: die Bolschewiki übernahmen in Petrograd die Macht.

Knapp vier Monate später, am 3. März 1918, schloss Russland in Brest-Litowsk Frieden mit dem Deutschen Reich. Es war ein imperialistischer Diktatfrieden: Ostpolen, Litauen, Kurland, Estland, Livland wurden nicht nur von Russland abgetrennt, sondern auch unter deutsche Verfügung gestellt.

Da Russland in weiten Teilen noch ein vorkapitalistisches Land war, erfüllt das Vorgehen Deutschlands den Tatbestand des Imperialismus in dem Sinn, dass es sich hier um die systematische und konkurrierende Ausdehnung der Herrschaft eines kapitalistischen Industriestaates über nicht oder nur geringfügig industrialisierte Gebiete handelte. Da aber Russland seinerseits schon eine imperialistische Macht war, handelt es sich zugleich um einen Binnenimperialismus: Ein imperialistisches Land zwingt einem anderen seinen Willen auf – wie bereits 1871, noch zu Beginn des imperialistischen Zeitalters, bei der Abtretung Elsass-Lothringens von Frankreich an Deutschland.

Im Januar 1918 verkündete Präsident Wilson »Vierzehn Punkte«: In ihnen wurden Prinzipien einer künftigen internationalen Ordnung proklamiert, darunter Öffentlichkeit aller internationalen Vereinbarungen, Freiheit der Meere, Freiheit des Welthandels, Selbstbestimmungsrecht der Völker, Gründung eines Völkerbundes.

Der Friedensvertrag von Versailles 1919 zwischen der Entente und Deutschland und die Friedensverträge mit dessen Verbündeten waren weitere Beispiele für binnenimperialistische Diktate. Das gilt weniger für die Gebietsabtretungen als für die Reparationsregelungen. Die USA unterzeichneten die Verträge nicht und traten nach einem ablehnenden Votum ihres Kongresses dem Völkerbund nicht bei.

Teil der neuen internationalen Ordnung nach dem Ersten Weltkrieg war die Errichtung neuer Staaten in Ostmittel- und Südosteuropa. Konstruktionsprinzip sollte das Selbstbestimmungsrecht der Völker werden. Dieses ethnische Prinzip führte aber zu neuen Konflikten, wenn in den neuen Nationalstaaten wiederum Ethnien in die Minderheit gerieten. Hier lag auch ein Problem eines neuen Vielvölkerstaates: des »Königreichs der Serben, Kroaten und Slowenen« (1918) bzw. des »Königreichs Jugoslawien« (1929).

Die deutschen Kolonien teilten Frankreich, Großbritannien und Japan untereinander auf. Für die Gebiete des Nahen Ostens, die bislang zum Osmanischen Reich gehört hatten (darunter auch Palästina), erhielt Großbritannien ein Völkerbundmandat für Mesopotamien (Irak) und Palästina, Frankreich für Syrien einschließlich Libanons.

Ein »Cordon Sanitaire« von Staaten in Ostmitteleuropa sollte nach Absicht der Entente Sowjetrussland isolieren.

Ab 1922 endete die koloniale Abhängigkeit Irlands von Großbritannien. Sein größerer Teil wurde nun ein »Freistaat«, während Nordirland (Ulster) Teil Großbritanniens blieb.

Seit 1917 bahnte sich eine internationale Führungsposition der Vereinigten Staaten an, die von diesen aber zunächst nicht angetreten wurde. So wurde ein formeller Hegemoniewechsel vermieden, der aufgrund des Kriegsverlaufs nahelag:

1. Großbritannien hatte seine militärische Hegemonie zur See verloren.
2. Die USA waren zum Gläubigerland gegenüber Europa geworden.
3. Der Goldstandard galt seit dem Ersten Weltkrieg nicht mehr. Die Versuche Großbritanniens, ihn nach 1918 wiederherzustellen und die eigene frühere Hegemonie auf den internationalen Finanzmärkten zu restaurieren, scheiterten in der Weltwirtschaftskrise 1929 ff.

Die USA weigerten sich, den Dollar als neue Leitwährung zu etablieren und eine eigene militärische Führungsrolle zu übernehmen.

Dieses Machtvakuum nutzte ab 1933 Hitlerdeutschland. Seine Expansions- und Annexionspolitik und sein 1939 begonnener Angriffskrieg gingen über die Kriegsziele von 1914 weit hinaus. Priorität hatten Eroberungen und deutsche Besiedlung in Osteuropa und die Niederwerfung Sowjetrusslands. Die Besiegung Frankreichs 1940, die Besetzung Dänemarks, Belgiens, Norwegens, Jugoslawiens und Griechenlands sollten diese Politik absichern. Die von deutschen Unternehmern, Bankiers und ihnen nahe stehenden Intellektuellen formulierten Kriegsziele waren mit dieser Strategie kompatibel. (Opitz 1994: 608-1007)

1941 überfiel Hitlerdeutschland die Sowjetunion. Damit wurde der bisher innerkapitalistische Krieg zum Systemkrieg zwischen einer kapitalistischen und einer sozialistischen Macht.

Im Dezember 1941 traten die USA (nach einem Luftüberfall Japans auf den Stützpunkt Pearl Harbour und der Kriegserklärung durch Deutschland) in den Zweiten Weltkrieg ein. Dies hatte mehrere Gründe:

1. 1931 hatte Japan die Mandschurei besetzt, 1937 China angegriffen. Ziel war die Gründung eines eigenen japanischen Imperiums (»Grö-

ßerer Raum gemeinsamen Wohlergehens«). Die USA nahmen dies als militärische Bedrohung auf ihrer Gegenküste und auch als Beeinträchtigung ihrer wirtschaftlichen Interessen wahr. Als klar war, dass sie der Expansion Japans in absehbarer Zeit entgegentreten würden, entschloss sich Japan zum Angriff.

2. Die Perspektive eines vom faschistischen Deutschland beherrschten Europa veranlasste Roosevelt, sein Land auf ein Eingreifen in Europa zu orientieren.
3. Die Selbstbehauptung der Sowjetunion gegenüber Deutschland, die sich mit dem Steckenbleiben des deutschen Angriffs vor Moskau Ende 1941 zumindest als eine Möglichkeit abzeichnete, konnte auch zu einer neuen Ordnung auf dem europäischen Kontinent führen, die durch die Hegemonie einer sozialistischen Großmacht gekennzeichnet war. Ein Kriegseintritt der USA sollte eine andere Option zumindest offen halten.

Zweifellos hat erst die US-amerikanische Hochrüstung im Zusammenhang mit dem Kriegseintritt (aber auch schon einige Zeit vorher, als die internationale Lage solche Anstrengungen auch innenpolitisch leichter durchsetzbar machte) den arbeitsmarktpolitischen Erfolg des New Deal herbeigeführt. Doch war dies gewiss lediglich ein zusätzlicher Effekt von ausschließlich außenpolitisch motivierten Entscheidungen. (Junker 1975)

Bereits vorher, im Februar 1941, hatte Präsident Franklin D. Roosevelt in seiner Jahresbotschaft Prinzipien seiner Außenpolitik verkündet, die »Vier Freiheiten«: Freiheit der Meinungsäußerung, Religionsfreiheit, Freiheit von Not und von Furcht. (Stolberg-Wernigerode 1973: 153). In der am 14. August 1941 von Roosevelt und dem britischen Premier Churchill verkündeten »Atlantik-Charta« kündigten diese an:

> »Sie werden sich bemühen, mit gebührender Rücksicht auf ihre bestehenden Verpflichtungen dafür einzutreten, daß alle Staaten, ob groß oder klein, ob Sieger oder Besiegte, unter gleichen Bedingungen Zutritt erhalten zu den Märkten und Rohstoffen der Welt, die für ihren wirtschaftlichen Wohlstand nötig sind.« (Roosevelt 1945: 171f.)

Ein Stichwort für diese Perspektiven gab 1943 der Titel eines Buches des US-amerikanischen Industriellen und republikanischen Politikers Wilkie: »One World«.

Soweit in dieser Vision »One World« als ausschließlich kapitalistische Ordnung verstanden wurde, widersprach ihr der Kriegsverlauf. Die Rote Armee der Sowjetunion drang bis nach Berlin vor. Das Londoner Zonenprotokoll der Staaten der Anti-Hitler-Koalition (USA, Großbritannien, Sowjetunion) 1944 wies ihr als Besatzungsgebiet Deutschland östlich der Elbe zu. In Jugoslawien hatten kommunistisch geführte Partisanen bis 1944 das Land von der deutschen Wehrmacht befreit. Die Sowjetunion errichtete ihre Herrschaft über die Staaten des ehemaligen »Cordon Sanitaire«. Damit endete der Kapitalismus vorerst an der Elbe.

Staat, Politik und Ökonomie

In der Periode 1914–1945 finden sich im kapitalistischen Teil der Welt die folgenden Staatsordnungen:

1. Bürgerliche Demokratien. Ihre Zahl nahm ab 1918 zunächst stark zu: durch die Parlamentarisierung des Deutschen Reiches und Österreichs sowie mit der Gründung neuer Staaten in Ost- und Südosteuropa. Das Prinzip der Volkssouveränität (Bestellung der Staatsorgane und Entscheidung über die Grundzüge der Politik durch das allgemeine Wahlrecht) wurde dort konsequenter als früher angewandt, wo die letzten Einschränkungen des allgemeinen Wahlrechts fielen, vor allem durch das Wahlrecht für Frauen (u. a. in Großbritannien, aber auch in Deutschland), in Frankreich allerdings erst 1944 (Schmale 2000: 201);
2. Militärdiktaturen. Sie gingen teilweise aus den nach 1918 entstandenen demokratischen Republiken hervor (Bulgarien, Ungarn, Polen, Griechenland, ab 1939 auch in Spanien). Eine Sonderform autoritärer bürgerlicher Herrschaft stellte die japanische Monarchie dar;
3. aus Revolutionen hervorgegangene Systeme »gelenkter Demokratie« (Türkei, Mexiko);

4. Faschismus in Italien (seit 1922) und Deutschland (seit 1933). Faschismus (vgl. Kühnl 1979) ist terroristische Gewaltherrschaft zwecks Verteidigung und/oder Fortentwicklung der kapitalistischen Produktions- und Verteilungsverhältnisse. Von anderen Formen bürgerlicher Diktatur unterscheidet er sich durch die Permanenz des Terrors und die Dynamik seiner Innen- und Außenbeziehungen zwecks Sicherung und Ausweitung von Herrschaft. Der Faschismus hat zwei Subjekte:

1. die Exekutive und die diese tragende politische Massenbewegung mit ihrem jeweiligen Führer und
2. das Kapital. (Neumann 1977)

Die faschistische Massenbewegung und – nach deren Machteroberung – die faschistische Exekutive förderten die Interessen der Kapitalistenklasse nach Maßgabe ihres eigenen (der Bewegung bzw. der Exekutive) Interesses an Machteroberung, -sicherung und -ausweitung, wobei die Erhaltung und Dynamisierung der kapitalistischen Klassengesellschaft gleichermaßen Voraussetzung wie Zweck ihres Erfolgs ist.

Kapitalistische Demokratie und Faschismus unterscheiden sich politisch und menschenrechtlich. Gemeinsam haben sie eine enge Verbindung wirtschaftlicher und staatlicher Potentiale, wobei jeweils das eine Potential sich des anderen zur Förderung seiner je eigenen Zwecke bedient. Dies zeigte sich auch im gemeinsamen Zugriff auf neue technische Mittel – nicht nur in der Rüstung, sondern auch in der Durchsetzung des Rundfunks: private Produktion der Geräte, aber staatlicher Betrieb in den meisten Ländern. (Zu den Ausnahmen gehörten die USA.)

Als politische Zwecke in der kapitalistischen Demokratie können Machterwerb und -sicherung von Personen und Parteien, deren Stellung als Regierung oder Opposition durch regelmäßige Wahlen definiert wird, gelten. Bürgerliche Parteien sind diejenigen, die Sicherung des Privateigentums und Kapitalakkumulation als Voraussetzung und Ziel des eigenen Erfolgs definieren. Insofern kann das Kapital als ein Subjekt auch dieser Art von Demokratie (also unter einer völlig anderen Form als im Faschismus) begriffen werden.

Als politische Akteure in der kapitalistischen Demokratie hatten auch sozialistische bzw. sozialdemokratische Parteien zeitweise starken Einfluss. Sie verstanden demokratische gesellschaftliche Verfügung über die wichtigsten Produktionsmittel als Teil und Voraussetzung einer nicht nur auf die politische Sphäre beschränkten, sondern die Ökonomie einbegreifenden Demokratie und der Interessenwahrnehmung der Arbeiterklasse.

In folgenden Ländern waren sozialdemokratische Parteien zeitweilig an der Regierung:

- Dänemark 1916–1920 (ein sozialdemokratischer Minister in einer linksliberalen Regierung), 1924–1926 (Minderheitskabinett), 1929–1940 (Koalitionsregierung mit der Sozialliberalen Partei [Radikale Venstre]), 1940–1943 (Allparteienregierung)[34],
- Deutschland 1918–1920; 1923/24 (als Juniorpartnerin), 1928–1930. (Dies gilt für die zentrale Ebene: In einzelnen Ländern – darunter dem größten, Preußen, stellte die SPD viel länger den Ministerpräsidenten.),
- Finnland 1921–1925, 1926, 1937 ff.
- Frankreich 1936–1938 (Volksfrontregierung),
- Großbritannien (1929–1931), 1940–1945 (Juniorpartnerin),
- Norwegen 1928, 1935–1945,
- Österreich (1918–1920 Juniorpartnerin; im »roten Wien« nutzte die Sozialdemokratie bis 1934 ihre Mehrheit für eine umverteilende Wohnungs-, Schul- und allgemeine Sozialpolitik),
- Schweden 1917/1918 (Koalition mit der Liberalen Partei), März – Oktober 1920, Oktober 1921 – April 1923, Oktober 1924 – Juni 1926 (jeweils Minderheitsregierungen), 1932 ff.
- Spanien 1936–1939 (Volksfrontregierung).

Im Faschismus und in den kapitalistischen Demokratien, aber auch schon in den Kriegswirtschaften des Ersten Weltkriegs nahmen die ökonomischen Staatsfunktionen zu. Der Staat war ein Wirtschaftsfaktor durch

1. Investitionen, Errichtung öffentlicher Infrastruktur,
2. eigene Nachfrage,
3. Umverteilung,
4. öffentliche Betriebe.

34 Ich danke Gerd Callesen für die Angaben.

All dies fand sich schon vor 1914, wurde jetzt aber ausgeweitet und dynamisiert aufgrund der Erfordernisse von Krieg und Konjunkturstützung. In Deutschland wurde während des Ersten Weltkriegs auch der private Wohnraum bewirtschaftet. Auch danach blieb der Wohnungsmarkt teilreguliert, zum Beispiel durch Mieterschutzgesetze. Ein Programm der koordinierten sozialstaatlichen Anstrengungen (»Plan for Social Security«) wurde in Großbritannien unter Kriegsbedingungen 1942 aufgrund des »Beveridge Report« auf den Weg gebracht. (Beveridge 1942)

Sowjetrussland: Der verweigerte Kapitalismus

1917 wurde die kapitalistische Ordnung durch die Entstehung eines sozialistischen Staates in Russland räumlich begrenzt und herausgefordert.

Sozialismus ist die Verfügung einer Gesellschaft über die Produktions- und Zirkulationsmittel sowie die Erbringung von Dienstleistungen durch den planenden, organisierenden und verteilenden Einsatz von politischen Institutionen. Ein Unterfall ist das gesellschaftliche Eigentum. Strukturiert dieses die gesamte Gesellschaft, wird sie in der Regel als kommunistisch bezeichnet. Die politischen Formen, in denen sozialistische Gesellschaften ihre Verfügung über Produktion, Dienstleistungen und Verteilung wahrnehmen, können sehr verschieden sein: von zahlreichen Varianten der Demokratie bis zur Despotie.

Bis in die zweite Hälfte des 19. Jahrhunderts war Russland ein Feudalstaat. Die Bauern der Dorfgemeinschaften erwirtschafteten das Mehrprodukt, das der Adel sich aneignete. Die politische Ordnung war absolutistisch. Im Krimkrieg zeigte dieses System in der Auseinandersetzung mit – u. a. – den kapitalistischen Mächten Frankreich und Großbritannien Effizienz-Defizite. Die Bauernbefreiung (1861) beseitigte die ökonomische Basis des alten Systems, ohne jedoch ausreichende Grundlagen für einen russischen Kapitalismus zu schaffen. Dieser blieb auf wenige Industriezentren beschränkt.

In der Februarrevolution 1917 stürzte der Zar, aber die liberale Bourgeoisie war zu schwach, um die Staatsgewalt auf Dauer ergreifen zu können. Das so entstehende Machtvakuum nutzte im November 1917 die aus einer Spaltung der sozialdemokratischen Partei hervorgegangene bolschewistische (seit 1918: Kommunistische) Partei zu einer Revolution, deren Massenbasis neben dem städtischen Proletariat vor allem die Bauern waren. Letztere eigneten sich das Land der Großgrundbesitzer an und siedelten es auf, wodurch eine breite Schicht von landwirtschaftlichen Kleineigentümern entstand.

In den Augen der Bolschewiki konnte aus dieser Umwälzung noch kein Sozialismus entstehen. Für sie handelte es sich zunächst nur um die Vorläuferin einer sozialistischen Revolution in den bereits entwickelten kapitalistischen Ländern. Deren Sieg sollte die Bedingung für eine nachholende Industrialisierung Russlands und für die Kooperation der russischen Revolutionäre mit dem Westen sein.

Die Voraussetzung einer sozialistischen Revolution in den Hauptländern des Kapitals sah Lenin dadurch gegeben, dass dort bereits eine weitgehende innerkapitalistische Vergesellschaftung stattgefunden habe, die sich in einer Sprengung der bisherigen politischen und Eigentumsordnung fortsetzen müsse. (Lenin 1961)

Der Irrtum dieser Einschätzung beruhte darauf, dass

1. im Westen die innerkapitalistische Vergesellschaftung nicht so weit gediehen war, wie Lenin angenommen hatte. Rudolf Hilferding hatte er vorgeworfen, er habe Monopolisierungsprozesse letztlich nur in der Zirkulation, in Abhängigkeit vom Bankwesen, wahrgenommen. Die Erweiterung, die er selbst anbot, ging über den Vertrieb nicht hinaus, erreichte auf jeden Fall nicht die Produktion.
2. Auch übersah Lenin, dass innerkapitalistische Vergesellschaftungsvorgänge bei Fortbestand des Privateigentums wieder rückgängig gemacht werden können (z. B. heute durch Outsourcing und Individualisierung).
3. Drittens stellte sich in den folgenden Jahrzehnten heraus, dass sie dort, wo sie blieben (zum Beispiel durch die audiovisuellen Medien, die nun wirklich das Volk ideologisch sehr vereinheitlichen), als Herrschaftsmittel des Kapitals fungieren.

Das Ausbleiben der Revolution im Westen wurde von den Bolschewiki zunächst als nur kurzes Intervall in einem weltrevolutionären Prozess wahrgenommen. Um einen wirtschaftlichen Zusammenbruch Russlands (das von 1917 bis 1921 nicht nur einen Bürgerkrieg, sondern auch einen Interventionskrieg kapitalistischer Staaten – darunter Frankreich, Großbritannien, USA – überstehen musste) zu verhindern, ging die kommunistische Partei 1921 zur sogenannten »Neuen Ökonomischen Politik« (NÖP) über: sie zog sich auf die politischen und militärischen »Kommandohöhen« zurück und ließ die Entwicklung von kapitalistischem Eigentum in Industrie und Landwirtschaft zu (»Staatskapitalismus«).

1923 zeichnete sich ab, dass die revolutionäre Welle im Westen für längere Zeit abgeflaut war und Russland (seit dem Ende dieses Jahres: »Union der Sozialistischen Sowjetrepubliken«, UdSSR) isoliert bleiben werde. In der Kommunistischen Partei der Sowjetunion (KPdSU) vertrat Nikolai Bucharin die Ansicht, dass die ökonomische Stabilisierung auf der Basis der in der NÖP entstandenen Eigentumsverhältnisse erfolgen müsse und nur durch die Herausbildung genossenschaftlichen Eigentums weiterentwickelt werden könne. Die »Linken« in der Partei – z. B. E. A. Preobrashenkij – forderten eine beschleunigte Industrialisierung, Leo Trotzki rechnete mit einer Fortsetzung des revolutionären Weltprozesses im Westen.

Der Generalsekretär der KPdSU, Josef Wissarionowitsch Dschugaschwili gen. Stalin, proklamierte Ende 1923 das Konzept des »Aufbaus des Sozialismus in einem Land«. Es sei möglich, diesen zunächst ausschließlich in der Sowjetunion zu errichten. 1926 wurden volkswirtschaftliche Kennziffern als Vorform der Planwirtschaft erarbeitet. Nach der Ausschaltung innerparteilicher Fraktionen ging Stalin ab 1929 zu einer Politik der forcierten Industrialisierung, der zwangsweisen Kollektivierung der Landwirtschaft und zur Planwirtschaft (1. Fünfjahresplan) über. Der Kampf gegen die »Kulaken« (Mittel- und Großbauern) forderte zahlreiche Todesopfer. 1936 – 1939 fand die »Große Säuberung« statt: die Vernichtung der alten Kader der KPdSU, vieler einfacher Parteimitglieder und der Führung der Roten Armee. Millionen von Menschen wurden zwangsumgesiedelt, verbannt oder in Lagern inhaftiert. Zugleich entstand im Zug der beschleunigten Industrialisierung eine neue Arbeiterklasse mit

Aufstiegsmöglichkeiten auch in die Apparate von Staat und Partei. Insgesamt handelte es sich um einen Umwälzungsprozess, in dem die Gewaltsamkeit, mit der die kapitalistische Gesellschaft in West- und Mitteleuropa sich während dreier Jahrhunderte (1500–ca. 1850) herausgebildet hatte, unter sozialistischem Vorzeichen auf wenige Jahre zusammengepresst wurde. Die Zahl der Todesopfer betrug viele – bis heute nicht genau bezifferbare – Millionen, wahrscheinlich im zweistelligen Bereich. Das Herrschaftssystem, unter dem dies erfolgte, der Stalinismus, war terroristische Gewaltherrschaft unter sozialistischen Bedingungen zwecks Verteidigung oder/und Fortentwicklung sozialistischer Produktions- und Verteilungsverhältnisse. Eine Definition des Soziologen Werner Hofmann lautet:

> »Unter Stalinismus soll zunächst verstanden werden eine *exzessiv machtorientierte Ordnung der Innen- und Außenbeziehungen einer Gesellschaft des erklärten Übergangs zum Sozialismus.*« (Hofmann 1984: 29. Hervorhebung: Hofmann)

Laut Hannah Arendt blieb dieses System in seiner voll ausgebildeten Form zeitlich »auf die Jahre 1929 bis 1941 und dann wieder von 1945 bis 1953« beschränkt. (Arendt 2000: 632).

Nachdem die Sowjetunion sich im Zweiten Weltkrieg gegen Hitlerdeutschland behauptet hatte und eine Einigung mit dem Westen über die Zukunft des Kontinents nicht zustande kam, übertrug Stalin ihr Herrschaftsmodell auf die von der Roten Armee eroberten Länder Ost- und Mitteleuropas. (Diese Zeit des Übergangs, in der 1948 durch einen Umsturz auch die Tschechoslowakei in den sowjetischen Einflussbereich geriet, erstreckte sich in der sowjetischen Besatzungszone Deutschlands – ab 1949: Deutsche Demokratische Republik – bis ca. 1952.)

Eine zweite Entwicklung zu einer sozialistischen Gesellschaft bahnte sich in China an. Dort war 1911 die kaiserliche Dynastie durch eine Republik unter der Führung von Sun Yat-sen und der »Nationalchinesischen Volkspartei« (Kuomintang, KMT) ersetzt worden. Die 1921 gegründete Kommunistische Partei, die zunächst mit der KMT zusammengearbeitet hatte, wurde von deren neuem Führer, Chiang Kai-shek, ab 1927 blutig verfolgt und nahezu aufgerieben. In dem Teil des Landes, in dem sie sich halten konnte (Provinz Kiangsi), rief sie 1931 die »Chinesische Volksrepublik« aus. 1934 begann ihre »Rote Armee« den »Langen Marsch« nach dem Nordwesten Chinas, wo sie unter der Führung Mao Tse-tungs »befreite Gebiete« beherrschte. Während der japanischen Besatzung, die von der Kuomintang und der Kommunistischen Partei bekämpft wurde, vergrößert letztere ihren Einfluss, hatte 1945 mehr als 1,2 Millionen Mitglieder, eine Armee mit einer Million Soldaten und regierte insgesamt über fast 100 Millionen Menschen.

Der dritte (in diesem Fall: relativ) eigenständige Ansatz zur Errichtung eines sozialistischen Systems entstand in Jugoslawien. Eine Partisanenarmee unter Führung des Kommunisten Josip Broz Tito leistete erfolgreich gegen Deutschland Widerstand, band dadurch deutsche Truppen, die deshalb nicht im vorgesehenen Maß gegen die UdSSR eingesetzt werden konnten, erfuhr andererseits eine gewisse Entlastung dadurch, dass die deutsche Wehrmacht ihren Kampf auf die Sowjetunion konzentrieren musste. Seit Oktober/November 1944 hatte Tito die Macht im Lande inne.

Gegen- und Herrschaftsbewegungen

Verstehen wir unter »Gegenbewegungen« im Kapitalismus alle Tendenzen, die sich gegen den je aktuellen Zustand der kapitalistischen Gesellschaft wenden (von rechts – unter dem Aspekt von Ordnung, Distanz, Differenz oder – links – Freiheit, Gleichheit, Solidarität), dann gilt auch, dass diese Bewegungen sich neu gruppieren, wenn ihre bisherigen Voraussetzungen sich ändern.

Dies war mit dem Ersten Weltkrieg der Fall. Soweit Oppositionsbewegungen an die Regierung gelangten, befanden sie sich nicht mehr im Gegensatz zur Hauptrichtung der gesellschaftlichen Entwicklung, sie unterstützten von ihnen erkämpfte oder doch akzeptierte dominante Zustände und hatten zuweilen selbst Teil an Herrschaft. Mit der Durchsetzung des allgemeinen Wahlrechts nahm Politik stärker als zuvor »Bewegungs«form an: auch die herrschenden Eliten konnten auf Massenmobilisierung nicht verzichten. Diese Tendenz hatte sich bereits im zweiten Drittel des 19. Jahrhunderts herausgebildet und trat nun noch stärker hervor. Zugleich entstanden neue Richtungen und Ausdrucksformen von Opposition.

In der

1. Arbeiterbewegung trennten sich seit dem Ersten Weltkrieg die beiden Richtungen, die sich bereits vor 1914 in ihr herausgebildet hatten, auch organisatorisch. Die eine engagierte sich im Korporatismus und wurde parteipolitisch durch die Sozialdemokratie vertreten. Von ihr trennten sich die kommunistischen Parteien[35], die sich 1919 in der Kommunistischen Internationale zusammenschlossen. Sie verstanden sich als Organisationen zur kurzfristigen Durchsetzung der Revolution in ihren jeweiligen Ländern. Diese Versuche scheiterten im Zeitraum 1918–1923. Danach sahen die kommunistischen Parteien ihre Hauptaufgabe in der Unterstützung der Sowjetunion nach dem Konzept des »Sozialismus in einem Land«. Ihre neuerliche Proklamation einer revolutionären Offensive 1929 ff. endete in Deutschland in der Niederlage gegen den Faschismus. (In Italien und einigen Ländern des »Cordon Sanitaire« waren die Kommunistischen Parteien bereits in den zwanziger Jahren illegalisiert worden, während in der Tschechoslowakei die KP bis 1939 eine Massenbasis hatte.) In Deutschland und in den von diesem besetzten Ländern leisteten sie den größten Teil des Widerstands, auch bewaffnet als Partisanen. In Italien und Frankreich wurden sie in diesem Zusammenhang ab 1943 Massenparteien.

Die anarchistische Richtung der Arbeiterbewegung hatte während des Spanischen Bürgerkriegs (1936–1939) großen – in dessen Verlauf ständig abnehmenden – Einfluss.

Der

2. Faschismus saugte in Deutschland während seiner Aufstiegsphase die älteren antisemitischen und völkischen Bewegungen auf, darunter auch die alldeutsche Pan-Bewegung. Seit 1922 war er in Italien und seit 1933 in Deutschland nicht mehr eine (rechte) Oppositionsbewegung, sondern organisierte einen Herrschaftsapparat.

---

35 Ihre Namen werden im Folgenden zuweilen als KP abgekürzt.

3. Die Bewegungen für die Rechte der Frauen wurden durch den Ersten Weltkrieg gespalten. Einige ihrer führenden Vertreterinnen in Deutschland und Großbritannien unterstützten die Kriegsanstrengungen ihrer Regierungen. Zugleich erfolgten Linksabspaltungen. Ein Thema, das nun stärker artikuliert wurde als vor 1914, war der Kampf um selbstbestimmte Schwangerschaft.

Im

4. Neoliberalismus transformierte sich die alte freihändlerische Bewegung in eine Opposition gegen die zunehmende Durchstaatlichung der Wirtschaft und gegen den Einfluss von Keynes. Einer der Stichwortgeber war Walter Lippman mit seinem Buch über »The Good Society«. (Lippman 1973) 1938 fand als Manifestation gegen den »Kollektivismus« ein »Colloque Walter Lippman« in Paris statt. In Großbritannien richtete sich dieser Kampf ab 1942 vor allem gegen den Beveridge-Plan. (Cockett 1994: 9-99) Eine Kampfschrift dieser Richtung war das Buch »Der Weg zur Knechtschaft« von Friedrich August von Hayek. (Hayek 1945)

Die

5. Radikaldemokratischen Bewegungen konzentrierten seit dem Ende der zwanziger Jahre sich zunehmend auf den Kampf gegen den Faschismus.

Die

6. Bewegungen der kulturellen Differenz erloschen zunächst weitgehend am Beginn des Ersten Weltkriegs. Teilweise konstituierten sie sich neu im Umkreis der kommunistischen Bewegung, als Ende der zwanziger, Anfang der dreißiger Jahre die Sowjetunion in einem Moment den Aufbau des Sozialismus fortsetzte, als der Kapitalismus durch Krise und (in einigen Ländern) Faschismus charakterisiert war. Unter dem Eindruck des Stalinschen Terrors gegen die eigene Partei gaben sie nach 1936 meist diese Sympathien wieder auf. Einzelne Vertreter des italienischen Futurismus zeigten anfänglich Affinität zu Mussolinis faschistischer Bewegung. Die Schriftsteller Knut Hamsun und Ezra Pound sympathisierten mit dem Faschismus.

Der Jazz, entstanden als Musik der schwarzen Unterschicht der USA, fand Akzeptanz in der Kulturindustrie.

Eine neue Bewegung der kulturellen Differenz trat nach dem Ersten

Weltkrieg erstmals selbstbewusst auf: im Kampf von Homosexuellen gegen ihre Diskriminierung und strafrechtliche Verfolgung.

Der

7. Konservativismus war in Deutschland und Österreich weitgehend eine Bundesgenossenschaft mit dem Faschismus eingegangen, aus der sich einige seiner Vertreter wieder lösten (z. B. in der Opposition des 20. Juli 1944). Mit de Gaulle in Frankreich und Churchill in Großbritannien stellten sich nationalistische und (im Falle Churchills) imperialistische Politiker an die Spitze der Verteidigung ihrer Länder gegen Hitlerdeutschland.

8. Der politische Katholizismus legte mit der Sozialenzyklika »Quadragesimo Anno« des Papstes Pius XI. (1931) ein neues Dokument seiner Abgrenzung gegen Liberalismus und Sozialismus, aber auch für soziale Gerechtigkeit vor. In Spanien stellte sich die Kirche auf die Seite der putschenden Generäle.

Die

9. Friedensbewegung wurde im Beginn des Ersten Weltkriegs weitgehend zerstört, konstituierte sich in dessen Verlauf aber neu. In eine konzeptionelle Krise geriet sie in den westlichen Demokratien während der dreißiger Jahre angesichts der Rüstung und außenpolitischen Aggressivität Hitlerdeutschlands.

Der

10. Antikolonialismus, der immerhin schon vor 1914 zu Aufstandsbewegungen geführt hatte, gewann nun neue, langfristig organisierte Kraft: unter anderem in Indien und Indochina. Er wurde besonders belebt seit der Weltwirtschaftskrise 1929–1933, in der die Kolonien, aber auch die nachkolonialen Gesellschaften Lateinamerikas durch den Fall der Rohstoffpreise beeinträchtigt waren. (Hobsbawm 1999: 271 f.) Auch der Kampf der Kuomintang und der Kommunisten in China gegen Japan war zugleich eine anti-imperialistische Bewegung, ebenso waren dies implizit die Kämpfe für Landreform in Mexiko dadurch, dass sie mit Interventionen (1914 und 1916) sowie Interventionsdrohungen der USA konfrontiert waren. Die Vereinigten Staaten intervenierten 1909 bewaffnet in Nicaragua und unterstellten dieses Land 1912–1925 ihrer Militär- und Finanzkontrolle.

7. 1945–1973: Wohlfahrtsstaat und Systemkonflikt

Allgemeine Merkmale

Der kapitalistische Teil der Welt war 1945–1973 charakterisiert durch
1. die Konfrontation mit der UdSSR und den anderen sozialistischen Staaten im Kalten Krieg (spätestens seit 1947),
2. militärische und politische internationale Bündnisse unter Führung der USA (denen auch die 1949 gegründete Bundesrepublik Deutschland, BRD, angehörte),
3. Organisation des Warenverkehrs, der Kapitalzirkulation, teilweise auch der Produktionsbedingungen in internationalen Institutionen (Weltbank, Internationales Währungssystem, Organization of European Economic Co-operation OEEC, Organization for Economic Co-operation and Development OECD),
4. hohes und beständiges Wachstum und Ausweitung der Wohlfahrtsstaatlichkeit,
5. Dekolonisierung,
6. besonders große Bedeutung des Kredits für die Akkumulation.

Insbesondere die Wohlfahrtsstaatlichkeit, die hohen Wachstumsraten und der langdauernde Frieden in Europa haben Anlass gegeben, diese Periode als Goldenes Zeitalter des Kapitalismus zu bezeichnen. (Marglin/Schor 1991; Hobsbawm 1999: 283-499) Sämtliche Gewinnformen – Handelsgewinn, Mehrwert, Innovationsgewinn, Monopolgewinn – sind voll ausgebildet, Zwangsarbeit und ökonomische Ausnutzung von Kriegen haben eine weit geringere Bedeutung als 1914–1945.

Die Akkumulation des Kapitals wurde in den kapitalistischen Zentren durch eine (posthum durch Keynes inspirierte) Geld- und Fiskalpolitik des Deficit-Spending vorangetrieben: Unternehmen und Staat nahmen Kredite auf, investierten diese und erzeugten damit eine Nachfrage, die mit ihren Angeboten gedeckt wurde. Vollbeschäftigung und hohe Profite sollten anschließend für Zins, Tilgung und sogar für eine Expansion der Staatsaufgaben ausreichen. Die zunächst durch Kredite, dann durch Lohnsteigerungen stimulierte Nachfrage war also Ausgangspunkt der Akkumulation (Nachfrageorientierte Wirtschaftspolitik).

Dass diese Fiskal- und Geldpolitik tatsächlich zu solchen Ergebnissen führte, verdankte sich allerdings einer Sonderkonstellation, die der ungarische Theoretiker Jánossy 1966 als »Rekonstruktionsperiode« bezeichnete.

Er ging davon aus, dass seit der Industriellen Revolution alle Wirtschaften, die auf dieser beruhen, einem langfristigen Wachstumstrend folgen. Dieser speise sich aus einem zunehmenden Sach- und Arbeitskräftepotential. Er könne durch Kriege und tiefe Krisen unterbrochen werden. Rückschläge und Zerstörungen müssten anschließend kompensiert werden. Dies führe zu einem überdurchschnittlichen Wachstum, das sich auch nach dem Erreichen des alten Niveaus noch einige Zeit fortsetze. Jánossy vertrat

> »die Ansicht, dass die wirtschaftliche Rekonstruktionsperiode im Zeitpunkt, in dem die Produktion ihr Vorkriegsniveau erreichte, noch nicht beendet war, sondern bedeutend länger dauerte. Die Rekonstruktionsperiode findet nämlich – unserer Auffassung gemäß – ihr Ende erst in dem Zeitpunkt, in dem das tatsächliche Produktionsniveau gleich jenem ist, das in diesem Zeitpunkt erreicht worden wäre, wenn der Krieg gar nicht stattgefunden hätte.« (Jánossy 1966: 16)

Ausschlaggebend sei gewesen, dass das durch den Krieg zerstörte Sachkapital leicht wiederhergestellt und dann ausgedehnt werden konnte, weil trotz der großen Einbußen an Menschenleben die Qualifikationsstruktur erhalten blieb.

Jánossy konzentrierte seine Überlegungen auf Europa (einschließlich der Sowjetunion, für die die von ihm beschriebene Entwicklung systemübergreifend ebenfalls gelte) und Japan. Erklärungsbedürftig ist dann, weshalb auch die USA, die skandinavischen Länder und die Schweiz, die im Zweiten Weltkrieg keinen Zerstörungen ausgesetzt waren, ebenfalls am Nachkriegsaufschwung teilnahmen. Auf die Vereinigten Staaten mag er implizit seine Bemerkung bezogen haben, dass »das Produktionsniveau – nicht nur im besiegten, sondern auch im siegreichen Lande – am Ende des Krieges oder kurz danach auf einen Tiefpunkt« gelangte (Ebd.: 17). Wichtiger ist, dass durch die europäische Rekonstruktion eine starke Nachfrage nach US-amerikanischen Waren und Krediten bestand und die ständige Rüstung im Kalten Krieg ebenfalls die Produktion stimulierte. Als entscheidender Einbruch, auf den Rekonstruktion im doppelten Sinn (1. Kompensation der Einbußen, 2. Fortsetzung des extra-hohen Wachstums bis zu dem Punkt, der bei ununterbrochener Entwicklung zu erwarten gewesen wäre) folgte, muss für die Vereinigten Staaten die Weltwirtschaftskrise (1929 – 1933) angenommen werden. Die Schweiz und die skandinavischen Länder nahmen an den »Wirtschaftswundern« der ehemaligen Kriegsländer dadurch teil, dass sie die Nachfrage, die von deren Rekonstruktion ausging, bedienen konnten.

Thomas Piketty kommt teilweise zu ähnlichen Ergebnissen bei der Erklärung für die Ursachen der Sondersituation 1945 – 1973, setzt aber noch früher an. Er stellt fest, dass in der Geschichte des Kapitalismus zumindest seit 1800 die Kapitalrendite (er wählt hierfür das Symbol r) sich schneller entwickelt habe als das Wachstum (Symbol: g) und bringt dies in der Formel r>g zum Ausdruck. (Piketty 2014: 44-48) Daraus ergab sich am Anfang des 20. Jahrhunderts hohe Überakkumulation, die durch die beiden Weltkriege und die Krise 1929 – 1933 abgebaut worden sei. (Piketty 2014: 195-216) Geht man davon aus, dass dabei vor allem Geldvermögen vernichtet wurde, während Anlagekapital trotz der Kriegszerstörungen noch ausgebaut worden ist, und dass die Stellung der Arbeit gegenüber dem Kapital zeitweilig verstärkt wurde, ergaben sich zwei Effekte:

1. Die Kombination von qualifizierter Arbeitskraft mit quantitativ reichhaltigem und qualitativ leistungsfähigem Anlagekapital führte zu starkem Wachstum, dessen Ergebnisse auch abgesetzt werden konnten, weil
2. Vollbeschäftigung die Arbeiterklasse stärkte, deren zahlungsfähige Nachfrage dadurch erhöht wurde, und zusätzliches Wachstum entstand.

Die Sonderstellung dieser Periode in der Geschichte des Kapitalismus lässt sich an der folgenden Tabelle ablesen, die die jahresdurchschnittlichen Wachstumsraten des Bruttosozialprodukts der entwickelten Länder von 1830 bis 1990 wiederzugeben sucht:

1830 – 1870:	0.6 Prozent
1870 – 1890:	1.0 Prozent
1890 – 1913:	1.7 Prozent
1913 – 1920:	- 1.3 Prozent
1920 – 1929:	3.1 Prozent
1929 – 1950:	1.3 Prozent
1950 – 1970:	4.0 Prozent
1970 – 1990:	2.2 Prozent

(Heilbroner/Milberg 2002: 138)

In den Kolonien, Halbkolonien und unabhängigen Entwicklungsländern entwickelte sich das Wachstum wie folgt:

1830 – 1870:	- 0.2 Prozent
1870 – 1890:	0.7 Prozent
1890 – 1913:	1.4 Prozent
1913 – 1920:	0.8 Prozent
1920 – 1929:	2.4 Prozent
1929 – 1950:	0.8 Prozent
1950 – 1970:	3.0 Prozent
1970 – 1990:	1.5 Prozent

(Ebd.: 138)

Die Periode 1945 – 1973 kann unterteilt werden in

1. eine Phase der Rekonstruktion (1945 – ca. 1960) und eine
2. Expansionsphase (ca. 1960 – 1973).

Triebkräfte der Entwicklung waren:

1. die nachholende bzw. wiederholende Akkumulation in der Expansionsphase. Kriegszerstörungen wurden beseitigt (= die Ergebnisse früherer Akkumulation mussten noch einmal erreicht werden). Dies

galt vor allem für Mittel- und Westeuropa. (Das teilweise viel stärker zerstörte Osteuropa vollzog den Wiederaufbau viel langsamer.)
2. Mobilisierung von Arbeitskraft durch starke Migration,
3. der strategische Einsatz des Kredits für Ersatz- und Erweiterungsinvestitionen,
4. die konjunkturbelebende und -stabilisierende Funktion der Rüstung.

Die stofflichen Grundlagen

Nach dem Zweiten Weltkrieg ist das Zeitalter der Dampfkraft endgültig vorbei. Sie wird durch die Elektrizität abgelöst, der Verbrennungsmotor gewinnt immer weitere Verbreitung. Die Eisenbahnen wurden elektrifiziert. In der Beförderung von Personen und Material wurden sie nun auch in Europa und weltweit nach dem Muster der USA vom Automobil abgelöst. Damit wurde das Erdöl zu einem zentralen Rohstoff.

Die bereits seit dem Anfang des 20. Jahrhunderts betriebene Entwicklung von Kunststoffen trat nun aus ihrer protoindustriellen Phase heraus. Synthetische Stoffe wurden in einem solchen Ausmaß eingesetzt und bestimmten auch das Alltagsleben, dass man von einer Kunststoff-Revolution sprechen könnte. Auch der Beton wurde jetzt in weiterem Umfang verwandt als bisher, nicht mehr nur für den Straßen- und Militär-, sondern auch den Zivilbau. Seit Mitte der fünfziger Jahre verschwand in den kapitalistischen Zentren das Straßenpflaster unter dem Asphalt, dessen Anwendung damit ebenfalls über die protoindustrielle Verwendung hinaus kam.

Neben und an die Stelle der bisherigen Werkstoffe:

- Baumwolle,
- Naturstein bzw. Ziegel,
- Eisen,
- Stahl,
- Holz,
- Glas

traten nun

- synthetische Fasern,
- Plastik,
- Beton und
- Asphalt.

Ab 1960 wurde das Flugzeug zum Massenverkehrsmittel, gleichzeitig mit der Ausweitung des Tourismus als Industrie. Das Telefon zog in den entwickelten kapitalistischen Ländern in nahezu jeden Haushalt ein. Nicht allein Ergebnis kapitalistischer Entwicklung, sondern des Wettrüstens zwischen den USA und der Sowjetunion war die Raumfahrt. 1957 schoss die UdSSR erstmals einen unbemannten, 1961 einen bemannten Satelliten in eine Umlaufbahn um die Erde, 1969 landeten US-amerikanische Astronauten auf dem Mond.

Der zunehmende Einsatz von Kunststoffen und die Steigerung des Verbrauchs an fossilen Brennstoffen (vor allem Erdöl für den Automobilverkehr) führten zu verstärktem Eintrag von Abstoffen in Boden, Wasser und Atmosphäre, wenngleich andererseits der Rückgang der Kohleheizung in vorher besonders beeinträchtigten Landschaften und Gewässern die dortigen Belastungen wieder verringerte.

Ein neuer Bereich von Angebot und Nachfrage wurde die Unterhaltungselektronik. Das Tonband machte der Schallplatte Konkurrenz. Seit Mitte der fünfziger Jahre überholte das Fernsehen den Hörfunk.

Mit der Tiefkühlkost erschloss sich die Nahrungsmittelindustrie einen neuen Zweig. Eisschrank und Waschmaschine revolutionierten die Haushalte. Häusliche Dienstleistungen wurden dadurch reduziert und durch den Einsatz von Maschinen ersetzt.

Ab ca. 1960 ging in Mittel-, West- und Nordeuropa die Bedeutung der bäuerlichen Landwirtschaft als quantitativ relevanter Wirtschaftszweig enorm zurück. Ursachen waren die Steigerung der Produktivität und Importe. Beide verbanden sich mit Industrialisierung der landwirtschaftlichen Produktion im »Agrobusiness«, das mit Lebensmittelkonzernen und Vertriebsfirmen eng verbunden war.

Nunmehr wurden bisherige Ausnahmegenüsse in Europa zur Alltagserfahrung. Dies gilt zum Beispiel für Südfrüchte und den Kaffee, der dort, wo nicht ohnehin der Tee üblich war, bis 1945 für die breiten Massen allenfalls ein Fest- und Sonntagsgetränk war (an den Werktagen begnügte man sich mit Surrogaten, »Muckefuck« aus Gerste z. B.), jetzt aber täglich getrunken wurde.

In Industrie, Landwirtschaft und Haushalt wurde die körperliche Arbeit leichter. Die Steigerung der Arbeitsproduktivität – jetzt auch durch zunehmende Automatisierung – ermöglichte Arbeitszeitverkürzungen in bisher ungekanntem Ausmaß. Zugleich wurden mehr außerhäusliche Dienstleistungen angeboten, besonders im Einzelhandel, der jetzt seine protoindustrielle Phase überwand, im Bildungs- und Gesundheitswesen. Trotz Automatisierung gab es keine Massenarbeitslosigkeit, sondern im Gegenteil Arbeitskräftemangel in den industriellen Zentren, die damit Ziel von starker Arbeitsmigration wurden. Ursache war eine Massennachfrage, die das sich ständig erweiternde Angebot noch überstieg. Sie entstand durch

1. die Erschließung bislang noch durch Eigenarbeit (etwa in den Haushalten) geprägter Bereiche für industriell erzeugte Waren (Tiefkühlkost, Konserven, Staubsauger, Waschmaschinen),
2. die Weckung und Bedienung neuer Bedürfnisse, zum Beispiel durch die Unterhaltungselektronik und den Tourismus,
3. die Massenmotorisierung,
4. öffentlich-rechtlich erleichterte Nachfrage im Erziehungs-, Bildungs- und Gesundheitswesen.

Diesen Gesamtvorgang hat später der Soziologe Burkart Lutz – in Anlehnung an Rosa Luxemburg – als eine innere »Landnahme« (Lutz 1984: 57) des Kapitalismus, die für einige Zeit den »kurzen Traum immerwährender Prosperität« erzeugte, bezeichnet.

Eine weitere Konjunkturstütze trat hinzu: die ständige staatliche Nachfrage nach Militärgütern während des Ost-West-Wettrüstens. Unternehmen, die in diesem Bereich ständig engagiert waren, und die militärisch relevanten Teile des Staates bildeten eine Kombination, die zuweilen als »Militärisch-Industrieller Komplex« bezeichnet wurde.

Versteht man unter Industrie nicht nur massenhafte Produktion, sondern auch massenhafte Distribution und Dienstleistungen, so können auch

1. Tourismus,
2. Bildungswesen,
3. Gesundheitswesen,
4. Einzelhandel und
5. Unterhaltung (»Kultur- und Bewusstseinsindustrie«)

nunmehr als Industrien bezeichnet werden.

Für das Bildungs- und Gesundheitswesen bedarf dies folgender näherer Erläuterung:

Pharmazeutische Chemie und medizinischer Gerätebau, dazu der Auf- und Ausbau von Kliniken bildeten das Angebot für eine durch die Ausweitung der Versicherungsleistungen enorm erweiterte Nachfrage.

Seit Mitte der sechziger Jahre ist schulische und universitäre Ausbildung nicht länger einer gesellschaftlichen (in der Mehrzahl durch die familiäre Abkunft definierten) Elite vorbehalten, sondern sie wird auch breiteren Massen von jungen Menschen zugänglich gemacht.

Beide Entwicklungen hatten folgende Ursachen:

1. die prinzipiell nachfrageorientierte Wirtschafts- und Gesellschaftspolitik nahezu aller (nicht nur der sozialdemokratisch geführten) Regierungen,
2. die neue Bedeutung von Wissenschaft und Technologie.

In der Medizin stellten diese ein qualitativ neues und massenhaft erweitertes Angebot her, das seine Nachfrage suchte und fand (bis hin zu einer zeitweiligen Überkapitalisierung der Arztpraxen durch die Anschaffung danach amortisierungsbedürftiger Geräte).

Zugleich war nun weltweit – nach dem Vorgang der USA – die Verbindung zwischen Wissenschaft, Technologie und Wirtschaft enger geworden, auch in den Vereinigten Staaten wurde jetzt die etwaige Lücke zwischen Forschung, Entwicklung und Fertigung noch einmal enger. Wissenschaft wurde nun gleichsam ebenfalls zum »Stoff«, nicht mehr, wie bisher, eine neben der materiellen Produktion und Vermarktung koexistierende, von dieser zuweilen konsultierte und in ihren Dienst genommene Sphäre. Die »wissenschaftlich-technische Revolution«, von der man nun zu sprechen begann, erwies sich als eine Revolution in Permanenz.

Die Entdeckung der Doppelhelix 1953 durch Francis Crick und

James Dewey Watson ermöglichte eine neue Prototechnologie, die Gentechnologie.

Gegenüber der materiellen Produktion in Landwirtschaft und Produktion holte nun der sogenannte Tertiäre Sektor (Dienstleistungen) in den Beschäftigtenzahlen stark auf.

Die Organisation des Kapitals

An die Stelle des Unternehmerkapitalismus (prototypisch für diesen war noch Henry Ford gewesen) trat nun der Manager-Kapitalismus, den nicht mehr der als Unternehmer selbst noch tätige Eigentümer prägte, sondern der Vorstand der Aktiengesellschaft. Nationale Unternehmen weiteten sich zu Transnationalen Konzernen, die ihre Fertigungsstätten und Vertriebsnetze in verschiedenen Ländern hatten, aus (z. B. General Motors, Esso, Shell). Zugleich begann der bislang im nationalen Rahmen organisierte Kapitalismus seine Transformation zum International Organisierten Kapitalismus.

Bereits 1944 waren auf einer internationalen Regierungskonferenz in Bretton Woods u. a. unter Teilnahme und Mit-Federführung von John Maynard Keynes zwei Organisationen geschaffen worden, die weltweit (innerhalb des Kapitalismus) Liquidität bereitstellen und steuern sollten: der Internationale Währungsfonds (IWF) und die Weltbank. Der Dollar wurde zur Leitwährung, die zu festen Wechselkursen in jede andere Währung getauscht werden konnte und ihrerseits an das Gold (35 US-$ = 1 Unze) gebunden war. (Ein – zunächst wenig wirksamer – Vorläufer dieses Systems war 1929 die Gründung der Bank für Internationalen Zahlungsausgleich – BIZ – gewesen.) Damit wurde die Geldzufuhr zu einem internationalen Regulierungsinstrument.

Dies war eine Regelung für eine kapitalistische »One World«, die in Wirklichkeit aber nicht bestand: angesichts der Existenz der Sowjetunion und eines ab 1945 sich herausbildenden, von ihr dominierten sozialistischen Weltsystems. Ab 1947 stand deshalb die weitere internationale Organisierung des Kapitals und des Kapitalismus unter dem Gebot des Kalten Krieges.

1947 riefen die USA den Marshallplan ins Leben, der formell ein Angebot für alle vom Zweiten Weltkrieg getroffenen Länder war, an dem die Sowjetunion und ihre Verbündeten sich aber nicht beteiligten. Er stellte Kredit für Europa und damit auch Nachfrage nach US-amerikanischen Waren bereit. Die Empfängerländer (und die westlichen Besatzungszonen Deutschlands) schlossen sich in der OEEC (Organization for European Economic Cooperation) zusammen. 1947 wurde von 23 Staaten das General Agreement on Tariffs and Trade (GATT) abgeschlossen. Der Sicherung von Liquidität im kapitalistischen Teil Europas diente die Europäische Zahlungs-Union (EZU). Die Gründung der Europäischen Gemeinschaft für Kohle und Stahl (Montanunion1951) leitete eine Europäisierung dieses Wirtschaftszweiges ein, die durch die – 1957 beschlossene, 1958 in Kraft getretene – Gründung einer Europäischen Wirtschaftsgemeinschaft (EWG) und der Europäischen Atomgemeinschaft (Euratom) erweitert wurde. Großbritannien, die skandinavischen Länder, Finnland und Österreich nahmen zunächst nicht daran teil und bildeten 1959 eine Europäische Freihandelszone (EFTA). 1960 erweiterte sich die OEEC um Kanada und die USA zur »Organization for Economic Co-operation and Development« (OECD). Montanunion, EWG und Euratom schlossen sich 1967 zu den Europäischen Gemeinschaften (EG) mit einer gemeinsamen Europäischen Kommission zusammen.

Die Organisation der Arbeit

Zwischen 1945 und 1973 erreichte die Kartellierung der Arbeitskraft in den OEEC- bzw. OECD-Ländern ein Höchstmaß an quantitativer Ausdehnung. Ihre entscheidenden Organisationen blieben die Gewerkschaften und Arbeiterparteien.

In Skandinavien, der Bundesrepublik Deutschland und Österreich fand die gewerkschaftliche Kartellierung in nominell parteipolitisch unabhängigen Einheitsgewerkschaften unter vorwiegend sozialdemokratischer Führung statt. In Großbritannien war die Labour Party in ihren größten Teilen ein Zusammenschluss von Gewerkschaften. In

Frankreich und Italien gab es – sozialdemokratisch/sozialistische, kommunistische, christlich-demokratische – Richtungsgewerkschaften. Die Gewerkschaften in den USA waren parteiferner als in Europa, allerdings standen sie der Demokratischen Partei näher als der Republikanischen.

Die sozialdemokratischen Parteien stützten sich – im Unterschied zu früher – nicht mehr nahezu ausschließlich auf die Handarbeiterinnen und Handarbeiter, sondern auch auf eine wachsende Zahl von Beschäftigten im Öffentlichen Dienst. Soweit sie bis dahin noch marxistisch orientiert waren, gaben sie dies nun auf. (1959 beschloss die SPD ihr Godesberger Programm, in dem sie die Marktwirtschaft bejahte und Planung nur bei Marktversagen vorsah.) Proletarische Milieus – z. B. Arbeiterwohngebiete und -gemeinden – verloren ab ca. 1960 allmählich ihre Geschlossenheit. Die proletarische Genossenschafts- und Kulturbewegung entstand nach 1945 in Mitteleuropa nicht mehr in ihrer alten Form wieder, in den romanischen Ländern hatte sie noch bis in die siebziger Jahre Bestand, doch auch hier ließ ihre Bindungswirkung nach.

Die gemeinsame Organisation von Arbeit und Kapital

Die Beziehungen von Arbeit und Kapital durchliefen in den OEEC/OECD-Ländern drei Phasen:

1. Bis in die zweite Hälfte der fünfziger Jahre fanden in Frankreich, Italien und in der Bundesrepublik Deutschland noch heftige Arbeitskämpfe statt, während die »Industrial Relations« in den USA, aber auch in Skandinavien und der Schweiz sozialpartnerschaftlich geprägt waren.

2. Dieser sozialpartnerschaftliche Typus setzte sich ab Ende der fünfziger Jahre auch in Mitteleuropa durch. In Frankreich und Italien mit ihren starken kommunistischen Parteien und kommunistischen Richtungsgewerkschaften fand ein solcher Wandel zwar nicht statt, aber die offene Konfrontation ging auch dort zurück. Der Klassenkonflikt war in diesen Ländern nun gleichsam eingekapselt. (In Italien sprach man

von den »anni neri«, den Schwarzen Jahren der Arbeiterbewegung.) Nunmehr überwog der Konsenskorporatismus, in dem die Arbeiterschaft erhebliche Zugeständnisse zu ihren Gunsten erreichen konnte:

a. Arbeitszeitverkürzungen (in der Bundesrepublik ging die wöchentliche Arbeitszeit zwischen 1955 und 1970 von 48 auf 40 Stunden zurück); hinzu kam Verkürzung der Lebensarbeitszeit durch späteren Berufseintritt aufgrund längerer Ausbildungszeiten und früheren Beginn des Ruhestandes;
b. Erhöhung der Reallöhne;
c. verschiedene Formen der Mitbestimmung (in Frankreich im Rahmen der »planification«, in der Bundesrepublik als paritätische Mitbestimmung in der Montanindustrie ab 1951, durch Drittelbeteiligung in den Aufsichtsräten der gesamten Großindustrie ab 1952 [1976: Erhöhung des Anteils der Gewerkschaftsvertreter bis dicht unterhalb der Parität], Zustimmungspflichtigkeit durch den Betriebs- und Personalrat bei Personalentscheidungen); die Mitbestimmung – von den Gewerkschaften gegen die Unternehmer erkämpft – erwies sich für letztere unter anderem als eine Art Sicherungssystem in Zeiten der Vollbeschäftigung: Streiks und dadurch bedingte Produktionsausfälle konnten vermieden werden. Im Gegenzug mussten sie zum Teil hohe Zugeständnisse vor allem bei Löhnen und Arbeitszeiten machen, sodass die Mitbestimmung durchaus auch eine Interessenwahrnehmung der Belegschaften war;
d. staatliche Garantie der Tarifautonomie, Selbstbindung von Unternehmern und Gewerkschaften an Flächentarifverträge;
e. institutionelle Regelungen zugunsten der Arbeitskraft, z.B. Kündigungsschutz;
f. Ausbau staatlich garantierter Lohnersatzleistungen (z.B. in der BRD Einführung der umlagefinanzierten Rente im »Generationenvertrag« statt des bisherigen – ebenfalls staatlich organisierten – Versicherungssystems; Schlechtwettergeld und Wintergeld in der Bauindustrie; Lohnfortzahlung im Krankheitsfall).

Die Politik der Sozialpartnerschaft war ein Wachstums- und Nachfragepakt:

1. Steigerung der Arbeitsproduktivität erweiterte den Spielraum für

2. Lohnsteigerungen, die
3. von den Unternehmern nicht nur als Kosten angesehen wurden, sondern als erweiterte Nachfrage nach ihren Erzeugnissen, woraus
4. Neuinvestitionen,
5. zusätzliche Gewinne und
6. mehr Arbeitsplätze

resultierten.

Dieser Kurs war nicht auf Europa beschränkt. Bereits 1948 schlossen in den USA General Motors und die Gewerkschaft United Automobile Workers einen Vertrag »*zwecks Ausarbeitung eines Systems der Lohnerhöhung, das die Gewerkschaft verpflichtete, sich um Produktivitätssteigerung zu bemühen und technologischen Wandel zu unterstützen*«. (Heilbroner/Milberg 2002: 136. Deutsch: G. F.)

Die günstige Position der Gewerkschaften hatte folgende Ursachen:

- Die Vollbeschäftigung erhöhte ihre Verhandlungsmacht.
- Im Systemkonflikt mit den von der UdSSR geführten sozialistischen Ländern wurde der radikale Flügel der Arbeiterbewegung zwar gelähmt, weil unter antikommunistisches Verdikt gestellt, andererseits waren die Unternehmer zu Konzessionen bereit, um die Systemloyalität der Lohnabhängigen zu garantieren. Dies gehörte auch zu den Ursachen für eine nahezu permanente Politik der Sozialreform, in der unter anderem der Zugang von Kindern aus der Unterschicht zu weiterführenden Schulen und Universitäten erweitert wurde.
- Die breite Einbeziehung der sozialdemokratischen Parteien in Gesetzgebung und Exekutive, in die Kommunalverwaltungen und in öffentlich-rechtliche Organisationen der Daseinsvorsorge. Sie fand sich ausgeprägt in der Bundesrepublik Deutschland, in Österreich, besonders deutlich in Skandinavien und in Großbritannien.

Dabei war Großbritannien ein radikaler Sonderfall. Die Labour-Regierung 1945 – 1951 verstaatlichte das Verkehrswesen einschließlich der Luftfahrt, die Bank of England, die Montanindustrie sowie die Elektrizitätswerke und führte 1948 einen Nationalen Gesundheitsdienst (National Health Service) ein. Sie wurde 1951 zwar durch die Konservative Partei abgelöst, diese tastete aber einen erheblichen Teil dieser Sozialisierungen nicht an. Von 1964 bis 1970 stellte die Labour Party erneut die Regierung.

In Italien blieb die Kommunistische Partei von der Regierung ausgeschlossen. Die permanent regierende Christlich-Demokratische Partei schloss 1962 u.a. mit der sehr kleinen Sozialdemokratischen und der Sozialistischen Partei eine Koalition der »Linken Mitte«. Auch in Frankreich blieb die starke KP auf zentralstaatlicher Ebene permanent in der Opposition. In beiden Ländern stellten die kommunistischen Parteien in zahlreichen Gemeinden den Bürgermeister (in Bologna sogar den Oberbürgermeister).

In den westlichen Besatzungszonen Deutschlands waren bis 1947 Mitglieder der Kommunistischen Partei an fast allen Landesregierungen (einzige Ausnahme: Südwürttemberg-Hohenzollern) beteiligt. Mehrere Bundesländer waren sozialdemokratisch geführt. 1966 trat die SPD im Bund in eine Große Koalition mit der CDU/CSU ein, 1969 stellte sie den Bundeskanzler.

Die Große Koalition von 1966 war – gesellschaftspolitisch gesehen – Sozialpartnerschaft. In die Wirtschaftspolitik wurden mit der sogenannten »Globalsteuerung« konjunkturstabilisierende Planungselemente eingebaut. Eine »Konzertierte Aktion« fasste Vertreter der Gewerkschaften, der Unternehmer und des Staates in einem gemeinsamen Gremium zusammen. Hier wurden unter anderem »Lohnleitlinien« vereinbart.

3. Ab 1968 wurde die Sozialpartnerschaft in mehreren Ländern aufgekündigt, und zwar zunächst durch eine Arbeiteroffensive. (Albers/Goldschmidt/Oehlke 1972; Japan: Hartmann 1996: 242) Die Gewerk- und Belegschaften kämpften um eine Erhöhung des Lohnanteils am Bruttosozialprodukt.

In Frankreich wirkte die Studentenbewegung des Mai 1968 als Initialzündung für einen Generalstreik, zu dessen mittelbaren Wirkungen u.a. der Rücktritt des Staatspräsidenten de Gaulle 1969 gehörte.

In Italien kam es 1969 zum »Heißen Herbst« der Gewerkschaften: Streiks nicht nur für Lohnerhöhungen, sondern auch für Strukturreformen, z.B. sozialen Wohnungsbau.

In Großbritannien scheiterte 1974 die konservative Regierung Heath vor allem an der Militanz der Gewerkschaften.

Auch in Dänemark waren die industriellen Beziehungen in der ersten Hälfte der siebziger Jahre durch starke Streikaktivität geprägt.

In der Bundesrepublik durchbrachen die »Septemberstreiks« 1969, vor allem in der Montanindustrie, die Lohnleitlinien.

Die Unternehmer gaben den hohen Lohnforderungen in der Regel nach, wälzten aber die Ergebnisse der Abschlüsse auf die Preise ab. Die sich daraus ergebende Inflationsgefahr wurde noch zusätzlich gesteigert durch die Überschwemmung der europäischen Währungsgebiete mit inzwischen erheblich entwerteten US-Dollars. 1969 hatte der IWF Sonderziehungsrechte zur Vorbeugung gegen eine angeblich drohende Liquiditätskrise bewilligt. So wurden weitere Mittel frei, die zum Teil für staatliche Reformprogramme (auch Bauten) eingesetzt wurden und so die Tendenz zu einer seit 1968 zunehmend geforderten Umverteilung zwecks Herbeiführung von mehr Gerechtigkeit und Gleichheit begünstigten. Dies widersprach allerdings der Absicht der Nationalbanken zur Währungsstabilisierung.

So formierte sich allmählich eine Abwehrfront gegen die Umverteilungsoffensiven. Einen ersten Erfolg schien sie 1970 mit dem neuerlichen Regierungsantritt der Konservativen Partei in Großbritannien zu haben. Der neue Premierminister Edward Heath hatte die Eindämmung des Gewerkschafts-Einflusses und den Abbau staatlicher Leistungen in sein Wahlprogramm aufgenommen. Doch war er sehr vorsichtig in der Umsetzung und wurde 1974 nach einer Streikwelle gestürzt.

Es war aber unverkennbar, dass die Zeit des sozialpartnerschaftlichen Kompromisses Anfang der siebziger Jahre vorbei war.

Ökonomischer Ausdruck dieser Vor-Wendesituation war 1973/74 in den Zentren, nicht in der Peripherie, das neue Phänomen der Stagflation: Verlangsamung des Wachstums bei gleichzeitig hoher Inflation.

Sozialstruktur und Bevölkerungsentwicklung

Während der Periode 1945–1973 wurden die Kapitaleigentümer im operativen Geschäft der Industrie-Unternehmen durch Leitende Angestellte ersetzt, die nun – neben den Vorständen der Großbanken – den entscheidenden Teil der führenden Gruppe in der Kapitalistenklasse bildeten (Managerkapitalismus).

In den entwickelten Industrieländern hielt die Handarbeiter-Klasse zunächst ihren relativen Mehrheitsanteil an den Beschäftigten.

> »Abgesehen von den USA, wo der Prozentsatz an Fabrikarbeitern bereits seit 1965 wahrnehmbar und seit 1970 absolut deutlich zurückgegangen war, blieb die industrielle Arbeiterklasse während der Goldenen Jahre sogar in den alten Industriestaaten[36] ein ziemlich stabiler Faktor von etwa einem Drittel der arbeitenden Bevölkerung. Tatsächlich stieg der Prozentsatz in acht von einundzwanzig OECD-Staaten – im Club der fortgeschrittensten – zwischen 1960 und 1980 sogar noch an. Natürlich erhöhte er sich auch in den neu industrialisierten Gebieten des (nichtkommunistischen) Europa, wo er dann bis 1980 stabil blieb, während er in Japan drastisch zunahm, allerdings in den siebziger und achtziger Jahren auf gleichem Niveau blieb. In den kommunistischen Staaten vor allem Osteuropas, die einer rapiden Industrialisierung unterzogen wurden, stieg die Zahl der Proletarier schneller als je zuvor. Das geschah auch in den sich industrialisierenden Gebieten der Dritten Welt – unter anderem Brasilien, Mexiko, Indien und Korea. Es gab also am Ende der Goldenen Jahre mehr Arbeiter in absoluten Zahlen unter der Weltbevölkerung und ziemlich sicher auch einen höheren Anteil an Fabrikarbeitern als jemals zuvor. Abgesehen von wenigen Ausnahmen, wie in Großbritannien, Belgien und den USA, bildeten Arbeiter 1970 einen größeren Teil der arbeitenden Gesamtbevölkerung als im Jahr 1890 in den Staaten, in denen am Ende des Jahrhunderts sozialistische Massenparteien aufgetaucht waren, die sich auf ein proletarisches Bewußtsein berufen hatten. Erst in den achtziger und neunziger Jahren des 20. Jahrhunderts wurden Anzeichen für einen massiven Rückgang der Arbeiterklasse wirklich deutlich.« (Hobsbawm 1999: 381.)

---

36 Belgien, Bundesrepublik Deutschland, Großbritannien, Frankreich, Schweden, Schweiz. [Fußnote von Eric Hobsbawm]

Gegen Ende dieser Periode holte die Schicht der Angestellten stark auf. Die Bauern wurden in den OECD-Ländern zu einer sehr kleinen Minorität. Erstmals in der Geschichte wurden die Intellektuellen zu einer Massenschicht. Durch die größer werdende Durchlässigkeit der Bildungssysteme kam es zu gesteigerter vertikaler Mobilität. Das Ergebnis definierte der Soziologe Helmut Schelsky bereits 1953 für Deutschland als »Nivellierte Mittelstandsgesellschaft« (Schelsky 1976), deren zukünftige Entwicklung sich in diesem Punkt auf den Zustand der USA hinzubewegen schien. Thomas Piketty hat später von einer »vermögenden Mittelschicht« gesprochen, in der es für den Lebensunterhalt zwar nicht ausreichende, aber das Arbeitseinkommen doch ergänzende Revenuen aus Kapitalbesitz gibt. (Piketty 2014: 342-345)

Von der relativen Nivellierung bzw. Konsolidierung der gesellschaftlichen Schichtung in den alten Industrieländern unterschied sich die scharfe Polarisierung in den nachkolonialen Ländern Lateinamerikas. Eine schmale Oligarchie verfügte über Großgrundbesitz und die Rohstoffquellen und hatte die Transfer-Beziehungen zu den Industriestaaten bei sich monopolisiert, während der weitaus größte Teil der Bevölkerung in äußerster Armut lebte und eine Mittelschicht weitgehend fehlte. Ähnlich verhielt es sich in den monarchistischen Staaten des Nahen Ostens. Wo dort die Oligarchien nach einer Revolution durch Einparteien-Regime abgelöst wurden, ging die Verfügungsgewalt über den Reichtum des Landes an eine auf das Militär gestützte Staatsbürokratie über. Dies galt für Ägypten, den Irak, Libyen und Syrien. Ebenso verhielt es sich für Algerien, in dem nicht eine einheimische herrschende Klasse entmachtet, sondern die französische Kolonialherrschaft beseitigt wurde.

Charakteristisch für die Periode 1945 – 1973 sind auch massenhafte Migrationsprozesse sowohl in den entwickelten Industriestaaten als auch in den in Unterentwicklung verbleibenden Gesellschaften. Allerdings waren die Bevölkerungsentwicklung und die Auswirkungen der Wanderungsbewegungen sehr verschiedenartig. In den nichtindustrialisierten Ländern stieg die Bevölkerungszahl stark an, oft ohne dass diese Menschen sich ausreichend ernähren konnten.

Die massenhaften Umsiedlungen zwischen Indien und Pakistan, die

Umsiedlungen im Koreakrieg und die Vertreibungen von Palästinensern gehörten zu den Katastrophen der Jahre unmittelbar nach dem Ende des Zweiten Weltkriegs. (Hobsbawm 1999: 75)

Dagegen trugen die Ost-West-Migrationen in die Bundesrepublik Deutschland zu einer produktiven Mobilisierung des Arbeitsmarktes bei. Gleiches gilt für die Süd-Nord-Arbeitsmigration in Europa. Die »Gastarbeiter« trugen durch ihre Überweisungen in ihre Heimatländer zu deren Wohlfahrtsmehrung bei. Mit diesen Wanderungsbewegungen wurde der Rückgang der Geburtenziffer in den entwickelten Industrieländern nicht nur kompensiert, diese hatten sogar starke Bevölkerungszunahmen. Insgesamt wiederholte sich in den inner-europäischen Wanderungen eine ältere Erfahrung: Migranten gaben starke Entwicklungs-Impulse (wie die emigrierten spanischen Juden ab 1492, die britischen und niederländischen Calvinisten in Nordamerika im 17. Jahrhundert, die Hugenotten – ebenfalls im 17. sowie im 18. Jahrhundert – in Deutschland. Die Auswanderung von Deutschen nach Russland und auf den Balkan im 18. Jahrhundert hatte dagegen fast ausschließlich zur bäuerlichen Siedlung beigetragen.) Der Staat Israel seit 1948 war im Wesentlichen Ergebnis einer Massen-Immigration verfolgter Juden.

Familie und soziale Sicherung

Die seit dem Ende des 19. Jahrhunderts anhaltende Tendenz zur Senkung der Geburtenrate in den entwickelten kapitalistischen Ländern setzte sich nach 1945 fort. Massenhafte Anwendung pharmazeutischer Ovulationshemmer seit Mitte der sechziger Jahre war eine Konsequenz dieser Bemühungen um Nachwuchsplanung und -verhinderung, die also nicht erst durch diese technische Innovation ausgelöst wurde. Ebenso war der Versuch eines souveräneren Umgangs mit Sexualität bereits vor der Erfindung des neuen Mittels unverkennbar und machte sich diese nun zunutze. Die Zeitgenoss(inn)en der sechziger Jahre und spätere Beobachter allerdings sprachen von einer »sexuellen Revolution«.

Die zunächst in den beiden Weltkriegen forcierte Frauenerwerbstätigkeit (im Zweiten Weltkrieg sind allerdings relativ wenige deutsche Frauen, dafür umso mehr ausländische Sklavenarbeiterinnen zur Produktion herangezogen worden) wurde nach 1945 nicht mehr zurückgenommen: der starke Bedarf nach Arbeitskräften führte auch in der Folgezeit in immer stärkerem Maß dazu, dass Frauen außerhalb des Haushalts arbeiteten. Ihre Arbeitskraft wurde stärker als je zuvor kommodifiziert (engl.: commodity, Ware).

Viele, die bis dahin unentgeltlich in den Haushalten tätig gewesen waren, setzten nun ihre Arbeitskraft als Ware ein. In den Haushalten selbst wurde Frauenarbeit durch Haushaltsgeräte teils erleichtert, teils insofern ersetzt, als die Zeit, die dafür aufgewandt werden musste, enorm verkürzt wurde.

Die Daseinsvorsorgefunktion der Familien nahm ab und wurde teilweise durch öffentlich-rechtliche Leistungen ersetzt. Infolge der Berufstätigkeit der Frauen war die Funktion der Männer als Alleinverdiener modifiziert. Allerdings blieb ein charakteristisches Einkommensgefälle zwischen Männern und Frauen.

Das Tauschverhältnis Arbeit(skraft) gegen Lohn wurde nunmehr (für Männer und Frauen) dadurch verändert, dass der Lohn stärker als zuvor in verschiedene Bestandteile zerfiel: zur unmittelbaren Lohnzahlung (die nunmehr nicht mehr als Tages- oder Wochenlohn, sondern als Monatslohn erfolgte), traten immer mehr Lohnersatzleistungen. Die Nachfrage, die von den nunmehr mit mehr Geld ausgestatteten Rentnerinnen und Rentnern ausging, bedeutete eine erhebliche Markterweiterung.

Insoweit die Stellung der Lohnabhängigen durch Lohnersatzleistungen und oft langfristige Sicherung ihrer Arbeitsverhältnisse gestärkt wurde, hörte ihre Arbeitskraft nicht auf, eine Ware zu sein. Aber sie waren nicht mehr – wie einst in der Industriellen Revolution – auf deren gleichsam tagtäglich neuen Verkauf angewiesen. Es handelte sich also nicht um eine »Dekommodifizierung«: die Ware Arbeitskraft wurde nicht kurz-, sondern langfristig verkauft. Zugleich wurde nichtwarenförmige Arbeitskraft, die bislang in den Haushalten durch die Ehefrauen verausgabt worden war, gleichsam doppelt kommodifiziert: weibliche Arbeitskraft ging Lohnarbeitsverhältnisse außerhalb der Familie ein, bestimmte neue Waren: vorgefertigte und konservierte (u. a. tiefgekühlte) Nahrungsmittel und Haushaltsmaschinen (u. a. Waschautomaten) ersetzten nichtkommodifizierte Hausarbeit.

Ähnliches gilt für die neue gesellschaftliche Stellung der Jugendlichen. In den OECD-Ländern wurde die Jugend – versteht man unter ihr die Phase zwischen Kindheit und Erwerbstätigkeit – sehr weit in ein Alter hinein verlängert, das vorher als Erwachsenenzeit galt: bis ca. zum fünfundzwanzigsten oder gar dreißigsten Lebensjahr. (Die Nachwuchsorganisationen der politischen Parteien in der Bundesrepublik z. B. hatten – und haben – Mitglieder bis 35.) Ursache waren die ausgedehntere Zeit der Ausbildung und die erhöhte Arbeitsproduktivität, die es ermöglichte, dass eine mittlerweile sehr kleine Zahl von Berufstätigen für noch nicht oder nicht mehr im Erwerbsleben Stehende (Nachwuchs und Senioren) aufkommen kann. Diese Alterskohorte der Jugendlichen bildete eine eigene Konsument(inn)en-Schicht, die außerdem nun viel eher über das Wahlrecht verfügte als ihre Vorgänger-Generationen (in der BRD z. B. schließlich ab 18).

Das räumliche Arrangement

Das räumliche Arrangement des Kapitalismus war nach dem Zweiten Weltkrieg bis 1973 charakterisiert durch:

1. den Kalten Krieg,
2. die Hegemonie der USA,
3. die Entkolonisierung,
4. die Herausbildung von drei kapitalistischen Zentren:
   a. Nordamerika,
   b. West-, Nord- und Mitteleuropa,
   c. Japan,
5. eine weitere Veränderung im Stadt-Land-Verhältnis:
   einen Wachstums-Schub der Städte.

1. Das System von Bretton Woods, auch noch die Gründung der Vereinten Nationen (UNO) standen zunächst im Zeichen eines Uni-

lateralismus der »One World«. 1947 aber rief der US-amerikanische Präsident Harry S. Truman den Kalten Krieg aus. Dieser war die Konfrontation eines kapitalistischen und eines sozialistischen Staatenblocks mit dem Bemühen, den jeweils eigenen Einflussbereich gegen den anderen zu verteidigen und/oder auszudehnen, ohne dass es dabei zu unmittelbarer kriegerischer Gewaltanwendung zwischen den beiden Hauptkontrahenten – der UdSSR und den USA – kam. (Der Koreakrieg 1950 – 1953 und der Vietnamkrieg der USA 1960 – 1973 waren keine Ausnahmen: hier war nur eine der beiden Vormächte der beiden Systeme direkt beteiligt.) Zu den Mitteln dieser Auseinandersetzung gehörte ein permanentes Wettrüsten, in dem die Vereinigten Staaten von Amerika zunächst die Atom-, dann die Wasserstoffbombe entwickelten, darin aber immer wieder von der Sowjetunion eingeholt wurden. An seinem Beginn stand – noch zum Abschluss des Zweiten Weltkriegs – die Zerstörung der japanischen Städte Hiroshima und Nagasaki durch US-amerikanische Atombomben.

Unter der Führung der USA wurden mehrere Militär- und politische Allianzen geschlossen: Die Nordatlantische Verteidigungsorganisation (NATO), der CENTO-Pakt (Central Treaty Organization: Iran, Pakistan, Türkei), die SEATO (South East Asia Treaty Organization) und die Organisation amerikanischer Staaten (OAS).

2. Im kapitalistischen Teil der Welt übten die USA eine unangefochtene militärische, ökonomische und politische Hegemonie aus. Ihr Einfluss äußerte sich auch in einer Überlegenheit in der Kulturindustrie und in einer zumindest teilweisen Übernahme des »American Way of Life« in anderen Ländern. Das Englische wurde nun – wie einst das Lateinische im Römischen Reich – zur Lingua Franca.

Neben den USA hatten die Länder der Europäischen Gemeinschaft und Japan eine große weltwirtschaftliche Bedeutung. So entstand eine Triade (»Trilaterale«) kapitalistischer Zentren.

3. Innerhalb von drei Jahrzehnten waren alle Kolonialreiche, die von Europäern seit dem 16. Jahrhundert errichtet worden waren, beseitigt: sei es durch antikoloniale Befreiungsbewegungen, sei es

durch Verzicht der ehemaligen »Mutterländer«. So entstanden postkoloniale Gesellschaften, die teils einen Weg kapitalistischer, teils sozialistischer Entwicklung zu gehen versuchten. Die ehemaligen Kolonien Großbritanniens blieben mit der früheren Kolonialmacht durch ihre Zugehörigkeit zu dem lockeren Staatenverbund des »British Commonwealth of Nations« verbunden. Einige postkoloniale Gesellschaften schlossen sich außenpolitisch einer Bewegung der Blockfreien an. In den sechziger Jahren bemühten sich einige Länder des Nahen Ostens (letzten Endes vergeblich) um einen »panarabischen« staatlichen Zusammenschluss.

Die nachkolonialen Gesellschaften bildeten die sogenannte »Dritte Welt« (neben den kapitalistischen Zentren und den sozialistischen Staaten). Ein Modell ihrer kapitalistischen Entwicklung legte der US-amerikanische Theoretiker Walt Rostow vor: er prognostizierte und propagierte eine Modernisierung, in der die postkolonialen »Entwicklungsländer« letztlich denselben Weg gingen wie die älteren kapitalistischen Staaten (Modernisierungstheorie). (Rostow 1990) Es zeigte sich aber zunächst, dass sie, obwohl sie nun formell unabhängige Nationalstaaten geworden waren, in ökonomischer Abhängigkeit von den Ländern ihrer ehemaligen Kolonisatoren blieben. Sie waren in erster Linie Rohstofflieferanten und bezogen aus Europa und den USA Fertigwaren und Maschinen. Dieser Zustand wurde von der sogenannten »Dependencia-Theorie« beschrieben. (Cardoso 1974) Eine besondere Gruppe unter den Entwicklungsländern waren die erdölexportierenden Staaten, die sich in einem Kartell, der Organization of Petrol Exporting Countries (OPEC), zusammenschlossen.

Ökonomische Abhängigkeit ging in einigen Entwicklungsländern mit einer fortbestehenden informellen, aber wirksamen auch politischen Abhängigkeit von entwickelten kapitalistischen Industriestaaten einher. So wurde 1953 der iranische Ministerpräsident Mossadegh nach der 1951 erfolgten Verstaatlichung der Anglo-Iranischen Ölgesellschaft vom Militär unter Mitwirkung des US-amerikanischen Auslands-Geheimdienstes (Central Intelligence Agency, CIA) gestürzt. In Guatemala betrieb der seit 1951 amtierende Präsident Jacobo Arbenz Guzmán eine Land- und Infrastrukturreform, die mit den Interessen des

US-amerikanischen Unternehmens United Fruit Company kollidierte. Die CIA verhalfen 1954 einem gegen ihn gerichteten Rechtsputsch zum Erfolg. 1965 intervenierten die Vereinigten Staaten militärisch gegen einen Aufstand in der Dominikanischen Republik.

4. Japan war 1945 – wie Deutschland – vollständig von den USA besiegt worden, wurde durch diese besetzt und befand sich in militärischer und ökonomischer Abhängigkeit von ihnen. Zugleich aber wurde es neben den Vereinigten Staaten und West-, Mittel- und Nordeuropa eines der drei kapitalistischen Zentren und trat auf dem Weltmarkt als Waren- und Kapitalexporteur stark hervor.

5. Die Jahrzehnte 1945 – 1973 waren eine Periode großer Stadtexpansion sowohl in den kapitalistischen Zentren als auch in den Entwicklungsländern. Durch Siedlung und Verkehr stieg der Landschaftsverbrauch an.

Insgesamt lassen sich global ab 1945 die Thünenschen Ringe wieder entdecken, jetzt aber in einem größeren, von Immanuel Wallerstein für die moderne Welt seit 1450 entwickelten Interpretationsrahmen:

Das Zentrum bildeten die USA, Kanada, Japan, Großbritannien, Nordeuropa sowie die Länder der Europäischen Gemeinschaften.

Zur Peripherie gehörten die bereits im 19. Jahrhundert (Lateinamerika) und die nach 1945 entkolonisierten Länder.

Die Semiperipherie (zu diesem Begriff Wallerstein 1986: 71) bildeten: Griechenland, Irland, Portugal, Spanien, die Türkei. Sie alle waren bis ca. 1960 noch wenig industrialisiert, hatten aber entweder selbst Kolonien besessen (Portugal bis 1975) oder unterhielten enge, nicht ausschließlich durch Unterordnung gekennzeichnete ökonomische und politische Kooperationsbeziehungen zu den entwickelten kapitalistischen Ländern. Die Republik Irland war ein Land der Semiperipherie.

Von ihrem Industrialisierungsgrad her waren die Länder der Semiperipherie, aber auch mehrere Länder der Peripherie (Argentinien, Chile, Indien, Mexiko) Schwellenländer (Newly Industrialized Countries, NIC): sie befanden sich bis 1973 dicht unterhalb der Grenze zu einer voll durchgeführten Industrialisierung.

Die sozialistischen Länder bildeten die Außenarena (zu diesem Begriff: Wallerstein 1986: 450).

In der Entkolonisierung und im Kalten Krieg ging der Erste Imperialismus, der im 19. Jahrhundert begonnen hatte, zu Ende. Die hochentwickelten kapitalistischen Länder stellten unter Führung der Vereinigten Staaten von Amerika ihre bisherigen Kämpfe gegeneinander ein. Die auch militärische Sicherung des US-Einflusses in Teilen der sogenannten Dritten Welt trug Züge des im Übrigen überwundenen Ersten Imperialismus, allerdings nicht mehr (oder kaum noch) in Auseinandersetzung mit anderen kapitalistischen Ländern, wohl aber mit der Sowjetunion und deren Verbündeten.

Staat und Politik

Im kapitalistischen Teil der Welt gab es nach 1945 folgende Staats- und Herrschaftsformen:

1. Repräsentative Demokratien, darunter neue parlamentarische Republiken in der Bundesrepublik Deutschland, Italien, Japan (mit monarchischer Repräsentationsspitze) und Österreich. In mehreren Staaten, darunter Australien, in der Bundesrepublik Deutschland, in Großbritannien, Israel, Neuseeland, Österreich und in den USA bildeten sich zwei große Hauptparteien heraus, die sich bei den Wahlen in der Regierung ablösten (in Kontinentaleuropa oft in Kombination mit kleineren Partnern). In Frankreich entstand dieses Blocksystem erst ab Ende der fünfziger Jahre. Dabei nahmen die großen Hauptparteien mehr oder weniger den Charakter von »Volksparteien« (statt der bisherigen Klassenparteien), die sich als Parteien der rechten und der linken Mitte darstellten, an. In Italien und Japan regierte seit Ende der vierziger Jahre jahrzehntelang ununterbrochen die jeweilige Partei der rechten Mitte.

Die repräsentativen Demokratien waren durch unterschiedliche Formen der sozialen Sicherung und der Beziehung von Staat und Ökonomie gekennzeichnet. Alle sahen sie die Gewährleistung von »Wohlfahrt« – Sicherung der sozialen Lebensgrundlagen – als eine ihrer Aufgaben. Mit einer Modifikation lässt sich eine Typologie der verschiedenen Wohlfahrts-Regime, die in den neunziger Jahren der Sozialwissenschaftler Gösta Esping-Andersen aufstellte, (Esping-Andersen 1999) auch auf die Zeit 1945 – 1973 übertragen:

a. Das konservativ-korporatistische Modell (Bundesrepublik Deutschland, Frankreich, Japan, Österreich). Hier findet Absicherung der Lohnabhängigen innerhalb einer nicht in Frage gestellten Ordnung der Ungleichheit in dem Maße statt, das nötig ist, um Stabilität dieser Ordnung zu gewährleisten.
b. Das liberale Modell überlässt die Organisation sozialer Absicherung so weit wie möglich dem Markt. Es ist in den USA am klarsten ausgebildet. Esping-Andersen zählt seit den achtziger Jahren zu Recht Großbritannien dazu. Für die Zeit 1945 bis Ende der siebziger Jahre gehörte es aber eher zum dritten Typ. Dies ist
c. das egalitäre Modell, das in Skandinavien bestand. Es ist durch ein hohes Maß an Staatsintervention und -investition zur Ausgleichung der sozialen Unterschiede unter Beibehaltung des Privateigentums an den Produktionsmitteln gekennzeichnet. Dieser Typus soll hier testweise an unserer Definition von Sozialismus gemessen werden. Sie lautete: *Sozialismus ist die Verfügung einer Gesellschaft über die Produktionsmittel durch den planenden, organisierenden und verteilenden Einsatz von politischen Institutionen.*

Über das skandinavische Modell kann nach diesem Kriterium gesagt werden, dass es in jener Periode paradoxerweise so viel Sozialismus enthielt, wie im Kapitalismus möglich war.

Wenn die drei hier vorgestellten Modelle als Wohlfahrts-Regime bezeichnet werden, könnte dies zu dem Missverständnis führen, als handele es sich jeweils um verschiedene Ausprägungen eines Gesellschaftstyps, der sozialen Ausgleich durch verschiedene Varianten einer Umverteilung von unten nach oben erreichen solle. Der Begriff der »Welfare Economics« geht auf den britischen Ökonomen Arthur Cecil Pigou (1877 – 1959) zurück. Das wertende Axiom liberaler Gesellschaftsauffassung, das er nun in die Ökonomik der Grenznutzentheorie umsetzte, hatte aber bereits der Sozialphilosoph Jeremy Bentham (1748 – 1832) aufgestellt: Ziel sei »das größtmögliche Glück der größtmöglichen Zahl«. Dieses wird historisch-konkret in verschiedenen Modellen angestrebt. Insofern ihnen das Benthamsche Ziel gemeinsam ist, könnten sie zwar als

Wohlfahrts-Systeme bezeichnet werden. Der größeren Klarheit halber wäre der Ausdruck »Verteilungs-Systeme« sinnvoller.

2. Der zweite Typ politischer bürgerlicher Herrschaft waren fortbestehende und neue Diktaturen vor allem in nicht voll durchindustrialisierten kapitalistischen Ländern. In Europa gehörten dazu: 1926 bis 1974 Portugal, 1939 bis 1975 Spanien, 1967 (nach einem Militärputsch) bis 1974 Griechenland. Nach dem Sturz des Präsidenten Sukarno 1965 ff. wurde Indonesien zur Militärdiktatur.

Mehrere Staaten Lateinamerikas wurden lange Zeit diktatorisch regiert. Diese Staatsform diente der Absicherung der schmalen Oligarchien und wurde von der Hegemonialmacht USA dort toleriert, installiert oder befördert.

3. In den meisten nachkolonialen Gesellschaften, vor allem Afrikas, bestand Ein-Parteien-Herrschaft, die in der Regel aus einer antikolonialen Befreiungsbewegung hervorgegangen war, zuweilen unter sich pseudoplebiszitär legitimierenden Führern. Mehrere dieser Regime definierten sich als nichtkapitalistisch, z. B. in Ägypten unter Gamal Abdel Nasser (1953 – 1970), Indonesien unter dem Präsidenten Sukarno bis 1965, Ghana, Guinea, im Irak und in Syrien. Zumindest die Rohstoffe waren dort nationalisiert. Populistische Führerherrschaft – sogar auf Gewerkschaften gestützt – übte 1946 – 1955 und 1973/74 Juan Domingo Perón aus (Peronismus).

Unabhängig von der nominellen politischen Orientierung der neu – also nach 1945 – entkolonisierten Länder gilt, dass sie in der Regel einen vergleichsweise großen Staatssektor hatten und Planungselemente in ihre Wirtschaftspolitik aufnahmen. (Hobsbawm 1999: 439 f.)

4. Trotz ihrer traditionalistischen äußeren Form waren die arabischen Monarchien insofern eine moderne Staatsform, als sie ebenfalls aus dem Prozess der Entkolonisierung hervorgegangen waren.

5. Ein Rassenstaat war die Südafrikanische Union (Republik Südafrika). Die Prinzipien der repräsentativen Demokratie galten aus-

schließlich für die Weißen, während die Schwarzen von der politischen Willensbildung ausgeschlossen blieben.
In Südrhodesien verteidigte die weiße Minderheit ein ähnliches Regime gegen Reformversuche der ehemaligen Kolonialmacht Großbritannien.

Das Modell der »Thünenschen Ringe« bildete sich nun gleichsam auch in den politischen Ordnungen ab: die Zentren waren als repräsentative Demokratien mit einem hohen Maß an Rechtssicherheit und Garantien individueller Freiheiten und Rechte zum Schutz der Person (Menschenrechte) ausgestattet, während in Semiperipherie, Peripherie und Außenarena nichtdemokratische Regimes der verschiedensten Art mit nur schwach ausgebildeter Menschenrechtsgarantie überwogen.

Spezifizierung der Kapitalismus-Definition in der Periode 1945 – 1973

In der Periode 1945 – 1973 ist Kapitalismus die Funktionsweise von Gesellschaften, die im Wesentlichen auf der Erzielung von Gewinn und der Vermehrung (Akkumulation) der hierfür eingesetzten Mittel (= Kapital) dadurch beruht, dass folgende Waren in Lohnarbeit erzeugt und verkauft werden:

- meist mittels Maschinen und Anlagen in den Produktions-, Investitions- und Ge- und Verbrauchsgüterindustrien sowie in der Landwirtschaft und im Bauwesen erzeugte (materielle) Güter,
- immaterielle Güter der Kulturindustrie
- und Dienstleistungen im Bildungs- und Gesundheitswesen.

Gegenbewegungen

Zur Erinnerung: Weiterhin definieren wir als Gegenbewegungen alle Tendenzen, die sich gegen den je aktuellen Zustand der kapitalistischen Gesellschaft wenden (von rechts – unter dem Aspekt von Ordnung, Distanz, Differenz – oder links – Freiheit, Gleichheit, Solidarität).

Hierzu gehört nach wie vor der

1. Neoliberalismus, der sich nunmehr international organisiert – als eine Opposition von Intellektuellen, vor allem Ökonomen. Die 1947 gegründete Mont-Pèlerin-Gesellschaft bildete eine effizientes Netzwerk. (Cockett 1994: 100-121.)
2. Der kommunistische Teil der Arbeiterbewegung war marginalisiert. Ausnahmen bildeten die kommunistischen Parteien Frankreichs und Italiens, die aber seit 1947/48 von der zentralen Regierung ferngehalten wurden. Stark waren sie in Gewerkschaften und Kommunen. Hier beteiligten sie sich an der Kartellierung der Arbeitskraft und an einer egalitären Wohlfahrtspolitik. In Portugal war die KP im Untergrund die einflussreichste antidiktatorische Kraft. Auch in Griechenland und in Spanien (hier durchgehend in der Illegalität) behielten die Kommunistischen Parteien Masseneinfluss.
3. Die größte aktuelle Wirkung erzielten die nationalen Entkolonisierungsbewegungen, die nach dem Sieg aufhörten, Gegenbewegungen zu sein und nun selbst Herrschaft ausübten. In Angola, Mosambik und Guinea-Bissau gewannen sie seit den sechziger Jahren an Einfluss, erreichten ihr Ziel aber erst 1975.
4. In Lateinamerika, außerdem auf den Philippinen und in Malaysia führte in mehreren der dortigen Diktaturen eine bewaffnete Guerilla einen jahrzehntelangen Kampf gegen politische Repression und die ökonomische Macht der Oligarchien. Versuche, diese Kampfformen in der Bundesrepublik (»Rote Armee Fraktion«), in Italien (»Brigate Rosse«) und in Japan nachzuahmen, begannen und endeten in völliger Isolation.
5. Die Oppositionsbewegung der schwarzen Bevölkerung Südafrikas organisierte sich im »African National Congress« (ANC, gegründet bereits 1912), zu dem als starke Kraft auch die Kommunistische Partei gehörte.
6. In den sechziger Jahren wandte sich eine Bürgerrechtsbewegung in den USA gegen die Diskriminierung der schwarzen Bevölkerung. Deren radikalster Flügel – die Black Panther Party – war scharfer Repression ausgesetzt.

7. Die Oppositionsbewegungen von Studierenden nahmen im Jahr 1968 weltweiten Charakter an: von Mexiko über Frankreich, die Bundesrepublik bis hinein in ein sozialistisches Land: die Tschechoslowakei. Über die jeweiligen nationalen Anlässe hinaus waren sie Ausdruck der Tatsache, dass die Intelligenz nun eine Massenschicht war, die eine neue und wichtigere Position in der Gesellschaft einnahm.
8. In enger Verbindung mit den Intellektuellenbewegungen standen Oppositionsbewegungen, in denen Menschengruppen, die sich nicht in erster Linie durch ihre sozialökonomische Position definierten, um ihre Rechte kämpften. Die stärkste war die
   ➲ Frauenbewegung.
   In mehreren Ländern konnten die
   ➲ Bewegungen bisher verfolgter sexueller Minderheiten gesetzliche Regelungen erreichen, die ihre Diskriminierung milderten oder sogar beseitigten.
9. Insbesondere das nukleare Wettrüsten war Thema einer breiten Friedensbewegung, die sich in den sechziger und am Anfang der siebziger Jahre auch gegen die Intervention der USA in Vietnam richtete.

Das Jahr 1973

Das Jahr 1973 bildet ein Schlüsseldatum für den Übergang zweier Perioden der kapitalistischen Entwicklung: vom wohlfahrtsstaatlichen zum neoliberalen Kapitalismus.

Am 11. März 1973 endete das System von Bretton Woods.

Die USA hatten in der zweiten Hälfte der sechziger Jahre eine Doppelanstrengung: Sozialreformen und Vietnamkrieg – durch eine Inflationierung des Dollar finanziert, der damit seiner Funktion als Leitwährung nicht mehr gerecht wurde. 1971 hatte Präsident Nixon die Bindung des Dollar an das Gold aufgehoben. Am 11. März 1973 lösten die führenden kapitalistischen Staaten Europas ihre Bindung an den Dollar und gingen zum gemeinsamen »Floaten« im Verhältnis zu dieser Währung über. Damit begann ein Prozess, der die Funktion des Geldes als – auch – eines internationalen Regulierungsinstruments aufhob und dieses stattdessen immer mehr zur Spekulationsware an den nun sich rasch ausweitenden internationalen Finanzmärkten machte. Hier endete auch ein wichtiges Stück US-Hegemonie über Europa.

1973 war das letzte Jahr der Vollbeschäftigung in den OECD-Ländern. Die seit 1968 belebte Streikaktivität erreichte ihren Höhepunkt. Das annähernde Kräftegleichgewicht von Gewerkschaften und Unternehmern bei weithin bestehender Preissetzungsmacht vor allem der Monopolunternehmen führte zu einer Überwälzung von Lohnerhöhungen auf die Preise und damit zu rasch voranschreitender Inflation.

Zugleich formierten sich Gegenkräfte. Eine 1973 erstmals an die Öffentlichkeit tretende »Trilaterale Kommission« – ein von David Rockefeller gegründetes Gremium von »Elder Statesmen« und Politikberatern aus den USA, (West-)Europa und Japan – machte die Inflation zu einem ihrer zentralen Themen. (Trilateral Commission 1973)

1972 hatte ein anderes Beratungsgremium, der »Club of Rome«, unter Umwelt-Aspekten die »Grenzen des Wachstums« thematisiert. Als er 1973 in der Bundesrepublik Deutschland den Friedenspreis des Deutschen Buchhandels erhielt, war zumindest dort dieses Problem auf eine allgemeinere Agenda gesetzt, in der die Wachstumsgrenzen bald nicht mehr ausschließlich ökologisch, sondern wirtschaftspolitisch verstanden wurden.

Durch die Emanzipation der europäischen Währungen vom Dollar erhielten die europäischen Nationalbanken erstmals die Möglichkeit, in ihren jeweiligen Ländern eine inflationsbekämpfende »Politik des knappen Geldes« ins Auge zu fassen. Ab 1974 setzten sie diese in die Tat um.

Nach dem Sturz des sozialistischen Präsidenten Salvador Allende (siehe unten: »Die sozialistische Gegenwelt«) am 11. September 1973 wurde Chile unter einer bis 1990 anhaltenden Diktatur zum Experimentierfeld für eine Politik, die in der Folgezeit als »Neoliberalismus« bezeichnet und auch in anderen Ländern – dort allerdings unter anderen politischen, zumeist repräsentativ-demokratischen Formen – praktiziert wurde: Deregulierung der Arbeitsbeziehungen, Einschränkung staatlicher Sozial- und Infrastrukturpolitik (von der allerdings der militärische Sektor so gut wie nie betroffen ist), Senkung der direkten Steuern, Privatisierungen.

Vorher aber schon, im Herbst 1973, hatte die Organisation der erdölexportierenden Staaten (OPEC) ihre Kartell-Möglichkeiten dazu genutzt, den Petroleumpreis stark zu erhöhen. Dies wirkte zusätzlich dämpfend auf eine Konjunktur, die in diesem Jahr 1973 ihren Boom erreicht hatte und sich in einem Abschwung befand. Zusammen mit der neuen Geldpolitik der Nationalbanken führte dies dazu, daß die nun ohnehin einsetzende zyklische Dämpfung in den nächsten Jahren in eine schwere Wirtschaftskrise überging, nach deren Überwindung ein in vielen OECD-Ländern seit Jahrzehnten nicht mehr beobachtetes Phänomen auftrat: eine bis heute nicht mehr endende Massenarbeitslosigkeit.

Umbruch der Anlagen-Technologie

Die Ereignisse des Jahres 1973 konnten ihre symptomatische Bedeutung jedoch nur gewinnen durch das Wirksamwerden eines Trends, der schon lange vorher begonnen hatte, jetzt aber dominant wurde: seit den fünfziger Jahren waren numerisch gesteuerte Werkzeugmaschinen und automatische Fertigungstechnologien eingesetzt worden. Nunmehr waren sie über die protoindustrielle Phase hinausgelangt und konnten breit eingesetzt werden. Dies gab den Unternehmern die Möglichkeit, Arbeitskräfte einzusparen und entwertete vorhandene Anlagen, ohne dass die Investitionen für neue den bisherigen Umfang annehmen mussten: »Freisetzung« nicht nur von Arbeit, sondern auch von fixem Kapital. (Katzenstein 1967; Katzenstein 1974)

Die neuen Fertigungstechniken führten auch zu einer Veränderung der innerbetrieblichen Beschäftigungs-Struktur. Ein Beispiel unter mehreren soll hier genannt werden: mit der Ersetzung des Bleisatzes durch den Fotosatz sind die Grundlagen dafür geschaffen worden, dass in den folgenden Jahrzehnten die Schriftsetzer ihre zentrale Stellung im graphischen Gewerbe verloren. Zu den Konsequenzen gehörte die Schwächung, ja das weitgehende Verschwinden einer in der Vergangenheit gewerkschaftlich hoch organisierten und konfliktfähigen Berufsgruppe.

Die Verschärfung der Verteilungskämpfe während der Phase der Vollbeschäftigung legte für die Unternehmer den Ersatz von lebendiger

Arbeitskraft und von bisherigem Anlagekapital durch wohlfeilere Investitionen in Elektronik während dieser Jahre in besonderem Maße nahe, zumal der Anstieg der Rohstoffpreise Ende 1973 zusätzlichen Anlass für Versuche gab, den Kostendruck durch Einsparungen bei den Löhnen zu parieren. Die technologischen Möglichkeiten hierfür waren jetzt vorhanden. Ihre Umsetzung setzte allerdings ein neues gesellschaftliches Arrangement voraus. Es wurde zum Thema der nächsten Periode kapitalistischer Entwicklung – nach 1973.

Die sozialistische Gegenwelt

Durch den Sieg im Zweiten Weltkrieg breitete sich der Einflussbereich der Sowjetunion bis nach Mitteleuropa aus, 1948 kam die Kommunistische Partei auch in der Tschechoslowakei zur Herrschaft. Im selben Jahr sagte sich das von Josip Broz Tito geführte Jugoslawien vom Bündnis mit der UdSSR los. Es schloss sich im Kalten Krieg der Bewegung der Blockfreien an. Innen- und gesellschaftspolitisch war es ebenfalls ein sozialistisches Land, im Gegensatz zur Sowjetunion und den von ihr dominierten Gesellschaften allerdings nicht mit überwiegend staatlichem, sondern genossenschaftlichem Eigentum.

Die Konfrontation zwischen dem kapitalistischen und dem sozialistischen Teil der Welt führte zur Teilung von zwei Ländern: 1949 entstanden nebeneinander die Bundesrepublik Deutschland (BRD) und die Deutsche Demokratische Republik (DDR). Korea wurde in zwei Staaten – das sozialistische Nordkorea und das im Einflussbereich der USA liegende Südkorea – geteilt. Im Krieg zwischen beiden Staaten (»Koreakrieg« 1950–1953) unter Beteiligung der USA und der 1949 entstandenen Volksrepublik China wurde der Konflikt zwischen sozialistisch und kapitalistisch organisierten Staaten zur militärischen Konfrontation.

Die Sowjetunion war die Vormacht einer internationalen Wirtschaftsgemeinschaft (des Rates für Gegenseitige Wirtschaftshilfe, RGW) und eines Militärbündnisses (der Warschauer Vertragsorganisation). Das System zentraler Planung geriet in diesen Ländern am Ende der fünfziger Jahre in eine Krise. Vereinzelte Dezentralisierungsversuche in der UdSSR blieben isoliert. Dagegen ging die DDR 1963 zu einem Konzept der Kombination von Planung und Marktelementen (Neues Ökonomisches System der Planung und Leitung, NÖSPL) über, das den Gewinn der einzelnen Betriebe zu einer zentralen Kennziffer erhob. Es wurde nicht konsequent umgesetzt, vor allem auch deshalb, weil auf dieser Basis eine Koordination mit den weniger weit industrialisierten Ländern des RGW, darunter der Sowjetunion, nicht erreicht wurde. Ein ähnliches Experiment ist 1968 auch in der Tschechoslowakei unternommen worden. Hier verband sich die ökonomische Reform mit einer Demokratiebewegung, die am 21. August durch eine militärische Intervention der Staaten der Warschauer Vertragsorganisation unterdrückt worden ist. Damit waren die Versuche, die sozialistischen Gesellschaften zu dynamisieren, gescheitert. Seit Ende der sechziger Jahre hatten sie keine Perspektive mehr, sich auf ihrer eigenen Grundlage weiterzuentwickeln. Ihre Selbstbehauptung im Wettrüsten täuschte zunächst noch darüber hinweg.

1949 hatte sich in China die Kommunistische Partei im Bürgerkrieg endgültig durchgesetzt. Die von ihr geführte Volksrepublik China (auf der Insel Taiwan regierte unter US-amerikanischem Schutz weiter die Kuomintang) übernahm zunächst das sowjetische Planungssystem und ging ab 1957 zur forcierten Industrialisierung (»Großer Sprung nach vorn«) über. 1960 gerieten die UdSSR und die Volksrepublik in einen tiefgreifenden Konflikt: Mao Tse-tung warf der Sowjetunion vor, dort suche eine neue Bourgeoisie den Rückweg in den Kapitalismus. In der »Großen Proletarischen Kulturrevolution« (1966) versuchte er Volksmassen gegen die Bürokratie in Partei und Staat zu mobilisieren, zerstörte dabei aber große Teile der politischen und kulturellen Infrastruktur des Landes. So war auch hier eine Weiterentwicklung der sozialistischen Gesellschaft zumindest auf längere Sicht gefährdet.

Während des Zweiten Weltkriegs hatten japanische Truppen die französische Kolonialherrschaft in Vietnam abgelöst. 1945 übernahm Frankreich dort wieder die Macht. Im selben Jahr rief der Kommunist Ho-Chi-Minh die Demokratische Republik Vietnam (DRV) aus. Im ersten Indochinakrieg, der 1946 ausbrach, unterlag Frankreich 1954 gegen die DRV und die Guerillabewegung Viet-minh. Das Land wurde nun entlang des 17. Breitengrades geteilt: die Demokratische Republik Vietnam sollte auf den Norden beschränkt bleiben, doch eine Guerillabewegung (Front National de Libération du Vietnam – FNL) setzte sich im Süden zunehmend durch. 1960 intervenierten die USA, eskalierten die Kriegführung (unter anderem durch den Einsatz von chemischen Kampfmitteln und Bombardements gegen die Demokratische Republik Vietnam), unterlagen aber und zogen sich 1973 aus Vietnam zurück. 1975 wurde das Land unter kommunistischer Führung wieder vereinigt.

1959 hatten auf Kuba Guerilleros mit Fidel Castro und Che Guevara an der Spitze den Diktator Batista gestürzt. Die neue Regierung führte eine Agrarreform durch und verstaatlichte die Niederlassungen von 36 US-amerikanischen Unternehmen. Der Kongress der Vereinigten Staaten verhängte ein Handelsembargo über Kuba. Nach einem von den USA unterstützten gescheiterten Interventionsversuch von Exil-Kubanern 1961 wandte sich Kuba der Sowjetunion zu und schlug einen sozialistischen Entwicklungsweg ein.

1970 ist in Chile der Kandidat des Volksfrontbündnisses Unidad Popular (Sozialisten, Kommunisten), Salvador Allende Gossens, zum Präsidenten gewählt worden. Die Kupferminen wurden nationalisiert, chilenische Unternehmen in der Hand von US-Konzernen, aber auch einheimische Firmen enteignet, außerdem wurde eine Agrarreform, die bereits von einer Vorgänger-Regierung begonnen worden war, nun entschlossener vorangetrieben. Die Beziehungen zu den USA gestalteten sich zunehmend gespannt. 1973 wurde Allende durch einen Militärputsch, bei dem er ums Leben kam, gestürzt.

Mitte der siebziger Jahre schien der Sozialismus nach außen hin ein dynamisches System zu sein, während in der Sowjetunion, China und den europäischen sozialistischen Ländern die inneren ökonomischen Krisenmomente sich – meist latent – bereits zu kumulieren begannen.

Die Attraktivität und der Perspektivreichtum des damaligen Sozialismus zeigten sich auch daran, dass bis Mitte der siebziger Jahre die Führungen mehrerer nachkolonialer Gesellschaften Afrikas und des Nahen Ostens sich zu sozialistischen Optionen bekannten.

So erschien nicht wenigen Zeitgenoss(inn)en in dieser Zeit nicht der Kapitalismus, sondern der Sozialismus sich in der Offensive zu befinden.

8. Dritte Industrielle Revolution, territoriale und klassenpolitische Entgrenzung des Kapitals (1974 – 2008)

Allgemeine Merkmale

Der Kapitalismus seit ca. 1974 ist durch folgende allgemeine Merkmale gekennzeichnet:

1. Die Dritte Industrielle Revolution: Durchsetzung der Informationstechnologie in Produktion und Kommunikation,
2. Ende der Systemauseinandersetzung mit dem sowjetischen Sozialismus seit 1989. Damit hat der Kapitalismus, wie bereits vor 1917, keine politisch gesetzte territoriale Grenze mehr;
3. Schwächung der Investitions- und Regulierungstätigkeit der Öffentlichen Hände (Staat, Gemeinden und gesetzlich definierte soziale Sicherungssysteme),
4. gesteigerte Bedeutung der internationalen Finanzmärkte: der Kapitalismus wird zum finanzmarktgetriebenen Kapitalismus,
5. Gewachsener Einfluss des privaten Finanzsektors auf die Güter- und Arbeitsmärkte sowie auf die Staatshaushalte
6. Internationalisierung der Produktion,
7. Ausweitung der transnationalen Investitionen,
8. Ausdehnung und Beschleunigung des internationalen Warenverkehrs.

Die Merkmale 2, 4, 5, 6 und 7 machen den Kern dessen aus, was häufig als »Globalisierung« bezeichnet wird. Diese sollte allerdings nicht nur in einem gleichsam geographischen Kontext verstanden werden. Die innere »Landnahme« des Kapitalismus (B. Lutz) während der Periode 1945 – 1973 hatte ja Lebensbereiche, die bis dahin noch nicht warenförmig organisiert waren, durchkapitalisiert, dies allerdings zunächst noch auf Binnenmärkten. Wenn Letztere nunmehr dem Regime der Finanzmärkte, der Internationalisierung von Produktion, Investition und Warenverkehr unterworfen waren, wirkte die Globalisierung nicht nur in die räumliche Breite, sondern auch im örtlichen Alltag.

Der nach 1973 einsetzende Umbruch hatte folgende Ursachen, die nicht gleichzeitig, sondern zeitversetzt wirkten:

1. Nachdem die Informationstechnologie ihre protoindustrielle Phase überwunden hatte und zur weitverbreiteten Produktions- und Kommunikations-Grundlage geworden war (Castells 1996), hatte sich das Verhältnis des in Anlagen fixierten und in Privateigentum befindlichen Kapitals zur Lohnarbeit zugunsten des ersteren verschoben. Damit setzte sich zwar einerseits ein Prozess fort, der mit der Ersten Industriellen Revolution schon begonnen hatte. Er verläuft aber nicht gleichmäßig, sondern in Schüben, mit denen diese Entwicklung beschleunigt wird. Dies war jetzt der Fall.
2. Die »Rekonstruktionsperiode« (Jánossy) war Anfang der siebziger Jahre endgültig abgeschlossen. Die vorangegangene, den Kapitalismus charakterisierende Tendenz zur Überakkumulation trat wieder voll hervor. (Piketty 2014: 226-263)
3. Die Beseitigung der sozialistischen Gegenwelt kam als eine Bedingung der Veränderung des Kapitalismus erst relativ spät – nämlich ab 1989 – hinzu, war aber von großer Bedeutung, weil dadurch dem Kapital auch geographisch ein neuer Akkumulationsbereich erschlossen wurde. Zugleich war sie Teil eines weiteren Phänomens, nämlich
4. des Auftretens neuer Weltmarkt-Akteure. Zu diesen gehörte das nachsozialistische Russland. Brasilien, Indien, China und Südafrika gewannen als Anbieter wachsende Bedeutung. Diese Tendenz gewann ab den neunziger Jahren an Kraft.

Erst im Zusammenhang mit den drei erstgenannten Tatsachen konnten zwei wirtschaftspolitische Entscheidungen wirksam werden:

5. die Zerstörung des 1944 errichteten Weltwährungssystems 1973 und
6. die Durchsetzung marktradikaler Strategien zunächst in einzelnen Staaten (Chile seit 1973, Großbritannien seit 1979, USA seit 1981), dann auch in den internationalen Wirtschaftsbeziehungen (u. a. in der World Trade Organization, WTO, seit 1995).

Hinzu kamen:

7. Technische Beschleunigung und Beseitigung vieler rechtlicher Restriktionen im Kapitalverkehr an den Börsen seit dem »Big Bang« an der Londoner Börse 1986 (»Aufhebung der Trennung zwischen

Eigenhändlern und Brokern, die Freigabe der Provisionen im Wertpapiergeschäft sowie die Einführung eines umfassenden Computersystems«. Roeper/Weimer 1996: 319). 1999 wurde in den USA die Trennung von Investmentbanking und Geschäftsbanken aufgehoben.

Von *Neo*liberalismus kann insofern gesprochen werden, als nunmehr eine Revision der zunehmenden staatlichen Durchdringung der Wirtschaft und der nicht ausschließlich über den Markt erfolgenden Vergesellschaftung (der »Großen Transformation«), wie sie seit dem letzten Viertel des 19. Jahrhunderts hatte beobachtet werden können, von Unternehmern und Regierungen angestrebt wurde. Herrschende Wirtschaftsdoktrin wurde der Monetarismus, der die verknappende Geldmengensteuerung der Zentralbanken als die einzige Form der Marktbeeinflussung akzeptierte.

Die wirtschaftspolitische Strategie des Deficit-Spending wurde nun durch eine – unter anderem durch die Zentralbanken forcierte – Politik des knappen Geldes abgelöst. Ausgangspunkt der Akkumulation waren nicht der Kredit und die Nachfrage, sondern die Bereitstellung des Kapitalangebots aus bereits erzielten Gewinnen, die durch Senkung der Arbeitskosten erhöht werden sollten (Angebotspolitik). Eine technologische Unterstützung erhielt dieser Kurs durch die Rationalisierungsmöglichkeiten der dritten Industriellen Revolution.

In allen kapitalistischen Ländern wurde – beginnend in Großbritannien unter Premierministerin Thatcher (1979–1990, »Thatcherismus«) und in den USA unter dem Präsidenten Reagan (»Reagonomics«) – eine Wirtschaftspolitik propagiert (wenngleich mit unterschiedlichem Erfolg), die durch folgende Merkmale gekennzeichnet war:

1. Senkung der Einkommens-, Unternehmens-, Kapitalertrags- und Vermögenssteuern sowie der Staatsausgaben,
2. Privatisierungen öffentlichen Eigentums,
3. Deregulierung der Arbeitsbeziehungen,
4. Kürzung von Sozialausgaben, zumindest teilweiser Übergang der Funktionen sozialer Sicherung von staatlich garantierten und paritätisch organisierten Trägern an private Finanzdienstleister,
5. Rücknahme staatlicher Investitions- und Steuerungstätigkeit und de-

ren Ersetzung durch das Laisser Faire der (internationalen Finanz-) Märkte,

6. Priorität der Geldwertstabilität.

Der korporatistische und der egalitäre Typ des Wohlfahrtsstaats (Typisierung nach Esping-Andersen, s. o.) näherte sich nun der angelsächsischen Variante (zu der Großbritannien erst nach 1979 gehörte) an, doch blieben Unterschiede zu diesem bestehen. Diese legen die Vermutung nahe, dass der Umbruch in der Anlagentechnologie, der seit den siebziger Jahren auf voller Breite in allen hochindustrialisierten Ländern durchgesetzt war, nicht überall in gleichem Maße den Spielraum für marktradikale Lösungen schuf. Ob und in welchem Maße dies der Fall war, ist offenbar von national verschiedenen Klassenkonstellationen abhängig, die von Wandel der technologischen Basis zwar beeinflusst sind, aber auf die Art von deren ökonomischer Nutzung ebenfalls einwirken.

Unter dieser Einschränkung kann allerdings gesagt werden, dass der Arbeitsmarkt in höherem Maße als vorher zur abhängigen Variable der Geldwertstabilität wurde. In den Wirtschaftswissenschaften bildete sich eine Mehrheitsmeinung heraus, wonach der Beschäftigungsstand inflationsneutral sein müsse. Die Leitlinie – um deren Einhaltung sich die staatliche Wirtschaftspolitik in den meisten OECD-Ländern bemühte – war

> »die gleichgewichtige Arbeitslosigkeit oder die ›inflationsstabile Arbeitslosenquote‹. Mitunter nennt man sie auch die ›NAIRU‹ (für Non-Accelerating Inflation Rate of Unemployment).« (Franz 1994: 347)

Diese Quote wurde unterschiedlich angesetzt, häufig bei ca. 5,5 Prozent Arbeitslosigkeit. In der Regel gab es deutliche Abweichungen von dieser Marke: bei noch relativ stark regulierten Arbeitsmärkten lag sie höher (z. B. in der Bundesrepublik: über 10 Prozent zur Jahrtausendwende); bei schwacher Regulierung wurde sie eingehalten oder sogar zeitweilig unterschritten, hier aber um den Preis niedriger Löhne (z. B. in den USA während der neunziger Jahre). Gleiches galt für Gesellschaften, in denen der Arbeitsmarkt nach der Maßgabe reguliert wurde, dass ein hoher Beschäftigungsstand durch Lohndämpfung –

teilweise bei verkürzter Arbeitszeit – erreicht werden könne (seit den neunziger Jahren: Dänemark, Japan, Niederlande).

Die Inflation konnte in den OECD-Ländern nach 1973 für über eine Generation gebrochen werden. Aber die Lohnsenkungen und der Ausfall von Staatsausgaben führten zum Rückgang der Nachfrage. Hierdurch sowie durch die Einsparungen bei Investitionen in Anlagen (infolge der mikroelektronischen Revolution) überschüssiges Kapital zog sich aus der Produktion zurück, wurde spekulativ an den internationalen Finanzmärkten angelegt (»Finanzialisierung«) und verstärkt von den neu industrialisierten Ländern für Kredite in Anspruch genommen. Mitte der achtziger Jahre gerieten mehrere Schwellenländer in eine schwere Schuldenkrise, in den neunziger Jahre wurden zahlreiche Währungen spekulativ ruiniert.

Die kapitalistischen Zentren wurden zu problematischen Überschussgesellschaften. Überschuss bestand an

1. Kapital und an
2. Zeit. Die wissenschaftlich-technische Entwicklung hatte es längst ermöglicht, die lebensnotwendigen Güter in einem Bruchteil der früher benötigten Produktionszeit herzustellen. Die Senkung der Erwerbsarbeitszeit trug dem nicht ausreichend Rechnung. Zusammen mit dem Nachfrageausfall war dies die Ursache für die seit Mitte der siebziger Jahre anhaltende Massenarbeitslosigkeit beziehungsweise für die Lohndämpfung dort, wo ein höherer Beschäftigungsgrad gehalten oder wiederhergestellt werden konnte. Deshalb werden diese Überschussgesellschaften hier als problematisch bezeichnet.

Zu den bislang bekannten Gewinnformen (Mehrwert, Handelsgewinn, Innovationsgewinn, Monopolgewinn) – die weiterhin ihre Relevanz behielten – trat nun als nicht völlig neue, aber jetzt besondere relevante Form der Kapitalhandlungsgewinn an der Börse, insbesondere aus dem Handel mit Krediten, die in Form immer neuer »Produkte« angeboten wurden.

Der Konjunkturverlauf kann weltweit, aber mit nationalen Abweichungen, so beschrieben werden:

- Einbruch 1974/75,
- Aufschwung bis Anfang der achtziger Jahre,
- Rezession 1982, der ein

- weiterer Aufschwung bis Anfang der neunziger Jahr folgte: 1982 bis 1990 (in Deutschland aufgrund des Wiedervereinigunsgsbooms bis 1992 verlängert),
- Rezession 1992/93,
- Aufschwung seit der Mitte der neunziger Jahre mit einem Boom an den Märkten der auf das Internet gestützten »New Economy« 2001,
- Platzen der Informationstechnologie (IT)-Blase 2001 und Dämpfung bis 2003,
- Aufschwung seit ca. 2003/2004, der
- 2007/2008 durch eine schwere Krise beendet wurde. Sie wurde 2007 vom Zusammenbruch des US-amerikanischen Immobilien- und Hypothekenmarkts ausgelöst, griff 2008 auf Banken und andere Finanzdienstleister über und erfasste die Gesamtheit der hochentwickelten kapitalistischen Länder.

Über die einzelnen Zyklen hinweg blieb das Wachstum geringer als in der Periode 1945–1973. Für die Jahre 1974 bis 1993 kann von der Existenz einer Langen Welle depressiver Entwicklung ausgegangen werden.

In den USA war der Aufschwung der neunziger Jahre besonders steil und lang. (Brenner 2003) Allein hier konnten 1995 bis 2000 Wachstumsraten erzielt werden (4,2 Prozent), die an diejenigen der Jahre 1960 bis 1969 (4,6 %) zwar nicht völlig, aber annähernd herankamen. (Brenner 2003: 81) (Zum Vergleich: 1969–1979: 3,3 %; 1979–1990: 2,9 %; 1990–95: 2,4 %) Im gesamten Zeitraum 1990–2000 allerdings blieb es bei 3,2 Prozent. (Ebd.)

Der Boom der neunziger Jahre wurde in den Vereinigten Staaten vor allem von den sogenannten »Neuen Märkten«, die durch elektronisch vermittelte Zirkulation bestimmt waren, vorangetrieben (New Economy). Er war von einer spekulativen Hausse begleitet, die durch erleichterte Kreditaufnahme aufgrund einer Politik gemäßigter Zinsen seitens des Federal Reserve System ermutigt worden ist. (Ebd.: 34-37) Im Übergang zum neuen Jahrtausend endete dieser Aufschwung mit einem Einbruch – begleitet von schweren Kursverlusten an den Börsen auch außerhalb des »Neuen Marktes« – und Entlassungen mit nachfolgender »Normalisierung« auf geringerem Niveau.

1992 kam es in Großbritannien, Italien, Schweden, Spanien, 1993, 1994/95 in Mexiko, 1997 in Südostasien, 1997 in Indonesien, Malaysia, Südkorea, Thailand und Tschechien, 1998 in Russland, 1999 in Brasilien, 2000/01 in der Türkei, 2000/02 in Argentinien zu schweren Währungs- und Finanzkrisen. An der Jahreswende 1989/90 ging in Japan ein Spekulationsboom mit Aktien und Immobilien in einen Börsenkrach über, auf den ein Jahrzehnt der Stagnation und Deflation folgte, die auch zu Beginn des neuen Jahrtausends noch nicht vollends überwunden waren.

Die stofflichen Grundlagen

Die prägende Entwicklung in der stofflichen Basis war die Dritte Industrielle Revolution. Sie bestand in der Durchdringung von Produktion, Kommunikation, Verwaltung und Warenverkehr durch die elektronische Informationstechnologie. Die Lichtgeschwindigkeit wurde nunmehr zur Norm der Informationsübermittlung (wenngleich nicht der Informationsverarbeitung). Durch die Satellitenübertragung, ein Produkt der Weltraumfahrt, wurde die Nachrichtentechnik vorangebracht.

Die Gentechnologie erreichte die Schwelle zwischen Protoindustrie und einer weiteren, in diesem Zeitraum allerdings noch nicht voll durchgesetzten weiteren Industriellen Revolution. In der Agrarproduktion allerdings wurde sie schon zu einem wichtigen Wirtschaftsfaktor: als »grüne« Gentechnologie – in Absetzung von der »roten«, deren Anwendung auf Menschen und Tiere stärker umstritten blieb. Deutlich unterhalb der Marke einer denkbaren weiteren Industriellen Revolution blieben auch am Anfang des 21. Jahrhunderts die Entwicklung erneuerbarer Energien und die breite Anwendung energiesparender Verfahren. Die auf die Quantenphysik und -chemie gestützte Nanotechnologie wurde in wachsendem Maß angewandt.

Der Massentourismus wurde nun endgültig zu einem Industriezweig (eine Entwicklung, die sich allerdings schon seit etwa 1960 angebahnt hatte). Im Waren- und Personenverkehr, unter anderem in einem dichten Netz von Luftlinien, wurden die Transportkosten nachhaltig gesenkt. Ähnliches gilt für die Lagerhaltungskosten: durch »Just-in-time«-Produktion wurden Straße, Schiene, Luft und Wasser zum Ersatz für Warenlager. Das Sortiment der Nahrungsmittel wurde in den kapitalistischen Zentren aufgrund der verbesserten Transport- und der noch weiter verbesserten Aufbewahrungsmöglichkeiten sowie der elektronisch gestützten Logistik weitgehend unabhängig von den Jahreszeiten. Die elektronische Informationstechnologie drang über den

1. Bereich der Fertigung (Prozessinnovation), für den sie schon am Beginn dieser Periode zunehmend charakteristisch geworden war, nun in
2. Vertrieb und Bürokommunikation (= Erweiterung der Prozessinnovation) sowie in
3. das Angebot neuer Waren für den Endverbrauch vor (z. B. Taschenrechner, Personal Computer und Mobilfunk-Telefone).
4. Das Internet – zunächst in den USA für militärische Zwecke entwickelt – wälzte die Kommunikation in Wirtschaft, Verwaltung und Privatleben um und bildete eine neue Infrastruktur (wie im 19. Jahrhundert die Eisenbahnen und im 20. Telefon, Radio und Fernsehen).

Die unter Punkt 3 aufgeführte Produktinnovation stützte die Aufschwünge der achtziger und neunziger Jahre und schuf auch neue Arbeitsplätze. Zeitweilige Sättigung des Marktes in diesem Bereich vertiefte die Rezession von 2001. Die Durchdringung von Bürokommunikation und Vertrieb mit elektronischer Informationstechnologie (Nr. 2) sowie deren weitere Ausbreitung in der Fertigung (Nr. 1) hatten negative Beschäftigungswirkungen. Kombiniert mit einer Wirtschaftspolitik, die nicht an einer Stärkung der Massenkaufkraft orientiert war und eine Drosselung von Einnahmen und Ausgaben der öffentlichen Hand bevorzugte, überwogen über die Zyklen hinweg die negativen Auswirkungen auf den Arbeitsmarkt: Im jeweiligen Boom und in der jeweiligen Rezession waren die Arbeitslosenzahlen in vielen Ländern höher als in der vorangegangenen vergleichbaren Phase. Erst am Ende des Booms, der 2007/2008 endete, änderte sich dies zeitweilig.

Von der materiellen Produktion lösten sich stärker als je zuvor sie begleitende produktionsnahe oder verkaufsfördernde Dienstleistungen (Unternehmens-, Personal-, Anlage- und Vermögensberatung,

Coaching, Rating) ab. Public Relations und Werbung werden in weit höherem Maße als bisher zu Industriezweigen. Der Sport wurde Teil der Werbe- und Unterhaltungsindustrie.

Die Finanzmärkte nahmen neben den Märkten für materielle Güter und Dienstleistungen sowie dem Arbeitsmarkt nun eine stärkere, ja eine zentrale Stellung ein. Das Geld selbst wurde zur Ware, die neben den klassischen Aktien an den Börsen erstanden und veräußert wurde. Beim Aktienhandel wurde oft nicht mehr nur mit Wertpapieren, sondern Derivaten kalkuliert, z. B. mit Rechten auf Kauf oder Verkauf zu einem vorher vereinbarten Preis zu einem gegebenen Zeitpunkt unabhängig von dem aktuell tatsächlich erreichten Kurs (Optionen), mit dem Kauf und Verkauf von Zins- oder Dividendenansprüchen bzw. Kursdifferenzen (Swaps), generell mit einer Vervielfältigung der Termingeschäfte (Futures). Der Begriff des »Produkts« gewann eine zusätzliche Bedeutung: Häufig wurden darunter nun Kreationen am Finanzmarkt verstanden, wodurch der – ebenfalls neue und zeitweilig modische – Begriff der »Virtualität« aus dem Bereich der Informationstechnologie, wo er entstanden war, in den der Gesellschaftsbeschreibung übertragen wurde.

Gleichzeitig beschleunigten und intensivierten sich die aus der bisherigen Geschichte der bürgerlichen Gesellschaft bekannten Prozesse der kapitalistischen Durchdringung von Natur und Gesellschaft einer- und des Rückzugs von Kapital aus bisherigen Nutzungsbereichen in bestimmten Territorien andererseits. Elmar Altvater kennzeichnete diese gegenläufigen Vorgänge als »Inwertsetzung« und als »Außerwertsetzung«. (Altvater 1987)

Elektrizität und Erdöl blieben die zentralen Energieträger. Als Basis der Gewinnung von Elektrizität drang die Kernenergie weiter zu Lasten der Kohle vor. Glas wurde zu einem deutlich hervortretenden Baustoff; der daraus resultierende Architekturtyp wurde zum ästhetischen Ausdruck der – tatsächlichen oder scheinbaren – Virtualität der neuesten Variante des Kapitalismus.[37]

37 Diese spiegelte sich auch in der Massenliteratur, der erstmals 1954 erschienene Roman »The Lord of the Rings« von J. R. R. Tolkien wurde erneut zum Kultbuch und wurde mit weltweitem Erfolg verfilmt. Gleiches gilt für Harry Potter von Joanne K. Rowling (seit 1997).

Zu den mittlerweile klassischen Massen-Genussmitteln Alkohol, Tabak, Kaffee und Tee (wobei die beiden letzteren nicht mehr als Genussmittel wahrgenommen wurden) traten nun Drogen auf Hanf-, Opium- und Coca-Basis. Jahrhundertelang waren sie zwar bekannt, aber nur in relativ kleinen Zirkeln konsumiert worden. Nun kamen sie – ebenso wie ganz neue, nämlich synthetische Drogen – in massenhaften Gebrauch. Obgleich illegal, nahmen ihre Herstellung und ihr Verkauf (auch aufgrund des erleichterten Vertriebs mithilfe der modernen Verkehrsmittel) jetzt gleichsam industriellen Charakter an. In der Prostitution bereiteten sich teilweise ähnliche Entwicklungen vor, zuweilen verbunden mit neuen Formen des Menschenhandels, ja der Zwangsarbeit. Ein weiterer Erwerbszweig von erheblichem Umfang war der von Privaten betriebene internationale Waffenhandel.

Die Organisation des Kapitals

Die Produktion einer einzelnen Ware fand in immer geringerem Maße an einem einzigen Standort für die jeweilige Ware statt – auch auf sie kann der Begriff der Globalisierung angewandt werden. (Reich 1993) Die Fertigungstiefe für einzelne Produkte wurde durch Outsourcing verringert. Um sich gegen Währungsschwankungen abzusichern, mussten sich im- und exportierende Unternehmen größere Devisenbestände zulegen, die sie, wenn sie nicht zum aktuellen Ausgleich von Kursschwankungen benötigt wurden, ebenfalls auf den internationalen Finanzmärkten spekulativ einsetzten. Im Verhältnis der Branchen zueinander fand eine Verschiebung statt durch ein (verglichen mit der materiellen Produktion und anderen Dienstleistungen) überdimensionales Wachsen des Finanzsektors. (Zeise 2008)

Die Beziehung von Staat und Kapital war durch einen weitgehenden Rückzug der Öffentlichen Hand aus der Wirtschaftsorganisation, durch Privatisierung und Deregulierung gekennzeichnet. Bislang staatliche, kommunale oder genossenschaftliche Infrastruktur wurde durch ihre Privatisierung zu Kapital. Vorher war Gewinnerzielung nicht ihr Zweck gewesen, allerdings hatte sie den Privatunternehmen bei dessen Erwirtschaftung zugearbeitet. Jetzt erbrachte sie in doppelter Weise privaten Profit: durch die Erzeugung und den Verkauf von Dienstleistungen und durch Kauf und Verkauf dieser Unternehmen (oder ihrer Aktien) an den Börsen.

Die Unternehmensführung wurde nunmehr in geringerem Maße von Gesichtspunkten des Manager- als durch solche des Shareholder-Kapitalismus bestimmt. (Henwood 2000: 246-300) Teilweise war der Börsenwert einer Aktiengesellschaft wichtiger als ihre Dividende: Gewinne wurden aus ihrem Kauf (freundliche oder feindliche Übernahme) und Verkauf gezogen. Die Leistung des Vorstandes – insbesondere seines Vorsitzenden – bemaß sich aus dem Aktienkurs bei der Veräußerung von Wertpapieren des entsprechenden Unternehmens. Ebenso wurden die Währungen zum Gegenstand von Börsentransaktionen. Für diesen neuen Typ des Kapitalismus wurde seit den achtziger Jahren von Kritiker(inne)n der Begriff des Casino-Kapitalismus gebraucht. (Strange 1986) In der ersten Hälfte der neunziger Jahre waren auch das britische Pfund und die italienische Lira spekulativen Angriffen – unter anderem durch den Finanzdienstleister George Soros – ausgesetzt, die zu ihrer Abwertung und zu ihrem Ausscheiden aus dem europäischen Währungssystem zwangen.

Die anhaltende Nachfrageschwäche für den Massenverbrauch drängte brachliegendes Kapital nicht nur an die Börse für Aktien, sondern auch ins Anleihegeschäft. Abnehmer waren in hohem Maße Entwicklungsländer. In den achtziger Jahren zeichneten sich Schwierigkeiten bei der Tilgung ab. Dieser Verschuldungskrise (Schubert 1985) sollte der sogenannte »Washington-Consensus« (1990) entgegenwirken: Es handelte sich um ein Übereinkommen auf einer Konferenz, die vom Institute for International Economics in Washington ausgerichtet wurde. Die Vertreter der lateinamerikanischen Schuldnerländer, der Weltbank, des Internationalen Währungsfonds und von Beratungsinstanzen (»think tanks«) verständigten sich auf insgesamt zehn Bedingungen zur Ent- und Umschuldung. Zentral standen dabei die Geldwertstabilität (um den Gläubigern Sicherheit zu geben), der Abbau staatlicher Leistungen, Konsumdrosselung, Liberalisierung des Außenhandels, niedrige Steuern und Privatisierung – insgesamt eine klassische Agenda des Marktliberalismus. Die Finanzkrisen in Lateinamerika, aber auch in Asien und Russland (Boris/Diaz/Eicker-Wolf/Käpernick/Limbers 2000) zeigten die Problematik dieses Regimes. Um die Währungsstabilität zu garantieren, waren Stützungskäufe notwendig gewesen. Diese ermöglichten Geldvermögensbesitzern und Gläubigern Kapitalexporte, die schließlich, als es zu Panikverkäufen kam, zum Zusammenbruch der betroffenen Währungen führten. (Huffschmid 2002: 134-190)

1994 wurde – mit Wirkung vom 1. Januar 1995 – das Allgemeine Handelsabkommen (GATT) zur Welthandelsorganisation (World Trade Organization, WTO) erweitert. Diese ist mit Sanktionsgewalt gegenüber protektionistischem Verhalten ausgestattet. Ihre Mitglieder der WTO trafen Vereinbarungen für den freien Verkehr von Dienstleistungen (General Agreement in Trade in Services, GATS), über Regeln für den Agrarmarkt (Agreement on Agriculture, AOA) und den Schutz geistigen Eigentums (Agreement on Trade-Related Aspects of Intellectual Property Rights, TRIPS; Anti-Counterfeiting Trade Agreement, ACTA).

Die Weltbank und insbesondere der Internationale Währungsfonds änderten nach 1973 ihre Funktion. Hatten sie ihre Aufgabe bisher darin gesehen, Liquidität zunächst für den Wiederaufbau der im Zweiten Weltkrieg zerstörten Länder und danach für eine keynesianisch orientierte Wachstumspolitik bereitzustellen, so banden sie Kredite für Entwicklungsländer (denen sie nunmehr den Hauptteil ihrer Arbeit zuwandten) jetzt an die Einhaltung monetaristischer Vorgaben, unter anderem eine strenge Kontrolle der Staatsausgaben.

Weltweite Internet-Monopole und -Oligopole

Neben der Finanzindustrie und diese an langfristiger Bedeutung übertreffend etablierten sich seit dem Ende des 20. und zu Beginn des 21. Jahrhunderts weltweit operierende Firmen zum Angebot von Dienstleistungen im Internet (u. a. Amazon, Facebook, Google, Microsoft, die zunächst als sogenannte Start-up-Unternehmen und Personalgesellschaften begannen und dann an die Börse gingen. Sie hatten den einst schon von Schumpeter beschriebenen Innovations-Vorsprung und gewannen daraus eine dauerhafte monopolistische oder oligopolistische Stellung. Zugleich verschafften sie sich Zugänge zu Informationen über Daten ihrer Nutzer(innen), die oft für Werbezwecke eingesetzt, potentiell aber auch zur Kontrolle ihrer Kund(inn)en, ja sogar zur Manipulation von deren Computern gebraucht werden können. Ähnliche Eingriffsmöglichkeiten stehen mithilfe der Informations-Technologie auch staatlichen Stellen zur Verfügung.[38]

Die Organisation der Arbeit

Durch die Industrialisierung nachkolonialer Gesellschaften nahm die Zahl der Lohnabhängigen, auch der Handarbeiter(innen) weltweit zu. In den alten kapitalistischen Zentren verminderte sich allerdings der Anteil der »blue collar worker«.

Die Möglichkeiten zur Kartellierung der Arbeitskraft gingen in den Metropolen zurück, während sie in den neuindustrialisierten nachkolonialen Gesellschaften und in den neu-kapitalistischen ehemals sozialistischen Ländern nur relativ geringfügig wahrgenommen wurden. Zu den Ausnahmen gehörten die Gewerkschaften in Südkorea und der aus einer starken Gewerkschaftsbewegung erwachsene Partido dos Trabalhadores (gegründet 1980) in Brasilien, der mit Lula da Silva (seit 2002) den Staatspräsidenten und mit Dilma Rousseff (seit 2011) die Staatspräsidentin stellte.

In Ost- und Südostasien, insbesondere in China, entstand eine viele Millionen starke, aus der Bauernschaft rekrutierte Arbeiterklasse der ersten Generation, deren Lebensbedingungen oft ähnlich elend waren wie während der ersten Industriellen Revolution in Europa. In einigen Zentren (z. B. in der Automobilindustrie in China) kam es zu militanten Streikaktionen (Silver 2003) In Südafrika blieb der Ge-

38 http://monthlyreview.org/2011/03/01/the-internets-unholy-marriage-to-capitalism#top (Zugriff: 5.01.2012)

werkschaftsbund Congress of South African Trade Unions (COSATU) mit dem seit 1994 regierenden African National Congress (ANC) eng verbunden.

In den kapitalistischen Zentren Europas war die Arbeiterklasse bereits seit den fünfziger Jahren des 20. Jahrhunderts durch Einwanderung und sogenannte »Gastarbeitsverhältnisse« in ähnlicher Weise segmentiert wie in den USA von Anfang an. Die weltweite Migration der Lohnabhängigen – besonders der Handarbeiter – ist vor allem durch tatsächliche oder potentielle Produktionsverlagerungen in sogenannte »Niedriglohnländer« forciert worden. Eine langfristige Schwächung der Gewerkschaften erfolgte durch die ständige Massenarbeitslosigkeit. Wurde sie gesenkt – z. B. in den USA und in den Niederlanden –, erfolgte dies um den Preis von Lohnminderungen. In den Vereinigten Staaten wurden die Einkommen der Niedrigverdiener in den neunziger Jahren in problematischer Weise durch die Möglichkeit hoher Verschuldung mit Hilfe von Krediten für Wohneigentum (ohne Einsatz von Eigenkapital) und Kreditkarten scheinbar aufgestockt.

Wo sozialdemokratische Parteien an der Regierung waren, näherten sie ihre Politik dem neoliberalen Muster an, wobei regionale Unterschiede blieben: Die Angleichung war in Skandinavien relativ moderat. In Großbritannien setzte der Labour-Premier Blair (seit 1997) die Politik seiner Vor-Vorgängerin Thatcher und seines Vorgängers Major fort, in der Bundesrepublik ging der sozialdemokratische Kanzler Schröder (seit 1998) bei der Deregulierung und Privatisierung noch über den Christdemokraten Helmut Kohl hinaus.

So blieb seit 1973 die Arbeiterklasse zwar nach wie vor eine »Klasse gegenüber dem Kapital«, war aber nur in geringem Maße eine »Klasse für sich selbst« (zur Terminologie: Marx 1969a: 181).

Die gemeinsame Organisation von Arbeit und Kapital

Der Korporatismus der Periode 1945 – 1973 in den OEEC/OECD-Ländern war Resultat eines relativen Kräftegleichgewichts zwischen

Unternehmern und Gewerkschaften unter der Voraussetzung von Vollbeschäftigung gewesen. Mit der Verschiebung des Kräfteverhältnisses zugunsten der Unternehmer und insbesondere der Akteure an den (internationalen) Finanzmärkten wurde er durch eine neue Form abgelöst: Wettbewerbskorporatismus. (Hirsch 1995) Dieser etablierte sich auf zwei Ebenen:

1. In vielen Betrieben wurden Arrangements getroffen, in denen die Belegschaften Lohneinbußen und/oder unbezahlte Arbeitszeitverlängerungen bzw. Arbeitszeitverkürzung mit Lohnsenkung akzeptierten, um Entlassungen zu vermeiden oder deren Umfang zu begrenzen. Mitbestimmung wurde jetzt weniger als zuvor als Machtposition der Lohnabhängigen im Verhältnis zu den Unternehmen wahrgenommen, sondern als Co-Management vor allem unterhalb der Aufsichtsratsebene – als Einbindung der Betriebsräte in die Unternehmensstrategie zur Verbesserung der Stellung der Firma im Wettbewerb sowie von Kernbelegschaften in eine »Corporate Identity«. Dabei konnten die Interessen der Beschäftigten nur noch defensiv als Arbeitsplatzerhaltung (nicht aber in der Durchsetzung darüber hinausgehender Forderungen – höhere Löhne und weitere Zugeständnisse der Unternehmer) wahrgenommen werden.
2. Auf nationaler Ebene wurde der »Standort« des jeweiligen Landes im internationalen Wettbewerb zu einem leitenden Gesichtspunkt. Durch Dämpfung der Löhne (einschließlich der Lohnnebenkosten für Arbeitslosen-, Gesundheits- und Altersversicherung) sollten die Angebote auf dem Weltmarkt kostengünstig gestaltet und dadurch Arbeitsplätze gesichert werden.

Sozialstruktur

Die führende Gruppe innerhalb der Kapitalistenklasse bildeten die Spitzen der Banken, Fonds und Versicherungen sowie Gründer von marktbeherrschenden Unternehmen der Informationstechnologie.

Für die anderen Klassen und Schichten hatte sich die für den neoliberalen Kapitalismus typische Sozialstruktur bereits in der Schlussphase des »Goldenen Zeitalters des Kapitalismus« herausgebildet. Der Anteil der Handarbeiter an den Lohnabhängigen ging weiter zurück. Die schwächere Nachfrage auf dem Arbeitsmarkt führte zu einer geringen Erhöhung der Zahl von Selbständigen in oft gedrückter materieller Situation.

Innerhalb des Wettbewerbskorporatismus wurde das sogenannte »Normalarbeitsverhältnis«, wie es sich seit der »Großen Transformation« herausgebildet hatte (lebenslange Vollerwerbstätigkeit – allerdings meist nur der Männer – im erlernten Beruf), durch Zeitarbeitsverhältnisse, Berufswechsel und unterbrochene Beschäftigungs-Biografien in signifikantem Maße ersetzt. Insofern näherten sich die Merkmale der Berufs-»Karrieren« (meist handelte sich um das Gegenteil einer Karriere: Zunahme von Abstiegsmerkmalen) vieler Männer denjenigen von berufstätigen Frauen an. Zuweilen wird für die Schicht, die davon betroffen ist, der Begriff »Prekariat« gebraucht. Ihr gehören nicht nur Handarbeiter(innen) an.

Die Dritte Industrielle Revolution brachte das Phänomen der Netz-Affinität hervor: Immer mehr Menschen verbrachten zunehmende Anteile ihrer Arbeits- und Freizeit in der Beschäftigung mit digital erzeugten und zur Verfügung gestellten Informationen, Dienstleistungen und Kulturgütern.

Einem mehrheitlichen Prozess der Absenkung von Einkommen und Berufschancen standen die gestiegenen Chancen einer selbständigen oder lohnabhängigen Elite insbesondere im Dienstleistungssektor gegenüber, sodass von einer Polarisierung der Erwerbstätigen zwischen einer Mehrheit mit verringerten Möglichkeiten und einer Minderheit in einer verbesserten Lebenssituation gesprochen werden kann. Die Mitglieder der letzteren Gruppe verdienten, solange sie eine Beschäftigung hatten, sehr viel, hatten aber ebenfalls in der Regel keine Dauer-Arbeitsplätze.

Schon mit der Herausbildung transnationaler Konzerne, vollends aber mit der Ausweitung des internationalen Kapitalverkehrs stellte sich die Frage, ob mittlerweile eine internationale Bourgeoisie entstanden sei. Zu bejahen ist dies für Individuen und kleine Fraktionen innerhalb der einzelnen nationalen Kapitalistenklassen, die mit letzteren nur noch locker verbunden sind oder als aus diesen schon völlig herausgelöst angesehen werden müssen.

Familie und soziale Sicherung

Der Geburtenüberschuss in den nachkolonialen Gesellschaften kontrastierte zum fortgesetzten Geburtenrückgang in den Metropolen-Gesellschaften. Beide Entwicklungen hatten unterschiedliche soziale Konsequenzen:

Viele nachkoloniale Gesellschaften blieben von Massenarmut gekennzeichnet. Zu deren Folgen gehörte, dass auch die Sterbeziffer hoch und die Lebenserwartung gering war. Insbesondere in Afrika hatte die Immunschwäche-Seuche AIDS katastrophale Auswirkungen.

In den west-, mittel- und nordeuropäischen Staaten dagegen trat neben den Geburtenrückgang die Verlängerung der durchschnittlichen Lebenszeit. Problematisch wurde diese demographische Situation dort, wo aufgrund hoher Arbeitslosigkeit und des Rückgangs von Lohnabhängigkeit sowie verlangsamter Lohnentwicklung der Beschäftigten die Einzahlungen in die Sozialversicherungen zurückgingen, sodass sinkende Einnahmen den steigenden Ausgaben für Alte (einschließlich deren Gesundheitsvorsorge), deren Renteneintrittsalter während der Periode 1945–1973 ständig reduziert war, gegenüberstanden. Hinzu kam, dass die Unternehmer eine Dämpfung der Lohnnebenkosten durchsetzten. Soziale Sicherung wurde teilweise den staatlich regulierten Institutionen entzogen und privaten Finanzdienstleistern übertragen. Sie wurde damit in höherem Maße als früher zum Investitionsbereich für produktiv nicht mehr genutztes Kapital.

Eine solche Entwicklung war angesichts ständig steigender Arbeitsproduktivität keineswegs alternativlos, entsprach aber den Interessen der Kapitalistenklasse und erschien nur aufgrund eines Kräfteverhältnisses, das inzwischen zu deren Gunsten verändert war, als – im doppelten Wortsinn: – zwingend.

Während der Periode 1945–1973 war die Daseinsvorsorgefunktion der Familien in den kapitalistischen Zentren ansatzweise durch öffentlich-rechtliche Sicherungssysteme ergänzt bzw. ersetzt worden. Innerhalb des marktradikalen Kurses der Rückführung von staatlichen bzw. öffentlich-rechtlichen Sozialfunktionen wurden diese Leistungen nun reduziert, ohne dass die Familien ihre früheren Aufgaben hätten wieder aufnehmen können: Einpersonen-Haushalte, »unvollständige« Familien mit nur einem erziehenden Elternteil, generell aber das Überwiegen von Zwei-Generationenfamilien (in welche die Großelterngeneration nicht mehr integriert war) hätten einer solchen Anforderung nicht mehr genügen können. Traditionelle familiale und sozialstaatliche Formen der Vergesellschaftung waren zumindest teilweise durch eine Individualisierung abgelöst worden, deren Leistungsfähigkeit zur sozialen Absicherung sich weitgehend auf den Markt stützen musste.

Der soziale Wohnungsbau wurde kaum noch staatlich gefördert. Dieser Teil der Daseinsvorsorge wurde stärker als früher durch bankfinanziertes Wohnungseigentum ersetzt. (Dieses gab es allerdings auch während der vorangegangen Periode.)

Als Ergebnis des Wohlstandsgefälles zwischen den nachkolonialen und den entwickelten Gesellschaften entwickelte sich eine Massenmigration, gegen die sich die Zentren weitgehend abschotteten bzw. die sie nach ihren Arbeitsmarkt-Interessen regulierten.

Das räumliche Arrangement

Mit dem Ende der Sowjetunion wurde nahezu die gesamte bisherige sozialistische Gegenwelt kapitalistisch. Dies galt mit Verzögerung auch für China und Vietnam, die nach wie vor von einer kommunistischen Partei regiert wurden. Auch diejenigen nachkolonialen Staaten, die vorher sozialistisch optiert hatten, versuchten sich dem kapitalistischen Weltmarkt zu öffnen und einen Weg kapitalistischer Binnenentwicklung einzuschlagen.

Aus diesen Gründen empfiehlt es sich, für diese Periode zwischen alt- und neukapitalistischen Gesellschaften zu unterscheiden.

Zu den altkapitalistischen Gebieten gehören West-, Mittel- und Nordeuropa, Nordamerika, Japan, Neuseeland und Australien.

Neukapitalistisch waren die ehemals sozialistischen und die nachkolonialen Gesellschaften. Zwischen den einzelnen Ländern fand hier eine starke Polarisierung statt. Der Sammelbegriff »Dritte Welt« war nunmehr nicht nur wegen des Wegfalls der sozialistischen bisherigen Zweiten Welt unbrauchbar geworden, sondern auch weil die Unterschiede zwischen den einzelnen nachsozialistischen und nachkolonialen Gesellschaften sehr groß wurden. Der ärmste Teil der ehemaligen Dritten Welt – zum Beispiel das subsaharische Afrika – wurde zuweilen als »Vierte Welt« bezeichnet. Andererseits haben Hongkong, Singapur, Südkorea und Taiwan (die »vier kleinen Tiger«) in den achtziger Jahren eine schnelle Industrialisierung durchlaufen und in Einzelbereichen – zum Beispiel Südkorea im Schiff-, aber auch im Automobilbau – beachtliche Weltmarktanteile an sich gebracht (bevor es in den neunziger Jahren für Südkorea zu Rückschlägen durch die Finanzkrise kam).

War der militärische Dualismus durch den Zusammenbruch der Sowjetunion militärisch und politisch der eindeutigen US-amerikanischen Vormacht gewichen, so verlor ökonomisch Japan in den neunziger Jahren innerhalb der bisherigen Trilaterale aufgrund langjähriger Stagnation an Gewicht.

In Nord- und Mittelamerika einerseits, Europa andererseits bildeten sich Wirtschaftsblöcke heraus bzw. wurden weiterentwickelt.

Kanada, die USA und Mexiko gründeten in den neunziger Jahren die Nordamerikanische Freihandelszone NAFTA, die europäische Integration erreichte in der gleichen Zeit mit der Schaffung des einheitlichen Binnenmarktes, der Einführung einer gemeinsamen Währung (Euro), der formellen Gründung einer »Europäischen Union« (EU), die sich um nachsozialistische Gesellschaften erweiterte, eine neue Entwicklungsstufe. 1990 entstand aus dem Zusammenschluss von EFTA und EG der »Europäische Wirtschaftsraum« (EWR).

Reichten die Wirtschaftsblöcke über die einzelnen Staaten hinaus, so wurden diese im Inneren oft regionalisiert: einzelne besonders leistungsstarke Territorien nahmen eine Sonderstellung ein, die den nationalen

Zusammenhalt relativierte (wie die Bestrebungen der »Lega Nord« in Oberitalien) oder sogar in Frage stellten (die Flamen in Belgien; die Sonderstellung z. B. Kataloniens in Spanien). Teilweise jahrhundertealte sprachliche und soziokulturelle Gegensätze gewinnen so eine neue, ökonomisch fundierte Bedeutung.

Die Renaissance der Thünenschen Theorie über das Verhältnis eines Zentrums zu ringförmig auf dieses zugeordneten Wirtschaftszonen in den siebziger Jahren durch Fernand Braudel und (indirekt) Immanuel Wallerstein ist vielleicht nicht nur durch ihren Grad an (seit dem 13. Jahrhundert) gleichsam überzeitlicher Plausibilität zu erklären, sondern auch dadurch, dass die Situation im letzten Viertel des 20. Jahrhunderts dieser Auffassung stark zu entsprechen schien.

Zentralmacht waren die USA. Ihre Hegemonie durchlief zwei Phasen: Von 1945 bis 1989/91 waren sie die Vormacht der kapitalistischen Welt und auch derjenigen Entwicklungsländer, die sich nicht auf einen sozialistischen Entwicklungsweg begaben. Ihr Einflussbereich war durch den von der UdSSR dominierten Block begrenzt. In den siebziger Jahren mussten die USA Rückschläge in einigen Entwicklungsländern hinnehmen:

1979 wurde der mit den Vereinigten Staaten verbündete Schah des Iran durch eine Revolution gestürzt, die in die Errichtung einer »Islamischen Republik« unter religiösen Führern mündete. Ihre Beziehungen zu den Vereinigten Staaten waren äußerst gespannt.

Ebenfalls 1979 stürzte die Sandinistische Befreiungsfront in Nicaragua den Diktator Somoza. Dessen Anhänger unternahmen eine Invasion mit Unterstützung der Vereinigten Staaten, konnten sich aber zunächst nicht durchsetzen.

Die CIA beteiligte sich an der Verminung nicaraguanischer Häfen. 1990 gewann eine von den Vereinigten Staaten unterstützte Koalition die Präsidentschaftswahl.

Wiederum 1979 übernahm eine nationalrevolutionäre Partei die Macht in Grenada (Lateinamerika). 1983 besetzten die USA das Land.

Der Sturz der Diktatur in Portugal 1974 wurde von den Befreiungsbewegungen in Angola, Guinea-Bissau und Mosambik dazu genutzt, 1975 die Unabhängigkeit ihrer Länder zu erkämpfen. Dies war eine späte Fortsetzung der Entkolonisierung, die vorher schon das britische Empire, Belgien, Frankreich und die Niederlande betroffen hatte, tangierte also nicht die USA unmittelbar, wohl aber einen ihrer NATO-Verbündeten.

In der zweiten Hälfte der siebziger Jahre forcierten die Vereinigten Staaten das Wettrüsten mit der Sowjetunion. Mit den von ihnen ab 1983 in Mitteleuropa stationierten elektronisch lenkbaren Mittelstreckenraketen vermochten sie die Sowjetunion zu überrüsten. Nach deren Zusammenbruch nahm die Hegemonie der Vereinigten Staaten einen globalen Charakter an.

Sie beruhte auf zwei Voraussetzungen:

1. auf der militärischen Überlegenheit und ihrer damit verbundenen Fähigkeit, an von den USA ausgewählten Stellen der Erde zu intervenieren. Der Politologe Ernst-Otto Czempiel sprach von der Perspektive einer »selektiven Weltherrschaft« der Vereinigten Staaten.
2. Der Dollar war zwar seit 1971 nicht mehr goldgedeckt, und seit 1973 waren die anderen Währungen nicht mehr an ihn gebunden. Aber er blieb doch Leitwährung dadurch, dass die meisten Geldreserven der Welt in Dollar angelegt blieben. Wenn sein Kurs so hoch oder so niedrig war, dass dadurch die Interessen anderer Länder negativ berührt wurden, sind immerhin zweimal internationale Konferenzen durchgeführt worden, um wieder ein annäherndes Gleichgewicht herzustellen: 1985 verabredeten im Plaza-Hotel in New York Notenbankgouverneure und Finanzminister eine Dämpfung und 1987 in Paris eine Stützung seines Kurses.

Das Ende der Systemauseinandersetzung ab 1989 stellte die US-Hegemonie in einen anderen Kontext. Dieser wurde durch ihr Verhältnis zu den anderen hochentwickelten kapitalistischen Ländern bestimmt. Es empfiehlt sich, hierfür eine andere Periodisierung zu wählen, die nicht ausschließlich an den zwei Etappen:

A. Kalter Krieg
B. US-amerikanisch geführte One World

orientiert ist. Ein wichtiger Einschnitt war nicht erst 1989, sondern bereits das Ende des Systems von Bretton Woods.

Berücksichtigen wir dies, dann durchlief die Hegemonie der USA ab 1973 folgende Transformation.

1. Zunächst blieb sie im Verhältnis zu Europa und Japan durch die Vormachtstellung der Vereinigten Staaten in der Auseinandersetzung mit der Sowjetunion gewahrt. Allerdings war nun das internationale Geldregime entfallen, das den USA die Möglichkeit, sich in eigener Währung zu verschulden, erleichtert hatte.
2. Die Rüstungskonjunktur in der Amtszeit des Präsidenten Ronald Reagan (1981–1989), verbunden mit hoher Verzinsung der Staatsanleihen, zog wiederum ausländisches Kapital in die USA.
3. Während der neunziger Jahre – Amtszeit des Präsidenten Clinton (1993–2001) – fand der längste Wirtschaftsaufschwung der Vereinigten Staaten seit 1945 statt, stimuliert durch Investitionen in die neue Branche der Informationstechnologie (»dot.com-capitalism«). Auch er war in hohem Maße kreditfinanziert: durch die Anlage von Kapital aus anderen Regionen in den USA sowie durch Entsparen und Verschuldung US-amerikanischer Haushalte, insbesondere in Immobilien. Hier entstand ein Spekulations-Boom, der 2001 in einem raschen Verfall der Aktienkurse endete.

Obwohl 1971 die Golddeckung des Dollar aufgegeben worden war und die anderen Währungen der kapitalistischen Welt seit 1973 nicht mehr in einem festen Tauschverhältnis zu ihm standen, war es danach drei Jahrzehnte lang gelungen, diesen als die Hauptreserve-Währung der Welt zu erhalten. Mit dem Beginn der Amtszeit des Präsidenten George W. Bush (2001–2009) zeichnete sich die Tendenz ab, diesen Status durch eine Öl- und Militärdeckung zu stabilisieren: die USA hatten nicht nur eine eigene hohe Ölförderung, sondern sie kontrollierten auch Ölquellen einiger anderer Länder und die Zufuhrwege. Die Kriege, die sie 2001 in Afghanistan sowie 1991 und 2003 gegen den Irak führten (jeweils mit Verbündeten), waren dadurch zumindest mitmotiviert. Sie können insofern auch als Öl- und als Währungskriege bezeichnet werden. Dabei war die militärische Stärke der USA zugleich auch eine zusätzliche Vertrauensgarantie für den Dollar (trotz seiner Kursschwankungen und zeitweiligen Verluste gegenüber dem Euro).

Eine andere Form der Hegemonie bildeten Deutschland und Frankreich (in Konkurrenz zu Großbritannien) innerhalb der Europäischen Union und die EU als Ganze gegenüber den ihr nicht angehörenden (bzw. um Beitritt nachsuchenden und schließlich 2004 aufgenommenen) Staaten Ost- und Südosteuropas, ja sogar Russland aus. Hier entstanden Parallelen zum »Informal Empire« der USA gegenüber Lateinamerika. Nach dem »Big Bang« von 1986 wurde die City von London mit der London Stock Exchange – gemessen am Umsatz – der führende Finanzplatz der Welt, noch vor der New York Stock Exchange an der Wall Street.

Die Einflussbereiche der USA und der EU überschnitten sich teilweise. 1999 forcierten die USA einen Krieg gegen Jugoslawien und festigten damit ihre Präsenz auf dem Balkan angesichts zunehmenden Einflusses u.a. der Bundesrepublik (die sich ebenfalls an diesem Krieg beteiligte). Der Irak-Krieg 2003 stieß auf die Kritik Deutschlands und Frankreichs. (Zum Verhältnis EU – USA vgl. Schuhler 2003)

Der Geograph und Sozialwissenschaftler David Harvey bezeichnete die neue internationale Interessenpolitik als »New Imperialism«. (Harvey 2005) Um diese These zu überprüfen, sollten wir eine früher von uns selbst getroffene Definition hier aktivieren: Imperialismus sei, so hatten wir behauptet, »die systematische und konkurrierende Ausdehnung der Herrschaft von Industriestaaten über nicht oder nur geringfügig industrialisierte Gebiete in Form von

- Kolonien,
- neu einverleibten Teilen des Staatsgebietes,
- Einflusssphären

zwecks

- Bezug von Rohstoffen,
- Waren- und Kapitalexport und
- Besiedlung.«

Von diesen Merkmalen ist in der neuen Konstellation immerhin der Kampf um Einflusssphären zwecks Bezug von Rohstoffen sowie Forcierung des Waren- und Kapitalexports übrig geblieben, wobei die *Kontrolle* über die Zufuhr von Ressourcen und die *Hegemonie* (Ausübung von Einfluss mit zumindest teilweiser Zustimmung derer, gegenüber denen dieser Einfluss ausgeübt wird) ein wichtigerer Gesichtspunkt ist als die unmittelbare Beherrschung von Territorien. In den USA setzte sich unter dem Präsidenten George W. Bush eine Strategie des Unilateralismus durch, die multilaterale Organisationen wie die UNO und auch die NATO herabstufte. Mag die Auflösung des Systems von Bretton Woods in einer Schwächeperiode der USA (Niederlage in Vietnam, Abwertung des Dollar) erfolgt sein, so hat sie die Vereinigten Staaten doch auch aus bisherigen Verbindlichkeiten entlassen. Die regelmäßigen Gipfel-Treffen der Staats- und Regierungschefs der wichtigsten kapitalistischen Industrieländer seit 1975 (G 7 bzw. – durch Heranziehung Russlands: G 8) hatten keine große praktische Bedeutung.

Mit der Jahrtausendwende wurde ein Einschnitt sichtbar. Neu waren ab ca. 2001:

1. Krisenhafte Auseinandersetzungen um die Energiebasis,
2. Innerkapitalistische Hegemoniekonflikte,
3. die gewachsene Bedeutung von neukapitalistischen und nachkolonialen Gesellschaften,

1. Die Ölkrisen von 1973 und 1979 hatten gezeigt, wie die konjunkturelle Entwicklung in den am höchsten entwickelten kapitalistischen Gesellschaften durch die Versorgung mit Mineralöl zwar nicht gesteuert wurde, aber ohnehin anbrechende zyklische Abschwungphasen durch Engpässe vertieft worden sind. Das veranlasste die Suche nach neuen Energiequellen. Die Hoffnung, dass dies die Atomkraft sein könne, war in den fünfziger und sechziger Jahren weithin Konsens gewesen. Etwa zeitgleich mit der ersten Ölkrise wurden ihre Perspektiven insbesondere angesichts der Tatsache, dass die Endlagerung der Brennelemente problematisch ist, kontrovers diskutiert. Sonnenenergie, die Gewinnung pflanzlicher Energie (Bioenergie), Windkraft – Sammelbegriff: Erneuerbare Energien – und Techniken der Energie-Einsparung gewannen an Akzeptanz, doch ihr Ertrag ermöglichte noch nicht die

Ablösung der fossilen Stoffe und der Kernkraft. Es handelte sich um eine Krise der stofflichen Basis. Die vorhandenen wissenschaftlichen und ingenieurtechnischen Kenntnisse hätten wahrscheinlich ausgereicht, doch kamen die ökonomischen und politischen Entscheidungen diesen Möglichkeiten entweder gar nicht oder nur langsam nach. Gleiches galt für die Vermeidung eines ungesteuerten anthropogenen Klimawandels. Politik und Ökonomie verblieben mehrheitlich bei konventionellen Reaktionen: forcierte Nutzung fossiler Energien und der Atomkraft. Hinzu kommen Versuche, durch eine neue Hochtechnologie eine Bindung an entweder fossile oder regenerierbare Energiequellen zu vermeiden (vielleicht durch Kernfusion). Hier wurde noch kein Durchbruch erzielt. Der Handel mit Verschmutzungsrechten (Zertifikaten) für CO_2-Einträge in die Atmosphäre macht der Tendenz nach ein bisher Freies Gut zur Ware. Die Außenpolitik der USA spätestens seit dem Golfkrieg von 1991 war offenbar in erheblichem Maße von dem Bestreben mitbestimmt, ihre Erdölzufuhr langfristig zu sichern. Mit dem »Krieg gegen den Terror« nach dem islamistischen Anschlag auf das World Trade Center 2001 ist dieser Kurs forciert worden.

Hohe Nachfrage u. a. aus China und die Aussicht auf ein immer wieder prognostiziertes Ende der fossilen Energieträger in wenigen Jahren führten dazu, dass im neuen Jahrtausend einige erdölfördernde Staaten eine starke Marktstellung mit auch politischen Konsequenzen erlangten. Hierzu gehörte Russland, das nach den schweren Krisen der neunziger Jahre einen wirtschaftlichen Aufschwung erreichte: nicht nur wegen seiner Petroleum-, sondern auch wegen seiner Erdgas-Ressourcen. In Venezuela stützte der sozialistische Präsident Hugo Chávez seine Politik auch auf die Ölrente. Norwegen betrieb eine nachhaltige Bewirtschaftung der Einkünfte aus seiner Petroleumförderung.

2. Das territoriale Arrangement in Europa folgte offenbar ebenfalls zumindest teilweise energiepolitischen Kalkülen, insbesondere in der Beziehung zwischen der EU und Russland.

Damit ist auch eine der Ursachen für innerkapitalistische Hegemoniekonflikte benannt, die seit 2001 deutlicher hervortraten: Spannungen zwischen den USA einerseits, Teilen der EU, Russland und China andererseits.

3. Einen neuen Faktor stellten nachkoloniale (Indien, Lateinamerika) und ehemals sozialistische Gesellschaften dar, die als Exporteure, Rohstofflieferanten und -nachfrager nicht länger nur sei es Objekte, sei es Kontrahenten der alten kapitalistischen Metropolen waren. Mochte nach 1989 der Bereich der ehemaligen sozialistischen Gegenwelt zunächst nur durch seine Niederlage gekennzeichnet sein, so erwiesen sich zumindest China und – in geringerem Maße – Russland spätestens seit der Jahrtausendwende als eigenständige und starke kapitalistische Akteure (was auch dann gültig wäre, wenn man bereit wäre, den chinesischen Kapitalismus vorerst eher noch als ein – wenngleich sehr vitales – Subsystem, eine Wirtschaftsweise innerhalb einer noch nicht vollständig kapitalistischen Gesellschaft zu verstehen). Durch Investitionen und Rohstoffnachfrage in Afrika gewann China dort wachsenden ökonomischen und politischen Einfluss und trug teilweise zu wirtschaftlicher Erholung einzelner Länder auf diesem Erdteil bei. Ebenso waren Argentinien, Brasilien, Chile, Venezuela (in abgestufter Weise auch andere Länder Lateinamerikas), Indien, Südafrika, Südkorea entweder dauerhaft oder zeitweilig aktive kapitalistische Mächte mit einem Status, den sie ökonomisch erst seit ca. der Jahrtausendwende in dieser Deutlichkeit wahrgenommen haben. Dieser ist mit dem traditionellen Begriff »Schwellenland« nicht mehr hinreichend charakterisiert.

Seit 1999 tagte außer den G 8 auch eine als G 20 bezeichnete Runde aus den 19 wichtigsten Industrie- und Ressourcenstaaten (Argentinien, Australien, Brasilien, China, Deutschland, Frankreich, Großbritannien, Indien, Indonesien, Italien, Japan, Kanada, Mexiko, Russland, Saudi-Arabien, Südafrika, Südkorea, Türkei, USA) sowie der EU und gewann an Bedeutung seit der Finanzkrise von 2007 ff.

Als eine Gruppe besonderer Art wurden von zeitgenössischen Beobachtern die sogenannten BRIC-Staaten (Brasilien, Russland, Indien, China, zusammen mit Südafrika: BRICS-Staaten) bezeichnet. Doch war diese in sich nicht homogen. Die einzige Gemeinsamkeit bestand in ihrem zu dieser Zeit wachsenden Einfluss in der internationalen Ökonomie aufgrund entweder ihrer Bevölkerungszahl oder/und ihres Rohstoffreichtums und/oder ihrer starken Nachfrage sowie teilweise ihrer Stellung als Gläubiger im internationalen Kapitalverkehr. Von anderen

Beobachtern wurde in Frage gestellt, ob es überhaupt sinnvoll sei, unter solch heterogenen Voraussetzungen von einer Gruppe zu sprechen.

In der bipolaren Weltordnung 1945–1991 waren die USA die Führungsmacht des kapitalistischen »Westens«, auch wenn – rein ökonomisch gesehen – von einer »Triade« (Vereinigte Staaten, Westeuropa, Japan) gesprochen werden konnte. Mit der Durchsetzung des Kapitalismus (zumindest als Wirtschaftsweise) in China, dem ökonomischen Aufstieg Indiens und mehrerer lateinamerikanischer Länder sowie angesichts politischer Verselbständigungstendenzen in Europa war die Zentralstellung der USA zumindest weniger deutlich als zuvor. Seit Anfang des dritten Jahrtausends war nicht völlig ausgeschlossen, dass eine Übergangsperiode begonnen hat, in der zumindest zeitweilig das Verhältnis von core, semiperiphery, periphery und external arena durch eine Art Polyzentrismus wenn nicht ersetzt, so doch unterlegt war. Ähnliche Phasen gab es im 18. Jahrhundert während der Konkurrenz Frankreich – Großbritannien, 1870–1945 in den Beziehungen zwischen Deutschland, Frankreich, Großbritannien und den USA. Als relevante Akteure zeichneten sich ab: China, Indien, Lateinamerika, Japan, Europa und die USA. Das Übergewicht der Vereinigten Staaten bestand noch, doch war nicht mehr sicher, dass es auf Dauer unangefochten blieb. Die Bemühungen um eine Bewältigung der globalen Erderwärmung (Klimawandel) waren zugleich ein Feld der Auseinandersetzung um Hegemonie, Gegenhegemonie und etwaige neue Machtverteilung zwischen den USA, der EU und den neu industrialisierten Ländern. Sie waren nicht zentraler Gegenstand dieser Konflikte, die in ihnen jedoch zum Ausdruck kamen. Zuweilen wurde ein US-amerikanischer »regime change von neoliberaler Globalisierung hin zu einem militärischen Globalismus« konstatiert. (Rilling 2007: 143)

Auch das kleinräumliche Arrangement veränderte sich nach 1973. Typische Bauform des sozialen Wohnungsbaus in Europa bis in die siebziger Jahre hinein waren Hochhaus-Trabantenstädte gewesen. Jetzt ließ der kreditfinanzierte massenhafte Eigenheimbau große Vorort-Stadtteile mit Zersiedelungseffekt entstehen: Suburbs, wie sie viel früher bereits in den USA angelegt worden waren.

Staat und Politik

Seit ca. 1989 fanden folgende Veränderungen von Staatlichkeit statt:

1. Mit dem Zusammenbruch der meisten sozialistischen Systeme entstanden einerseits neue repräsentative Demokratien in Mittel- und Osteuropa, andererseits in Zentralasien (aber auch in Teilen Europas) autokratische und kapitalistisch-oligarchische Systeme.

2. In Lateinamerika ging die Periode der Militärdiktaturen zu Ende. Eine der letzten von ihnen war allerdings erst 1976 errichtet worden: in Argentinien. Dieses blutige Folterregime bestand bis 1983. In Guatemala fand 1983 ein Militärputsch statt, 1985 kehrte das Land zu einem Zivilregime zurück. In Chile wurde die Diktatur 1990 durch eine parlamentarische Demokratie ersetzt.

3. Die Südafrikanische Union ist seit Anfang der neunziger Jahre keine rassistische Minderheitsrepublik mehr.

4. Ein völlig neues Phänomen aber sind die »Failing States« in Afrika und Teilen Asiens: in ihnen ist fast jede Staatlichkeit zerfallen.

5. Reduzierte Staatlichkeit findet sich auch in Off-Shore-Finanzzentren, die aus bestehenden Staaten herausgelöst und als Umschlagsplätze für Spekulationskapital und als Steueroasen dienen (z. B. die Kaiman-Inseln).

6. Aber auch die weiter bestehenden klassischen Staaten reduzierten die Möglichkeiten der Öffentlichen Hand durch eine Politik des Einnahmeverzichts und der Ausgabenvermeidung. Ihre dennoch weiter bestehende (zum Teil sogar steigende) Verschuldung war nicht Ergebnis einer keynesianischen Strategie der Wachstumsförderung, sondern resultierte vielmehr aus einem ständigen Scheitern der Sparpolitik, die – etwa durch hohe Arbeitslosigkeit – neue Staatsaufwendungen notwendig machte.

Spezifizierung der Kapitalismus-Definition in der neoliberalen Periode

In der neoliberalen Periode ist Kapitalismus die Funktionsweise von Gesellschaften, die im Wesentlichen auf der Erzielung von Gewinn und der Vermehrung (Akkumulation) der hierfür eingesetzten Mittel (= Kapital) dadurch beruht, dass folgende Waren und Dienstleistungen in Lohnarbeit erzeugt und verkauft werden:

- Privatwirtschaftlich betriebene Installationen und Dienstleistungen im Internet,
- meist mittels Maschinen und Anlagen in den Produktions-, Investitions- und Ge- und Verbrauchsgüterindustrien sowie in der Landwirtschaft und im Bauwesen erzeugte (materielle) Güter,
- meist an Maschinen, in der chemischen Industrie, im Maschinenbau und in der Montanindustrie sowie durch den Einsatz von Informationstechnologie erzeugte Güter der materiellen Produktion in Industrie, Landwirtschaft und Bauwesen,
- immaterielle Güter der Kulturindustrie,
- Dienstleistungen im Bildungs- und Gesundheitswesen,
- immaterielle, aber von Waren aus der materiellen Produktion und Dienstleistungen abgeleitete Eigentumstitel, darunter das Geld selbst,
- produktions- und konsumbegleitende Beratung und Werbung,
- Tourismus.

Gegenbewegungen

Mit der Schwächung der Gesamtarbeiterbewegung und dem Untergang des staatlich organisierten Sozialismus hörte die in Resten weiter bestehende kommunistische Bewegung in den meisten Ländern auf, eine relevante antikapitalistische Kraft zu sein. (Relativ starke Parteien dieser Richtung in kapitalistischen Ländern bestehen noch in Griechenland, Indien und Portugal.) Der Neoliberalismus war zur hegemonialen Richtung geworden, er war also keine Opposition mehr. Widerspruch gegen die internationalisierte Form des Kapitalismus nahm nun oft rechtspopulistische Formen an. Die zunehmende Belastung von Natur und Umwelt durch industrielle Nutzung führte seit Ende der siebziger Jahre zur Entstehung einer Umweltschutz-Bewegung, die sich in ihren Anfängen zunächst antikapitalistisch verstand, dann aber ihre Zwecke auf dem Weg immanenter Reform zu erreichen versuchte. Sie zählte zu den »Neuen Sozialen Bewegungen«. Letzteres gilt auch für die seit den siebziger Jahren sich als neu bezeichnende Frauenbewegung, in der neben den traditionellen Gleichheitsforderungen eine Betonung grundsätzlicher Differenz des weiblichen Geschlechts laut wurde. Gegen den Neoliberalismus wandte sich seit den neunziger Jahren eine »globalisierungskritische« Bewegung, die unter anderem für Kapitalverkehrskontrollen eintrat.

In den nachkolonialen Gesellschaften, aber auch in Europa (Baskenland, Irland) lösten sich einige Guerillabewegungen von ihrer bisherigen teilweise universalistischen Orientierung und agierten nunmehr partikularistisch und nationalistisch. Eine sich auf den Islam berufende Militanz griff in der arabischen Welt Platz gegenüber den als »westlich« wahrgenommenen Gleichheits-Postulaten sowie gegen die US-amerikanische Hegemonie und nahm zuweilen terroristische Form an. Sie konstituierte in einigen Industrieländern – besonders in Frankreich – eine Art von Parallelgesellschaft in von Immigranten bewohnten Stadtteilen.

Die Friedensbewegung war in Europa in der Auseinandersetzung um die Stationierung neuer Mittelstreckenraketen sehr aktiv, später auch gegen die neuen Kriege gegen Jugoslawien und den Irak.

Neben der – nunmehr an Bedeutung zurücktretenden – proletarischen, der bürgerlich-liberalen und der radikaldemokratischen Frauenbewegung gewann nun eine weitere großen Einfluss: die spezifisch feministische. Sie entzieht sich prinzipiell der Zuordnung zu einer dieser Orientierungen und geht allein von der Notwendigkeit weiblicher Selbstermächtigung aus. Im Unterschied zu den Gleichberechtigungsbestrebungen seit dem 19. Jahrhundert verstand sie sich als »Neue Frauenbewegung«. (Zu Einzelaspekten: Schwarzer 1975; Hite 1977)

Keine dieser Oppositionen hatte eine Überwindung des Kapitalismus zum Ziel. Dies war eine in der Geschichte seiner industriellen Phase völlig neue Situation.

Untergang der sozialistischen Gegenwelt

Mit dem Scheitern von Dezentralisierungsversuchen in den sechziger Jahren hatten die sozialistischen Gesellschaften ihre ökonomische Vitalität verloren. Sie traten nun in ihre Liquidierungsphase ein, in der sie sich nicht mehr auf ausreichende eigene Potentiale stützen konnten. Dies wurde zunächst durch außenpolitische Erfolge verdeckt. Mit der Selbstbehauptung der sozialistischen Staaten im Wettrüsten und der Entspannung öffneten sich ihnen nunmehr auch die westlichen Märkte. Die sozialistischen Staaten versuchten sich nunmehr mit westlichen Krediten zu modernisieren und anschließend ihre Schulden durch Ausfuhren zu begleichen. Letzteres misslang. Sie waren nur eingeschränkt exportfähig: die Sowjetunion mit Erdöl- und -gas, die DDR zwar mit einigen industriellen Exportgütern (darunter Haushaltsgeräte), die aber oft auf ihrem eigenen Binnenmarkt fehlten. Seit Mitte der siebziger Jahre waren die meisten sozialistischen Staaten – mit Ausnahme der Sowjetunion und der Volksrepublik China – in zunehmendem Maße ver- und Anfang der achtziger Jahre überschuldet. Dies gilt für Jugoslawien ebenso wie für die Länder des Rates für Gegenseitige Wirtschaftshilfe.

Zur Tilgung sollten Exportforcierung und Importsubstituierung beitragen. Dies senkte den Lebensstandard im Innern, wodurch eine Systemopposition an Kraft gewann. Gegen diese richtete sich zunehmende Repression. Als die Sowjetunion Ende der achtziger Jahre durch die USA überrüstet war, entfiel auch die bisherige militärische Stabilisierung. Unter diesen Voraussetzungen wurden die sozialistischen Regimes 1989/90 durch oppositionelle Bewegungen beseitigt. Die Sowjetunion zerfiel in mehrere Völkerrechtssubjekte und hörte im Dezember 1991 zu bestehen auf. Auch Jugoslawien zerfiel.

Die Volksrepublik China wandte sich einige Jahre nach dem Tod Mao Tse-tungs (1976) unter der Führung der kommunistischen Partei marktwirtschaftlichen Reformen zu. Gesellschaftliches Eigentum in der Schwerindustrie und an Grund und Boden blieb erhalten, bildete aber wie eine Art Allmende die Grundlage für die Entwicklung von Privateigentum.

Die bisher nominell sozialistischen nachkolonialen Gesellschaften gaben seit Ende der achtziger Jahre ihre sozialistische Orientierung auf. Ausnahmen waren Kuba, Nordkorea und Vietnam, wobei letzteres aber eine ähnliche Entwicklungsrichtung wie die Volksrepublik China einschlug.

Das sozialistische Kuba war in hohem Maße von wirtschaftlicher Hilfe der Sowjetunion abhängig gewesen. Sie entfiel in den neunziger Jahren. Nunmehr musste sie durch die Mobilisierung innerer Ressourcen (unter anderem in Wissenschaft und Forschung) und (trotz der US-amerikanischen Blockadepolitik) eine partielle Öffnung zum Weltmarkt, auch den Ausbau des Tourismus, ersetzt werden. Dabei blieb die sozialistische Grundorientierung des Landes (gesellschaftliches Eigentum an den wichtigsten Produktions- und Distributionsmitteln) unter erschwerten Bedingungen ebenso erhalten wie eine egalitäre Grundversorgung auf im Vergleich zu anderen lateinamerikanischen Ländern hohem Niveau.

Zur Delegitimierung des Sozialismus trug bei, dass er (anders als der Kapitalismus) zur eigenen Produktivkraftentwicklung nicht fähig war. Während der Kapitalismus den Alltag revolutionierte, wurde dieser vom Sozialismus konserviert (zuletzt mit wieder zunehmender Regressionstendenz) »*Es wird oft vergessen, daß die kommunistische Revolution ein Motor zur Konservierung war.*« (Hobsbawm 1999: 460).[39]

Die Stagnation des Sozialismus wurde in seinem Untergang durch einen höchst dynamischen Prozess abgelöst, der durch den Begriff charakterisiert werden kann, den Marx für die einstige Entstehung der bürgerlichen Gesellschaft im Westen geprägt hat: Ursprüngliche Akkumulation – nichtkapitalistisches (in diesem Fall: staatliches und genossenschaftliches) Eigentum wurde in kapitalistisches umgewandelt. Im genaueren Hinblick erweist sie sich allerdings als die Überführung

---

39 Dieses Zitat bezieht sich zwar zunächst auf die zentralasiatischen Republiken der Sowjetunion, doch kann seine Aussage verallgemeinert werden.

der Ergebnisse vorangegangener sozialistischer Akkumulation in den Kapitalismus.

Hat der Sozialismus des sowjetischen oder auch des jugoslawischen Typs ein Erbe hinterlassen, das zur Weiterentwicklung des Kapitalismus ebenso beitragen könnte wie der frühe Kapitalismus zu derjenigen des damals noch Jahrhunderte lang dominierenden Feudalismus?

Hobsbawm und Heilbroner/Milberg verneinen dies.

Zunächst ein Zitat von Eric J. Hobsbawm:

> »Eine Wiederbelebung oder Wiedergeburt dieses spezifischen sozialistischen Modells ist weder möglich noch wünschenswert, noch – selbst wenn die dafür geeigneten Bedingungen gegeben wären – notwendig.
>
> Inwieweit das Scheitern des sowjetischen Experiments auch Zweifel am gesamten Projekt des traditionellen Sozialismus aufkommen läßt, also hinsichtlich einer Wirtschaft, die im wesentlichen auf dem gesellschaftlichen Besitz und einer Planverwaltung der Produktionsmittel, auf Umverteilung und Tausch beruht, ist eine ganz andere Frage. Daß ein solches Projekt in der Theorie ökonomisch rational ist, war schon vor dem Ersten Weltkrieg von Ökonomen akzeptiert worden (merkwürdigerweise war die Theorie nicht von Sozialisten, sondern von rein nichtsozialistischen Ökonomen ausgearbeitet worden). Daß sich in der Praxis Nachteile ergeben würden, und sei es nur durch die Bürokratisierung, war offensichtlich. Und daß es nur, jedenfalls teilweise, durch *Preise* funktionieren mußte, also durch Marktpreise wie auch realistische ›Buchhaltungspreise‹, war ebenso klar, jedenfalls sofern der Sozialismus die Wünsche der Verbraucher berücksichtigen wollte, anstatt ihnen vorzuschreiben, was gut für sie sei. In der Tat waren die sozialistischen Ökonomen, die sich in den dreißiger Jahren, als dies natürlich ein vieldiskutiertes Thema war, im Westen mit dieser Frage beschäftigt hatten, von einer Kombination aus vorzugsweise dezentralisierter Planung und Preisen ausgegangen. Die Möglichkeit einer solchen sozialistischen Wirtschaft zu demonstrieren heißt aber natürlich nicht, ihre Überlegenheit über sozial gerechtere Varianten der gemischten Wirtschaft

im Goldenen Zeitalter unter Beweis zu stellen; und noch weniger heißt es, daß sie die Menschen auch tatsächlich bevorzugen würden.« (Hobsbawm 1999: 616. Hervorhebung: Hobsbawm)

Ähnlich äußern sich Heilbroner und Milberg:

»Ein erfolgreicher, zentral geplanter Sozialismus ist in absehbarer Zeit unwahrscheinlich. Es gibt aber eine andere Art, über die Zukunft des Sozialismus nachzudenken. Man stelle sich ein Land vor, das die wünschenswertesten Profile der bestehenden kapitalistischen Nationen umfaßt. Es könnte (zum Beispiel) die Kultur, die Frankreich genießt, das schwedische Schulsystem, die Errungenschaften der kanadischen Gesundheitsversorgung, das Muster der Einkommensverteilung von Norwegen, die Beziehungen zwischen Management und Arbeit in Deutschland, die bürgerlichen Freiheiten der Niederlande miteinander verbinden – oder welche andere Kombination den Leserinnen und Lesern gefallen mag. Dann könnte die Frage nach dem Sozialismus so gestellt werden: Welcher Wandel wäre nötig, um dieses fiktive, aber zweifellos kapitalistische Land zu einem »sozialisierten« zu machen – weder kapitalistisch noch sozialistisch, mit aktiven Märkten, einem staatlichen Sektor und einer Kultur der sozialen Verantwortung?« (Heilbroner/Milberg 2002: 162. Deutsch: GF)

Hobsbawms »*sozial gerechtere Varianten der gemischten Wirtschaft im Goldenen Zeitalter*« und Heilbroner/Milbergs Vorstellungen sind unverkennbar an Realitäten von hochentwickelten kapitalistischen Ländern (von denen die USA durch Heilbroner/Milberg, die für ein Publikum in den Vereinigten Staaten schreiben, nicht erwähnt werden) orientiert. Viele dieser Tatsachen sind aber nach 1973 zumindest relativiert, wenn nicht sogar revidiert worden. Hobsbawm, Heilbroner/Milberg und andere Autoren (eine Übersicht über letztere findet sich in: Fülberth 1991: 174-185) halten demgegenüber offenbar daran fest, es sei wünschenswert, den Kapitalismus seiner Eigenschaft als Gesellschaftssystem zu entkleiden und ihn allenfalls als

Wirtschaftsweise beizubehalten, die von der Gesellschaft nach nichtkapitalistischen Normen und Interessen unter Nutzung der Ressourcen, die diese Wirtschaftsweise bereitzustellen in der Lage ist, reguliert. Die Frage, ob dies etwa künftig in China möglich sein wird, muss gegenwärtig offen bleiben.

Als Beitrag des sowjetischen Sozialismus-Typs zur Weiterentwicklung des Kapitalismus ist oft angeführt worden, er habe diesen durch seine Konkurrenz zur Verbesserung innerkapitalistischer sozialer Realitäten genötigt. Hier könnte eingewandt werden, dass die »Sozialisierung des Kapitalismus« zum Beispiel in Schweden, das zumindest im militärischen Sinn nicht Partei im Kalten Krieg gewesen ist, besonders weit vorangetrieben worden war. Sie dürfte wohl in höherem Maße auf der Klassenkonstellation in den einzelnen kapitalistischen Ländern selbst beruht haben.

9. Kapitalismus mit (teil)autonomen Maschinen, neue Wachstumszonen, Zweiter Imperialismus (2008 ff.)

Die Weltwirtschaftskrise 2008–2012

Die Weltwirtschaftskrise, die – beginnend in der Immobilien- und Bankenbranche 2007 – in der zweiten Jahreshälfte 2008 auch den Produktionsbereich erfasste, war die Wiederaufnahme ihrer Vorgängerkrise von 1975. Ihre besondere Heftigkeit erklärt sich durch diese Verschleppung.

Kapital, das damals der Produktion entzogen wurde, war in die Zirkulation verlagert worden. So entstand auch dort Überakkumulation: die Finanzwirtschaft wuchs stärker als die anderen Branchen. Immerhin kehrte Kapital in den neunziger Jahren von dort wieder in die Produktion zurück: es wurde in die Massenherstellung von Konsumgütern der Informationstechnologie investiert. Um die Jahrtausendwende entstanden auch dort Überkapazitäten, was zum Einbruch 2001 führte. Diese Krise war durch Massenkredite überwunden worden. Hierbei kam den Vereinigten Staaten von Amerika eine besondere Bedeutung zu: sie verschuldeten sich so sehr, dass von ihnen eine starke Nachfragewirkung auf Exportwirtschaften wie China und Deutschland ausging. Diese Stimulierung der Ausfuhr führte dort zunächst zur Vernachlässigung des Binnenmarktes und damit zu hoher Abhängigkeit von der Konjunkturentwicklung in den USA. In diesen erleichterte die Niedrig-Zins-Politik der Zentralbank Kreditaufnahme, die einerseits das Börsengeschäft, andererseits den Konsum belebte. Auch letzterer war spekulationsgetrieben: einkommensschwache Kund(inn)en konnten sich ebenfalls unverhältnismäßig hoch verschulden. Dies galt besonders für den Immobiliensektor. Wer ein Haus erwerben wollte, konnte mit nur geringem Eigenkapital Hypotheken aufnehmen. Die dadurch stimulierte Nachfrage nach Immobilien führte zu deren Aufwertung, sodass nach einiger Zeit eine aufgestockte Verschuldung möglich war, die durch das im Preis gestiegene Eigentum gesichert schien. Die Banken verkauften die Kredite oft weiter und bedienten sich dabei neu geschaffener Finanzinstrumente, darunter der sogenannten »strukturierten Wertpapiere«. Diese waren gebündelte Schuldverschreibungen von unterschiedlicher Bonität, die häufig von Rating-Agenturen zu hoch bewertet wurden. Als Verbindlichkeiten nicht mehr bedient werden konnten und Immobilien massenhaft zum Kauf angeboten werden mussten, stürzten deren Preise ab: eine Spekulationsblase platzte. Dies zog zunächst die Banken, die die Immobilienkredite begeben hatten, in Mitleidenschaft. Ihre Liquidität verfiel und sie waren teils nicht mehr in der Lage, teils nicht mehr bereit, Kredite an andere Geldinstitute zu geben, insbesondere weil davon ausgegangen werden musste, dass die Sicherheiten, die ihnen angeboten wurden, wertlos waren.

Die Immobilien- und Finanzkrise begann am 9. August 2007, als die Bank BNP Paribas drei Fonds einfror, die mit ungedeckten Krediten des US-Hypothekenmarkts belastet waren. Zunächst wurde sie noch von einem Boom bis in die erste Jahreshälfte 2008 überlagert. Dann aber gerieten immer mehr Banken, die Hypotheken in ihren Beständen hatten, in Schwierigkeiten. Das Immobiliengeschäft war aber nicht ihr einziges Risiko. Eine weitere Gefährdung ging von Fonds aus, die von allen Regulierungen befreit waren. Zu den »Produkten«, die sie kauften und verkauften, konnten ganze Konzerne gehören. Gemeinsam war allen diesen Einrichtungen, dass sie ihre Investitionen mit geliehenem Geld, das ihre Eigenmittel weit überstieg, betrieben. Konnten sie die Tilgung nicht mehr bewerkstelligen, traf dies die Banken, bei denen sie verschuldet waren. 2008 wurde das große US-amerikanische Geldhaus Lehman Brothers zahlungsunfähig.

Die allgemeine Liquiditätsverknappung führte dazu, dass die Hypotheken- und Finanzkrise auf die sogenannte Realwirtschaft – Produktion und Dienstleistungen außerhalb der Kreditbranche – durchschlug. Damit kehrte die Überakkumulation wieder in den Bereich zurück, von dem sie bereits in den siebziger Jahren ausgegangen war. Es handelte sich jetzt um eine allgemeine Wirtschaftskrise.

In wenigen Monaten mussten die Doktrinen des wirtschaftspolitischen Laisser Faire, die von ihren akademischen und publizistischen Verfechtern dennoch aufrechterhalten wurden, in der Praxis relativiert werden. Banken wurden verstaatlicht, Einlagen durch die öffentliche Hand garantiert. Die Zentralbanken versorgten die Finanzmärkte reichlich mit Geld. Staatshaushalte nahmen Kredite in Rekordhöhe auf. Diese Maßnahmen dienten dazu, bestehende Überkapazitäten zu erhalten, vor allem bei Finanzdienstleistungen und im Automobilbau. Die gleichzeitige schwere Krise u.a. von General Motors in den USA und großer Banken und Versicherungen verband zwei Wirtschaftszweige, die typisch für zwei verschiedene Phasen des Kapitalismus waren: das »Goldene Zeitalter« (1945–1973) und den durch die territoriale und klassenpolitische Entgrenzung des Kapitals bestimmten finanzmarktgetriebenen Kapitalismus vor allem der neunziger Jahre des 20. Jahrhunderts.

Die Stützung der Privatwirtschaft durch die Öffentlichen Hände steigerte deren Verschuldung. So folgte auf die Bankenkrise eine Krise der Staatshaushalte. Deren Anleihen – sowie die der Unternehmen – werden ebenso auf den Finanzmärkten gehandelt wie die Währungen, in denen sie notiert sind. Die Schuldenkrise verband sich mit einer ab 2010 immer deutlicher werdenden Währungskrise durch Vertrauensverlust des Euro und des Dollar.

Ab 2012 ging die Europäische Zentralbank dazu über, Anleihen schwer defizitärer südeuropäischer Staaten aufzukaufen und erschwerte dann die Spekulation mit diesen Papieren. Die Ursache der langjährigen Depression, die Überakkumulation von Kapital, wurde dadurch nicht behoben. Auch die Niedrigzinspolitik der Europäischen Zentralbank und des Federal Reserve System in den USA wirkte nicht konjunkturbelebend, sondern verhinderte allenfalls einen neuen Absturz. Die Krise war ab 2012 weniger überwunden als lediglich suspendiert.

Mit der Weltwirtschaftskrise 2008–2012 endete nicht die u.a. durch die territoriale und klassenpolitische Entgrenzung des Kapitals bestimmte Phase des Kapitalismus, die nach 1973 eingesetzt hatte, aber sie nahm einen neuen Charakter an. Der Begriff »Neoliberalismus«, mit dem sie häufig bezeichnet wurde, charakterisiert nicht einen Zustand, sondern einen Prozess: die Beseitigung staatlichen und kommunalen Eigentums sowie von öffentlich-rechtlichen Regulierungen. In dem Maße, in dem diese voranschritt, verringerte sich fürs Erste die Verfügungsmasse, die noch von ihr erfasst werden konnte. Re-Regulierungen, die allmählich in Angriff genommen wurden, beendeten nicht die starke Stellung der

Finanzmärkte, dämmten aber die Permanenz ihrer extremen spekulativen Ausschläge ein. Indem staatliche oder supranationale Institutionen in Wirtschaftsprozesse eingriffen, um Banken und Unternehmen zu retten, traten die Öffentlichen Hände wieder als ökonomische Akteure – wenngleich im Interesse kapitalistischer Eigentümer und bei gleichzeitig erhöhtem Druck auf Unterklassen und Mittelschichten – auf. Hinzu kommt die Verfügung von Staaten wie China und erdölreicher arabischer Länder über Rohstoff- und industrielle Ressourcen in der Hand politischer Machteliten – Staatskapitalismus.

Insgesamt treten im 21. Jahrhundert vier weitere Tendenzen hervor:

1. die Fortdauer der Biosphären-Krise,
2. der Beginn eines neuen Abschnitts der Dritten Industriellen Revolution infolge des sich beschleunigenden Einsatzes (teil)autonomer Maschinen (zuweilen auch als »Vierte Industrielle Revolution« oder »Industrie 4.0« bezeichnet),
3. die Entstehung neuer kapitalistischer Zentren in Asien (vor allem China) und ein zunehmender Anteil von Ländern (Süd-)Afrikas und Lateinamerikas an der Weltwirtschaft,
4. der Zweite Imperialismus.

Hierzu im Einzelnen:

Ein Verbindungsglied zwischen den ersten beiden Tatsachen ist die ständige Steigerung der Arbeitsproduktivität, die sich seit dem Beginn der Ersten Industriellen Revolution beschleunigte und zu einer immer stärkeren Belastung von Senken (Boden, Luft und Wasser, Erderwärmung) führt. In der sich seit Beginn des 21. Jahrhunderts anbahnenden Vertiefung des Automatisierungsprozesses liegt zumindest die Gefahr, dass diese Entwicklung sich fortsetzt. Einsparung von Anlagekapital verbindet sich mit weiter wachsendem Durchsatz von Rohmaterial und mit der immer noch zunehmenden Erzeugung von Abstoffen und Abwärme. Die Förderung von Erdgas und -öl durch »Fracking« (Hydraulic Fracturing) – Aufbrechung von Gestein- und Erdschichten unter hohem Wasserdruck – erweitert noch einmal den Zugang zu diesen fossilen Energiequellen und kann zugleich die Umweltproblematik verschärfen. Weltklimakonferenzen definierten mit unsicheren Erfolgsaussichten Grenzen künftiger Erderwärmung, Versuche, durch den Einsatz von

Bionik (technische Nachahmung von ressourcenschonenden Naturprozessen) umweltneutrales Wachstum zu schaffen, erreichten bislang allenfalls den Status einer neuen Proto-Industrie.

Dagegen waren die Effekte der Dritten Industriellen Revolution (als deren Bestandteil die sogenannte Vierte gelten kann) für das Verhältnis von Kapital und Arbeit von Anfang an unverkennbar.

Die Erste Industrielle Revolution des 18. und 19. Jahrhunderts hatte aus selbständigen oder unfreien Bauern, Handwerkern oder Heimarbeitern Lohnarbeiter, deren Zahl sich dadurch sehr erhöhte, gemacht. Spätere Generationen dieser Klasse wuchsen in die Zweite Industrielle Revolution, in der neben der fortgesetzten Prozessinnovation die Produktinnovation stärker als bislang hervortrat, hinein. Dadurch entstanden neue Märkte, zu deren Belieferung die Lohnarbeiterklasse noch weiter wuchs. Die Zeit der Dritten Industriellen Revolution dagegen bot ein gespaltenes Bild: Während in den ehemals sozialistischen, jetzt neukapitalistischen Gesellschaften und in den Ländern nachholender Entwicklung die Lohnarbeit zunahm, wurde sie in den altkapitalistischen Zentren durch den Einsatz von Informationstechnologie teilweise geschmälert und dequalifiziert. Dies und die Verlagerung von klassischer industrieller Handarbeit in Staaten mit extrem niedriger Entlohnung verstärkten die Herrschaft des Kapitals über die Arbeit. Die zunehmende Anwendung von (teil)autonomen Maschinen – Automaten, die sich partiell selbst programmieren, ja ihrerseits wieder Automaten herstellen können und auch in einem gewissen Maß geistige Arbeit ersetzen (Kurz/Rieger 2013) – verstärkt diese Tendenz noch. In wachsendem Maße wird auch nichtkörperliche Arbeit durch Informationstechnologie abgelöst.

Es fand eine Verschiebung im Verhältnis der einzigen Abteilungen des Kapitals statt, Die Digitalisierung löste einen neuen Schub der Arbeitsproduktivität und der Mehrwertsteigerung des Industriekapitals aus. Um Überakkumulation zu vermeiden, ist dieses auf schnellen Absatz der dadurch noch einmal anwachsenden »ungeheure[n] Warensammlung« (Marx 1975: 49) angewiesen. Damit steigt die Bedeutung des Warenhandlungskapitals (Marx 1976: 278-291). Gewinne, die Internetunternehmen erzielen, beruhen weitgehend auf Werbung, die immer größere Bereiche der Gesellschaft, bis hin zum Spitzensport, durchdringt. Solche Firmen gehören also zum Warenhandlungskapital, dessen Bedeutung gegenüber dem Industriekapital zunimmt, das zugleich seit der marktliberalen Wende im letzten Viertel des 20. Jahrhunderts stärker als je zuvor vom »zinstragenden Kapital« (MEW 25: 350-369) abhängig ist, ja nachgerade beherrscht wird. Es bildete sich folgendes Machtgefälle heraus: 1. Finanzdienstleistungskapital, 2. Warenhandlungskapital (mit zunehmender Bedeutung des über das Internet vermittelten Versandhandels gegenüber dem bisherigen Einzelhandel), 3. Industriekapital.

Die Digitalisierung änderte auch die Kommunikationsstruktur: Informations- und Meinungsaustausch fand zunehmend in den »social media« des Internet statt. Sie brachten die neue Berufsgruppe der Influencer als Werbeträger hervor. Der Journalismus war seit dem 18. Jahrhundert ein Produkt und Begleiter des Warenhandlungskapitals gewesen. Er stellte ein redaktionelles Umfeld für die Werbung, die ihn weitgehend finanzierte, her. Eine zweite Funktion war die massenhafte Nachrichtenverbreitung. Sein Monopol auf dem letzteren Gebiet war mit dem Aufkommen der audiovisuellen Medien im 20. Jahrhundert gebrochen worden. Damit hatte sich die Nützlichkeit von Printjournalismus für die Werbung gemindert. Jetzt, nach dem Beginn des 21. Jahrhunderts, wurde die gedruckte Reklame in wachsendem Maß durch Online-Plattformen ersetzt, in denen Angebot und Nachfrage einander ohne jeden redaktionellen Begleittext begegnen. Vielfach wird ein Ende der Tageszeitungen prognostiziert.

Die Digitalisierung formte auch zunehmend das territoriale Arrangement des Kapitalismus. Dies galt schon für das Ende des Systemkonflikts. Der Untergang der sozialistischen Gegenwelt hatte zwar in hohem Maße interne Gründe. Hinzu aber kam ein Anstoß von außen: die Aufhebung des atomaren Patts durch die Fähigkeit der USA, die Sowjetunion auf dem Gebiet ferngelenkter und sich teilweise selbst steuernder Waffen zu überrüsten. So war die »One World« des globalisierten Kapitalismus von einer Entwicklung der Militärtechnik vorbereitet worden. Anschließend wurde sie durch das Internet informationell durchdrungen, wobei die altkapitalistischen Zentren durch ihren Vorsprung die bislang in Unterentwicklung verbliebenen und die nachholenden Gesellschaften auf diesem Gebiet weiterhin dominierten. Ihr Vorsprung in der Militärtechnologie – und hier vor allem das Übergewicht der USA – wuchs durch die Entwicklung von teils ferngesteuerten, teils mit der Fähigkeit zu eigener Zielfindung ausgestatteten Waffen (»Drohnen«) sowie der universellen Ausspähung, die von der US-amerikanischen National Security Agency (NSA), aber auch von den Geheimdiensten anderer hochentwickelter Länder betrieben wurde und in deren Anwendung sich einerseits eine internationale Hierarchie durch unterschiedliche Beherrschung solcher Technologien, andererseits eine Art multizentrischer neuer Rüstungswettlauf herausbildete. Eine andere neue Form der Kriegführung wurde der »Cyberwar«: die Ausschaltung oder Manipulation gegnerischer Software.

Die Zusammensetzung der Kapitalistenklasse änderte sich erneut: Neben die Eigentümer und Vorstände von Fonds und Großbanken traten die Betreiber weltweit wirkender Big-Data-Unternehmen, die einen Informations- und Lenkungsvorsprung gegenüber den anderen Teilen der Gesellschaft errangen.

Nach der Krise von 2007 ff. wurde unverkennbar, dass ein neuer Zyklus kapitalistischen Wachstums eingesetzt hatte, dessen Schwerpunkte nicht mehr ausschließlich in Europa und Nordamerika liegen, sondern in Asien, daneben, weniger deutlich, auch in Lateinamerika und (Süd-)Afrika. (Trampert 2014; Goldberg 2015) Zwar zeichnete sich ab, dass diese Krise sich von den denjenigen der Jahre 1873 ff., 1929 ff. und 1975 dadurch unterschied, dass der Kapitalismus in seinen alten Zentren nicht in einen neuen Typus überging, aber zugleich eine globale Verschiebung der Kräfteverhältnisse sichtbar wurde: durch einen »Aufstieg des Südens« (Lateinamerika, Asien, [Süd-]Afrika), der höhere Wachstumsraten als die altkapitalistischen Länder Europas und Nordamerikas und bessere Platzierungen in der Wertschöpfungskette (wo er nicht länger auf die Lieferung von Rohstoffen beschränkt blieb) erzielte. (Goldberg 2014 und 2015)

Zugleich stellte sich die durch die Bipolarität der Jahrzehnte 1917–1991 unterbrochene Form imperialistischer Interessenwahrnehmung

– jetzt allerdings bei Vergrößerung der Zahl der Akteure zumindest um China und Ersetzung des einstigen Deutschen Reiches durch die Europäische Union – wieder her.

In Absetzung zum »Ersten Imperialismus« (ca. 1870 bis 1945, einschließlich der gescheiterten Abwehr der Entkolonisierung: bis 1975) soll diese neue Konstellation als »Zweiter Imperialismus« bezeichnet werden. Seine Merkmale sind:

1. Marktförmige und nur indirekt militärische Sicherung der Rohstoffversorgung für die hochentwickelten kapitalistischen Gesellschaften statt der für den kolonialistischen Ersten Imperialismus charakteristischen hoheitlichen Landnahme zwecks unmittelbarer ökonomischer Ausbeutung,
2. Waren- und Kapitalexport und die Errichtung internationaler (auch währungs- und handelspolitischer) Regimes, die in noch höherem Maße als in der Periode von 1945 bis 1973 Vorteile für diese Zentren (Extraprofite durch Investitionen in Niedriglohnländern, Erweiterung der Absatzmöglichkeiten industriell führender Länder durch Beseitigung von »Handelshemmnissen«) sichern sollen,
3. Präventive indirekte militärische Kontrolle über das Umfeld solcher Metropolen, kombiniert (wie auch schon in der Phase 1945 – 1973) mit fallweisen kriegerischen Offensiven.

Innerhalb des Zweiten Imperialismus können zwei Varianten unterschieden werden: eine globale und eine regionale.

Die Vereinigten Staaten von Amerika stehen für den Versuch eines globalen Imperialismus, China und Russland für den regionalen. Letzterer soll u. a. die defensive militärische Prävention im Umfeld dieser Mächte gewährleisten. Der große Rohstoffbedarf Chinas und seine wachsenden Absatzmärkte veranlassten dieses Land zur Projektierung einer auf seine Interessen ausgerichteten logistischen Struktur in Asien, Afrika und Europa (»Neue Seidenstraße«).

Durch das Bündnis mit den USA hat die Europäische Union Anteil auch an der globalen Version des Zweiten Imperialismus. Mit ihren Handelsbeziehungen zu Lateinamerika und Afrika versucht die Volksrepublik China ihre Rohstoffzufuhr auf nichtmilitärische Art und Weise zu sichern. Ab 2013 nahm sie das Projekt einer »Neuen Seidenstraße« (One Belt, One Road / Belt and Road) in Angriff: einer auf sie ausgerichteten Handels- und Infrastruktur, die Teile Asiens, Afrikas und Europas einbezieht. Gegenüber Japan betreibt sie eine Politik präventiver, gegenüber den Staaten Indochinas zugleich der versuchten hegemonialen Kontrolle. Gleiches gilt für Russland im Verhältnis zu den osteuropäischen ehemaligen Sowjetrepubliken. Die Interessengegensätze zwischen den einzelnen imperialistischen Akteuren führen schon gegenwärtig zu internationalen Konflikten, deren militärische Komponenten zunehmen.

Der Erste Imperialismus war von Pan-Bewegungen, die bestehende Staaten in Frage stellen (Pangermanismus, Panslawismus), begleitet gewesen. Als eine solche kann – im Zweiten Imperialismus – auch der Islamismus gelten. Mit dem staatlich organisierten, laizistischen und räumlich enger begrenzten Panarabismus der sechziger Jahre hat er nichts gemeinsam. Rechtspopulistische Bewegungen in Europa und in den USA nahmen den Islamismus zum Vorwand für ihre fremdenfeindliche Agitation.

Sie sind ihrerseits in hohem Maße Ergebnis der marktradikalen Neuen Weltordnung nach dem Ende des Kalten Kriegs. Dabei zeichneten sich folgende Konflikte ab:

1. Die Dominanz der altkapitalistischen Gesellschaften ist durch neu aufsteigende Mächte, insbesondere China, herausgefordert.
2. Die Konkurrenz zwischen den hochentwickelten bisherigen kapitalistischen Metropolen verschärft sich.
3. Innerhalb dieser Konkurrenz finden ein Zweiter Kalter Krieg und ein erneutes Wettrüsten, jetzt zwischen den USA und der Volksrepublik China, statt.
4. In Regionen, die hinter den neuen und alten Zentren zurückbleiben, breitet sich Staatszerfall aus, insbesondere in Teilen Afrikas und des Nahen und Mittleren Ostens. Menschen fliehen vor Kriegen und Perspektivlosigkeit. Die Flüchtlingsströme verbleiben mehrheitlich in diesen Gebieten selbst, teils versuchen sie die hochentwickelten Zentren zu erreichen. Dort treffen sie auf fremdenfeindliche Bewegungen .

5. Offensichtlich ist der nach dem Kalten Krieg ausgerufene universelle Freihandel an eine Grenze gestoßen und könnte durch einen neuen Protektionismus abgelöst werden. Dieser wurde ab 2017 von dem US-amerikanischen Präsidenten Donald Trump ausgerufen. Außenpolitisch hat er eine Entsprechung in zunehmender Konfrontation der Vereinigten Staaten mit den anderen imperialistischen Zentren.

Seit der Weltwirtschaftskrise 2007 ff. mehren sich antikapitalistische Protestbewegungen und Stimmungen, letztere häufig auch in den Feuilletons großer Zeitungen artikuliert. Zwar sind sie teilweise mit Überlegungen über ein etwaiges Ende dieser Produktionsweise verbunden (Streeck 2014), doch sind sie letztlich nicht Ausdruck einer sich ankündigenden Aufhebung des Kapitalismus, sondern eher seiner neuerlichen Transformation, wahrscheinlich sogar seiner neuen Vitalisierung, insbesondere außerhalb seiner alten Kerngebiete in Europa und Nordamerika.

In den ehemaligen Zentren orientiert sich linke Opposition nur in geringem Maß noch an den Mustern der Klassenkämpfe zwischen Kapital und Arbeit (Gewerkschaften verlieren dort Einfluss und Mitglieder), sondern artikulieren sich klassenübergreifend, wobei Teile der Massenschicht der Intelligenz meinungsführend sind. Ihre dominanten Themen sind Patriarchatskritik und der Kampf gegen eine drohende Klimakatastrophe, der mittlerweile von einer weltweiten Jugendbewegung geführt wird. Antirassistische, antifaschistische und antinationalistische Initiativen wenden sich gegen mit dem Zweiten Imperialismus verbundene gruppenbezogene Menschenfeindlichkeit. In allen diesen Bewegungen bilden sich neue Aktionsformen heraus, denen das Internet als Medium dient. Durch die digitalen Möglichkeiten scheint Politik plebiszitärer geworden, und zwar links wie rechts. Dies setzt Parteiapparaten Grenzen. An die Stelle der Funktionäre treten Aktivisten.

In seinem Buch »Das Kapital im 21. Jahrhundert« hat Thomas Piketty u. a. den Aufbau stets zunehmender Ungleichheit bis 1913 beschrieben. Die Überakkumulation von Vermögen entlud sich in der darauf folgenden Katastrophenperiode der imperialistischen Kriege. Piketty verwies darauf, dass der Grad der Ungleichheit in der Gegenwart einen ähnlichen Stand erreicht hat. Eine weitere Parallele stellt das Wiederaufleben von außenpolitischen Konflikten mit Kriegsgefahr dar, wie sie den Ersten Imperialismus kennzeichneten. Wenn nicht ein Ende, sondern eher eine neue Transformation des Kapitalismus zu erwarten ist, dann kann diese durchaus katastrophale Züge annehmen.

2019 trat eine weltweite Wachstumsschwäche ein. Statt einer für das Folgejahr vielfach prognostizierten Erholung lösten weltweite staatliche Maßnahmen zur Eindämmung einer Pandemie – einer Atemwegserkrankung durch das Virus COVID-19, »Corona-Krise« – die größte Rezession seit achtzig Jahren aus. Dieser Einbruch hatte nicht nur zyklischen Charakter, sondern das Potential zu einer systemischen Krise, wie sie bereits 1873, 1929 und 1975 stattgefunden hatten. Darunter sind Rezessionen zu verstehen, die den Kapitalismus, der als solcher durchaus fortbesteht, tiefgreifend ändern. Dies ist der Grund, weshalb man sie als systemische Krisen bezeichnen kann. Nach 1873 hatte diese Variierung im Übergang zum Organisierten Kapitalismus und Ersten Imperialismus bestanden (1), nach 1929 zu einem zunächst vor allem Kriegs-, dann wohlfahrtsstaatlichen Modell (2), nach dem Wendejahr 1973 und der nachfolgenden Krise von 1975 zum Monetarismus und Neoliberalismus (3). Dessen Dynamik war 2008 bereits gebrochen, doch war eine nun offenbar wieder anstehende kapitalismusinterne Transformation durch geldpolitische Maßnahmen suspendiert worden. Deren Behebung wurde in Teilen der kapitalistischen Welt nicht der angeblichen Selbstheilung durch die Märkte überlassen. An deren Stelle traten umfangreiche staatliche Kredit- und Ausgabenprogramme, insbesondere der Europäischen Union. Die Effizienz dieser Politik wird daran zu messen sein, ob sie gleichzeitig die bisherige Tendenz zu wachsender Ungleichheit, Belastung der Biosphäre und Kriegsgefahr im Rahmen des Zweiten Imperialismus stoppen, umkehren oder verstärken sowie ob sie noch einmal lediglich die Suspendierung einer Transformation bedeuten.

10. Ende des Kapitalismus?

Das Ende des Kapitalismus kann gegenwärtig nur als eine historische Frage diskutiert werden: als Bericht über die Prognosen früherer Generationen zu diesem Thema.

In den Jahrhunderten des Handelskapitalismus war den damaligen Zeitgenossinnen und Zeitgenossen nicht bewusst, in einer neuen Gesellschaft zu leben. Das änderte sich erst mit der Industriellen Revolution. Da in ihr der Kapitalismus eine seiner Voraussetzungen, die physische Existenz der Lohnarbeiterklasse, zu vernichten schien, wurde ihm eine nur kurze Perspektive vorhergesagt. In diesem Zeitmilieu entstand nicht nur die Theorie von Karl Marx und Friedrich Engels, sondern auch konservative Kapitalismuskritik.

Nach 1870 stabilisierte sich der Kapitalismus, ab dem Ersten Weltkrieg schien er wieder zur Disposition zu stehen: diese Katastrophe ergab sich für Teile der sozialistischen Bewegung aus dieser Produktionsweise. Zugleich schien die Entstehung eines sozialistischen Staates – Sowjetrusslands – der bürgerlichen Ordnung eine geographische und historische Grenze zu setzen.

Der Faschismus bedeutete für einen Teil seiner Gegner eine weitere Diskreditierung des Kapitalismus. Die Ausdehnung des sowjetischen Herrschaftsbereichs, die Entstehung der Volksrepublik China und der Zusammenbruch des Kolonialismus wurden weithin als eine Schwächung der kapitalistischen Ordnung wahrgenommen.

Prognosen über ein »Ende des Kapitalismus« sind also jeweils aus zeitgenössischer Evidenz heraus aufgestellt worden. Hiervon ausgehend wurden zugleich theoretische Begründungen angeboten, vor allem von Marxistinnen und Marxisten.

Hierbei lassen sich ein Transformations- und ein Zusammenbruchsansatz unterscheiden.

Ersterer ist bereits 1859 von Karl Marx klassisch formuliert worden:

> »Eine Gesellschaftsordnung geht nie unter, bevor alle Produktivkräfte entwickelt sind, für die sie weit genug ist, und neue höhere Produktionsverhältnisse treten nie an die Stelle, bevor die materiellen Existenzbedingungen derselben im Schoß der alten Gesellschaft selbst ausgebrütet worden sind. Daher stellt sich die Menschheit immer nur Aufgaben, die sie lösen kann, denn genauer betrachtet wird sich stets finden, daß die Aufgabe selbst nur entspringt, wo die materiellen Bedingungen ihrer Lösung schon vorhanden oder wenigstens im Prozeß ihres Werdens begriffen sind.« (Marx 1969b: 9).

Das historische Beispiel, das Marx hier vor Augen hat, war der Übergang vom Feudalismus zum Kapitalismus. Dieser war bereits vollständig ausgebildet, bevor er die Hülle der alten Gesellschaft sprengte. Marx hat keinen Zweifel daran gelassen, dass in seiner eigenen Gegenwart die Voraussetzungen für eine nicht mehr kapitalistische Gesellschaft noch nicht gegeben waren, mochte er auch die Zeit, die bis dahin vergehen werde, in einzelnen Äußerungen zu knapp bemessen haben. (Fülberth 1991: 17)

Fünf Jahrzehnte später sah Rudolf Hilferding die Bedingungen für einen Formationswechsel herangereift. Die Entstehung des Monopolkapitals, seine Steuerung über die Banken habe einen neuen Kapitaltypus hervorgebracht, das Finanzkapital. Damit sei ein Ausmaß an Vergesellschaftung bereits innerhalb des Kapitalismus erreicht worden, das den Übergang in eine nicht mehr auf dem Privateigentum beruhende Gesellschaft ermöglichen könne:

> »Das Finanzkapital bedeutet seiner Tendenz nach die Herstellung der gesellschaftlichen Kontrolle über die Produktion. Es ist Vergesellschaftung in antagonistischer Form; die Herrschaft über die gesellschaftliche Produktion bleibt in den Händen einer Oligarchie. Der Kampf um die Depossedierung dieser Oligarchie bildet die letzte Phase des Klassenkampfes zwischen Bourgeoisie und Proletariat.
>
> Die vergesellschaftende Funktion des Finanzkapitals erleichtert die Überwindung des Kapitalismus außerordentlich. Sobald das Finanzkapital die wichtigsten Produktionszweige unter seine Kon-

> trolle gebracht hat, genügt es, wenn die Gesellschaft durch ihr bewußtes Vollzugsorgan, den vom Proletariat eroberten Staat, sich des Finanzkapitals bemächtigt, um sofort die Verfügung über die wichtigsten Produktionszweige zu erhalten. [...]
>
> Die Besitzergreifung von sechs Berliner Großbanken würde ja heute schon die Besitzergreifung der wichtigsten Sphären der Großindustrien bedeuten und in der Übergangszeit, solange kapitalistische Verrechnung sich noch als opportun erweist, die Politik des Sozialismus in ihren Anfängen erleichtern.« (Hilferding 1968: 503 f.)

Lenin hat in seiner 1916 verfassten und 1917 erstmals erschienenen Schrift »Der Imperialismus als höchstes Stadium des Kapitalismus« Hilferdings ökonomische Thesen übernommen. Allerdings sah er die innerkapitalistische Vergesellschaftung schon weiter gediehen als dieser. Sie umfasse nicht nur die Finanzsphäre, sondern bereits die Produktion:

> »Wenn aus einem Großbetrieb ein Mammutbetrieb wird, der planmäßig, auf Grund genau errechneter Massendaten, die Lieferung des ursprünglichen Rohmaterials im Umfang von zwei Dritteln oder drei Vierteln des gesamten Bedarfs für Dutzende von Millionen der Bevölkerung organisiert; wenn die Beförderung dieses Rohstoffs nach den geeignetsten Produktionsstätten, die mitunter Hunderte und Tausende Meilen voneinander entfernt sind, organisiert wird; wenn von einer Zentralstelle aus alle aufeinanderfolgenden Stadien der Verarbeitung des Materials bis zur Herstellung der verschiedenartigsten Fertigprodukte geregelt werden; wenn die Verteilung dieser Produkte auf Dutzende und Hunderte von Millionen Konsumenten nach einem einzigen Plan geschieht (Petroleumabsatz in Amerika wie in Deutschland durch den amerikanischen ›Petroleumtrust‹) – dann wird es offensichtlich, daß wir es mit einer Vergesellschaftung der Produktion zu tun haben und durchaus nicht mit einer bloßen ›Verflechtung‹; daß privatwirtschaftliche und Privateigentumsverhältnisse eine Hülle darstellen, die dem Inhalt bereits nicht mehr entspricht und die daher unvermeidlich in Fäulnis übergehen

> muß, wenn ihre Beseitigung künstlich verzögert wird, eine Hülle, die sich zwar verhältnismäßig lange in diesem Fäulniszustand halten kann (wenn schlimmstenfalls die Gesundung von dem opportunistischen Geschwür auf sich warten lassen sollte), die aber dennoch unvermeidlich beseitigt werden wird.« (Lenin 1961: 815f.)

Bei aller politischen Verschiedenheit hatten Hilferding und Lenin den Irrtum gemeinsam, dass die Herausbildung und Konzentration des Finanzkapitals den Zugriff des Proletariats auf wirtschaftliche Schlüsselstellungen erleichtern werde. Ähnliches gilt für eine spätere Version des Transformationsansatzes, dessen Vertreter sich auf Lenin beriefen: die von den kommunistischen Parteien der Sowjetunion, der DDR und Frankreichs entwickelte Überlegung, dass der »staatsmonopolistische Kapitalismus« durch ein breites Bündnis der Bevölkerungsmehrheit überwunden werden konnte. Offensichtlich hat die Zielstellung hier auf die Analyse zurückgewirkt.

Der Zusammenbruchsansatz ist erstmals von Rosa Luxemburg in ihrem Buch »Die Akkumulation des Kapitals« entwickelt worden. (Luxemburg 1985) Sie ging dabei von den Reproduktionsschemata im zweiten Band des Marxschen »Kapital« aus. Dort waren zwei Abteilungen der kapitalistischen Produktion dargelegt worden: die Herstellung von Produktionsmitteln (Abteilung I) und von Konsumgütern (Abteilung II). In einer Falls-Dann-Bestimmung nahm Marx an, dass die Reproduktion gewährleistet sei, wenn jede Abteilung ihre Erzeugnisse an die andere restlos verkaufen könne. Rosa Luxemburg kritisierte, dass Marx zu wenige Variablen verwandt habe. Erweitere man seine Voraussetzungen, dann zeige sich, dass die Abteilungen I und II sich nicht vollständig austauschen. Vielmehr entstehe Überproduktion, die nur durch ständige Eroberung nichtkapitalistischer Gebiete behoben werden kann: im Imperialismus. Sind diese Regionen alle erschlossen, dann ist der Kapitalismus an seiner äußersten denkbaren Grenze angelangt und bricht zusammen. (Fülberth 1991: 10)

Der Austromarxist Otto Bauer erweiterte Marx' Zahlen durch zusätzliche Variablen und kam zu dem Ergebnis, dass ein zeitlich unbegrenzter Austausch zwischen den Abteilungen I und II möglich sei. Die

Anpassungsprozesse, in denen der Kapitalismus sich neue Ressourcen erschließen müsse, würden allerdings wachsende Menschenmassen gegen ihn empören, wodurch sein Ende herbeigeführt werde. (Bauer 1979) Damit entfiel allerdings das von Luxemburg herausgearbeitete Moment der Zwangsläufigkeit.

Nikolai Bucharin ersetzte in den Reproduktionsschemata die bislang benutzten absoluten Zahlen durch algebraische Zeichen und symbolisierte durch sie die grenzenlose Austauschfähigkeit der Abteilungen I und II. Der Imperialismus resultierte für ihn nicht aus der Produktion eines unabsetzbaren Überschusses in einem geschlossenen kapitalistischen System, sondern aus der Jagd nach Extraprofit. Diese führe zum Krieg, der die Massen zur Revolution treibe. (Bucharin 1925/26; Fülberth 1991: 13)

1929 übernahm Henryk Grossmann die Marxschen Reproduktionsschemata in ihrer Variation von Otto Bauer, kam aber anders als dieser zu dem Ergebnis, dass nach einer längeren Reihe von Kapitalumschlägen ein Mangel an Mehrwert entstehe, durch den der Kapitalismus zusammenbrechen müsse. (Grossmann 1929)

Der von Rosa Luxemburg beschrittene Weg einer Bestimmung des Endes des Kapitalismus erwies sich – einschließlich seiner Modifikation durch Grossmann – als eine Sackgasse. Der zentrale Irrtum bestand darin, dass eine fixe Zahl von Variablen angenommen wurde, die eine solche Vorhersage erlaubten. Außerdem fehlten hier – anders als in den nichtökonomischen Schriften Luxemburgs – politische Bestimmungen für ein solches Ende. Anders war dies bei Otto Bauer, der die Marxschen Reproduktionsschemata ja nicht für eine Zusammenbruchstheorie nutzte, sondern eher den Transformationsansatz heranzog.

Ein weiterer Versuch, ein kurz bevorstehendes Ende des Kapitalismus zu belegen, findet sich bei Robert Kurz. In seinem 1999 erschienenen »Schwarzbuch Kapitalismus« sieht er die Dritte Industrielle Revolution als Ausgangsdatum einer permanenten Überproduktionskrise: die massenhaft hergestellten Waren könnten zu einem erheblichen Teil nicht abgesetzt werden, damit würden sie selbst und die Kapitalien, die für ihre Herstellung eingesetzt wurden, entwertet. Indizien dafür seien unter anderem die Börsenkräche. Allerdings kann Kurz nicht belegen, weshalb Kapitalzerstörung zugleich Zerstörung der kapitalistischen Produktionsweise sein soll. (Kurz 1999)

Alle Zusammenbruchstheorien haben sich bisher als irrig erwiesen. Sie verwechselten den Übergang von einer Form des Kapitalismus in eine andere mit einer Endkrise. Für die Annahme, der Kapitalismus werde sich ökonomisch selbst zerstören, gibt es keinen Anhalt. Als »Betriebsweise« ist er offenbar sehr robust.

Wer seine Perspektiven bedenkt, muss allerdings mehr in den Blick nehmen als diese Betriebsweise, nämlich die Gesellschaft. Zu dieser gehören, wie gezeigt, auch die Beziehungen zwischen Mensch und Natur, das Geschlechter- und Generationenverhältnis, die politische Organisation des Territoriums und die soziokulturelle Lebensweise. In einer kapitalistischen Gesellschaft besteht zwischen ihnen und der Betriebsweise ein Wechselverhältnis. Es ist dann zu fragen, inwieweit der Kapitalismus die sonstigen Faktoren negativ oder positiv beeinflusst und wie seine Fortexistenz mit diesen in Übereinstimmung zu bringen ist.

In seinem 1942 zunächst auf Englisch, 1950 auf Deutsch erschienenen Buch »Kapitalismus, Sozialismus und Demokratie« sah Joseph A. Schumpeter hier Grenzen. (Schumpeter 1987) Als Betriebsweise sei der Kapitalismus überlebensfähig, gefährdet sei er aber durch das Entfallen von außerökonomischen Existenzbedingungen. Dazu rechnete er einerseits die Ersetzung des schöpferischen Unternehmers durch Vorstände von Aktiengesellschaften, das Verschwinden konservativer, den Kapitalismus schützender nichtbourgeoiser Schichten und Institutionen und die Zerstörung des institutionellen Rahmens, andererseits eine »wachsende Feindseligkeit« (Ebd.: 231-251) großer Bevölkerungsgruppen gegenüber dem Kapitalismus. Dies könne zu seinem Verschwinden zugunsten einer sozialistischen Gesellschaft führen, die Schumpeter für ökonomisch möglich, aber für nicht dynamisch und im allgemeinen wenig erstrebenswert hielt.

Diese Prognose hat sich bis heute nicht bestätigt. Als allgemeine Falls-Dann-Bestimmung ist sie aber ebenso interessant wie Marx' Transformationsansatz. Nach der Auffassung beider Autoren würde der Kapitalismus aufhören zu bestehen, wenn

1. seine Fortexistenz nicht mehr vereinbar ist mit den Interessen der ihn bisher tragenden und von ihm hervorgebrachten Klassen und Schichten (Schumpeter) und wenn
2. die tragenden Bestandteile einer anderen Gesellschaft bereits ausgebildet sind (Marx).

Welche Gesellschaft sich daraus ergeben wird, ist ebensowenig ausgemacht wie die Antwort auf die Frage, ob sie eine »bessere« oder »schlechtere« sein und ob eine solche Transformation überhaupt stattfinden wird. Denkbar ist immerhin, dass Zerstörungstendenzen des Kapitalismus zu einer Art Failing Society führen. Bislang allerdings hat er eine hohe Fähigkeit gezeigt, die Gesellschaft (einschließlich ihres Naturhaushalts) jenseits seiner Betriebsweise sich so anzuverwandeln, dass sie nicht zu einem Hindernis, sondern zu einer Voraussetzung seines Funktionierens wurde. Wie lange das möglich sein wird, ist unbekannt.

W. Paul Cockshott und Allin Cottrell, entwickelten auf der Basis ihrer Forschungen zur Arbeitswertlehre (Cockshott/Cottrell/Michaelson 1995; Cockshott/Cottrell 1997; Cockshott/Cottrell 1998; Cockshott/Cottrell 2003) das Konzept einer auf Computertechnologie gestützten demokratischen Planwirtschaft, die dem Markt überlegen ist. (Cockshott/Cottrell 2006) Einsehbarerweise beschreiben sie nicht den Übergang in eine solche Gesellschaft. Informationstechnologie beseitigt nicht die kapitalistische Produktionsweise, aber mit ihr könnte – ist das einmal geschehen – Gemeineigentum effizient organisiert werden. Die in der vom Privateigentum beherrschten Gesellschaft mögliche Netz-Allmende betrifft dort bisher Produkte, keine Produktionsmittel. Aufhebung von Urheber- und Patentrecht ist nützlich für Konsumenten, schädlich für das eine oder andere Unternehmen (sowie für viele Freelancer) und senkt die Kosten für Firmen wie heute schon der niedrige Preis für Telekommunikation.

Im Unterschied zu Cockshott und Cottrell, für die eine Überwindung des Kapitalismus nicht durch Digitalisierung herbeigeführt wird, wohl aber diese von einer neuen Gesellschaft genutzt werden kann, behaupten andere Theoretiker(innen), der Kapitalismus sei im Begriff, sich durch diese neue Technik selbst aufzuheben.

Der US-Amerikaner Jeremy Rifkin spricht von einer kommenden »Null-Grenzkosten-Gesellschaft«: Die Digitalisierung mache immer mehr Güter so wohlfeil, dass deren Hersteller kaum noch Gewinne erzielen könnten. (Rifkin 2014) Als »Grenzkosten« bezeichnen Anhänger(innen) der Grenznutzentheorie den Preis eines Produkts, welchen dessen Käufer(innen) gerade noch zu zahlen bereit sind. Jede zusätzliche Ware bleibt liegen, hat also keinen Wert mehr. Diese Güter, so Rifkin, nähmen zu und könnten dann umsonst angeeignet werden.

Es gibt ein paar Indizien für diese These, zum Beispiel den Niedergang der Musikindustrie, deren Erzeugnisse kostenlos heruntergeladen werden können und deren frühere Position auch durch juristische Maßnahmen zum Schutz geistigen Eigentums nicht wiederzugewinnen ist. Allerdings stellt sich dann die Frage, wer solche unverkäuflichen Produkte noch herstellen kann. Es müssten Ressourcen jenseits der Produktion für Profit mobilisiert werden, Rifkin erwähnt u. a. Crowdfunding (Rifkin 2014: 373-394).

In seinem 2016 erschienenen Buch »Postkapitalismus« (Mason 2016) sieht auch der britische Journalist Paul Mason eine sich immer weiter ausbreitende Almende (Commons) entstehen: Gemeingüter, die von allen genutzt werden. Wikipedia ist ein Beispiel. Durch das Internet könnten alte Eigentumsverhältnisse unterspült werden.

Dagegen kann eingewandt werden: Der Kapitalismus verschwindet dadurch noch lange nicht. Werden ganze Produktionszweige »außer Wert gesetzt« (Altvater 1987), bedeutet das zwar im Einzelnen Kapitalvernichtung, aber nicht unbedingt im Ganzen. Die Quellen des Profits werden dann woanders gesucht, und die neuen Commons können zur Voraussetzung von Profiten in diesen Branchen werden. Ein Beispiel: Das kostenlose Internet ist die technische Geschäftsgrundlage von Amazon.

Paul Mason konstatiert einen Widerspruch »zwischen der Möglichkeit eines unerschöpflichen Angebots an kostenlosen Gütern und einem System von Monopolen, Banken und Staaten, die alles tun, damit diese Güter knapp, kommerziell nutzbar und im Privatbesitz bleiben.« (Mason 2016: 20f; siehe auch 196) Es handele sich um eine »Auseinandersetzung zwischen dem Netzwerk und der Hierarchie«. (Ebd.: 21; siehe auch

196) Subjekt auf der Seite des Fortschritts sei »die vernetzte Menschheit.« (Ebd.: 279) Offenbar ist sie identisch mit der »Multitude«, die Michael Hardt und Toni Negri bereits 2001 in ihrem Buch »Empire« (Hardt/Negri 2002; englisch: 2001) proklamierten. Für Mason sind heute »alle Menschen auf der Erde potenzielle Agenten der Veränderung«. (Mason 2016: 238) Sie ersetzen in dieser Funktion die Marxsche Arbeiterklasse. Ob die Menschheit die ihr angetragene Rolle als revolutionäres Subjekt freudiger annehmen werde als das alte Proletariat, ist, vorsichtig gesagt, offen. Immerhin räumt Mason implizit ein, dass die Digitalisierung alleine den Kapitalismus nicht beseitigen wird.

Man muss unterscheiden: Die Digitalisierung, durch den Kapitalismus heute in seinem Interesse genutzt, könnte einer künftigen sozialistischen Gesellschaft ebenso große Dienste leisten, nämlich bei der Feststellung des individuellen und gesellschaftlichen Bedarfs, der Planung und der Bereitstellung von Gütern zu dessen Deckung.

Anders ist es mit dem Übergang von der kapitalistischen zur »postkapitalistischen« Gesellschaft. Die »Informationsgesellschaft« ist nicht sein Vehikel, sondern ein Kampfplatz, auf dem diese Auseinandersetzung stattfinden muss.

Die Antwort auf die Frage nach dem Ende des Kapitalismus werden nicht die Prognostiker liefern, sondern allenfalls in unbestimmter Zukunft einmal die Historiker gegeben haben.

Zum Schluss sollten wir vielleicht ein wenig Abstand gewinnen.

Man liest, dass das Universum 13,7 Milliarden Jahre alt sei, »unser« Sonnensystem 4,6 Milliarden. Die ältesten Steine, die in der Erdkruste gefunden werden, sollen 3,9 Milliarden Jahre alt sein. Leben gibt es angeblich seit 3,5 Milliarden Jahren und kann, jüngsten Forschungserkenntnissen zufolge, auch extraterrestrisch immer wieder neu entstehen. Menschen erschienen vor 2,5 Millionen Jahren. Sie aßen zunächst pflanzliche Kost, waren Sammler, ernährten sich später zusätzlich von Aas (= dem, was Raubtiere ließen), bevor sie auch Jäger (durch einen Fund erstmals für ca. 380.000 v. Chr. belegt; Tjaden-Steinhauer/Tjaden 2004: 54) wurden. Vor ca. 10.000 Jahren fand der Übergang zu Ackerbau und Viehzucht statt. Ungleichheitsgesellschaften und Staaten gibt es seit etwa 5.000 – 6.000 Jahren. Ca. 2.200 Jahre v. u. Z. begann die

Kupfer-, etwa 1.800 Jahre v. u. Z. die Bronze- und 800 Jahre v. u. Z. die Eisenzeit. Dadurch wurde jene viel längere – seit dem Erscheinen der ersten Menschen zu datierende – Periode beendet, für die die Verwendung von steinernen Werkzeugen typisch ist (Steinzeit). Der Feudalismus dauerte von etwa 500 bis 1.500 (christlicher Zeitrechnung), seit 500 Jahren entwickelte sich der Kapitalismus. Angeblich könnte das Sonnensystem rein physikalisch gesehen weitere 5 Milliarden Jahre währen.

Wie lange es noch den Kapitalismus geben wird, wissen wir nicht. Nehmen wir einmal – ohne jede Begründung – an, er sei nicht mehr oder weniger dauerhaft als der Feudalismus. Dann hätte er noch fünfhundert Jahre vor sich. Im Vergleich zur Vergangenheit und etwaigen Zukunft menschlicher Gesellschaften ist dies eine eher kurze Frist.

Politik könnte in dieser Zeit darin bestehen,

1. die Gefahren dieses Gesellschaftssystems, die daraus resultieren, dass bereits vorkapitalistisch entstandene Destruktionstendenzen und -absichten (Krieg, Verschleiß von Ressourcen und Senken, Folter, Unterdrückung und Ausbeutung) nunmehr mit völlig neuen materiellen Möglichkeiten ausgestattet sind, zu blockieren und
2. dafür zu sorgen, dass jene anderen Potentiale genutzt werden, die sich im Kapitalismus zur Erleichterung des menschlichen Lebens (vor allem durch Naturwissenschaft, Technik und Medizin) bislang entwickelten.

Dabei wird sich zeigen, ob und wie lange eine solche Praxis möglich ist, ohne dass »die materiellen Existenzbedingungen« für »neue höhere Produktionsverhältnisse [...] im Schoß der alten Gesellschaft selbst ausgebrütet worden sind.« (s. o.)

Ich danke Heiko Arntz, Gerd Callesen, Kai Eicker-Wolf und Karl Hermann Tjaden für Hinweise und Vorschläge zur zweiten, der Redaktion »Schattenblick« zur dritten, Carsten Gerlt, Jürgen Scheele und Stefan Schmalz zur vierten sowie Andreas Schneider zur hier vorliegenden siebenten Auflage.

Literaturverzeichnis

Adorno 2003a: Adorno, Theodor W.: Die revidierte Psychoanalyse. In: Adorno, Theodor W.: Gesammelte Schriften. Bd. 8. Soziologische Schriften I. Frankfurt a.M. 2003, S. 20-41.

Adorno 2003b: Adorno, Theodor W.: Zum Verhältnis von Soziologie und Psychologie. In: Gesammelte Schriften. Bd. 8. Soziologische Schriften I. Frankfurt a.M. 2003, S. 41-85.

Aglietta 1979: Aglietta, Michel: A Theory of Capitalist Regulation. The US-Experience. London and New York: New Left Books 1979.

Albers/Goldschmidt/Oehlke 1972: Albers, Detlev, Werner Goldschmidt und Paul Oehlke: Klassenkämpfe in Westeuropa. Frankreich, Großbritannien, Italien. Reinbek bei Hamburg 1972.

Altvater 1987: Altvater, Elmar: Sachzwang Weltmarkt – Verschuldungskrise, blockierte Industrialisierung, ökologische Gefährdung – Der Fall Brasilien, Hamburg 1987.

Altvater 2005: Altvater, Elmar: Das Ende des Kapitalismus, wie wir ihn kennen. Eine radikale Kapitalismuskritik. Münster 2005.

Aly 2005: Aly, Götz: Hitlers Volksstaat. Raub, Rassenkrieg und nationaler Sozialismus. Frankfurt/Main 2005.

Anderson 1978: Anderson, Perry: Von der Antike zum Feudalismus – Spuren der Übergangsgesellschaften. Frankfurt/Main 1978.

Anderson 1979: Anderson, Perry: Die Entstehung des absolutistischen Staates. Frankfurt/Main 1979.

Anderson/Zinsser 1988: Anderson, Bonnie S. und Judith B. Zinsser: A History of their own. Women in Europe from Prehistory to the Present. 2 Bde. London 1988.

Appleby 2011: Appleby, Joyce: Die unbarmherzige Revolution. Eine Geschichte des Kapitalismus. Hamburg 2011.

Arendt 2000: Arendt, Hannah: Elemente und Ursprünge totaler Herrschaft. Antisemitismus, Imperialismus, Totalitarismus. 7. Auflage. München 2000.

Ariès 1982: Ariès, Philippe: Geschichte der Kindheit. 5. Aufl. München 1982.

Arrighi 1996: Arrighi, Giovanni: The Long Twentieth Century: Money, Power, and the Origins of Our Times. 2. Aufl. London 1996.

Ashton/Philpin u. a. 1987: Ashton, T. C. und C. H. E. Philpin (Hrsg.): The Brenner Debate. Agrarian Class Struggle and Economic Development in Pre-Industrial Europe. Cambridge University Press: Cambridge, London, New York, New Rochelle, Melbourne, Sydney 1987.

Baier 2002: Baier, Lothar: Die große Ketzerei. Verfolgung und Ausrottung der Katharer durch Kirche und Wissenschaft. 2. Aufl. Berlin 2002.

Baran/Sweezy 1973: Baran, Paul A. und Paul M. Sweezy: Monopolkapital. Ein Essay über die amerikanische Wirtschafts- und Gesellschaftsordnung. Frankfurt/Main 1973.

Barthélemy 1992: Barthélemy, Dominique: La Mutation Féodale a-t-elle eu lieu? (note critique). In: Annales ESC, mai-juin 1992. n° 3, S. 767-777.

Bauer 1979: Bauer, Otto: Die Akkumulation des Kapitals. In: Ders.: Werkausgabe. Bd. 7. Wien 1979, S. 1015-1040.

Beaud 2001: Beaud, Michel: A History of Capitalism 1500–2000. Translated by Tom Dickman & Anny Lefebvre. New York: Monthly Review Press.

Bebel 1990: Bebel, August: Die Frau und der Sozialismus. 66. Aufl. Bonn 1990.

Beckert 2015: Beckert, Sven: King Cotton. Eine Geschichte des globalen Kapitalismus. 2. Aufl. München 2015.

Benjamin 1969: Benjamin, Walter: Das Kunstwerk im Zeitalter seiner technischen Reproduzierbarkeit. Drei Studien zur Kunstsoziologie. Frankfurt/Main 1969.

Berend 2007: Berend, Ivan T: Markt und Wirtschaft. Ökonomische Ordnungen und wirtschaftliche Entwicklung in Europa seit dem 18. Jahrhundert. Göttingen 2007.

Berman 1983: Berman, Harold J.: Law and Revolution. The Formation of the Western Legal Tradition. Cambridge, Massachusetts: Cambridge University Press 1983.

Bernal 1978: Bernal, John Desmond: Sozialgeschichte der Wissenschaften. Science in History. Hamburg 1978

Bernecker/Pietschmann 2005: Bernecker, Walther L. und Horst Pietschmann: Geschichte Spaniens. Von der frühen Neuzeit bis zur Gegenwart. 4., überarbeitete und aktualisierte Auflage. Stuttgart 2005.

Beveridge 1942: Beveridge, William: Social Insurance and Allied Services. Report by Sir William Beveridge. Presented to Parliament by Command of His Majesty. [London] November 1942.

Blanqui 1969: Blanqui, Louis Auguste: Instruktionen für den Aufstand. Hrsg. von Frank Deppe. Frankfurt/Main 1969.

Bloch 1960: Bloch, Ernst: Thomas Müntzer als Theologe der Revolution. Berlin 1960.

Bloch, Marc 1982: Bloch, Marc: Die Feudalgesellschaft. Frankfurt/Main u. a. 1982.

Bobbio 1994: Bobbio, Norberto: Rechts und Links. Gründe und Bedeutungen einer politischen Unterscheidung. Berlin 1994.

Boccara u. a. 1973: Boccara, Paul u. a.: Der staatsmonopolistische Kapitalismus. Frankfurt/Main 1973.

Bodin 1962: Bodin, Jean: Les six livres de la république (engl.). The six books of a commonwealth. Corrected and supplemented in the light of a new comparison with French and Latin texts. Cambridge: Harvard University Press 1962.

Boris 1992: Boris, Dieter: Ursprünge der europäischen Welteroberung. Heilbronn 1992

Boris/Diaz/Eicker-Wolf/Käpernick/Limbers 2000: Boris, Dieter, Alvaro Berriel Diaz, Kai Eicker-Wolf, Ralf Käpernick und Jan Limbers (Hrsg.): Finanzkrisen im Übergang zum 21. Jahrhundert – Probleme der Peripherie oder globale Gefahr? Marburg 2000.

Boltanski/Chiapello 2003: Boltanski, Luc und Ève Chiapello: Der neue Geist des Kapitalismus. Aus dem Französischen von Michael Tillmann. Konstanz 2003.

v. Bortkiewicz 1906: Bortkiewicz, Ladislaus v.: Wertrechnung und Preisrechnung im Marxschen System. In: Archiv für Sozialwissenschaft und Sozialpolitik, Bd. 23 (1906) S. 1-50; Bd. 24 (1907) S. 10-51 und S. 455-488.

v. Bortkiewicz 1907: Bortkiewicz, Ladislaus v.: Zur Berichtigung der grundlegenden theoretischen Konstruktion von Marx im dritten Band des »Kapital«. In: Jahrbücher für Nationalökonomie und Statistik, Bd. 34 (1907) S. 319-335.

Braudel 1986: Braudel, Fernand: Die Dynamik des Kapitalismus. Stuttgart 1986.

Braudel 1990 I: Braudel, Fernand: Sozialgeschichte des 15. – 18. Jahrhunderts. – [Bd. 1] Der Alltag. München 1990.

Braudel 1990 II: Braudel, Fernand: Sozialgeschichte des 15. – 18. Jahrhunderts. – [Bd. 2] Der Handel. München 1990.

Braudel 1990 III: Braudel, Fernand: Sozialgeschichte des 15. – 18. Jahrhunderts. – [Bd. 3] Aufbruch zur Weltwirtschaft. München 1990.

Bremmer 2010: Bremmer, Ian: Das Ende des freien Marktes. Der ungleiche Kampf zwischen Staatsunternehmen und Privatwirtschaft. München 2010.

Brenner 2003: Brenner, Robert: Boom und Bubble. Die USA und die Weltwirtschaft. Hamburg 2003.

Bucharin 1925/26: Bucharin, Nikolai I.: Der Imperialismus und die Akkumulation des Kapitals. In: Unter dem Banner des Marxismus. Wien, Berlin, Moskau, Leningrad. 1. Jg., 1925/26 (Reprint Erlangen 1970). S. 21-63; 231-290.

Burke 1993: Burke, Edmund: Reflections on the Revolution in France. Oxford: Oxford University Press 1993.

Cambridge History of Capitalism 2014: The Cambridge History of Capitalism. Edited by Larry Neal and Geoffrey G. Williamson. Volume I: The Rise of Capitalism: From Ancient Origins to 1848. Cambridge 2014; Volume II: The Spread of Capitalism: From 1848 to the Present. Cambridge 2014.

Cardoso 1974: Cardoso, Fernando Henrique: Abhängigkeit und Entwicklung in Lateinamerika. In: Senghaas, Dieter (Hrsg.): Peripherer Kapitalismus. Analysen über Abhängigkeit und Unterentwicklung. Frankfurt am Main 1974. S. 201-220.

Carus-Wilson 1941/1943: Carus-Wilson, E. M.: An industrial revolution of the 13th century. In: The Economic History Review XI-XIII, 1941/43. S. 39-60.

Castells 2001: Castells, Manuel: Das Informationszeitalter. Bd. 1: Der Aufstieg der Netzwerkgesellschaft. Leverkusen 2001.

CHJ 1889: The Cambridge History of Japan. Volume 5. The Nineteenth Century. Edited by Marius B. Jansen. New York/New Rochelle/Melbourne/Sydney: Cambridge University Press 1989.

Cipolla 1999: Cipolla, Carlo M: Segel und Kanonen. Die europäische Expansion zur See. Berlin 1999.

Cockett 1994: Cockett, Richard: Thinking the Unthinkable. Think-Tanks and the Economic Counter-Revolution 1931 – 1983. London: Harper Collins Publishers 1994.

Cockshott/Cottrell/Michaelson 1995: Cockshott, W. Paul, Allin Cottrell und Greg Michaelson: Testing Marx: Some new results from UK data. In: Capital & Class 55: S. 103-129.

Cockshott/Cottrell 1997: Cockshott, Paul und Allin Cottrell: Labour Time versus alternative value bases: a research note. In: Cambridge Journal of Economics 21(4) S. 545-549.

Cockshott/Cottrell 1998: Cockshott, Paul und Allin Cottrell: Does Marx Need to Transform. In: Bellofiore, Riccardo: Marxian Economics: A Reappraisal. Essays on Volume III of Capital. Volume 2: Profits, Prices and Dynamics. Hound Mills, Basingstoke, Hampshire and London 1998. S. 70-84.

Cockshott/Cottrell 2003: Cockshott, Paul und Allin Cottrell: A note on the organic composition of capital and profit rates. In: Cambridge Journal of Economics 29(2) S. 749-754.

Cockshott/Cottrell 2006: Cockshott, W. Paul/ Cottrell, Allin: Alternativen aus dem Rechner. Für sozialistische Planung und direkte Demokratie. Köln 2006.

Commoner 1971: Commoner, Barry: The Closing Circle. Nature, Man & Technology. New York: Alfred A. Knopf 1971.

Conert 2002: Conert, Hansgeorg: Vom Handelskapital zur Globalisierung. Entwicklung und Kritik der kapitalistischen Ökonomie. 2., überarb. Auflage Münster 2002.

Cox 1959: Cox, Oliver: Foundations of Capitalism. New York: Philosophical Library 1959.

Czempiel 2002: Czempiel, Ernst-Otto: Weltpolitik im Umbruch. Die Pax Americana, der Terrorismus und die Zukunft der internationalen Beziehungen. München 2002.

Deppe 1987: Deppe, Frank: Niccolò Machiavelli. Zur Kritik der reinen Politik. Köln 1987.

Deppe, Frank: Politisches Denken im 20. Jahrhundert. Bd. 2: Politisches Denken zwischen den Weltkriegen. Hamburg 2003.

D'Eramo 1992: D'Eramo, Marco: Das Schwein und der Wolkenkratzer. Chicago: Eine Geschichte unserer Zukunft. Reinbek 1998.

Devlin 2004: Devlin, Keith: Das Mathe-Gen oder Wie sich das mathematische Denken entwickelt + Warum Sie Zahlen ruhig vergessen können. 4. Aufl. München 2004

Diamond 2011: Diamond, Jared: Arm und Reich. Die Schicksale menschlicher Gesellschaften. München 2011.

Dobb 1970: Dobb, Maurice: Entwicklung des Kapitalismus. Vom Spätfeudalismus bis zur Gegenwart. Köln 1970.

Duby 1953: Duby, Georges: La societé aux XIe et XIIe siècles dans la région mâconnaisse. Paris 1953.

Duby 1977: Duby, Georges: Krieger und Bauern. Wirtschaft und Gesellschaft im frühen Mittelalter. Frankfurt/Main 1977.

Duby 1986: Duby, Georges: Europa im Mittelalter. Stuttgart 1986.

Eicker-Wolf u. a. 1999: Eicker-Wolf, Kai, Torsten Niechoj und Dorothee Wolf (Hrsg.): Nach der Wertdiskussion? Mit Beiträgen von Fritz Helmedag, Friedrun Quaas, Georg Quaas, Hans-Jörg Schimmel, Georg Stamatis, Jens Weiß. Marburg 1999.

Eicker-Wolf 2000: Eicker-Wolf, Kai: Grundbegriffe der Politischen Ökonomie. Eine postkeynesianische Einführung. Marburg 2000.

Elias 2001: Elias, Norbert: Über den Prozeß der Zivilisation. Soziogenetische und psychogenetische Untersuchungen. 2 Bde. Frankfurt/Main 2001.

Elsenhans 1991: Elsenhans, Hartmut: Development and Underdevelopment. The History, Economics and Politics of North-South Relations. New Delhi, Newbury Park/London: Sage Publications 1991.

Engels 1969: Engels, Friedrich: Der deutsche Bauernkrieg. MEW 7, S. 327-413.

Esping-Andersen 1999: Esping-Andersen, Gösta: The three Worlds of Welfare Capitalism. Cambridge: Polity Press 1999.

Farjoun/Machover 1983: Farjoun, Emmanuel und Moshé Machover: Laws of Chaos. A Probabilistic Approach to Political Economy. London: Verso 1983.

Fees-Dörr 1989: Fees-Dörr, Eberhard: Die Redundanz der Mehrwerttheorie. Ein Beitrag zur Kontroverse zwischen Marxisten und Neoricardianern. Marburg 1989.

Ferguson/Schularick 2007: Ferguson, Niall und Moritz Schularick: »Chimerica« and theGlobal Asset Market Boom. In: International Finance. 10. Jg. H. 3 (2007) S. 215-239.

Fischer 1961: Fischer, Fritz: Griff nach der Weltmacht. Die Kriegszielpolitik des kaiserlichen Deutschland 1914/18. Düsseldorf 1961.

Fischer 1969: Fischer, Fritz: Krieg der Illusionen. Die deutsche Politik von 1911 bis 1914. Düsseldorf 1969.

Fischer: 1979: Fischer, Fritz: Bündnis der Eliten. Zur Kontinuität der Machtstrukturen in Deutschland 1871 – 1945. Düsseldorf 1979.

Foucault 1969: Foucault, Michel: Wahnsinn und Gesellschaft. Frankfurt am Main 1969.

Foucault 1976: Foucault, Michel: Überwachen und Strafen. Die Geburt des Gefängnisses. Frankfurt am Main 1976.

Foucault 1978: Foucault, Michel: Dispositive der Macht. Über Sexualität, Wissen und Wahrheit. Berlin 1978.

Foucault 1983: Foucault, Michel: Der Wille zum Wissen. Frankfurt am Main 1983.

Foucault 2002: Foucault 2002: Foucault, Michel: Die Geburt der Klinik. Eine Archäologie des ärztlichen Blicks. 6. Aufl. Frankfurt am Main 2002.

Frank 1978: Frank, André Gunder: World Accumulation 1492 – 1789. London u. a.: Macmillan 1978.

Frank 2002: Frank, André Gunder: ReOrient: Global Economy in the Asian Age. 4 th printing. Berkeley: University of California Press 2002.

Franz 1994: Franz, Wolfgang: Arbeitsmarktökonomik. Zweite, verbesserte Auflage. Berlin, Heidelberg, New York, London, Paris, Tokyo, Hong Kong, Barcelona, Budapest 1994.

Frey/Osborne 2013: Frey, Carl Benedict und Michael A. Osborne: The Future of Employment: How susceptible are Jobs to Computerisation? http://www.oxfordmartin.ox.ac.uk/downloads/academic/The_Future_of_Employment.pdf [Zugriff: 22. August 2014].

Fritzsche 1998: Fritzsche, Klaus: Konservativismus: Entwürfe zur Sicherung sozialer Herrschaft. In: Neumann, Franz (Hrsg.): Handbuch. Politische Theorien und Ideologien. Bd. 1.2., überarbeitete und erweiterte Auflage. Opladen. 1998. S. 267-318.

Fröhlich 2009: Fröhlich, Nils: Die Aktualität der Arbeitswerttheorie. Theoretische und empirische Aspekte. Marburg 2009.

Fücks 2013: Fücks, Ralf: Intelligent wachsen. Die Grüne Revolution. München 2013.

Fülberth 1991: Fülberth, Georg: Sieben Anstrengungen, den vorläufigen Endsieg des Kapitalismus zu begreifen. Hamburg 1991.

Fülberth 2019: Fülberth, Georg: Neue Lage, alte Fragen. Den digitalen Kapitalismus gibt es längst. Aber was ist mit dem digitalen Sozialismus?, in: analyse & kritik Nr. 653, 15. Oktober 2019, S. 25.

Fulcher 2007: Fulcher, James: Kapitalismus. Stuttgart 2007.

Gernet 1996: Gernet, Jacques: A History of Chinese Civilisation. Second Edition. Translated by J. R. Foster and Charles Hartman. Cambridge [Mass.]: Cambridge University Press 1996.

Gitermann 1987: Gitermann, Valentin: Geschichte Rußlands. 3 Bde. Dritter Band. Frankfurt am Main 1987.

Goldberg 2014: Goldberg, Jörg: Die Große Krise und der Aufstieg des Südens. In: Z. Zeitschrift Marxistische Erneuerung. Nr. 100, Dezember 2014. S. 47-55.

Goldberg 2015: Goldberg, Jörg: Die Emanzipation des Südens. Die Neuerfindung des Kapitalismus aus Tradition und Weltmarkt. Köln 2015.

Groh 1973: Groh, Dieter: Negative Integration und revolutionärer Attentismus. Die deutsche Sozialdemokratie am Vorabend des Ersten Weltkrieges. Frankfurt/Main, Berlin, Wien 1973.

Grossmann 1929: Grossmann, Henryk: Das Akkumulations- und Zusammenbruchsgesetz des kapitalistischen Systems (Zugleich eine Krisentheorie). Leipzig 1929.

Haliczer 1981: Haliczer, Stephen: The Comuneros of Castile. The Forging of a Revolution 1475 – 1521, Madison u. a.: University of Wisconsin Press 1981.

Hardt/Negri 2002: Hardt, Michael und Antonio Negri: Empire. Die neue Weltordnung. Frankfurt am Main.

Hartmann 1996: Hartmann, Rudolf: Geschichte des modernen Japan. Von Meji bis Heisei. Berlin 1996.

Harvey 2005: David Harvey: Der neue Imperialismus. Hamburg 2005.

Harvey 2007: Harvey, David: Kleine Geschichte des Neoliberalismus. Zürich 2007.

Haug 2012: Haug, Wolfgang Fritz: Hightech-Kapitalismus in der Großen Krise. Hamburg 2012.

Hayek 1968: Hayek, Friedrich A.: Der Wettbewerb als Entdeckungsverfahren. Kieler Vorträge[,] gehalten im Institut für Weltwirtschaft an der Universität Kiel. Herausgegeben von Prof. Drs. h.c. Erich Schneider. Neue Folge Nr. 56. Kiel 1968.

Hayek 1945: Hayek, F. A.: Der Weg zur Knechtschaft. Herausgegeben und eingeleitet von Wilhelm Röpke. Erlenbach/Zürich 1945.

Heilbroner 1986: Heilbroner, Robert L.: The Nature and the Logic of Capitalism. New York/London: W. W. Norton & Company 1986.

Heilbroner/Milberg 2002: Heilbroner, Robert L. und William Milberg: The Making of Economic Society. Eleventh Edition. Upper Saddle River, New Jersey: Prentice Hall 2002.

Heinsohn/Steiger 1985: Heinsohn, Gunnar und Otto Steiger: Die Vernichtung der weisen Frauen. Beiträge zur Theorie und Geschichte von Bevölkerung und Kindheit. Herbstein 1985.

Helmedag 1992: Helmedag, Fritz: Warenproduktion mittels Arbeit. Zur Rehabilitation des Wertgesetzes. Marburg 1992.

Henwood 2000: Henwood, Doug: Wall Street. How It Works and for Whom. London/New York: Verso 2000.

Hilferding 1968: Hilferding, Rudolf: Das Finanzkapital. Eine Studie über die jüngste Entwicklung des Kapitalismus. Frankfurt am Main/Wien 1968.

Hilferding 1982: Hilferding, Rudolf: Probleme der Zeit. In: Stephan, Cora (Hrsg.): Zwischen den Stühlen oder über die Unvereinbarkeit von Theorie und Praxis. Schriften Rudolf Hilferdings 1904–1940. Berlin und Bonn 1982, S. 168-181. Erstveröffentlichung in: Die Gesellschaft, 1. Jahrgang (1924) 1. Band, S. 1-7.

Hilton/Sawyer 1963: Hilton, R. H. und H. P. Sawyer: Technical Determinism: The Stirrup and the Plough. In: Past and Present. A Journal of Historical Studies. Nr. 24, April 1963, S. 90-100.

Hirsch 1995: Hirsch, Joachim: Der nationale Wettbewerbsstaat. Staat, Demokratie und Politik im globalen Kapitalismus. Berlin 1995.

Hite 1977: Hite, Shere: Hite-Report. Das sexuelle Erleben der Frau. München o.J. [1977].

Hobbes 1966: Hobbes, Thomas: Leviathan oder Stoff, Form und Gewalt eines bürgerlichen und kirchlichen Staats. Übersetzt von Walter Euchner; herausgegeben und mit einer Einleitung versehen von Iring Fetscher. Berlin 1966.

Hobsbawm 1962: Hobsbawm, Eric J.: Sozialrebellen. Archaische Sozialbewegungen im 19. und 20. Jahrhundert. Neuwied am Rhein und Berlin-Spandau 1962.

Hobsbawm 1969 I: Hobsbawm, Eric J.: Industrie und Empire I. Britische Wirtschaftsgeschichte seit 1750. Frankfurt am Main 1969.

Hobsbawm 1969 II: Hobsbawm, Eric J.: Industrie und Empire II. Britische Wirtschaftsgeschichte seit 1750. Frankfurt am Main 1969.

Hobsbawm 1997 I: Hobsbawm, Eric: The Age of Revolution. Europe 1789–1884. London: Abacus 1997.

Hobsbawm 1997 II: Hobsbawm, Eric: The Age of Capital 1848–1875. London: Abacus 1997.

Hobsbawm 1997 III: Hobsbawm, Eric: The Age of Empire. 1875–1914. London: Abacus 1997.

Hobsbawm 1999: Hobsbawm, Eric: Das Zeitalter der Extreme. Weltgeschichte des 20. Jahrhunderts. 3. Aufl. München 1999.

Hobson 1970: Hobson, John A.: Der Imperialismus. 2. Aufl. Köln 1970.

Hofmann 1969: Hofmann, Werner: Grundelemente der Wirtschaftsgesellschaft. Ein Leitfaden für Lehrende. Reinbek bei Hamburg 1969.

Hofmann 1971: Hofmann, Werner: Wert- und Preislehre. Dritte Auflage. Berlin 1971. (= Sozialökonomische Studientexte. Herausgegeben von Werner Hofmann. Bd. 1)

Hofmann 1979: Hofmann, Werner: Theorie der Wirtschaftsentwicklung. Vom Merkantilismus bis zur Gegenwart. Dritte Auflage. Berlin 1979. (= Sozialökonomische Studientexte. Herausgegeben von Werner Hofmann. Bd. 3)

Hofmann 1984: Hofmann, Werner: Was ist Stalinismus? Heilbronn 1984.

Horkheimer/Adorno 1969: Horkheimer, Max und Theodor W. Adorno: Dialektik der Aufklärung. Philosophische Fragmente. Frankfurt/Main 1969.

Huffschmid 2002: Huffschmid, Jörg: Politische Ökonomie der Finanzmärkte. Aktualisierte und erweiterte Neuauflage. Hamburg 2002.

Jánossy 1966: Jánossy, Franz, unter Mitarbeit von Maria Holló: Das Ende der Wirtschaftswunder. Erscheinung und Wesen der wirtschaftlichen Entwicklung. Frankfurt/Main 1966.

Jevons 1924: Jevons, W. Stanley: Die Theorie der Politischen Ökonomie. Aus dem englischen Original und zwar nach der vierten, von H. Stanley Jevons besorgten, den Text letzter Hand enthaltenden Auflage ins Deutsche übertragen und eingeleitet von Landesgerichtsrat Dr. iur. und Dr. rer. pol. Otto Weinberger in Wien. Jena 1924.

Junker 1975: Junker, Detlef: Der unteilbare Weltmarkt. Das ökonomische Interesse in der Außenpolitik der USA 1933 – 1941. Stuttgart 1975.

Kant 1988: Kant, Immanuel: Grundlegung zur Metaphysik der Sitten. Stuttgart 1988.

Kapp 1950: Kapp, K. William: The Social Costs of Private Enterprise. Cambridge, Massachusetts 1950.

Kapp 1987: Kapp, K. William: Für eine ökosoziale Ökonomie. Entwürfe und Ideen – Ausgewählte Aufsätze. Hg. V. C. Leipert/R. Steppmacher. Frankfurt/Main 1987.

Kapp 1988: Kapp, K. William: Soziale Kosten der Marktwirtschaft. Das klassische Werk der Umwelt-Ökonomie. Herausgegeben von der K. William und Lore L. Kapp-Stiftung für die Integration und Humanisierung der Sozialwissenschaften. Frankfurt/Main 1988.

Katzenstein 1967: Katzenstein, Robert: Die Investitionen und ihre Bewegung im staatsmonopolistischen Kapitalismus. Zu einigen Fragen der Reproduktion des fixen Kapitals, der zyklischen Bewegung der Gesamtproduktion und des technischen Fortschritts in Westdeutschland nach dem Kriege. Berlin 1967.

Katzenstein 1974: Katzenstein, Robert: Technischer Fortschritt – Kapitalbewegung – Kapitalfixierung. Einige Probleme der Ökonomie des fixen Kapitals unter den gegenwärtigen Bedingungen der Vergesellschaftung der Produktion im staatsmonopolistischen Kapitalismus. Berlin 1974.

Keynes 1974: Keynes, John Maynard: Allgemeine Theorie der Beschäftigung, des Zinses und des Geldes. 5. Aufl. Berlin 1974.

Kindleberger 1973: Kindleberger, Charles: The World in Depression 1929 – 1939. Berkeley: University of California Press 1973.

Kocka 2014: Kocka, Jürgen: Geschichte des Kapitalismus. 2. Aufl. München 2014.

Kofler 1992 I: Kofler, Leo: Zur Geschichte der bürgerlichen Gesellschaft. Versuch einer verstehenden Deutung der Neuzeit. 2 Bde. Berlin 1992. Hier: Bd. 1.

Kondratieff 1926: Kondratieff, N. D.: Die langen Wellen der Konjunktur. In: Archiv für Sozialwissenschaft und Sozialpolitik, 56. Band./ 3. Heft. Tübingen 1926. S. 573-609.

Kriedte 1980: Kriedte, Peter: Spätfeudalismus und Handelskapital. Grundlinien der europäischen Wirtschaftsgeschichte vom 16. bis zum Ausgang des 18. Jahrhunderts. Göttingen 1980.

Kriedte 2002: Kriedte, Peter: Handelskapital und Handelskapitalismus. Zur Theorie des frühen europäischen Kapitalismus. In: Prokla. Zeitschrift für kritische Sozialwissenschaft. Heft 128. 31. Jg. 2002, Nr. 3. S. 491-507.

Kriedte/Medick/ Schlumbohm 1978: Kriedte, Peter, Hans Medick und Jürgen Schlumbohm: Industrialisierung vor der Industrialisierung. Gewerbliche Warenproduktion auf dem Land in der Formationsperiode des Kapitalismus. Göttingen 1978.

Krumbein/Fricke/Hellmer/Oelschlägel 2013: Krumbein, Wolfgang, Julian Fricke, Fritz Hellmer und Hauke Oelschlägel: Finanzmarktkapitalismus? Zur Kritik einer gängigen Kriseninterpretation und Zeitdiagnose. Marburg 2014.

Kuczynski, Jürgen 1964: Kuczynski, Jürgen: Die Geschichte der Lage der Arbeiter unter dem Kapitalismus. Bd. 23: Darstellung der Lage der Arbeiter in England von 1760 – 1832. Berlin 1964.

Kuczynski, Thomas 2000: Kuczynski, Thomas: Die Transformation der Werte in Produktionspreise im Rahmen der einfachen Reproduktion. Diskussionspapier der Forschungsgruppe Politische Ökonomie. No. 4. Marburg 2000.

Kühnl 1979: Kühnl, Reinhard: Faschismustheorien. Ein Leitfaden. Reinbek bei Hamburg 1979.

Kurz 1999: Kurz, Robert: Schwarzbuch Kapitalismus. Ein Abgesang auf die Marktwirtschaft. Frankfurt am Main 1999.

Kurz/Rieger 2013: Kurz, Konstanze und Frank Rieger: Arbeitsfrei. Eine Entdeckungsreise zu den Maschinen, die uns ersetzen. München 2013.

Lambert 1991: Lambert, Malcolm: Ketzerei im Mittelalter. Eine Geschichte von Gewalt und Scheitern. Freiburg im Breisgau u. a. 1991.

Lambrecht /Tjaden/Tjaden-Steinhauer: Kassel 1998: Lambrecht, Lars, Karl Hermann Tjaden, Margarete Tjaden-Steinhauer: Gesellschaft von Olduvai bis Uruk. Soziologische Exkursionen. Kassel 1998.

Le Goff 1993: Le Goff, Jacques: Kaufleute und Bankiers im Mittelalter. Frankfurt/New York 1993.

Leidinger, Hannes: Kapitalismus. Köln, Weimar und Wien: Böhlau Verlag 2008.

Lenin 1961: Lenin, W. I.: Der Imperialismus als höchstes Stadium des Kapitalismus. Gemeinverständlicher Abriß. In: Lenin, W. I.: Ausgewählte Werke. Band I. Berlin 1961. S. 709-817.

Lippman 1973: Lippman, Walter: An Inquiry into the Principles of the Good Society. Westport, Conn: Greenwood 1973.

Ludwig 1997: Karl-Heinz Ludwig: Technik im hohen Mittelalter zwischen 1000 und 1350/1400. In: Ders. und Volker Schmidtchen. Metalle und Macht. [Propyläen Technikgeschichte. Zweiter Band]. Berlin 1997. S. 10-205.

Lutz 1984: Lutz, Burkart: Der kurze Traum immerwährender Prosperität. Eine Neuinterpretation der industriell-kapitalistischen Entwicklung im Europa des 20. Jahrhunderts. Frankfurt/Main und New York 1984.

Luxemburg 1985: Luxemburg, Rosa: Die Akkumulation des Kapitals. Ein Beitrag zur ökonomischen Erklärung des Imperialismus. In: Luxemburg, Rosa: Gesammelte Werke. Bd. 5: Ökonomische Schriften. Berlin 1985.

Maddison 1964: Maddison, Angus: Economic Growth in the West. Comparative Experience in Europe and North America. The Twentieth Century Fund, New York / George Allen & Unwin Ltd., London 1964.

Maddison 1982: Maddison, Angus: Phases of Capitalist Development. Oxford/ New York: Oxford University Press 1982.

Mandel 1970: Mandel, Ernest: Marxistische Wirtschaftstheorie. Frankfurt/M. 1970.

Marglin/Schor 1991: Marglin, Stephen A., Juliet B. Schor (eds.): The Golden Age of Capitalism. Reinterpreting the Postwar Experience. Oxford: Clarendon Press 1991.

Marx/Engels 1969: Marx, Karl und Friedrich Engels: Manifest der Kommunistischen Partei.(=Marx, Karl und Friedrich Engels: Werke. Herausgegeben vom Institut für Marxismus-Leninismus beim ZK der SED [MEW] Bd. 4) Berlin 1969. S. 459-493.

Marx 1960: Marx, Karl: Der achtzehnte Brumaire des Louis Bonaparte. MEW 8. Berlin 1960. S. 111-207. Hier: S. 122f.

Marx 1962: Marx, Karl: [Brief an V. I. Sassulitsch]. In: Marx, Karl und Friedrich Engels. Werke. Bd. 19. (MEW 19) Berlin 1962. S. 242f. Ders.: [Entwürfe einer Antwort auf den Brief von V. I. Sassulitsch]. In: Ebd., S. 384-406.

Marx 1967: Marx an Vera Iwanowna Sassulitsch. In: Marx, Karl und Friedrich Engels: Werke, Bd. 35. (MEW 35) Berlin 1967. S. 166f.

Marx 1968: Marx, Karl: Inauguraladresse der Internationalen Arbeiterassoziation, gegründet am 28. September 1864 in öffentlicher Versammlung in St. Martin's Hall, Long Acre, in London. In: Marx, Karl und Friedrich Engels: Werke (MEW) Bd. 16, Berlin 1968, S. 5-13.

Marx 1969a: Das Elend der Philosophie. Antwort auf Proudhons »Philosophie des Elends«. In: Marx, Karl und Friedrich Engels: Werke (MEW) Bd. 4, Berlin 1969, S. 63-182.

Marx 1969b: Marx, Karl: Zur Kritik der Politischen Ökonomie. In: Marx, Karl und Friedrich Engels: Werke (MEW) Bd. 13, Berlin 1969, S. 3-160.

Marx 1975: Marx, Karl: Das Kapital. Kritik der Politischen Ökonomie. Erster Band. Buch I: Der Produktionsprozeß des Kapitals.(=Marx, Karl und Friedrich Engels: Werke. Herausgegeben vom Institut für Marxismus-Leninismus beim ZK der SED [MEW] Bd. 23) Berlin 1975.

Marx 1976: Marx, Karl: Das Kapital. Kritik der Politischen Ökonomie. Dritter Band. Buch III: Der Gesamtprozeß der kapitalistischen Produktion. Herausgegeben von Friedrich Engels (= Marx, Karl und Friedrich Engels: Werke. Herausgegeben vom Institut für Marxismus-Leninismus beim ZK der SED [MEW] Bd. 25) Berlin 1976.

Marx 1989: Marx, Karl: Das Kapital. Kritik der Politischen Ökonomie. Zweiter Band. Buch II: Der Zirkulationsprozeß des Kapitals. (=Marx, Karl und Friedrich Engels: Werke. Herausgegeben vom Institut für Marxismus-Leninismus beim ZK der SED [MEW] Bd. 24) Berlin 1989.

Mason 2016: Postkapitalismus. Grundrisse einer kommenden Ökonomie. Frankfurt/Main 2016.

Mies/Tjaden 2009: Mies, Thomas / Karl Hermann Tjaden (Hg.): Gesellschaft, Herrschaft und Bewußtsein. Symbolische Gewalt und das Elend der Zivilisation. Beiträge von Rolf Czeskleba-Dupont, Georg Fülberth, Jochen Hanisch, Karl-Otto Henseling, Thomas Kuczynski, Lars Lambrecht, Thomas Mies, Kathrin Otte, Lothar Peter, Jörg Roesler, Urte Sperling, Karl Hermann Tjaden, Margarete Tjaden-Steinhauer, Karl Georg Zinn. Kassel 2009.

Mill 1984 I: Mill, John Stuart: On Marriage. In: Collected Works of John Stuart Mill – Volume XXI. Toronto: University of Toronto Press 1984. S. 35-49.

Mill 1984 II: The Subjection of Women. In: Collected Works of John Stuart Mill – Volume XXI. Toronto: University of Toronto Press 1984. S. 259-340.

Mill/Taylor/Mill 1997: Mill, John Stuart, Harriet Taylor Mill und Helen Mill: Die Hörigkeit der Frau. 2. Aufl. 1997.

Mitterauer 2003: Mitterauer, Michael: »Warum Europa?« Mittelalterliche Grundlagen eines Sonderwegs. München 2003.

Mottek 1969: Mottek, Hans: Wirtschaftsgeschichte Deutschlands. Ein Grundriß. Band II. Von der Zeit der Französischen Revolution bis zur Zeit der Bismarckschen Reichsgründung. 2., durchgesehene Auflage. Berlin 1969.

Mottek 1971: Mottek, Hans: Wirtschaftsgeschichte Deutschlands. Ein Grundriß. Band I. Von den Anfängen bis zur Zeit der Französischen Revolution. 5. Aufl. Berlin 1971.

Mottek 1975: Mottek, Hans, Walter Becker und Alfred Schröder: Wirtschaftsgeschichte Deutschlands. Ein Grundriß. Band III. Von der Zeit der Bismarckschen Reichsgründung 1871 bis zur Niederlage des faschistischen deutschen Imperialismus 1945. 2. Auflage. Berlin 1975.

Neumann 1977: Neumann, Franz: Behemoth: Struktur und Praxis des Nationalsozialismus. Köln u. a. 1977.

Nef 1966: Nef, J[ohn] U[lrich]: The Rise of the British Coal Industry. 2 volumes. London 1966.

Nef 1967: Nef, John Ulrich: Industry and Government in France and England 1540–1640. 4. print. Ithaca, NY: Cornell University Press 1967.

Nolte 1993: Nolte, Ernst: Die Linke und ihr Dilemma. Was an ihrer Politik ewig ist. In: What's left? Prognosen zur Linken. Mit Beiträgen von Norberto Bobbio, Antje Vollmer, Tony Judt, Henning Ritter, Konrad Adam, Stephen Holmes, Boris Groys, Rainer Hank, Ernst Vollrath, Jürgen Busche, Ernst Nolte, Ralf Dahrendorf, Gian Enrico Rusconi, André Gorz, Cora Stephan, Peter Glotz, Andreas Kuhlmann, Elmar Altvater und Michael Walzer. Berlin 1993. S. 85-90.

Nutzinger/Wolfstetter 1974: Nutzinger, Hans G. und Elmar Wolfstetter: Die Marxsche Theorie und ihre Kritik I. Eine Textsammlung zur Kritik der Politischen Ökonomie. Frankfurt/New York 1974.

Opitz 1994: Opitz, Reinhard (Hrsg.): Europastrategien des deutschen Kapitals 1900–1945. 2. Aufl. Bonn 1994.

Opitz 1996: Opitz, Reinhard: Faschismus und Neofaschismus. Bonn 1996.

Origo 1986: Origo, Iris: »Im Namen Gottes und des Geschäfts«. Lebensbild eines toskanischen Kaufmanns der Frührenaissance. Franceso di Marco Datini. 2. Aufl. München 1986.

Parker 1990: Parker, Geoffrey: Die militärische Revolution. Die Kriegskunst und der Aufstieg des Westens 1500–1800. Frankfurt am Main und New York 1990.

Paulinyi 1997: Paulinyi, Akos: Die Umwälzung der Technik in der industriellen Revolution zwischen 1750 und 1840. In: Paulinyi, Akos und Ulrich Troitzsch: Mechanisierung und Maschinisierung 1600 bis 1840. Propyläen Technikgeschichte. Dritter Band. Berlin 1997. S. 269-495.

Piketty 2014: Piketty, Thomas: Das Kapital im 21. Jahrhundert. München 2014.

Piketty 2020: Piketty, Thomas: Kapital und Ideologie. München 2020.

Piper 2000: Piper, Ernst: Der Aufstand der Ciompi. Über den »Tumult« der Wollarbeiter im Florenz der Frührenaissance. Zürich und München 2000.

Pirenne 1961: Pirenne, Henri: Geschichte Europas von der Völkerwanderung bis zur Reformation. Frankfurt am Main 1961.

Plumpe 2019: Plumpe, Werner: Das kalte Herz. Kapitalismus. Die Geschichte einer andauernden Revolution. Berlin 2019.

Pohl 2005: Pohl, Manfred: Geschichte Japans. 3., aktualisierte Auflage. München 2005.

Polanyi 1978: Polanyi, Karl: The Great Transformation. Politische und ökonomische Ursprünge von Gesellschaften und Wirtschaftssystemen. 2. Aufl. Frankfurt am Main 1978.

Pringle 1984: Pringle, Henry F.: Theodore Roosevelt. A Biography. San Diego/New York/London 1984.

Quaas 1992: Quaas, Friedrun: Das Transformationsproblem. Ein theoriehistorischer Beitrag zur Analyse der Quellen und Resultate einer Diskussion. Marburg 1992.

Reich 1993: Reich, Robert B.: Die neue Weltwirtschaft. Das Ende der nationalen Ökonomie. Frankfurt/Main und Berlin 1993.

Reiner 1998: Reiner, Sabine: Was ist politisch an der Politischen Ökonomie? Joan Robinsons Beiträge zur Politisierung der ökonomischen Theorie. Baden-Baden 1998.

Resch/Steinert 2011: Resch, Christine und Heinz Steinert: Kapitalismus. Porträt einer Produktionsweise. 2. Aufl. Münster 2011.

Ricardo 1994: Ricardo, David: Über die Grundsätze der politischen Ökonomie und der Besteuerung . Marburg 1994.

Rifkin 2014: Rifkin, Jeremy: Die Null-Grenzkosten-Gesellschaft. Das Internet der Dinge, kollaboratives Gemeingut und der Rückzug des Kapitalismus. Frankfurt/New York 2014.

Rilling 2007: Rilling, Rainer: Imperialität. US-amerikanische Diskurse seit 9/11. In: Brie, Michael (Hrsg.): Schöne neue Demokratie – Elemente totaler Herrschaft. Mit einem Essay von Rainer Rilling zur US-amerikanischen Imperialismusdiskussion. Berlin 2007, S. 141-207.

Rilling 2008: Rilling, Rainer: Risse im Empire. Berlin 2008.

Robinson 1950: Robinson, Joan: The Economics of Imperfect Competition. London und Basingbroke 1933. Reprint 1950.

Roeper/Weimer 1996: Roeper, Hans und Wolfram Weimer: Die D-Mark. Eine deutsche Wirtschaftsgeschichte. Frankfurt (Main) 1996.

Roosevelt 1945: [Roosevelt, Franklin D.]: Botschaft an den Kongreß am 21. August 1941, mit dem Text der Atlantik-Deklaration. In: Roosevelt spricht. Die Kriegsreden des Präsidenten. Stockholm 1945.

Rosenberg 1967: Rosenberg, Hans: Große Depression und Bismarckzeit. Wirtschaftsablauf, Gesellschaft, Politik in Mitteleuropa. Berlin 1967.

Rostow 1990: Rostow, Walt W.: The Stages of Economic Growth. A Non-Communist Manifesto. 3. ed. Cambridge: Cambridge University Press 1990.

Samuelson 1974: Samuelson, Paul A.: Zum Verständnis des Marxschen Begriffs »Ausbeutung«: Ein Überblick über die sogenannte Transformation von Werten in Produktionspreise (1971). In: Nutzinger/Wolfstetter 1974. S. 237-295.

Schama 1988: Shama, Simon: Überfluß und schöner Schein. Zur Kultur der Niederlande im Goldenen Zeitalter. München 1988.

Schelsky 1976: Schelsky, Helmut: Wandlungen der deutschen Familie in der Gegenwart. Darstellung und Deutung einer empirisch-soziologischen Tatbestandsaufnahme. 5. Aufl. Stuttgart 1967.

Schimmelpfennig 1984: Schimmelpfennig, Bernhard: Das Papsttum. Grundzüge seiner Geschichte von der Antike bis zur Renaissance. Darmstadt 1984.

Schmale 2000: Schmale, Wolfgang: Geschichte Frankreichs. Stuttgart 2000.

Schneider, Jane 1989: Rumpelstiltskin's Bargain: Folklore and the Merchant Capitalist Intensification of Linen Manufacture in Early Modern Europe. In: Weiner, Annette B. und Jane Schneider (Hrsg.): Cloth and Human Experience. Washington und London: Smithonian Institution Press 1989. S. 177-213.

Schneider, Michael 1999: Schneider, Michael: Unterm Hakenkreuz. Arbeiter und Arbeiterbewegung 1933 bis 1939. Bonn 1999.

Schubert 1985: Schubert, Alexander: Die internationale Verschuldung. Die Dritte Welt und das internationale Bankensystem. Frankfurt am Main 1985.

Schuhler 2003: Schuhler, Conrad: Unter Brüdern. Die USA, Europa und die Neuordnung der Welt. Köln 2003.

Schulze 1992: Schulze, Hans K.: Grundstrukturen der Verfassung im Mittelalter. Band II. Familie, Sippe und Geschlecht, Haus und Hof, Dorf und Mark, Burg, Pfalz und Königshof, Stadt. 2., verb. Aufl. Stuttgart u.a. 1992.

Schumpeter 1987: Schumpeter, Joseph A.: Kapitalismus, Sozialismus und Demokratie. Sechste Auflage. Tübingen 1987.

Schumpeter 1997: Schumpeter, Joseph: Theorie der wirtschaftlichen Entwicklung. Eine Untersuchung über Unternehmergewinn, Kapital, Kredit, Zins und den Konjunkturzyklus. Neunte Auflage. Berlin 1997.

Schwarzer 1975: Schwarzer, Alice: Der kleine Unterschied und seine großen Folgen. Frauen über sich; Beginn einer Befreiung. Frankfurt am Main 1997.

Septemberdenkschrift 1963: Die Septemberdenkschrift Bethmann Hollwegs. In: Aus Politik und Zeitgeschichte. Beilage zur Wochenzeitung das Parlament. B 19/63, S. 41-44.

Silver 2005: Silver, Beverly J.: Forces of Labor. Arbeiterbewegung und Globalisierung seit 1870. Berlin u.a. 2005.

Shaikh 1984: Shaikh, Anwar: The Transformation from Marx to Sraffa. In: Mandel, Ernest (Hrsg.): Ricardo, Marx, Sraffa. The Langston Memorial Volume. London 1984, S. 43-84.

Smith 1988: Smith, Adam: Der Wohlstand der Nationen. Eine Untersuchung seiner Natur und seiner Ursachen. Aus dem Englischen übertragen und mit einer umfassenden Würdigung des Gesamtwerkes herausgegeben von Horst Claus Recktenwald. 4. Aufl. München 1988.

Sombart 1902: Sombart, Werner: Der moderne Kapitalismus. 2 Bde. Leipzig 1902.

Sombart 1916: Sombart, Werner: Der moderne Kapitalismus. Historisch-systematische Darstellung des gesamteuropäischen Wirtschaftslebens von seinen Anfängen bis zur Gegenwart. Zweite, neugearbeitete Auflage. Erster Band. München und Leipzig 1916.

Sombart 1969: Sombart, Werner: Warum gibt es in den Vereinigten Staaten keinen Sozialismus?. Darmstadt 1969.

Sombart 1986: Sombart, Werner: Liebe, Luxus und Kapitalismus. Über die Entstehung der modernen Welt aus dem Geist der Verschwendung. Berlin 1986.

Sombart 1987 I,1: Sombart, Werner: Der moderne Kapitalismus. Historisch-systematische Darstellung des gesamteuropäischen Wirtschaftslebens von seinen Anfängen bis zur Gegenwart. Erster Band. Die vorkapitalistische Wirtschaft. Erster Halbband. Unveränderter Nachdruck der 2., neugearbeiteten Auflage. München 1987.

Sombart 1987 I,2: Sombart, Werner: Der moderne Kapitalismus. Historisch-systematische Darstellung des gesamteuropäischen Wirtschaftslebens von seinen Anfängen bis zur Gegenwart. Erster Band. Die vorkapitalistische Wirtschaft. Zweiter Halbband. Unveränderter Nachdruck der 2., neugearbeiteten Auflage. München 1987.

Sombart 1987 II,1: Sombart, Werner: Der moderne Kapitalismus. Historisch-systematische Darstellung des gesamteuropäischen Wirtschaftslebens von seinen Anfängen bis zur Gegenwart. Zweiter Band: Das europäische Wirtschaftsleben im Zeitalter des Frühkapitalismus, vornehmlich im 16., 17. und 18. Jahrhundert. Erster Halbband. Unveränderter Nachdruck der 2., neugearbeiteten Auflage. München 1987.

Sombart 1987 II,2: Sombart, Werner: Der moderne Kapitalismus. Historisch-systematische Darstellung des gesamteuropäischen Wirtschaftslebens von seinen Anfängen bis zur Gegenwart. Zweiter Band: Das europäische Wirtschaftsleben im Zeitalter des Frühkapitalismus, vornehmlich im 16., 17. und 18. Jahrhundert. Zweiter Halbband. Unveränderter Nachdruck der 2., neugearbeiteten Auflage. München 1987.

Sombart 1987 III,1: Sombart, Werner: Der moderne Kapitalismus. Historisch-systematische Darstellung des gesamteuropäischen Wirtschaftslebens von seinen Anfängen bis zur Gegenwart. Dritter Band: Das Wirtschaftsleben im Zeitalter des Hochkapitalismus. Erster Halbband. Die Grundlagen – Der Aufbau. Unveränderter Nachdruck der 1. Auflage (Duncker & Humblot) 1927. München 1987.

Sombart 1987 III,2: Sombart, Werner: Der moderne Kapitalismus. Historisch-systematische Darstellung des gesamteuropäischen Wirtschaftslebens von seinen Anfängen bis zur Gegenwart. Dritter Band: Das Wirtschaftsleben im Zeitalter des Hochkapitalismus. Zweiter Halbband. Der Hergang der hochkapitalistischen Wirtschaft. Die Gesamtwirtschaft. Unveränderter Nachdruck der 1. Auflage (Duncker & Humblot) 1927. München 1987.

Sperling/Tjaden-Steinhauer 2004: Sperling, Urte/Margarete Tjaden-Steinhauer (Hg.): Gesellschaft von Tikal bis irgendwo. Europäische Gewaltherrschaft, gesellschaftliche Umbrüche, Ungleichheitsgesellschaften neben der Spur. Beiträge von Rolf Czeskleba-Dupont, Karl-Rainer Fabig, Lars Lambrecht, Thomas Mies, Bernd Reef, Urte Sperling, Karl-Hermann Tjaden, Margarete Tjaden-Steinhauer. Kassel 2004.

Sraffa 1976: Sraffa, Piero: Warenproduktion mittels Waren. Einleitung zu einer Kritik der ökonomischen Theorie. Nachworte von Bertram Schefold. Frankfurt am Main 1976.

Stiglitz 2002: Stiglitz, Joseph E. : Die Schatten der Globalisierung. Bonn 2002.

Strange 1986: Strange, Susan: Casino Capitalism. Oxford und New York 1986.

Stolberg-Wernigerode 1973: Stolberg-Wernigerode, Otto Graf zu: Geschichte der Vereinigten Staaten von Amerika. 2., neubearbeitete Auflage. Berlin/ New York 1973.

Streeck 2014: Streeck, Wolfgang: How will Capitalism End? In: New Left Review 87. May/June 2014. S. 35-64.

Sweezy 1976: Sweezy, Paul M.: Theorie der kapitalistischen Entwicklung. Eine analytische Studie über die Prinzipien der Marxschen Sozialökonomie. 5. Auflage. Frankfurt am Main 1976.

Sweezy/Dobb u. a. 1978: Sweezy, Paul, Maurice Dobb, Kohachiro Takahashi, Rodney Hilton, Christopher Hill, Georges Lefebvre, Giuliano Procacci, Eric Hobsbawm, John Merrington: Der Übergang vom Feudalismus zum Kapitalismus. Mit einer Einführung und einem Postskript von Rodney Hilton. Aus dem Englischen von Hans Günter Holl und Hans Medick. Frankfurt/M. 1978.

Sylvers 2002: Sylvers, Malcolm: Die USA – Anatomie einer Weltmacht. Köln 2002.

Thompson 1987: Thompson, E. P.: Die Entstehung der englischen Arbeiterklasse, 2 Bde., Frankfurt am Main 1987.

Thünen 1990: Thünen, Johann Heinrich von: Der isolierte Handelsstaat in Bezug auf Landwirtschaft und Nationalökonomie. Berlin 1990.

Tjaden 1990: Tjaden, Karl Hermann: Gesellschaftsformation, kapitalistische. I. Kapitalistische Gesellschaftsformation in historisch-materialistischer Sicht. In: Europäische Enzyklopädie zu Philosophie und Wissenschaften. Herausgegeben von Hans Jörg Sandkühler in Zusammenarbeit mit dem Istituto Italiano per gli Studi Filosofici Napoli und mit Arnim Regenbogen und Chup Friemert, Werner Goldschmidt, Lars Lambrecht, Thomas Mies, Detlev Pätzold, Heinz Wagner. Bd. 2, F-K. Hamburg 1990, S. 364-388.

Tjaden 1992: Tjaden, Karl Hermann: Mensch – Gesellschaftsformation – Biosphäre. Über die gesellschaftliche Dialektik des Verhältnisses von Mensch und Natur. 2. Aufl. Marburg 1992.

Tjaden 1995: Tjaden, Karl Hermann: Neuere Erkenntnisse und Annahmen zur Entstehungs- und Frühgeschichte menschlicher Gesellschaften. In: Zeitschrift Marxistische Erneuerung. Vierteljahresschrift. 6. Jahrgang. Heft 22 (Juni 1995), S. 19-34.

Tjaden-Steinhauer 2009: Tjaden-Steinhauer, Margarete: Fiktives Geschlecht, patriarchale Familie und sexuelle Dienstbarkeit der Frauen. In: Mies/Tjaden 2009: S. 254-307.

Tjaden-Steinhauer/Tjaden 2001: Tjaden-Steinhauer, Margarete und Tjaden, Karl Hermann: Gesellschaft von Rom bis Ffm. Ungleichheitsverhältnisse in Westeuropa und die iberischen Eigenwege. Mit einer Diskussion von Frigga Haug, Lars Lambrecht, Margarete Tjaden-Steinhauer und Karl Hermann Tjaden über Anfänge gesellschaftlicher Ungleichheit. Kassel 2001.

Tjaden-Steinhauer/Tjaden 2004: Tjaden-Steinhauer, Margarete und Tjaden, Karl Hermann: An Ape's View of Human History – revisited. In: Sperling/Tjaden-Steinhauer 2004. S. 43-63.

Trampert 2014: Trampert, Rainer: Europa zwischen Weltmacht und Zerfall. Stuttgart 2014.

Trexler 1993: Trexler, Richard C: The Workers of Renaissance Florence. Power and Dependence in Renaissance Florence. Volume 3. Binghamton, New York: Medieval & Renaissace Texts 1993.

Trilateral Commission 1973: Towards a Renovated World Monetary System. A Report of the Trilateral Monetary Task Force to the Executive Committee of the Trilateral Commission. Tokyo. Oktober 22-23, 1973.

Tsoulfidis/Maniatis 2002: Tsolfidis, Lefteris und Thanasis Maniatis: Values, prices of production and market prices: some more evidence from the greek economy, Cambridge Journal of Economics 26 (3). S. 359-369.

Tsoulfidis/Mariolis 2007: Labour values, Prices of Production and the Effects of Income Distribution: Evidence from the Greek Economy. In: Economic System Research 19 (4). S. 425-437.

Uno, Kozo: Principles of Political Economy. Theory of a Purely Capitalist Society. Sussex: Harvester Press/ New Jersey: Humanities Press 1980.

Vester 1970: Vester, Michael: Die Entstehung des Proletariats als Lernprozeß. Die Entstehung antikapitalistischer Theorie und Praxis in England 1792 – 1848. Frankfurt/Main 1970.

Wallerstein 1984: Wallerstein, Immanuel: Der historische Kapitalismus. Berlin 1984.

Wallerstein 1986: Wallerstein, Immanuel: Das moderne Weltsystem: Kapitalistische Landwirtschaft und die Entstehung der europäischen Weltwirtschaft im 16. Jahrhundert. Frankfurt am Main 1986.

Wallerstein 1998: Wallerstein, Immanuel: Das moderne Weltsystem II – der Merkantilismus. Europa zwischen 1600 und 1750. Wien 1998.

Wallerstein 2004: Wallerstein, Immanuel: Die große Expansion. Das moderne Weltsystem III. Die Konsolidierung der Weltwirtschaft im langen 18. Jahrhundert. Wien 2004.

Weber 1985: Weber, Max: Wirtschaft und Gesellschaft. Grundriss der verstehenden Soziologie. Fünfte, revidierte Auflage, besorgt von Johannes Winckelmann. Studienausgabe, 19. bis 23. Tausend. Tübingen 1985.

Weber 1988: Weber, Max: Die protestantische Ethik und der Geist des Kapitalismus. In: Ders.: Gesammelte Aufsätze zur Religionssoziologie I. 9. Aufl. Tübingen 1988. S. 1-206.

Wehler 1969: Wehler, Hans-Ulrich: Bismarck und der Imperialismus. Köln und Berlin 1969. S. 65.

Wehler 1972: Wehler, Hans-Ulrich (Hrsg.): Imperialismus. 2. Aufl. Köln 1972.

Werlhof/Mies/Bennholdt-Thomsen 1988: Werlhof, Claudia von, Maria Mies und Veronika Bennholdt-Thomsen: Frauen, die letzte Kolonie. Zur Hausfrauisierung der Arbeit. Reinbek bei Hamburg 1988.

White 1968: White Junior, Lynn: Die mittelalterliche Technik und der Wandel der Gesellschaft. München 1968.

Wilkie 1943: Wilkie, Wendell Lewis: One World. New York 1943.

Willke 2006: Willke, Gerhard: Kapitalismus. Frankfurt am Main/New York 2006.

Witt 1970: Witt, Peter-Christian: Die Finanzpolitik des Deutschen Reiches von 1903 bis 1913. Eine Studie zur Innenpolitik des Wilhelminischen Deutschland. Lübeck/Hamburg 1970.

Wood 2015: Wood, Ellen Meiksins: Der Ursprung des Kapitalismus. Hamburg 2015.

Zachariah 2006: Zachariah, Dave: Labour value and equalisation of profit rates: a multi country study. In: Indian Development Review 4(1) (2006) 1-21. Auch: http://reality.gn.apc.org/econ/Zachariah_LabourValue.pdf. Letzter Zugriff: 21.8.2010.

Zeise 2008: Zeise, Lucas: Ende der Party. Die Explosion im Finanzsektor und die Krise der Weltwirtschaft. Köln 2008.

Zinn 1989: Zinn, Karl Georg: Kanonen und Pest.. Über die Ursprünge der Neuzeit im 14. und 15. Jahrhundert. Opladen 1989.

Zinn 2003: Zinn, Karl Georg: Wie Reichtum Armut schafft. Verschwendung, Arbeitslosigkeit und Mangel. 2. Aufl. Köln 2003.

Zwahr 1981: Zwahr, Hartmut: Zur Konstituierung des Proletariats als Klasse. Strukturuntersuchung über das Leipziger Proletariat während der industriellen Revolution. München 1981.

Personenregister

Bitte beachten Sie auch die folgenden Seiten.